JN297777

概説
近代スペイン文化史

18世紀から現代まで

立石博高
［編著］

ミネルヴァ書房

はじめに

近年スペインでは、フランコ時代の観光キャンペーンで謳われたスローガン「スペインは（ヨーロッパとは）違う」(Spain is different) を脱却して、魅力あふれる多様な文化と歴史が紹介されるようになってきた。いまや自信にあふれたスペインは、「私にはスペインが必要だ」(I need Spain) という大胆な観光キャンペーンを繰り広げ、世界中から観光客を呼び集めている。闘牛とフラメンコが強調されたエキゾチックで一面的なスペインイメージを拭い去り、地方ごとに特色のあるスペイン文化の豊かさと厚みを誇らしげに語っているのである。

しかし我が国では、一般的には、スペインといえば闘牛とフラメンコのイメージがいまだに圧倒的で、闘牛とフラメンコについての甚だしい誤解もまだ存在する。そこで本書は、近現代スペインの文化と歴史に関心を寄せる学生や社会人のために、一八世紀から現代までのスペイン文化の歴史を一冊で学べるテキストとして編纂し、ステレオタイプなスペインイメージを脱して、スペイン文化についての網羅的な知識を得られるように工夫した。第Ⅰ部では、政治・社会の歴史的過程を踏まえながら、一八世紀から現代までの文化や思想の大きな流れを明らかにし、第Ⅱ部では、言語、文学、美術、映画、フラメンコ、闘牛、スポーツなど多彩なトピックから、豊かなスペイン文化の世界へといざなう。また本文中に適宜コラムを配置して、文化を一定の側面から切り取って眺めることの面白さを伝えるようにした。

スペインの歴史と文化を考察するときには、スペインとポルトガルで分かち合うイベリア半島の位置の独自性を考慮にいれる必要がある。ヨーロッパ大陸の南西の角に位置し、西側を大西洋に、東側を地中海に面するこの半島は、歴史家P・ヴィラールの言葉を借りれば、「アフリカとヨーロッパ、大西洋と地中海のあいだにある四つ辻、出会いの場」であり、「はるか遠い昔から、さまざまな人間と文明が入り込み、対峙し、その痕跡を残している」のである。イベロ人の定着の後、ケルト人の波状的到来があり、次いでフェニキア人、ギリシア人の植民市建設があり、ローマ人による半島征服の後には西ゴート王国が築かれ、さらにはイスラーム勢力の侵攻があった。このイスラーム勢力との対抗のなかで半島北部から漸次キリスト教諸国が誕生し、地方ごとの言語様態や文化の多様性が生まれていった。

これらの諸王国はやがて統合化へと向かうが、中世末になってもポルトガル王国、カスティーリャ王国、アラゴン連合王国（アラゴン、カタルーニャ、バレンシアから成る）が並立していたのである。このカスティーリャ王国とアラゴン連合王国はハプスブルク家という同一王朝の支配下におかれるが、近世を通じてそれぞれに独自の政体を維持していた。近世スペインは「太陽の沈まぬ帝国」と豪語したが、統治の実態はこうした諸王国の緩やかな統合であり、「複合王政」という名称で呼ばれるに相応しいものであった。もちろん、セルバンテス等に代表される黄金世紀の間にカスティーリャ語は、スペイン語とも呼ばれるように次第にスペイン全土に延伸したのだが、カタルーニャ語、バスク語、ガリシア語をはじめとする地方固有の言語が消え去ることはなかった。

一八世紀初め、スペイン王位継承戦争を経て、ハプスブルク家からブルボン家へと王朝が代わり、スペインの政治的統合は大きく進んだ。しかし、中世から近世にかけて形成された各地の言語的・文化的な独自性は色濃く存続した。本書で扱う近代は、一八世紀以降をカヴァーするが、「モザイク社会」とも言われる状況を呈していたスペインを近代国民国家へと導く道程は、困難を極めるものだった。現代までの歴史過程においてスペインにとってもっとも悲惨な出来事は内戦（一九三六〜三九年）であるが、P・ヴィラールはこの内戦を理解するには「近隣諸国とは異なり、国家＝民族＝力、つまり強力な国民国家の形成に失敗したことがもたらした、一九世紀スペインにおける意識の危機の程度を測ること」が必要であると指摘している。

たしかにスペインは、フランスを典型とするような国民国家モデルをしっかりと採ることができなかったがために、内戦や独裁といった多くの代償を払ったと言える。だが、それだからこそ諸地方の多様な言語・文化を維持し続けたのであり、いまやスペインは多言語・多文化社会のモデルとなろうとしているのではないか。現行憲法（一九七八年に制定）は、前文で「すべてのスペイン人、各地方の住民を、人権の行使において、その文化および伝統、言語ならびに制度において保護すること」と謳い、第三条三項で「スペインの豊富な言語様態の多様性は、特別の尊重および保護の対象たる文化財である」と定めている。もちろん、現在は外国からの移入者を多く抱えており、多文化共存の問題はさらに複雑化している。今後、スペインがどのような共生的文化を創りあげていくか、大いに注目していきたい。

本書の企画から出版にいたるまでに、諸般の事情が重なって、予想外の時間が経過してしまった。執筆者の方々には、近年の歴史研究の進展や政治社会状況の変化に即して、必要な加筆修正をしていただくなど、多大なご迷惑をおかけした。ミネルヴァ書房編集部の岡崎麻優子さんには、細かい校正作業を含めて、最後までお世話になった。また、東京外国語大学大学院生の久木正雄さんには、本書全体の用語と表記の統一に努めていただいた。厚くお礼を申し上げたい。本書によって、とくに若い世代の人びとのあいだに、近現代スペインの歴史と文化への関心が高まることを期待したい。

二〇一五年　初春の嬬恋にて

立石博高

概説　近代スペイン文化史——一八世紀から現代まで　目次

はじめに

第Ⅰ部　近現代の文化史的あゆみ

第4章　第二共和政・スペイン内戦期の文化……87

第Ⅱ部　近現代文化の諸相

第Ⅰ部　近現代の文化史的あゆみ

Ⅰ　近現代の文化史的あゆみ：概説

第Ⅰ部は、時代ごとに政治・社会の歴史的過程を踏まえながら、一八世紀から現代までのスペインの文化や思想の大きな流れを捉えることができるように構成されている。

「はじめに」でも述べたように、スペインは、その地理上の位置からして、また複雑な歴史的経過の所産として、近世の「太陽の沈まぬ帝国」の時代を過ぎた一八世紀の段階にあってもきわめて著しい言語的・文化的な多様性をもっていた。本書の扱う一八世紀から現代までの時代は、いわゆる国民国家《ネーション・ステイト》モデルにのっとった、ひとつの国民文化と国民言語（＝国家公用語）を創りだそうとする試みが抱える、国内諸地域の現実との矛盾や軋轢の歴史であった。したがってこの時代を描くには、スペイン・ナショナリズムにも諸地域ナショナリズムにも過度に与しないバランス感覚が必要であろう。そして多文化・多言語社会という現実に立ってスペインがどのような文化を創りだしてきたのか、そしてどのような新たな文化を創りだそうとしているのか、その模索と努力のポリフォニーに真摯に耳を傾ける必要があろう。

第1章は、一八世紀初めから一九世紀初めの時代を扱う。一七世紀末のノバトーレスと称された著述家たちのスコラ哲学的思考への批判から始まった知的潮流は、一八世紀中頃には啓蒙思想へと結実した。ただし、スペイン啓蒙思想は「カトリック的啓蒙」とも呼ばれるようにカトリック信仰の批判にはつながらなかった。こうした限界をもちつつもスペイン啓蒙改革は一八世紀後半に大きな広がりをみせたが、一八世紀末のフランス革命の勃発とその波及を怖れた統制のなかで、社会批判の動きは窒息化した。しかし、少数者にとどまったものの、プレ自由主義と位置づけうる専制主義への批判も現れた。

第2章は、一九世紀初めから一八七〇年代半ばの第一共和国の成立から崩壊までの時代を扱う。ナポレオン軍の侵攻によってブルボン朝の旧体制が麻痺状態に陥って、立憲的自由主義に基づく国民国家を構築しようとする動きが台頭した。これに反発する守旧的勢力の巻き返しもあり、一九世紀は革命と反革命の繰り返される時代となった。そうしたなか、一八三〇年代からはロマン主義の時代となり、自由主義的ロマン主義や民衆的ロマン主義、さらには歴史的ロマン主義と、感情への訴えという共通項はありながらもさまざまな立場が表明された。次いで一九世紀半ばにはエクレクティシズムと呼ばれる中道的思潮も現れた。一九世紀は国民形成の装置が築かれた時代でもあり、教育の整備、文化遺産の発見、国民史の叙述などが行われた。だが、国家による国民形成とカスティーリャ語の公用語化推進は、地域ナショナリズムにつながる諸地域の文化的覚醒を引き起こした。六〇年代から七〇年代にかけては、民主主義と共和主義という二〇世紀につながる新たな思潮が出現し、社会の摩擦が高まった。

第3章は、一八七〇年代半ばから一九二〇年代のプリモ・デ・リベーラ独裁の時代までを扱う。共和政の崩壊から王政復古体制の政治的安定が実現し、国民形成に向けたさまざまな文化政策が進められた。一九世紀末には国民文化と地方文化は必ずしも対立せず、それぞれに補完的な文化が展開した。しかし、一八九八年の米西戦争での敗北後は、「病気のスペイン」からの再生を意図した再生主義が盛んになり、地方の側からはスペイン国民形成の失敗を批判して、地域アイデンティティを唱える動きが強まった。そして一九一〇年代半ば以後、国民文化と地方文化は対抗的な関係になっていった。なお王政復古期には、矛盾を孕みつつも経済的発展が著しかった。そのなかで消費社会が出現し、スペインでも大衆文化が出現した。ただスペインは地方的格差が大きく、伝統的な生活と文化が根強く残っていたことを無視してはならない。

第4章は、混乱に満ちた一九三〇年代の時期を扱う。一九三一年の第二共和国成立は、「知識人の共和国」と言われたように、共和政を推し進めようとする新しい文化の展開をもたらした。一方、伝統的社会からの反発も大きく、やがて悲惨なスペイン内戦へと陥ってしまう。国家と地方との関係をみると、自治権を獲得したカタルーニャを中心に文化・文芸活動が盛んになったことがわかる。この時期にはラジオやトーキー映画が普及し、大衆をターゲットとする演劇も流行した。しかし政治の不安定を反映して、インフォーマルな文芸サロンにすら政治的対立が持ち込まれ、共和国支持か否かによって知識人は色分けされ、中立は許されなくなった。そして内戦が勃発すると、共和国陣営と反乱派陣営の対立の溝を埋めることは不可能となった。「ファシスト」、「アカ」と互いを罵り、それぞれに愛国心を駆り立てるプロパガンダが展開され、人びとの暮らしもまた、そ

Ⅰ　近現代の文化史的あゆみ：概説

れぞれの陣営のイデオロギーにふりまわされた。

第5章は、一九三〇年代末から一九七〇年代半ばまでのフランコ独裁期を扱う。内戦に勝利したフランコは、体制の価値観をさまざまな場で強要した。この「体制文化」は、大きく四つの特徴をもった。一つには超歴史的価値としての「スペイン的なるもの（イスパニダー）」の称揚、二つにはカトリック教義の重視であり、三つにはファシズム的イデオロギー、四つには個人としてのフランコの権威化であった。体制文化の維持のためにさまざまな政治・社会組織がつくられ、カトリック教会もまた五〇年代まではこれに全面的に同調した。しかしながら五〇年代になると、少しずつ「対抗文化」が形成された。六〇年代の大衆消費社会の到来と観光ブームは大きな社会変容をもたらし、スペインの「ヨーロッパ化」を進展させた。さらに教会が、第二ヴァチカン公会議を経て、フランコと距離を置くようになると、独裁体制の存続は困難になった。体制末期には、文化的統制は漸進的に緩和され、フランコの死によってスペイン文化は刷新されることになった。

第6章は、「ポストフランコ期の文化」と題して、一九七〇年代半ばから現在までの民主化への移行期とその後の時代を扱う。民主化の過程のなかで国家と地方の関係には大きな変化がみられた。「自治州国家」という国家体制となり、地域言語をもつ自治州では、その言語は域内公用語の地位を与えられ、多様性をもつスペインという存在が、法的・制度的に公に認められたのである。その後、地域言語を有する自治州では言語正常化政策が進められ、地域言語・地域文化の復権が著しい。こうして民主化を経て「普通の国」へと変容したスペインでは、世俗化が急速に進み、伝統的な価値観も大きく変化している。フランコ時代には「スペインは（ヨーロッパとは）違う」とアピールしていたが、いまや新たなアイデンティティの模索が行われている。そうしたなか、かつての内戦や独裁の過去としっかりと向き合おうとする動きが顕著になっている。スペインは、これまでのタブーとされてきたことが堂々と議論されるまでに社会的・文化的に成熟したといえよう。

第1章　啓蒙思想・啓蒙改革の時代

1　「長い一八世紀」のはじまり

時代の概観

一八世紀スペインは「啓蒙《イルストラシオン》の世紀」、「光《ルセス》の世紀」と呼ばれている。「蒙《くら》きを啓《あき》らむ」、あるいは「光」で照らすことであるが、この光は超自然的な「恩寵の光」ではなく、「自然の光」である。つまり、超自然をまったく否定するわけではないが、迷信や偏見を取り払い、人間本来の理性を働かせようという思想が、この世紀の最大の特徴といえる。ドイツの哲学者カントがいう「理性を使用すること」が、この時代の政治指導者や知識人に求められたのである。

スペインは一六世紀から一七世紀前半にかけて輝かしい「太陽の沈まぬ帝国」の時代を経験したが、ウェストファリア条約（一六四八年）以後、その衰退は明らかであった。しかしスペイン継承戦争（一七〇一～一四年）を経て、ハプスブルク朝からブルボン朝へと王朝が交代して、スペインは後退から回復の時代に入った。隣国フランスの啓蒙思想の影響を受けた改革派官僚の指導のもと、社会的諸改革が行われた。フェルナンド六世（在位一七四六～五九年）とカルロス三世（在位一七五九～八八年）の治世は「啓蒙改革《レフォルマ・イルストラーダ》」の時代とされ、とくにカルロスはヨーロッパの啓蒙専制君主の一人として数えられる。

しかし理性の使用は一八世紀半ばに突然に起こったことではなかった。一七世紀末、王国の衰退の状況をまえにして、従来のスコラ哲学的な思考の枠組みを批判する動きは「ノバトーレス（刷新者たち）」（最初は「新奇をてらう者たち」として軽蔑的にそう呼ばれた）からはじまっており、一八世紀前半に、後述のG・マヤンスやB・J・フェイホーらに継承されている。また一八世紀前半には王立言語アカデミーなど数々のアカデミー（学術・芸術などの王立協会）がフランスにならって創設されており、スコラ哲学（形式主義に堕した西欧中世哲学）の支配的な大学などを離れて知的な交流の場が誕生している。

こうして一八世紀中ごろから啓蒙改革が本格化するが、スペイン啓蒙思想はカトリック信仰そのものの批判や理神論的な動きには結びつかなかった。「カトリック的啓蒙《イルストラシオン・カトリカ》」という理念のもと、スペインに固有な文化的・社会的な改革の試みが行われていったのである。だが、一七八九年のフランス革命の勃発はスペインに大きな脅威となった。旧体制を維持するためには諸改革が必要とされるが、諸改革を遂行していけば旧体制そのものが掘り崩される状況が生まれるというジレンマに陥ったのである。カルロス四世（在位一七八八〜一八〇八年）は、異端審問制度を再び強化して社会政治批判につながるような啓蒙の動きを統制する一方で、経済財政改革は進めるという寵臣ゴドイによる宰相専制政治を許容せざるをえなかった。いずれにしろこの政治も、一八〇八年のナポレオン軍のスペイン侵攻によって崩壊した。

以下では、一六八〇年代のノバトーレスの登場からはじまり、一八〇八年の旧体制瓦解によって終わる「長い一八世紀」の歴史的文化的経過を、一八世紀後半の啓蒙思想と啓蒙改革に焦点を絞りながら解説したい。最後に、一九世紀の自由主義とロマン主義につながる動きにもプレ・ロマン主義として着目しておきたい。

ノバトーレスの登場

一七世紀における自然科学の方法の発展はヨーロッパ全体の啓蒙思想の展開にとって基礎になったが、国内にカトリック以外の宗教を認めない宗教的不寛容とスコラ哲学とが支配的であったスペインにも、そうした自然科学の方法が徐々にではあるが浸透した。J・デ・カブリアダの『哲学・医学・化学通信』の出版、やがて『解剖学地図』を著すS・マルティネスの解剖学の知見を深めるためのパリ旅行などが重なった一六八七年は、科学史上の転機ともいえる年となった。「スペインがヨーロッパであらわれる政治的知らせや光《ルセス》〔知識〕を受け取るのが最も遅いのは残念であり恥ずかしい」、「四〇年前からスペインの医学は進展していない」と嘆いたカブリアダの著作は、各方面に大きな物議をかもした。

スペイン継承戦争後も自然科学的知見はさらに深まり、T・ビセンテ・トスカの『数学概論』と『哲学概論』はこうした動きを決定的にした。これに対して神の摂理を絶対視するトマス学徒（トマス・アクィナスの信奉者）のF・パランコは、こうした一連の思潮を反トマス学徒であり新奇をてらう者として糾弾した（『新奇をてらう哲学に対する物理・神学的対話』）。

自然科学的態度は、それまでの教会史に対する批判的歴史的省察に結びついている。フランスのベネディクト会修道士J・マビヨンの著作『古文書学』や『修道院研究論』は広く知れ渡るようになり、教会、修道院、聖人に関する非歴史的な事実が歴史的考証にさらされるようになったのである。ただしそこには大きな限界もあった。スペインのカトリック教会の伝統とされる「事実」の根幹を揺るがすことはなかったのである。荒唐無稽な聖人伝などを擁護した。一七一五年に創設された王立図書館の主任司書となった彼の弟子J・デ・フェレーラスは「偽りの年代記」《ファルソス・クロニコネス》として激しく批判したモンデハル侯爵も、聖ヤコブ（スペイン語でサンティアゴ）に関する伝承を熱心に擁護した。一七一五年に創設された王立図書館の主任司書となった彼の弟子J・デ・フェレーラスは「偽りの年代記」を糾弾し、サラゴーサに聖母マリアがあらわれたという伝承に疑義を唱えたが、この冊子『柱の聖母の伝承の検証』は異端審問所によって発禁となった。

フェイホーとマヤンス

ブルボン朝のフェリーペ五世（在位一七〇〇～二四、二四～四六年）も、異端審問所の力を抑え込むことはできなかった。カスティーリャ顧問会議検察官となって活躍したマカナスは、一七一五年に異端審問所改革を唱えるが、失脚して亡命した。一八世紀前半においてはいまだ、守旧的勢力とあからさまに対峙することは困難であった。

そのなかでベネディクト会修道士のフェイホーは、ノバトーレスの継承者として、「一般的な誤謬」《エローレス・コムネス》を正すために、あらゆる迷信を攻撃し、新たな科学的知見を広めるために努力した。小論考とエッセイからなる『批評全書』八巻（一七二六～三九年）と『博学通信』五巻（一七四二～六〇年）は一八世紀に版を重ねて合わせて四〇万部に達したとされる。フェイホーのわかりやすい文体は、新たな知識の普及に貢献したのであった。

しかしフェイホーの著述には正確さに欠けるものが多く含まれていた。バレンシア生まれのマヤンスは、最初はフェ

図1－1　フェイホー

出典：*Historia de España fundada por Ramón Menéndez Pidal*, Tomo XXIX, Vol. II, Madrid: Espasa-Calpe, 1985.

イホーとの書簡の往復を熱心に行ったが、やがてその皮相の見に嫌気がさして絶交した。マヤンスはモンデハル侯爵やN・アントニオといったノバトーレスの手稿を出版して批判的歴史を広めるとともに、『スペイン語の起源』や『セルバンテスの生涯』を著して、文学批評の重要性を打ち出した。

アカデミーの創設

フランスはすでに一七世紀に王立の諸アカデミーを創設して、王国の学問芸術振興を本格化させていた。一六三五年に正式設立となったアカデミー・フランセーズは、フランス語の純化と統一をめざした。これに続いて、碑文・文芸アカデミー（一六六三年）、科学アカデミー（一六六六年）などが設立された。

スペイン・ブルボン朝はこれにならって一七一四年には、前年に発足したスペイン王立アカデミー《レアル・アカデミア・エスパニョーラ》を、王立の言語アカデミーとして正式に認可して、「スペイン語の純粋さと優雅さ」を培う機関とした。複合王政的体制を維持していたハプスブルク朝のもとでカスティーリャ語（スペイン語）は、スペインを構成する諸国全体の公用語ではなかった。だがスペイン継承戦争を経てアラゴン連合王国諸国（アラゴン、カタルーニャ、バレンシアなど）の独自の政治・法体系が廃止され、スペイン語が行政・司法の場での唯一の言語として定められた。こうしたなか、スペイン語が公的空間から人々の私的空間へも広がっていくうえで、言語アカデミーによる辞書・文法書・正書法などによるスペイン語の規範化は不可欠であった。

さらに、王立歴史アカデミー（一七三八年）、サンタ・バルバラ法律アカデミー（一七三九年）、サン・フェルナンド王立美術アカデミー（一七五二年）などが設立されて、マドリードを中心にスペイン全体にわたる芸術・科学の再興と規範化がめざされた。歴史アカデミーは、ノバトーレスによる「偽りの年代記《ファルソス・クロニコネス》」排除の動きを継承して、古文書収集と歴史的考証の作業を進め、『スペイン地理・歴史事典』の編纂《へんさん》に取り組んだ。

2　カトリック的啓蒙と教会

国王教権主義と啓蒙思想

一八世紀前半、フェリーペ五世の時代にはフランスにならった王国組織の再編や海軍の強化が進められ、この王国改革は一定の成果をおさめた。しかし、七年戦争（一七五六〜六三年）に、フランスと「家族協定」を結んで参戦したものの、敗北を喫した。一方、一七六六年には、時の大蔵大臣エスキラーチェへの反発に因んでエスキラーチェ暴動と呼ばれる全国的暴動が起こって、市場の未発達とこれまでの食糧政策の不備が露呈した。これまでの政治行政機構の改編からさらに進んで、広く社会経済改革を行う必要が認識されたのであった。

ハプスブルク朝スペインは「カトリック王国《モナルキア・カトリカ》」とも称されたように国家と教会との強い同盟に柱が置かれていた。だがこの間に教会や修道院は、寄進や購入によって広大な土地を永代所有財産とし、伝統的特権的諸階層と結びついて権勢を維持していた。そして当時のカトリック信仰は、バロック的宗教性といわれた外見的な荘厳さや民衆の迷信的崇拝に大きく支えられていたのである。

こうしたなか、P・R・カンポマネス、P・デ・オラビーデ、G・M・デ・ホベリャーノスといったスペインの啓蒙思想家・啓蒙改革派たちは、国内の社会経済的遅れからの脱却を「上からの改革」に求める一方で、一六世紀のネーデルラント出身の人文主義者エラスムスが提唱したように、カトリック教会の諸問題を批判し、キリスト教の原型回復に努めた。その実現のためには、「祭壇《アルタル》」は「王座《トロノ》」の庇護のもとに置かれて、信仰は純化されなければならなかった。したがって、スペインの啓蒙思想は、迷信や偏見の攻撃という意味ではヨーロッパの啓蒙思想に大きく接近した。だが、けっして「祭壇」を否認することはなかった。後述するイエズス会追放などの措置からスペインの啓蒙改革者は、保守派から反カトリック的・反宗教的だと断罪されるが、その理念は「カトリック的啓蒙」と呼ばれるにふさわしいものだったのである。

こうして王権は国王教権主義《レガリスモ》の立場からさまざまな教会対策に取り組んだ。聖職禄受給者の推挙権問題を一七五三年の政教条約で有利に解決し、高位聖職者の人事に強く介入した。教皇の教書は、国王の事前許可《パセ・レヒオ》がなければスペイン国内で公にすることを禁じられた。さらに異端審問所に対しては、その権限の縮小がはかられ、一七七〇年の王令で「異端と背教の罪」以外での審理が禁じられた。一八世紀に入って異端審問所の活動は大きく低下し、カルロス三世の治世に火刑に処された者は四人であった。

イエズス会士の追放

「上からの改革」とされた啓蒙改革は、啓蒙専制君主を必要とした。カルロス三世を支柱とする啓蒙改革派官僚にとって、国王権力を揺るがす教義を許すことはできなかった。イエズス会は、伝統的諸階層との癒着のなかで、大学などの高等教育に大きな影響力をもち、ローマ教皇庁とも強い結びつきがあり、教皇権至上主義に立つ団体であった。暴君放伐論《モナルコマキ》を政治理論として支持し、絶対王権を否定する立場にもあった。

したがって、国王教権主義と啓蒙絶対主義に立つカルロス三世のもとで、中間的諸団体の諸特権を制限して社会経済的改革を実現しようとする「カトリック的啓蒙」を信奉する改革者たちにとって、イエズス会はその存在を許容できない団体となっていた。さらに、イエズス会士によって唱えられた恩寵と自由意志の両立の主張は、道徳的弛緩を生み出すとして、精神的帰依を重視するジャンセニスム的立場から強く批判されていた。なおジャンセニスムとは、本来はネーデルラントの神学者ヤンセンを信奉する思潮だが、一八世紀スペインでは恩寵の必要性を強調して、バロック的宗教性や伝統主義的儀礼を否認する立場をさしていた。

一七六六年のエスキラーチェ暴動は自然発生的なものか陰謀によるものかについては議論が分かれるが、カスティーリャ顧問会議検察官カンポマネス、法務大臣M・デ・ロダらの主導した秘密調査委員会は、イエズス会をこの暴動の扇動者であると断定した。翌年四月、五〇〇〇人以上のイエズス会士がスペインとその海外領土から追放されて、少額の年金を代償に全財産が国家に没収された。イエズス会の数多くの土地建物は、啓蒙改革のなかで活用されることになった。イエズス会士追放は、すでにフランス、ポルトガル、ナポリなどの諸国で行われていたのであり、スペインの多くの聖職者からも「教会の健全化」の方策として歓迎されたのであった。

教会と貧民救済

カトリック教会は膨大な財産を所有していた。一七五〇年代に実施されたエンセナーダ国富調査によれば、カスティーリャの土地の約一五％を所有し、しかも農業総生産の約二四％を占めていたのである（こうした土地所有に対しての永代所有財産解放《デサモルティサシオン》の措置については後述する）。教会は、蓄積した富の多くを宗教の権威を誇示するために豪壮な祭祀や建物・装飾品に費やしていた。当時の宗教が、豊饒さや壮大さを過度に求めるバロック的宗教といわれるゆえんである。だが、同時に少なからぬ部分を教会に集う貧民たちへのパンやスープの配布などの救貧行為にあてていた。

しかしエスキラーチェ暴動にも見られたように都市への乞食・浮浪者の流入は、治安を揺るがす社会問題となっていた。そして、教会の慈善は貧民を怠惰のままに放置するものだという批判があらわれたのである。B・バルドの著した『慈善団体』（一七五〇年）は、貧民を収容して有用な仕事につかせることこそが、社会《レプブリカ》にとって利益になると説いていた。一七六六年にマドリードに設けられたサン・フェルナンド救貧院は、そうした作業所のモデルとなるものであった。だが、教会の慈善を国家の救貧事業に本格的にかえるには、教会財産の大規模な売却が行われる一九世紀を待たなければならなかった。

3　啓蒙的諸改革の構想

近代化の方策

貧民に対する態度の変化は、啓蒙改革派たちが社会経済問題を「公的有用性《ウティリダー・プブリカ》」という観点からとらえようとしたことのあらわれであった。スペインの経済的後進性からの脱却もまた、「有用性」と結びついた近代化の方策をいかに生み出すかということにあった。ノバトーレスが理論的領域にとどまっていたのに対して、啓蒙改革派たちははるかに広汎なプログラムを提起した。

一八世紀前半の経済発展の方策は、隣国フランスの成功にならってコルベール的重商主義を理想としていた。それぞれの著作の書名が示すとおり、J・デ・ウスタリス『商業と海運の理論と実践』、B・デ・ウリョア『工場とスペイン

図1－2　カンポマネス

出典：*Campomanes y su tiempo*, Madrid: Fundación Banco de Santander, 2003.

商業の再建』などは、アメリカ植民地との交易を梃子に国内産業の振興をはかろうとするものであった。だが、J・デル・カンピーリョ『アメリカの新たな統治制度』はカディスによるアメリカ貿易独占を批判し、B・バルド『経済計画』はより国内の農業・手工業に重点を置くようになっていた。

カルロス三世の治世には、フランス重農主義の影響を受けて、新たな経済近代化の方策があらわれた。カスティーリャ顧問会議検察官であったカンポマネス伯爵は、啓蒙改革の先導者として一七六〇～八〇年代に大きな影響力をもった。その理念は、M・ルビン・デ・セリスの協力を得て書かれた『民衆的工業振興論』（一七七四年）にまとめられ、政府の援助で三万部が全国に配布された。

一八世紀前半にはコルベール的重商主義政策にならって、外国からの輸入をおさえるために多くの奢侈品《しゃしひん》工場（特権を付与された王立工場）がつくられたが、これらは採算のとれるものではなかった。エスキラーチェ暴動をへて国内商工業振興の必要が強く認識されるなかで、カンポマネスは、「民衆的工業《インドゥストリア・ポプラール》」すなわち一般品製造業の振興を提唱した。たとえば、紡績工程はできるだけ農村家内工業に委ねようとするもので、工業振興と農民家族の副次的収入との結びつきがはかられたのである。

そうした経済活動をうながすため、各地に祖国の友・経済協会《ソシエダー・エコノミカ・デ・アミーゴス・デル・パイス》が設立された。一七六五年に結成されたバスク経済協会をモデルに全国に六〇ほどつくられた経済協会は、啓蒙改革に同調する地方の貴族や聖職者を集めたが、ブルジョワの参加はわずかであった。「上からの」奨励には限界があったし、商工業活動の盛んなバルセローナ、ビルバオ、カディスのような都市には、ブルジョワの利害を代表する制度（商業評議会など）が確立していたために、経済協会は根づかなった。

一八世紀半ばの七年戦争の結果、植民地統治制度や本国と植民地間の交易制度を根本的に立て直そうという動きもあらわれた。同世紀初めには大西洋貿易の独占港をセビーリャからカディスに移し、重商主義政策にのっとって特権的貿易会社の設立に力を入れた。しかしイギリスなどに対抗するためには、特定港による独占を排して、本国と植民地間の交易を活発化する必要があった。J・デル・カンピーリョらの提言を受けて政府は、一七六五年の措置を拡大して一七七八年にスペイン一三港とアメリカ植民地二二港の「自由貿易」を確立した。

だが啓蒙改革派にとっての最大の関心事は、農業改革と農村の建て直しであった。貧農の増加と都市への流入の背景には、耕地の不足と不安定な借地契約があった。エスキラーチェ暴動の後に政府は、貧農や小作農への自治体所有地の分配などを行ったが部分的な措置にとどまった。農民の土地囲い込みを制限して移牧路や牧草地を確保するメスタ（移動牧畜業者組合）の移牧特権も批判されたが、具体的対応に乏しかった。そこで啓蒙改革派がめざしたのは小農民保護主義的な「農地法」の制定による根本的解決であった。カンポマネスやオラビーデは、教会の土地取得、限嗣相続制度（ほぼ全遺産を一人の子どもに相続させることで貴族家門の存続を図った）、メスタのもつ特権を制限し、貴族・聖職者の土地を長期分益小作契約によって農民に貸与する規定をこの「農地法」に盛り込むことを提唱した。

しかし一八世紀末になるとアダム・スミスの『国富論』が翻訳紹介されるなど、「農地法」制定の試みそのものが、個人の「私的利益の追求」を妨げるものとして批判にさらされる。ホベリャーノスの『農地法に関する報告』（一七九五年）は、土地の流通を妨げる諸制度（限嗣相続、永代所有など）を告発する一方、農民保護主義的施策をも非難する「反‐農地法」の宣言であった。経済思想のパラダイムはすでに自由主義のそれにとって代わられていた。

同時代の社会に対する批判

啓蒙改革者たちは、自らの依って立つ基盤である身分制社会を根底から批判することはなかった。だが、エスキラーチェ暴動にあらわれた社会システムの硬直化を正すには、特権的諸身分の享受する過度の諸特権を制限する動きをとらざるをえなかった。エロルサの言葉を借りれば、身分制社会の安定強化のために「身分制社会の合理的再編成」を行う必要に迫られたのである。

したがって貴族批判も、その無為と怠惰に焦点が絞られていた。モンテスキュー『ペルシア人の手紙』をモデルにしたとされるJ・カダルソ『モロッコ人の手紙』（一七八九年）は、貴族身分の世襲の弊害を痛烈に批判した。まったく無益無用であるのに、生まれる八百年前に同じ名前の人物が死んだということに基礎をもつにすぎない、と。

しかし改革者たちは現状を大きく変えることを唱えない。たとえばホベリャーノスも、『農地法に関する報告』で限嗣相続制度が農業発展にとっての最大の桎梏であるとするが、「いまや貴族が戦いによってその領地や富を得ることができない以上、先祖から受け継いだもので身を処していくのは当然である」として、この制度を根底から覆すことは主張しない。

聖職者批判も、その数の多さや過度の土地集積に向けられていた。前述したように諸要因が重なってイエズス会士追放が行われたが、カルロス三世の啓蒙改革のなかで、そのほかの具体的措置は乏しかった。もっとも、一七八七年にフロリダブランカ国勢調査が行われて教会と聖職者の現状が明らかになると、攻撃も激しくなった。カバルスは、一万五〇〇〇人の教区司祭がいるが、これは必要な数に二〇〇〇〇も足りない、しかし聖職禄受給者は四万七〇〇〇人もいるとして、聖職者はあり余っているのに不在教区が多数あるという実態を告発した。

教会の富に対する告発は、カルロス三世期には理念にとどまっていた。だが、啓蒙思想が閉塞状態に陥ったとされる宰相ゴドイの政府は、財政的逼迫からなんらかの措置をとらざるをえなかった。一七九八年には慈善宗教団体の土地売却が行われ、一八〇五年には教会財産の一部売却に踏み切った。この永代所有財産解放《デサモルティサシオン》の措置は、伝統的な貴族・教会の反発を招き、ゴドイ失脚の大きな誘因になった。

平民の怠惰も問題にされたが、ひとつは慈善批判という形であらわれたことは先に述べた。もうひとつは有用性という観点から手工業従事を評価しようという姿勢であった。カンポマネスは『民衆的工業振興論』に次いで『職人一般教育論』を著して、手工業の重要性を論じ、一七八三年には、「仕事と貴族身分」は両立すると謳って手工業の名誉を回復する勅令が公布された。だが、『ドン・キホーテ』の続編を標榜したJ・M・デルガードの『ドン・キホーテの歴史の補筆』（一七八六年）でも、貴族となったサンチョ・パンサが、「技芸や職人芸」に携わらないと誓約する場面が盛り込まれていた。手工業従事は卑しいものとする風潮が、王令によって払拭されることはなかったのである。

　啓蒙改革派が理想とした農村社会がどのようなものかは、カンポマネス、オラビーデによって主導された新村落建設事業の計画からうかがうことができる。一七六〇年代から七〇年代にかけて建設されたシエラ・モレーナ新定住地域の村落には、入植地域特別法《フエロ》が適用されたが、それによれば入植農民には一定の分与地と農具などが与えられ、限嗣相続財産制度の禁止、教区教会以外の宗教施設の禁止、自治体役職の売買や世襲の禁止、メスタ特権の排除などが定められた。

　つまりこのモデル社会は、旧体制のかかえた中間諸団体（貴族、聖職者、メスタ、寡頭支配層など）の悪影響を免れた社会であったが、農民の分与地は分割も集積もされないとされるなど、資本主義的発展の契機を欠く社会でもあった。入植者はキリスト教徒として一分与地を耕す小農民として、従順な「国家の神経」であり続けることを期待されたのである。一九世紀の自由主義の時代に入って、特別法が廃止されることはいうまでもない。

新たな教育制度の構想

スペイン継承戦争後にスペイン・ブルボン朝は、カタルーニャ公国の特権を剥奪しただけではなく、公国の既存の諸大学を廃止してフェリーペ五世に忠実であったサルベーラに新たな大学を設立した（一七一七年）。反抗的な地方エリート層を掌握する狙いからであったが、同時に、ヨーロッパに開かれた合理的・科学的知識の導入を意図していた。

　しかし、スコラ哲学の強い影響下に置かれたそのほかの特権的大学の改革に着手するのは困難であった。およそ半世紀後のイエズス会士追放を機に、ようやく大学改革が試みられることになった。セビーリャ都市長官兼アンダルシーア地方監察官となったオラビーデは、マヤンスが提出していた改革案を参考に一七六九年、セビーリャ大学教育改革案を作成した。これは、数学、物理学、自然科学などの新たな学問を導入し、合理主義と経験主義を広めることをめざしていた。この改革案はカスティーリャ顧問会議によって進められ、全国の大学改革のモデルとなった。

　啓蒙改革期にこの教育改革は実際的効果を上げたとはいいがたいが、守旧的特権層の牙城であった大学学寮《コレヒオ・マヨル》の解体は徐々に進んだ。学寮はその設立の趣旨に反して有力貴族の子弟しか入寮できなくなっていて、学寮出身者が政府や教会の要職を独占していた。これに対して通学生は苦学を強いられたが、一八世紀半ばには啓蒙改革派の大きな部分を通学生だった者たちが占めていた。学寮の悪弊が批判されて、最終的には一七九八年、大学学寮の廃止が実現した。

すでに述べたアカデミーや祖国の友・経済協会に加えて一八世紀には、軍事上の必要性から軍事技術、航海術、外科、数学などを教える上級職業専門学校が各地につくられた。だが初等・中等教育のレベルでの教育の改善はほとんど進まなかった。啓蒙改革がエリート養成に主眼をおいていたことの結果でもあるが、いまだ「国民」そのものをつくりだす意図が乏しかったからともいえる。「国民の精神的一体性」のために初等教育をとらえようとしたカバルスのような視点は、例外であった。

4　新たな学問と芸術

ジャーナリズムの発展

スペインでは一七世紀末まで、新聞という形態の情報手段は普及しなかった。フランスの『フランス新聞《ガゼット・ド・フランス》』をまねて、のちに官報となる『マドリード新聞《ガセータ・デ・マドリード》』は、一六六一年を起点とするが、月刊として定期的になるのは一六九七年であった。スペイン継承戦争期にはブルボン朝側とハプスブルク朝側の情宣的新聞が少なくとも九紙あらわれたが、いずれも短命に終わった。この戦争後のフェリーペ五世の治世には厳しい検閲が敷かれ、ようやく一七三〇年代になって『マドリード新聞』以外のものも定期的に発刊されるようになった。一七三八年にあらわれた『歴史・政治マーキュリー』はハーグで出版されていた同名のタイトルをとったもので、その掲載記事は翻訳と文化関係が中心であった。のちに『スペイン・マーキュリー』と名前を変えたこの新聞は、『マドリード新聞』、そして後述の『マドリード日報』と合わせて、フランス革命の伝播に対抗するための一七九一年の検閲後も生き延びたわずかの政府系新聞のひとつであった。

一八世紀には一三五紙が発刊されたと推定されるが、同世紀前半には二八紙にすぎなかった。そのなかで注目されるのは、一七三七年から翌年にかけて発行された『スペイン文学者日報《ディアリオ・デ・ロス・リテラートス》』である。有力政治家カンピーリョの支援を受け、フェイホーやルサンの記事を載せて、批評紙としての評判を得た。

カルロス三世の治世には七一紙が新たに登場したが、この隆盛に大きく与ったのが、スペインで最初の「真のジャーナリスト」といわれるF・M・ニポである。ニポは、一七五八年にマドリードで発刊された文字通りの日刊紙である『ニュース日報』の編集者として、政治・経済・文化と広告からなる紙面を確立した。のちに政府系の『マドリード日報』に名称を変更するが、この新聞は一五〇年にわたって続いた。さらにニポは、『ヨーロッパ文芸新聞』、『仕立て屋の箱』といった文芸新聞に続いて、『ロンドン支局』と題する新聞を発刊してイギリスの農業・商工業の情報を一般向けに伝達した。次いで、『ヨーロッパ一般通信』、『外国日報』、『スペイン一般通信』などを発行して、経済・科学・技術の情報を幅広く伝えた。これらはいずれも短命に終わったが、啓蒙改革派の近代化の要請に応えるものであった。

啓蒙改革の進展とともに、スペイン社会の遅れを厳しく批判する新聞もあらわれた。その代表がL・ガルシア・デル・カニュエロとL・M・ペレイラが主幹となった『検閲官《エル・センソル》』紙であった。この新聞は一七八一年にはじまったが、その貴族や聖職者に対する攻撃は異端審問所とカスティーリャ顧問会議の怒りを買って幾度となく発禁処分にあい、一七八八年に発行を停止した。

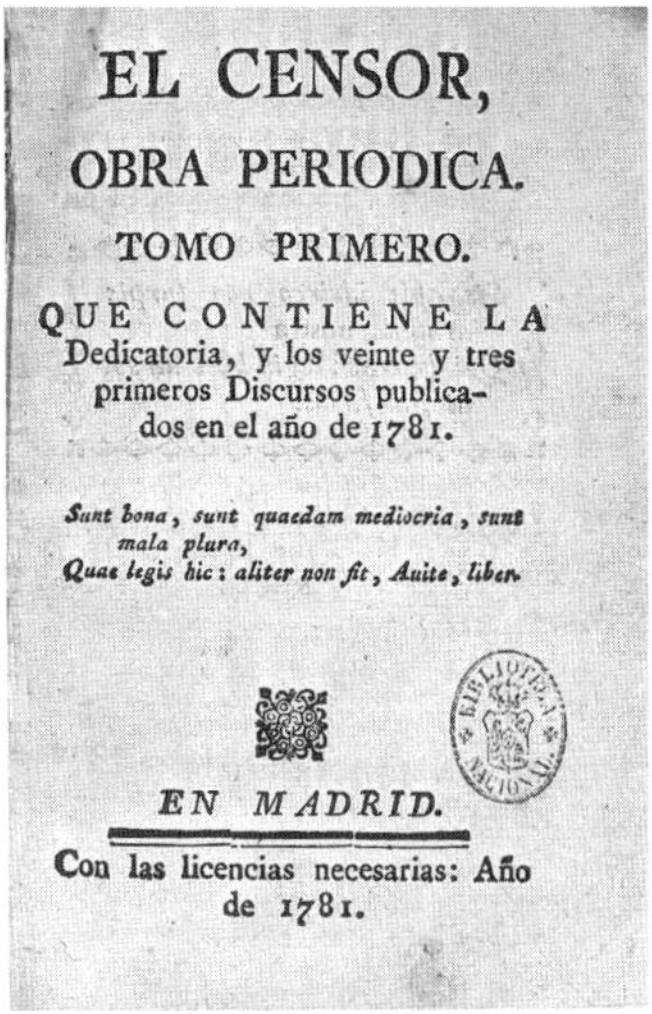

図１－３　『検閲官《エル・センソル》』

出典：*Historia de España fundada por Ramón Menéndez Pidal*, Tomo XXIX, Vol. II, Madrid: Espasa-Calpe, 1985.

一七八九年にフランス革命が勃発すると、新聞を取り巻く状況は一変した。革命思想の浸透を防ぐという理由から一七九一年には、政府系三紙を除いて一時期すべての新聞が発行停止となった。カルロス四世の治世には三六紙とかなりの数の新聞が新たに発行されるが、『スペイン・インディアス商業通信』など、それらの多くは経済商業や科学技術の分野に限られていた。

科学的知見の進展

自然科学、化学、医学、物理学などの実験諸科学は、ノバトーレスの動きを踏まえて、一八世紀後半にはさらに進展した。とくに医学の分野では、A・ピケルが合理的・実験的方法を確立し、さらに、カディスに海軍のための外科学校が、バルセローナには陸軍のための外科学校が、そしてマドリードにサン・カルロス外科学校がつくられて、この分野の発展を推し進めた。

植物学者リンネの弟子レフリンクのマドリード滞在を機に、スペインの植物学は一気に水準を高めた。一七五五年に設けられたマドリード植物園は、とくにA・カバニーリェス園長のときに大いに充実した。

だが、植物学をはじめ自然科学の知見を大きく高めたのは、王室の支援のもとに行われたアメリカ植民地の科学調査であった。一八世紀半ばに、J・フアンとA・デ・ウリョアがフランス科学アカデミーによる子午線弧長の測量隊に同行して、プラチナ鉱石などの多くの情報を提供していたが、同世紀後半にはスペイン政府によって幾度となく遠征隊が組織された。これは本国によるアメリカ植民地の正確な地理的把握と領土の統制という要請に応じるものであったが、これまでほとんど未踏の地を含めてアメリカの動植物・鉱物についての知識がこれによって深まった。

一八世紀末の探検として特筆すべきは、スペイン政府の支援で実現したイタリア人A・マラスピーナの北米大陸の北西航路の探検（一七八九〜九四年）で、アラスカのヤクタト湾に達している。しかし帰国後に宰相ゴドイとの不和から投獄されて、マラスピーナの探検成果は活かされなかった。

このほかにも数学、天文学、物理学などで一八世紀後半には重要な進展が見られたが、科学的知見の進展は応用科学や産業技術の成果には結びつかなかった。そして一九世紀初めのスペイン独立戦争の混乱が、この分野でのさらなる発展を妨げることになったのである。

啓蒙の文学作品

黄金世紀と比べて一八世紀の文学はあまり着目されないが、近代文学に向けて新たなジャンルを生み出し、また、もっぱらスペイン語（カスティーリャ語）で執筆することで、スペイン国民意識の醸成を促したということを指摘できる。新たなジャンルには、エッセイ、散文体の喜劇、旅行記などを挙げられる。また啓蒙の作品として、それらには教育的熱情、批判的精神、改革の企図などが盛り込まれていた。

エッセイの分野では、すでに触れたようにフェイホーからはじまって、ホベリャーノスやカダルソの作品が重要であった。小説では、J・F・デ・イスラ『ヘルンディオ・デ・カンパーサス師』（一七五八年）がバロック的宗教への風刺を繰り広げた。

詩作では、マドリードではN・フェルナンデス・デ・モラティンの抒情詩に続いて、T・デ・イリアルテとF・M・デ・サマニエゴの寓話詩が評判を得た。サラマンカではJ・メネンデス・バルデスが抒情詩で活躍した。同じサラマンカでは、この後にプレ・ロマン主義に位置づけられるM・J・キンターナ、N・アルバレス・シエンフエゴス、J・ニカシオ・ガリェーゴが続いた。

演劇の分野では、中身のない大げさな仕掛けの作品に代わって、啓蒙改革に沿った批判的教訓的なものが支配的となった。ホベリャーノス『誉れ高き犯罪人』（一七七三年）が評判を得て、イリアルテ、C・M・トリゲーロスも同じく教化的作品を残した。だが、啓蒙改革者と民衆の感性の隔たりを顕したのがこの分野でもあった。民衆は、サイネーテと呼ばれる風俗喜劇に熱中したのであり、R・デ・ラ・クルス脚本の芝居は圧倒的な人気を誇った。

啓蒙の時代の最後に活躍した劇作家は、N・フェルナンデス・デ・モラティンの息子のL・フェルナンデス・デ・モラティンであった。彼はカバルスやゴドイの熱烈な支援を受けたが、スペイン独立戦争期にはホセ・ボナパルトの側につき、戦争が終わるとフランスに亡命した。彼の『娘たちの「はい」』（一八〇六年）は、父親に逆らって夫を選ぶという新たな女性像を描いており、その意味で明らかに啓蒙の時代を超える作品であった。

建築と絵画の動き

一八世紀の芸術は中央集権を志向する王権に大きく奉仕するものであった。サン・フェルナンド王立美術アカデミー（一七五二年）の活動は、一方では芸術的な水準を高めるが、他方では創意工夫を権威のもとに従わせるという矛盾をはらむものであった。一七九二年にF・デ・ゴヤはアカデミーの美術教育改善のための答申を提出し、「才能のおもむくままに自由にさせること」を主張した。しかしその前提として教育の制度的確立が行われる必要もあった。

一八世紀初めの建築家としては、バロック芸術を継承してJ・B・チュリゲーラ、J・チュリゲーラ、A・チュリ

図1－4　ゴヤ『日傘』

出典：*Historia de España fundada por Ramón Menéndez Pidal*, Tomo XXXI, Vol. I, Madrid：Espasa-Calpe, 1987.

ゲーラの三兄弟が活躍した。その豪華な装飾はチュリゲーラ様式として各地に広まった。彫刻も一七世紀のスタイルを継いでいたが、F・サルシーリョの彫る聖像は静謐《せいひつ》さにあふれていた。しかし時を経て古典主義が圧倒的に好まれるようになった。啓蒙思想には、調和のとれた構成の形式美のほうがふさわしかったのである。

一七三四年にマドリードの王宮が火災に遭い、新たな建て替えが計画されたが、そこではサケッティらのイタリア人建築家が登用された。ラ・グランハ離宮の建築、アランフエス離宮の拡張などでも、やはりイタリア人建築家が活躍した。これらの宮殿の内部を装飾するために多くのタピスリー（ゴブラン織）、陶磁器の置物、ガラス製品、絵画などが必要とされたが、多くは従来通りヨーロッパ諸国から輸入されたものの、一部は国内の工芸品産業を活性化させるために王立工場を設立して調達しようとした。マドリードのサンタ・バルバラ・タピスリー工場、アルコーラの陶器工場、ラ・グランハのガラス工場、ブエン・レティーロの磁器工場が、フランス人やイタリア人の技師を招いてつくられたのである。

宮殿に飾られる絵画の一部は、先に述べたサン・フェルナンド王立美術アカデミーに集う画家たちによって描かれた。なかでも、A・ラファエル・メングス、次いでM・S・マエーリャ、F・バイェウらが宮廷画家として活躍した。

ゴヤはバイェウに協力する画家として出発し、一七七〇年代にはタピスリーの下絵を数多く残したが、八〇年代になると肖像画家としての地位を確立した。宮廷画家として王族の肖像を描く一方で、ホベリャーノス、フロリダブランカ伯、カバルスといった啓蒙改革者たちの肖像を数多く残している。劇作家モラティン（息子）との親交もあつく（ゴヤは彼の肖像画を三枚書いている）、ゴヤを啓蒙思想家とみなす見解もあるが、芸術家と社会政治思想の関係はそれほど単純ではないだろう。だが、悲惨なスペイン独立戦争、その後のフェルナンド七世の絶対主義復帰といった状況のなかでゴヤの人間の不条理を告発する目が鋭さを増していくことは間違いない。

「スペイン」をめぐる議論

一八世紀初め、それぞれの国の近代化をめざすヨーロッパの啓蒙思想は、カトリック教会と異端審問の支配するスペインを停滞した陋習《ろうしゅう》のはびこる国として糾弾した。モンテスキューは『ペルシア人の手紙』（一七二一年）のなかで、スペインには「冗談を解さぬある種の坊主どもがいて、人間を藁のように燃やしてしまう」と揶揄している。

すでに述べたように、こうした批判を梃子にしてスペインの啓蒙改革派は、国の遅れを告発し、社会の近代化に尽力したのであった。こうしたなかで、たとえエリート層に限られていてもスペイン国民意識の高まりが見られたことは見過ごせない事実である。カンピーリョは祖国スペインを「ヨーロッパのくず」と蔑みながらも、「あるべきものになることを望んでスペインのために書いている」と『目覚めたスペイン』（一七三九年）に書いている。ガンダラ神父は『スペインの善と悪』（一七五九年）で「さまざまな民族《ナシオナリダーデス》の分派的精神」を乗り越えてスペインという「ひとつの祖国《パトリア》」に国民が結集する必要を訴え、一九世紀の国民国家形成につながるような議論を展開している。

一七七〇年代にフランスのG・トマ・レーナルが『両インド史』を、イギリスのロバートソンが『アメリカ史』を著したとき、それまでの自国のアメリカ史と比して実証性が評価されて、啓蒙的歴史家による翻訳が試みられた。だが、これらの書物はもっぱら新大陸の征服・植民の非難の書として受け止められ、政府の判断で出版は禁じられてしまった。

そしてスペイン人の国民感情を大きく傷つけたのが、一七八二年にパリで刊行されたパンクークの『方法百科』におさめられた「スペイン」の項目であった。この執筆者マソン・ド・モルヴィリエは、「スペインに負っているものは何か」「スペインはヨーロッパのために何をしてきたか」という刺激的な問いかけを行った。この項目は主に科学分野でのスペインの貢献を論じたものだが、「この愚かな国民」という表現と相まってスペインのすべてに対する侮辱ととらえられてしまった。半世紀にわたってスペインの近代化に取り組んできたスペイン啓蒙改革派にとってこれは我慢ならないことであった。植物学者カバニーリェスの反論からはじまり、スペイン弁護の書物が続いた。なかでもフロリダブランカ伯爵の支援で公けにされたJ・P・フォルネール『スペインとその学芸上の功績の擁護の書《オラシオン・アポロヘティカ》』は、近世初めから現在までのスペインの科学・文芸の功績を列挙してマソンへの全面的な反駁を行った。

これには反啓蒙的・守旧的な人々からの同調の声が続く一方で、スペインの現状になお批判的な思想家からは行き過ぎた護教論への警戒の声があがった。『検閲官』紙でカニュエロは、「怠惰を助長し、自分たちの置かれた現状に満足し、改善を求めない」立場であるとフォルネールを批判した。こうしてマソンの記事は、期せずして改革者たちのなかに大きな溝があることを露呈させた。さらに啓蒙改革全般を否定する伝統主義を大きく浮かび上がらせることにもなった。一七八九年に勃発するフランス革命は、さらに対立を顕在化させ、深刻化させることになる。

5　スペイン啓蒙の限界

フランス革命の衝撃

一七八八年にカルロス三世が没し、カルロス四世がそのあとを継いだ。フロリダブランカが事実上の宰相の地位にとどまり、啓蒙改革は続行するはずであった。しかし翌年に隣国フランスで革命が勃発して状況が一変した。革命の進展を前にフロリダブランカは、国境に軍隊を配置して「防疫線」を敷き、異端審問所に検閲を強化させた。一時期、政府系新聞三紙以外の新聞発行が禁止され、在留外国人への監視も強められた。そして多くの啓蒙思想家は沈黙を余儀なくされた。

一七九二年に宰相となったM・ゴドイは、国家存亡の危機のなかで経済社会分野での「上からの改革」は遂行せざるをえず、教会や貴族の特権の部分的削減も行った。しかし政治的自由主義につながる動きには強く警戒し、ホベリャーノスらは拘束・幽閉された。スペイン啓蒙思想はもともと少数エリートの文化であったが、政権の庇護を失ったいま、閉塞状況に陥ったのである。

一方、もともと「カトリック的啓蒙」を信奉するスペインの啓蒙思想家たちのなかには、フランスでの王政の廃止、政教分離・世俗化の動きに反発して、反動的姿勢に転じた例も少なくなかった。フォルネールは『愛国的精神論』（一七九四年）を著してフィロゾーフ（一八世紀フランスの広義の哲学者。理性に基づく思索を行った知識人を指す）の動きを批判し、J・ロレンソ・ビリャヌエバは『宗教の原則にしたがう国家教理問答』（一七九三年）を著して絶対王政を擁護した。さらにA・カッマニィは、ジャンセニスムとフリーメーソンを非難した反啓蒙的なJ・トルビア『フリーメーソンに対する歩哨《センティネーラ》』（一七五二年）の書名をなぞらえて『フランス人に対する歩哨』（一八〇八年）を出版し、ジャコバン的フランスに対して宗教的価値の擁護を訴えた。

啓蒙改革派として名を馳せたホベリャーノスでさえ、フランスにおける一七九三〜九四年の恐怖政治は「人類愛」の名において「原始的な野蛮《バルバリエ・プリミティーバ》」を解き放った行為であるとして、「自然と社会と宗教の道徳的諸原則」を踏みにじるものであると強く批判した。

反啓蒙思想と伝統主義

フランス革命の衝撃とカルロス四世政府の反動によって、伝統主義者たちが一挙に力を取り戻した。それは知的な再構築というよりも、すでにJ・トルビア『フリーメーソンに対する歩哨《センティネーラ》』にあらわれていたように、フィロゾーフとジャンセニスムとフリーメーソンへの憎悪を掻き立て、伝統的カトリック教会の立場をすべからく堅持するものであった。この反‐啓蒙思想の代表はD・J・デ・カディス師であった。彼はすでに一七八六年に、サラゴーサ大学で二年前にスペインで初めての経済学講座教授となったL・ノルマンテを、教会の伝統的教義に反して「利子」を擁護するとして非難していた。カルロス三世の啓蒙改革派に見られた寛容の動き、あるいは拷問緩和の動きもまた正統的宗教を揺るがすものとして、彼ら伝統主義の批判の対象となっていた。

一七九三年にフランスの国民公会がルイ一六世を処刑して、フランスとスペインが戦闘状態に入ると（国民公会戦争、〜九五年）、反革命的伝統主義者のプロパガンダは一挙に広まった。カディス師は『宗教戦争のなかのカトリック兵士』（一七九四年）を著し、「きわめて不敬虔な連中」への戦いであると述べて民衆をこの反フランス戦争に駆り立てた。A・ビラ・イ・カンプスやC・ペニャローサ・イ・スニガは、絶対王政と身分制の擁護を唱えて、自由や平等はよき社会秩序を破壊するものだと批判した。

さらにイエズス会士のL・エルバス・イ・パンドゥーロは『一七八九年のフランス革命の諸原因』を一七九四年に著

し、ジャンセニスムとフィロゾーフを同一視して、これらが教皇を頂点とするカトリック秩序を攻撃したことが隣国で革命という混乱をもたらしたと主張した。これは一八〇七年まではスペイン国内では流布しなかったが、スペイン独立戦争を経て復権を果たして帰国するイエズス会の立場を鮮明にあらわしたものだった。

こうした反革命的な宗教戦争を称える動きのなかでF・ファビアン・イ・フエロ司教は、例外であった。彼は、「宗教戦争という幻想、観念、矛盾は忌まわしいものだと認識される啓蒙の世紀《シグロ・イルストラード》にわれわれはいるのだ」と述べていた。

プレ自由主義の台頭

多くの啓蒙思想家が沈黙するか変節するなかでも、ゴドイの宰相専制主義への抵抗が見られなかったわけでない。彼らプレ自由主義者たちは、一八〇八年の独立戦争開始から活発化した自由主義改革の先駆者であった。

この主な流れは、絶対主義に対して議会政治の樹立を唱えるものであった。その出発点はJ・アモル・デ・ソリアで、彼は『スペイン・インディアスの諸国の慢性的かつ危険な病気』（一七四一年）でイギリスの立憲政治を称え、スペインの衰退は中世王国議会《コルテス》の廃止からはじまったと主張した。一七八〇年代にはJ・A・イバニェス・デ・ラ・レンテリアやV・デ・フォロンダが国王の専制主義を批判した。前者はモンテスキューの思想を、後者は合衆国独立の思想を広めたのであった。

さらにL・デ・アロヤルは、一七九三年に『スペインの繁栄した状態のための擁護の書《オラシオン・アポロヘティカ》』を著して、絶対王政を批判して、「主権者の権力を秩序だて、制限し、抑制する」合理的政体の樹立を提唱した。これは出版を許可されなかったが、手稿の形で密かに流布し、旧体制批判のバイブルとなった。そして一八一二年、独立戦争期のなかで『パンと闘牛』という名前を与えられて出版された。ここで象徴化されている「闘牛」は、エリート文化の啓蒙改革派には忌み嫌われたが、大衆の「無上の楽しみ《コミディーリャ》」であった。

一七九〇年代には王政そのものを否定する動きもあらわれた。フランス革命に同調したセビーリャ出身のJ・マルチェーナは、フランスのバイヨンヌから反スペイン活動を行い、『スペイン国民に』という冊子を著した。さらにJ・ピコルネルは、クーデタによって立憲君主制を打ち立てようとして、一七九五年、サン・ブラスの陰謀を企てた。こうして一八世紀末には、スペイン啓蒙改革にあきたらない自由主義の動きがたしかに芽生えていたのである。

（立石博高）

参考文献

立石博高「『エスキラーチェ暴動』の解釈をめぐって」『人文学報』（東京都立大学）一五四号、一九八二年。

立石博高「カンポマネスの工業振興論」『スペイン史研究』（スペイン史学会）第二号、一九八四年。

立石博高「啓蒙スペインの新定住地域開拓事業」『外国文学研究』（同志社大学）第四二号、一九八五年。

立石博高「啓蒙スペインとアメリカ植民地」内田勝敏編『世界経済と南北問題』ミネルヴァ書房、一九九〇年。

立石博高編『スペイン・ポルトガル史』山川出版社、二〇〇〇年。

関哲行・立石博高・中塚次郎編『世界歴史大系　スペイン史1』山川出版社、二〇〇八年。

Lynch, John, *Bourbon Spain, 1700-1808*, Oxford: Blackwell, 1989.

Callahan, William J., *Church, Politics and Society in Spain, 1750-1874*, Cambridge Mass.: Harvard University Press, 1984.

Historia de España fundada por Ramón Menéndez Pidal, Tomo XXIX, *La época de los primeros Borbones*, Vol. II, *La cultura española entre el Barroco y la Ilustración*, Madrid: Espasa-Calpe, 1985.

Historia de España fundada por Ramón Menéndez Pidal, Tomo XXXI, *La época de la Ilustración*, Vol. I, *El Estado y la cultura*, Madrid: Espasa-Calpe, 1987.

Martínez Shaw, Carlos, *Historia de España*, 19, *El Siglo de las Luces. Las bases intelectuales del reformismo*, Madrid: Historia 16, 1996.

Saavedra, Pegerto; Sobrado, Hortensio, *El Siglo de las Luces. Cultura y vida cotidiana*, Madrid: Síntesis, 2004.

Gil Fernández, Luis, et al., *La cultura española en la Edad Moderna*, Madrid: Istmo, 2004.

コラム1　オラビーデとディドロ――啓蒙思想の異相

パブロ・デ・オラビーデ・イ・ハウレギ（一七二五年にリマで生まれ、一八〇三年にスペイン南部のバエサで逝去）は、スペインの啓蒙改革の時代を、その開化と衰微の両局面において、立役者として生きた人物である。オラビーデは一七五一年にスペインに渡った後に、富裕な未亡人との結婚から金持ちとなり、五〇年代後半から六〇年代前半にかけて長期にヨーロッパに滞在して、フランスやイタリアの啓蒙思想家たちとの知己を得ている。そしてエスキラーチェ暴動以後に本格化した啓蒙的諸改革のためにカルロス三世政府に登用されて、多方面の改革に活躍することになった。マドリードのサン・フェルナンド救貧院の管理に成功をおさめると、セビーリャ都市長官、アンダルシーア地方監察官、さらにシエラ・モレーナ新定住地域総監督官となったオラビーデは、都市の整備から大学教育改革、モデル村落の建設に主導的役割を発揮したのである。

しかしその奔放な振る舞いと因習や迷信に対する攻撃的態度は、保守的階層の間に大きな反発を呼び起こした。異端審問所も注意深くオラビーデの行状を見守っていたが、一七七六年に彼は逮捕・投獄されて、二年後には「異端、破廉恥、カトリック教徒の腐敗した一員」であると宣告されて、宮廷からの永久追放と八年間の修道院への幽閉という有罪判決を受けた。

この判決に対してヨーロッパ諸国、とくにフランスの啓蒙思想家の側から熱烈なオラビーデ擁護の声があがることになった。

逮捕の翌年にヴォルテール（一六九四〜一七七八年）は、オラビーデを「非常に学識の高いフィロゾーフ」であるとして、彼が逮捕されていることに「心和らぐことはない」と述

オラビーデ

出典：*Historia de España fundada por Ramón Menéndez Pidal*, Tomo XXXI, Vol. I, Madrid: Espasa-Calpe, 1987.

べていた。そして、フランスの啓蒙思想家を結集した百科事典として『百科全書』を刊行したディドロ（一七一三〜八四年）は、『ドン・パブロ・オラビーデ――その略歴』という手稿をしたためている。ディドロによれば、スペインではカトリック聖職者が大きな影響力をもっており、開明的な思想をいだく人物は、たやすく異端審問所に告発されたのであった。フランスに長く滞在し「フィロゾーフの精神」を会得したオラビーデは、まさにこの非道な異端審問所の犠牲になった。「異端審問所の意向に反して良きことを行おうとするのはなんと危険であろうか」と述べて、ディドロはスペインの現状を厳しく糾弾したのであった。

ディドロ

出典：Stark, Sam, *Diderot: French Philosopher and Father of the Encyclopedia*, New York: The Rosen Publishing Group, Inc., 2006.

こうして、異端審問所によって裁かれたオラビーデには、彼を非難するか擁護するかの立場を超えて、「不敬虔な者」、「百科全書派」のイメージが定着してしまった。だが彼は、一七八〇年にフランスへの脱出に成功すると、『福音の勝利または幻想から覚めた哲学者の話』を著して、真摯なカトリック信仰を唱えている。フランス革命が起こると、これは「王座と祭壇とを攻撃した」たぐいまれな出来事であったと述べて、革命とは距離を置いていた。「異端審問の犠牲者」であったことは間違いないが、果たしてオラビーデはどこまでヴォルテールやディドロの思想に同調したのであろうか。

フランス啓蒙思想家によるオラビーデについての過度な評価は、むしろ自分たちの理想のための恣意的なものであったろう。一七九八年、スペインへの帰国を許されたオラビーデは、ハエン県のバエサに引退した。彼は晩年にいたるまで「世界共通語」の発明にこだわっていた。共通語提唱の理由は、それを利用して「いまだ野蛮な人々を文明化し、宗教と道徳の諸原則を彼らに広めることができる」からであった。最後まで彼は「啓蒙」、ただし「カトリック的啓蒙」の提唱者だったのである。

（立石博高）

第2章　自由主義とロマン主義の時代

1　一九世紀と国民国家の構築

本章では、ナポレオン軍の侵攻によってブルボン朝の旧体制が崩壊してから、パビア将軍のクーデタによって事実上第一共和政が葬り去られるまでの時代、つまり一八〇八年春から一八七四年初頭までの六五年あまりの時期を取り上げるが、前章で扱った比較的安定した「長い一八世紀」と比べると、政治的な混乱を極めた「短い一九世紀」ということができる。スペイン独立戦争の時代（一八〇八〜一四年）、フェルナンド七世の絶対主義復帰（一八一四〜二〇年）、自由主義の三年間（一八二〇〜二三年）、フェルナンド七世の再度の絶対主義復帰（一八二三年〜三三年）を経て、長期のイサベル二世の治世（一八三三〜六九年）が到来するが、一八三三年から一八三九年までは内乱（第一次カルリスタ戦争）の時代であり、その後も革命と反革命の動きが繰り返されて、穏健派自由主義のもとに安定政権が成立するのは一八五〇年代半ばであった。しかし一八六八年には革命を招来し（名誉革命）、「革命の六年間」の大混乱のなか、一八七三年に短命の第一共和政が樹立した。

革命と反革命の重出

この七〇年足らずの歴史的経過のなかで、スペインの政体は大きく変容を遂げた。スペイン独立戦争のなか、カディスで開催されたスペイン最初の近代議会が制定したカディス憲法（一八一二年憲法とも）は、「スペイン国民（＝国民共同体）は自由かつ独立であり、いかなる家族や人物の財産ともなり得ない」（同第二条）として、封建的家産的国家の原理を真っ向から否定し、「主権は本質的に国民に存し、したがって基本法を制定する権利は国民に属する」（同第三条）として、国民主権の原理を謳《うた》いあげた。その後の政治過程のなかで、国王が政府の執行権に関与する度合いをめぐって、また明示的には規定されなかった国民の基本的諸権利をめぐって、さらには国民のいかなる階層が参政権を行使できるのかなどをめぐって自由主義穏健派や急進派の間で、また新たに台頭した民主派や共和派の間で激しい論争や対立が繰り広げられ、一八〇八年以前の絶対王政へと政体を復帰させようとする勢力は急速に衰えた。すなわち、この間にスペインは、おおむね立憲的自由主義に基づく国民国家《ネーション・ステイト》の構築へと向かうことに成功したのである。

しかしブルボン朝支配を継承したスペインは、ドミンゲス・オルティスの述べたようにモザイク社会であり、国民（ネーション）としてのまとまりを紡ぎ出すのは容易なことではなかった。カディス議会でカタルーニャ代議員A・カッマニィは、「これら〔アラゴン人、バレンシア人、ムルシア人など〕の小さな諸国民《ナシオネス》から偉大な国民《ナシオン》が構成される」という楽観的な期待を表明したが、スペインの国民形成《ナシオナリサシオン》はほとんど進まなかった。実際、一八三五年にA・アルカラ・ガリアノは、「われわれが果たすべき主たる目標のひとつは、スペイン国民《ラ・ナシオン・エスパニョーラ》をひとつの国民《ウナ・ナシオン》にすることだ。今はそうではないし、今までもそうではなかった」と述べている。その後のスペイン自由主義国家の課題は、他のヨーロッパ諸国家と同じくこの国民の創出に取り組むことであった。

図2-1　カディス憲法の扉絵

出典：*Constitución Política de la Monarquía*, edición facsímilar, Valladolid: Editorial Maxtor, 2001.

この時期のスペイン文化もまた、新たな国家体制をめぐる対抗と国民の創出の努力に深くかかわって展開した。第2節以下では、ロマン主義の諸相、国民形成の装置、そして新たな社会的結合と政治思想の三つの側面に焦点を絞りながらこの過程を論述する。そのまえに大まかな文化現象の特徴にしたがって、「短い一九世紀」の時期区分を行っておきたい。

破局の時代

一八〇八年から一八三〇年代初めにかけてスペインは、混迷を極めた破局の時代であった。ナポレオン軍のイベリア半島侵攻が行われたとき、一八世紀の啓

図2-2　カディス憲法公布

出典：*Historia ilustrada de España*, Vol. 6, Madrid : Editorial Debate, 1997.

蒙改革を継承しようとする人々の一部は、ナポレオンの押し付けた傀儡《かいらい》国王である兄ジョゼフ（ホセ一世として即位）のもとで改革をさらに推し進めようとした。ウルキーホやカバルスらの親仏派《アフランセサード》は、やがてホセが王位を退くとフランスに亡命することになった。他方、フロリダブランカやホベリャーノスらは、フランスに囚われの身となったフェルナンド七世「期待された国王《レイ・デセアード》」の名のもとに抵抗評議会を樹立して、フランス軍への抵抗と新たな改革の体制づくりに邁進した。これらの愛国派《パトリオタ》には、単に旧体制の維持を望む絶対王政支持派もいたが、旧体制を廃棄して自由主義国家を樹立しようとする人々（やがて自由主義者《リベラレス》と呼ばれるようになる）が含まれていた。一八一〇年に開かれたカディス議会では、自由主義者が主導権を握ることになり、国民主権と三権分立などの立憲的理念が一八一二年のカディス憲法に結実した。

しかし、ナポレオンが敗北してスペイン国王に返り咲いたフェルナンド七世は、カディス憲法を廃棄して、改革派の弾圧を行った。一八二〇年、リエゴによるクーデタによってカディス憲法が復活して立憲主義の三年間が訪れるが、ウィーン反動体制下の列強の干渉を受けて立憲政府は倒れ、忌むべき一〇年間と呼ばれる反動の時代に再び入った。この間に親仏派や自由主義者の多くが亡命を余儀なくされて、とくにロンドンやパリはこれら亡命者たちの政治・文化活動の中心になった。本国での厳しい検閲から解放された彼らは、ときのロマン主義の思潮の影響を受けて、さまざまな出版物を刊行した。とくにイギリスに亡命したJ・A・ブランコ・ホワイトは、『スペインからの書簡』を含めて数々の抒情的作品を英語でも著し、スペインへの郷愁を謳い上げた。

この時期に「ふたつのスペイン」という言説が定着したことにも着目したい。とくに聖職者を中心とする保守主義者たちは、もっぱら王政と教会という伝統を賞揚して、カディス議会から顕在化した近代化の動きを「自由主義、フリーメーソン、反カトリック」として拒絶した。フリーメーソンはヨーロッパに広まった友愛団体で、理性と自由博愛を掲げていたために教会から敵視された。そこで近代化を志向する人々は、総じて憲法や主権といった近代的概念を、絶対王政によって抑圧されていた、もともとはスペインの「中世の諸自由」の蘇生として描くことを余儀なくされた。自由主義者たちの希望の星とされたカディス憲法も、「王国の古くからの基本法」への回帰として提示されたのである。

なお、フェルナンド七世の治世は、キューバとプエルトリコなどを除いて広大なアメリカ植民地のほとんどがスペインから独立した時代でもあった。一八世紀後半には植民地の交易が活発になるとともに植民地の科学調査・探検が行われて、自然科学の知見が飛躍的に高まっていた。だが、アメリカ諸国の独立運動とその後の混乱のなかで、スペインの科学の進展は麻痺状態に陥ってしまった。

ロマン主義の時代

一八三三年に当初は「期待された国王《レイ・デセアード》」であったフェルナンド七世が死去し、スペインはようやく改革の時代に立ち戻った。このときから一八五〇年頃までは、ロマン主義の盛期と位置づけられる。摂政となった王妃マリア・クリスティーナは、三歳で即位した娘イサベル二世の王位を安定させるために、自由主義者と妥協して国政改革を進めることを余儀なくされたからである。一八三〇年代後半、自由主義改革は本格的に進み、法的・制度的な意味では、領主制や教会十分の一税、異端審問制度の廃止など、旧体制の最終的廃棄が実現した。これらの改革には、マルティネス・デ・ラ・ロサなどフェルナンド七世のもとで亡命を余儀なくされていた自由主義者たちが、より穏健的な立場にたって積極的に関与した。

ヨーロッパからの旅行者の影響と、ヨーロッパに亡命していた著述家の帰国なども重なって、一八三〇年代から四〇年代にかけてスペインでは、ロマン主義の隆盛を迎えた。後述するように、M・J・デ・ラーラ（一八〇九～三七年）やエスプロンセダ（一八〇八～四二年）が「自由主義的ロマン主義」の旗手として活躍した。

これらの自由主義知識人の集まりの場となったのは、かつての貴族たちのサロンではなく、マドリードやバルセローナで相次いで生まれたカフェであった。裕福な人々の楽しみの場として、本格的なレストランが誕生したのもこの時期で、マドリードには一八三九年、スイス人によって「ラルディ」がオープンした。

カディス憲法は、スペイン国民が市民《シウダダーノ》権を行使できる要件のひとつに「読み書きができること」を求めたが、この要件の施行は初等義務教育の実現とともに一八三〇年以後とするとして、その時点では男子普通選挙（ただし間接選挙）を採用していた。しかしその後の憲法（一八三四年王国組織法、一八三七年憲法、一八四五年憲法）は、一定額の納税者であることを参政権の要件として、制限選挙を採用した。一八三〇年代半ばから一八六八年「名誉革命」までの時代は、王権の政治への関与の度合いとともに、国民のいかなる諸階層が参政権を行使できるのかをめぐって、自由主義者の穏健派と進歩派の間で激しい論争が繰り広げられた。これらに社会・経済改革の進め方の議論が重なって、とくに三〇年代から四〇年代には政権の交代やクーデタが繰り返された。一方、立憲制を否定し絶対主義復帰を願う勢力はカルリスタ（フェルナンド七世の弟カルロスに結集）としてたびたび武装蜂起を企てた（一八三三～三九年に第一次カルリスタ戦争、四六年～四九年に第二次カルリスタ戦争）。

こうした政治的にはきわめて不安定な時期が、ロマン主義の時代であった。伝統的な富裕層、軍人、教会を柱とする穏健派は、結局は力によって社会秩序を維持しようとした。『独裁に関する弁論』（一八四九年）を著したJ・ドノーソ・コルテスは、「正理論派自由主義《リベラリスモ・ドクトリナリオ》」を擁護して、社会の権威を揺るがす恐れに対して軍人独裁を擁護した。

国民意識高揚の時代

参政権の拡大を狙う自由主義進歩派のなかから、普通選挙の実施とより根底的な社会改革を要求する声が上がるのは時間の問題であった。教養と財産を柱とする自由主義に対峙して男子普通選挙と完全な国民主権を求める民主主義が、ヨーロッパの一八四八年革命の影響を受けて、その翌年に結成された民主党《パルティード・デモクラタ》によって主張されたのである。しかし、こうした勢力が社会的広がりをもつためには、穏健派自由主義の政治的摩耗を待たねばならなかった。

一八五四年にはエスパルテーロの進歩派政権が誕生するが、経済的自由主義の政策や不十分な土地改革などに反発が高まり、民主党や労働運動の反対も招いて瓦解した。その後は、旧穏健派と妥協的進歩派を糾合した自由主義連合《ウニオン・リベラル》が長期にわたって政権を維持した。一八五〇年代から一八六八年までの時期は、正理論派自由主義のもとでスペイン国民意識の高揚が図られた時代であった。

自由主義連合の長期的安定は、ひとつには鉄道ブームに代表される経済の発展があったことで、もうひとつには対外戦争によって国民の関心を国外にそらすことで達成された。とくに対モロッコ戦争の勝利は大きな熱狂を引き起こし、P・A・アラルコン『アフリカ戦争の証言日記』（一八五九年）に描かれた軍人の武勇伝などに人々は熱中した。後述するように、こうした国民意識の高揚は、一八五〇年代から盛んになったスペインの歴史や古典叢書の発刊、アカデミーによる文化遺産への注目、博物館・美術館での展示などに裏打ちされたものだった。

この時期にはフランスの影響を受けたロマン主義に代わって、より個人的な感情や内面性を重んじる文芸家が人気を博すようになった。G・A・ベッケルは、ドイツ抒情詩の影響を受けて、愛、幻滅、孤独などを詩にした。ロサリア・デ・カストロは郷土ガリシアを舞台に活躍し、『ガリシアの詩歌』などを発表した。リアリズム的な小説の先駆としては、上述のアラルコンのほかに、フェルナン・カバリェーロという男性名をペンネームとして活躍したセシリア・ベール・デ・ファベルがいた。『かもめ』など地方色を詩的に描き出して、風俗描写作家《コストゥンブリスタ》として名を残している。

ところで、強権的な政府による統制と正理論派自由主義の影響力のもとで、この時期の高等教育の思想界は閉塞的な状況にあった。ところがマドリード大学哲学教授のJ・サンス・デル・リオがハイデルベルク大学に留学して、ドイツ観念論のクラウゼ哲学をスペインにもたらしたことで、クラウゼ主義者《クラウシスタ》の一群が形成されることになった。クラウゼの思想は決して急進的ではないが、超保守的カトリック聖職者には許し難いものだった。カトリック擁護を至上とする哲学講座に汎神論と社会的腐敗の種をもたらす学者としてサンス・デル・リオは糾弾され、一八六七年に教授職を剝奪された。これは良心の自由を重んじる学者・知識人の猛反発を生み、イサベル二世の政府が翌年に瓦解する原因のひとつとなった。

なお、サンス・デル・リオの弟子であったヒネル・デ・ロス・リオスを中心に、一八七六年に私的教育機関として自由教育学院が設立されるが、これは王政復古体制に批判的な進歩派・左派知識人の養成の場になっていく。

自由な政治文化の時代

一八六八年九月、女王イサベル二世が長く権力を託していた穏健派政府は、進歩派や民主派などの蜂起によって打倒され、女王もフランスへの亡命の道を選んだ。以後、「革命の六年間」

（一八六八〜七四年）と呼ばれる政治的混乱の時代が続く。だが、強圧的政府の倒された今、人々は大幅な政治的自由を享受し、百花繚乱のような政治文化が現出した。この短い期間にスペイン社会の教育・文化水準が向上することはなく、一般大衆を巻き込んだ政治文化が生まれたのでもないが、二〇世紀に盛んとなるさまざまな思潮が知識人層のなかにあらわれたのである。

政治経過を一瞥しておくと、一八六九年六月に新憲法が公布され、男子普通選挙と国民主権に基づく立憲君主制が宣言されたが、ブルボン王家にかわる新たな国王の決定に難渋した。七一年一月にイタリア・サヴォイア家のアマデオが即位したが、有力な後ろ盾を欠いた新国王は統治の術を知らず、七三年二月に王位を放棄した。この間に、カルリスタの蜂起（第三次カルリスタ戦争）とキューバの独立戦争が生じたばかりか、新たな労働運動として登場した第一インターナショナル（国際労働者協会）への対応にも苦慮することになった。新国王を見出すことが困難を極めるなかで、七三年二月に第一共和政が成立するが、政局はますます混迷し、政府の施策に飽き足らない急進的連邦主義者はカントナリスタ（完全自治主義者）蜂起を起こして、この混迷に拍車をかけた。七四年一月にはパビア将軍のクーデタが起こり、セラーノ将軍が新政府を組織したが、事実上、ここで共和政は終焉した。そして一八七四年一二月にマルティネス・カンポス将軍のクーデタが起こり、翌年一月、イサベル二世の息子アルフォンソ（アルフォンソ一二世となる）の王政復古が実現する。

さて、クラウゼ主義者への弾圧の理由は汎神論にあったが、進展する自然科学の知識と伝統的カトリック教義との矛盾をいかに克服するかは、スペイン知識人にとっての最大の課題であった。守旧的教会の圧力と検閲をまぬかれた一八六八年以後、自然主義的かつ実証主義的な考え方が知識人の間に浸透し、学問の世俗化が急速に進んだ。

とりわけ、それまでは読むことさえ禁じられていたダーウィンの進化論は、科学界と思想界に大きな影響を与えた。『種の起源』のスペイン語訳は一八七七年を待たねばならないが、この時期に発刊された『哲学・文学・科学月刊誌』『近代誌』『ヨーロッパ誌』といった多くの定期刊行物で紹介され、大論争を巻き起こした。

この時期には、一八六九年憲法の施行とともに結社の自由や信仰の自由も実現し、さまざまな政治思想が公けにされた。なかでもピ・イ・マルガル（カタルーニャ語ではマルガイ）の共和主義的連邦主義、バランティ・アルミライのカタルーニャ主義、そしてインターナショナル（国際労働者協会）をめぐる路線対立などが、二〇世紀に継承される思潮として注目されるが、それらは本章第4節で叙述したい。

イサベル二世時代を支えた正理論派自由主義の論者は影響力を失うが、アマデオ一世の治世から第一共和政へと政局が混乱するなかで、超保守的カルリスタが息を吹き返したことは間違いない（第三次カルリスタ戦争、一八七二～七六年）。この蜂起のイデオローグとなったA・アパリーシ・ギハーロは『復古』誌などで、カトリック信仰に反するものとして自由主義を徹底的に攻撃していた。

しかし、注目すべきは、保守主義のリーダーとしてA・カノバス・デル・カスティーリョが支持を広げていたことである。カノバスは王政と宗教を擁護することは決して辞さなかったが、イギリス型の二大政党制の導入こそがスペイン政治の安定につながると考えた。アルフォンソ一二世の王政復古の立役者は、このカノバスであった。

2　ロマン主義からエクレクティシズムへ

ヨーロッパからの眼差し

一八世紀スペインの啓蒙思想家たちは主にフランスを範として、自分たちの遅れた社会を批判したが、フランスの百科全書派ディドロなどに典型的に見られるように、ヨーロッパの啓蒙思想家たちはスペインの啓蒙改革の動きを称える一方で、異端審問所と不寛容のはびこる社会としてスペインのさまざまな遅れを揶揄していた。しかし、フランス革命とナポレオン帝国の時代を経て、啓蒙思想の単純な普遍主義と合理主義が批判され、ドイツを起点としてロマン主義と呼ばれる思潮が広まっていった。ロマン主義者たちは、理性にかえて感情を、普遍にかえて特殊を、分析にかえて直感を賞揚し、それぞれの国や地域の歴史的個性を評価するようになった。

一方、スペイン独立戦争や自由主義の三年間の出来事がヨーロッパに伝えられ、またパリやロンドンに亡命したスペイン人たちを直接に知るようになるなかで、急速に産業革命を経験し近代化の真っただ中にあったヨーロッパのロマン主義者たちは、自分たちのヨーロッパとは異なりエキゾチシズムに溢れて民衆の感情の豊かなスペインに強いノスタルジーを感じるようになった。スペインは「オリエンタリズム」の入り口として恰好の場となったのである。

こうして一八三〇年代から四〇年代にかけて、ヨーロッパ人のスペイン旅行が流行となり、多くのロマン主義的なスペイン旅行記が遺されることになった。新約聖書の普及のためにほぼ四年間を旅に費やしたジョージ・ボローは『スペインの聖書』を著して、各地の民衆、とくにジプシー（北インドのロマン系に由来する民族で、イベリア半島には一五世紀中頃に到来。近年はロマと呼ばれる）への共感を表明した。同じような年数で各地を旅したリチャード・フォードは、『スペイン旅行者便覧』でスペインの衰退をあからさまに嘆く一方で、民衆の陽気さや活力を賞揚した。文明化した退屈なフランスを離れたテオフィル・ゴーティエは『スペイン紀行』を著して、闘牛、山賊、各地の踊り、地方料理といったものを詳述し、「スペインは言葉ではなく事実として、真の平等の国である」と称えている。

ヨーロッパからのロマン主義的眼差しとしてプロスペル・メリメを欠かすことはできない。メリメは一八三〇年から一八六四年にかけて幾度となくスペインを訪れているが、一八四五年に著した小説『カルメン』（第四章を付加した単行本は一八四七年）によって、スペイン女性のイメージを世界中に知らしめることになった。カルメンはジプシー女でありスペインにとっては異邦人であるのだが、スペイン女性は情熱的であるというイメージは紋切り型の語りとして定着してしまった。

ロマン主義の諸相

スペインのロマン主義は、スペイン独立戦争の最中に民衆の間に芽生えた感情的な祖国愛、つまりナポレオンの派遣したフランス軍と兄ホセ一世の傀儡政府に抗した非合理的な民衆の熱情をその起点としていた。マルクスは「イスラ・デ・レオンには行動なき理念が、スペインの他の地には理念なき行動があった」という有名な言葉を遺している。当初イスラ・デ・レオンに置かれたカディス議会が啓蒙思想を継承発展させた近代的自由主義の系譜に立つとすれば、実際に反フランス抵抗運動を繰り広げた地方の民衆の多くは、伝統的宗教的価値観に基づいて、アンチキリストたるナポレオンに対する憎しみに動かされた熱狂的戦いを繰り広げていたのである。ゴヤの版画『戦争の惨禍』に描かれた光景は、まさに悲惨な戦争と「民衆的ロマン主義」を表象していた。

一方、啓蒙思想を継承した自由主義改革の普遍主義への反発は、ナポレオンの失脚に伴う復古主義体制の強化のなかで、「歴史的ロマン主義」として現象した。フランスのシャトーブリアンやイギリスのW・スコットの作品の翻訳は、スペインのロマン主義文学の興隆に大きく与った。一九世紀初め、スペインの伝統的文化の再評価は、ドイツのA・G・シュレージェルによって着手されたが、J・N・ベール・デ・ファベルは、黄金世紀のスペイン演劇を絶対主義やカトリックの価値と強く結びつける形で称揚し、反動的姿勢を明確に表した。

一八二三年に立憲主義の三年間が崩壊してフェルナンド七世の「忌むべき一〇年間」の時代に入ると、こうした反自由主義的なロマン主義が地歩を固めた。A・ドゥランは中世に由来するロマンセ（民間伝承の物語詩）の収集を通じてスペインの伝統的価値を称揚した。かつて亡命を余儀なくされた自由主義者のA・リスタも、穏健派的な立場から多くの詩作を遺して、この時期のロマン主義を主導した。その後も伝統的立場からのロマン主義はとりわけ絵画の分野で長く存続した。J・ペレス・デ・ビリャアミル、F・J・パルセリーサらの作品は、スペインの伝統的景観をいまに伝えている。

図2－3　ゴヤ『戦争の惨禍』

出典：*Goya: estampas: grabados y litografías*, Barcelona: Randam House Mondadori S. A., 2007.

一八三三年にフェルナンド七世が死去し、フランスのユゴーやラマルティーヌの影響を受けるなかで、自由主義ブルジョワジーの要請に応える形で「自由主義的ロマン主義」が盛んになった。なかでもヨーロッパへの亡命から祖国に戻った自由主義者の一群が、この時代に活躍した。マルティネス・デ・ラ・ロサ、リバス公爵、A・アルカラ・ガリアノ、J・アルバレス・メンディサバルといった政治家・批評家である。さらに、M・J・デ・ラーラは、歴史を題材にした戯曲『マシアス』や小説『病王ドン・エンリケの近侍』などを著し、諧謔《かいぎゃく》的・風刺的な精神で祖国の政治と社会、文化の遅れを批判した。

しかし、ロマン主義を代表する詩人として忘れてならないのは、J・デ・エスプロンセダである。一八二五年に亡命を余儀なくされた彼は、イギリスやフランスでロマン主義の詩作に親しみ、一八三〇年のフランス七月革命にはパリで積極的に関与した。そして一八三三年にフランスから帰国した彼は、急進的なジャーナリストとして活躍するとともに、『抒情詩集』や『サラマンカの学生』などの詩集を著し、奔放なイメージの世界を繰り広げた。

この自由主義的ロマン主義は、スペインのカスティーリャ地方やアンダルシーア地方にとどまらず、カタルーニャ、バレンシア、バレアレス諸島、ガリシアなどにも広まった。カタルーニャでは、『ヨーロッパ人《エル・エウロペオ》』や『蒸気《エル・バポル》』といった雑誌が発行され、後者には一八三三年八月にB・C・アリバウの「祖国頌歌《オダ・ア・ラ・パトリア》」という詩がカタルーニャ語で掲載された。こうした動きは、地域固有の言葉をもつ諸地域の「文芸復興」を準備するものであった。

ところで、ロマン主義が感情への訴えを特徴とするならば、この時期のスペインで宗教的熱情が高まったことにも注目したい。民衆の宗教的感情を高揚させる宗教行事が盛んとなり、教会への個人的な奉納《エクスボート》が流行した。カトリック擁護者は、伝統的教会への反対者を悪魔として糾弾した。こうした「宗教的ロマン主義」のために、国家と宗教の分離は

図2－4　M. J. デ・ラーラ

出典：*Historia ilustrada de España,* Vol. 6, Madrid : Editorial Debate, 1997.

図2－5　J. デ・エスプロンセダ

出典：*Historia ilustrada de España,* Vol. 6, Madrid : Editorial Debate, 1997.

遅々として進まなかったのである。

エクレクティシズム

イギリスやフランスなどのヨーロッパの先進諸国では、産業革命の進展とブルジョワジーの社会的優勢の確立とともに、一九世紀半ばにはロマン主義や伝統主義の極端を斥けて「コモン・センス（常識）」を重視するエクレクティシズム（折衷主義）が、さらには観察や実験を貴ぶポジティヴィズム（実証主義）が社会的思潮の主流を占めるようになっていった。フランスではV・クーザン、A・コントらが活躍した時代である。

スペインでも同様の傾向が生まれるが、資本主義的発展の脆弱さやカトリック的価値の執拗な存続のなかで、伝統的ロマン主義の要素が強く残った。J・マリアスによって「一九世紀哲学へのスペインの寄与」の最高峰と評されるJ・バルメスは、自由主義とカルリスタ派伝統主義との妥協を模索し、穏健的な社会改革を構想した。文学の分野でもロマン主義的傾向が温存され、とくに詩歌ではA・ベッケルやR・デ・カストロが、戯曲ではJ・ソリーリャ（一八四四年に『ドン・ファン・テノリオ』を著す）が、民間伝承や歴史に題材を求めて活躍した。

スペインの折衷主義的思想はフランスの影響を強く受けたが、なかでもT・ガルシア・ルナ『折衷主義哲学教本』（一八四三年）はその普及に大きく与った。政治思想の分野では社会的秩序の維持を重視するドノーソ・コルテスが正理論派自由主義を打ち出したが、これは進歩派と穏健派の中道として「自由主義連合」を結成しようとするブルジョワジーの要請に応えるものであった。

すでに述べたように、正理論派自由主義とイサベル二世政府の強圧的姿勢に反発する知識人は、クラウゼ哲学を信奉して、同時代のヨーロッパの新思想を取り入れようとした。だが、事実、経験、そして証明を重んじて科学の恩恵に浴そうとする実証主義のスペインへの浸透は、遅々として進まなかった。伝統社会の制約のなかで自然科学の発展が乏しかったからである。一八七二年から発行された雑誌『社会の擁護』は、実証主義的作為を伴ったが、それは、第一インターナショナルに脅かされた「秩序」を擁護するための道具であった。経験科学の方法に基づく実証主義は、王政復古期になってようやく現象する。

ところで、「ちょうど真ん中《フスト・メディオ》」を重んじ、現実を空想に拠らずにありのままにとらえようとする主張は、写実主義《リアリズム》的文学作品を生み出すことにつながった。マドリードやアンダルシーアの、風俗や慣習といった社会生活の写実的描写は、イサベル二世の時代に大流行し、風俗描写文学《コストゥンブリスモ》という言葉が登場した。

この代表が前述のF・カバリェーロであり、『かもめ』（一八四九年）、『仁徳《クレメンシア》』（一八五二年）といった小説を発表して、「わが国の社会の諸階級の人々が考え行っていること」を写実的に語ろうとした。この傾向は一九世紀末の自然主義に受け継がれることになる。

ジャーナリズムの発展

カディス議会は、伝統的な事前検閲制度を廃止して、一八一〇年に出版の自由を定めた。カトリック国教を引き継ぐスペイン自由主義は、宗教に関する出版は検閲の対象としたものの、「政治的理念を著し、印刷し、公けにすること」は政治の基盤であるとみなしたのである。そのために一八〇八年から一八一四年にかけてナポレオンに抗したスペインでは、カディス、マドリード、セビーリャを中心に三〇〇もの新聞が発行されて、新たな国民の世論形成に預かった。因みにJ・キンターナが主幹した『愛国ウィークリー』は三〇〇〇部の定期購読者を誇った。

その後、フェルナンド七世の反動によってほぼ官報である『マドリード新聞』と情報誌的な『日刊マドリード』以外の発行が禁じられる状態が続いたが、一八二〇年の革命で「自由主義の三年間」がはじまると、さまざまな政治的傾向の新聞が発刊されるにいたった。このころには自由主義者は穏健派と熱狂派に分裂していたが、前者ではフランスの正理論派自由主義を普及させる『検閲官《エル・センソル》』が好んで読まれた。後者の立場では、『鞭《エル・スリアゴ》』や『銃《ラ・テルセローラ》』が急進的意見を表明した。

一八二三年からの「忌むべき一〇年間」には再び絶対主義的制限がジャーナリズムに課されたが、とくにロンドンに亡命した自由主義者は、亡命地で熱心に自分たちの立場を『立憲主義的スペイン人』『移民スペイン人の余暇』といった新聞で表明した。

一八三三年にフェルナンド七世が死去すると、カルリスタとの対抗のなかで、絶対主義の社会的価値からの解放が進展した。政府による制約が払拭されることはなかったが、スペイン国内でも再びさまざまな新聞が発行され、ジャーナリズムは政治的世論形成に不可欠の道具となった。保守派新聞としては、『スペイン人』『国民通信』などが、進歩派新聞としては『愛国者』『立憲者』などが登場した。政府もまた、一八三七年六月、それまでの『マドリード新聞』を正式に「官報《ボレティン・オフィシアル》」と位置づけた。以後、『マドリード新聞』は、幾度もの政権の交代にもかかわらず、この名称を保持して、ときの国家の政治行政に関する情報提供機能を担うものとなった（現在は『官報』となる）。

同時代人のA・ボレーゴが認めたように、時を経るとともに新聞は、ますます「党派の教義の普及」手段となっていった。正理論派、穏健派、進歩派などがそれぞれの立場を唱える新聞を発行し、一八五〇年代から六〇年代にかけては民主派や共和派、さらにはプロレタリアートの立場の新聞も次々と登場した。S・カマラの『国民主権』、F・ガリードの『バリケードの響き』などに加えて、『労働者階級の響き』『労働者』『結社』など、名称からしてその主張は一目瞭然であった。

図2-6　『不偏不党《エル・インパルシアル》』の印刷所（1870年）

出典：*Historia ilustrada de España*, Vol. 7, Madrid：Editorial Debate, 1997.

こうした政治的イデオロギーの明白な新聞のほかに、一九世紀半ば以後には、さまざまな情報提供というジャーナリズムの使命に応えようとする新聞が登場したことにも注目したい。A・フェルナンデス・デ・ロス・リオスの発行した『新たな出来事《ノベダーデス》』は、三万部の発行部数を誇り、E・ガセットが一八六七年に創刊した『不偏不党《エル・インパルシアル》』は、市民の間で長く愛されることになった（一九三三年に廃刊）。

この時期のジャーナリズムの発展でもうひとつ注目したいのは、上述のようなマドリードで発行された新聞にも地方への一定程度の浸透が見られたものの、スペインの地方的特性の強固さを反映して、多くの地域・地方新聞が発行されたことである。『ビゴの灯台』、『カスティーリャの北部』（バリャドリー）、『イルラック-

バット（三つはひとつ）』（ビルバオ）、『未来』（セビーリャ）、『地方』（バレンシア）、『日刊カディス』、『日刊バルセローナ』などがそれぞれの地に根を下ろした。

3　国民形成の装置

自由主義と教育

教育は、自由主義的国家体制を構築するにあたって、最も重視された分野であった。すでに述べたようにカディス憲法は市民権行使の前提として「読み書きができること」を求めていた。しかし、絶対主義への復帰や極端な制限選挙制を採用した穏健派自由主義のもとでは、教育の普及と識字率の進展は遅々として進まなかった。また、カトリック教会との妥協のために教育の世俗化は妨げられた。さらに中央集権主義的で、教育言語をカスティーリャ語（スペイン語）に限った教育政策は、スペイン国民形成に一定の役割を果たす一方で、カタルーニャなど固有の地域言語をもつ諸地域の反発を招くことになった。

初等教育についての推計では、就学児童の割合は一八世紀末には二三％であったが、スペイン独立戦争や自由主義の三年間などの混乱を経るなかで、一八三〇年代初めになっても約二五％にすぎなかった。その後、一八四六年には三五％、一八五五年には四〇％と、徐々にではあるが就学率が上昇した。しかし教育を受ける機会の男女差は著しく、一八六〇年の推計では、男性の非識字率が六五％であったのに対して、女性のそれは八七％にのぼっていた。

一八二一年の「公教育一般規則」によって義務教育と市町村への学校設置が定められたが、多少とも罰則を伴う義務化の条項が設けられたのは、一八五七年の「公教育基本法」つまり、ときの大臣の名にちなんだモヤーノ法が初めてであった。これによって六歳から九歳の児童の義務教育が施行されることになったが（貧困家庭の子女は無償）、実際には市町村長にその裁量が委ねられていた。というのも、教師の俸給を含めて公教育の経費は自治体の負担に付されたからである。さらに一八三九年から師範学校が設けられ、一八四四年には四二の県にこうした学校が存在した。だが、一八五〇年の報告によれば、国内には一万七〇〇〇余りの小学校があったが、その教師の半分は正式の免許状をもっていなかった。

初等教育では宗教、道徳、読み書きが重視されており、一八五七年のモヤーノ法でも、「キリスト教の教義と道徳」が義務教育として確認されている。したがって、スペインの国民形成にとってカトリック信仰の堅持は不可欠であり、公教育を通じて国民が「忍耐、節制、勇気、従順」を自らのうちにもつことが期待された。十字架は、教室には無くてはならないエレメントであった。

中等教育にあっては、当初は無償が理念的に打ち出されたものの、一八四五年のピダル計画から一八五七年のモヤーノ法にいたる間に、学校経費は主に県予算で賄われるとともに、教育の有償化が確定した。したがって実際に中等教育に進める子弟はごく富裕な階層に限られており、一八五六年の段階で二万家庭程度であった。

大学制度に関しては、神学と法学にのみ力点が置かれた旧体制のあり方の改善が求められる一方で、中央政府によるコントロールが強められていった。一八三五年には特権団体の象徴でもあった「血の純潔」証明が大学入学資格から撤廃されるが、大学が伝統的にもっていた自治権も削減されていった。一八四五年のピダル計画によって、医学や薬学の学部も整えられるが、全国の大学数は一〇に削減され、中央大学とされたマドリード大学のみが博士課程をもつことになった。また学長や学部長のポストは、政府によって任命される行政職と位置づけられた。

さらにモヤーノ法では、勧業省のもとに大学が置かれることになり、学長職の多くは元官僚や政治家によって占められ、教授会の権限もほぼ失われることになった。サンス・デル・リオの『人類の理念』（一八六〇年）は、禁書目録に加えられた。だが、こうした極端な中央集権化と言論の抑圧は、大学人と政府の対立を決定的なものにした。一八六五年には、「聖ダニエルの夜」事件という学生と官憲との激しい衝突が生じ、この後の政府による強圧的姿勢は、知識人たちの穏健派体制からの離反を決定的なものにした。クラウゼ主義を信奉する学者たちは、イサベル二世政府の打倒に向かわざるをえなくなった。

文化遺産の保存と博物館

国内の各地方に遺されていたさまざまな歴史的遺産を国民の「文化遺産」と認識し、その保存を心がけようという態度や政策は、決して新しいものではない。それは、一九世紀の国民国家形成の企図のなかで生まれ、それらを国民の共通の財産《パトリモニオ・ナシオナル》と位置づけようとしたことから始まったといえる。

スペインの場合も他のヨーロッパ諸国と同様に、一八世紀の啓蒙思想の時代に文化遺産への関心が高まり、貴重な絵画の外国への流出を阻止しようとする王令が、一七七九年、一八〇一年と発布されている。しかし、文化遺産の確認と保存の動きが本格化するのは、旧体制を廃棄して自由主義国家体制の構築へと進もうとする一八三〇年代であった。マリア・クリスティーナをイサベル二世の摂政とする自由主義国家は、絶対王政支持派のカルリスタと対抗して改革を推し進めるために、修道院廃止令や永代所有財産解放令《デサモルティサシオン》（教会財産の国有化・売却）を施行せざるをえなかった。これらの措置によって、数多くの貴重な美術品がイギリスやフランスに売却されてしまったのである。このことに危機感を抱いた政府は、一八三五年には廃止される修道院が所有していた「保存に値する品々」を残すよう県長官に命じ、一八三七年には県ごとに博物館・美術館を創設するよう命じたのであった。しかし、各県ごとの動きには大きな開きがあり、M・ロペス・セペーロ神父の尽力によっていまに貴重な美術品を残すセビーリャ県のような例はきわめてまれであった。

この時期までの文化遺産はもっぱら絵画や彫刻などの動産に限られていたが、一八四四年の王令で、それは芸術的価値と歴史的意義をもつ建築物にも拡大され、県知事は政府に対して各県のそうした建築物のリストを提供するように求められている。さらに同年には内務大臣所掌の中央委員会に属する形で「歴史芸術遺産委員会」が各県に置かれるとされ、その中央委員には画家のJ・デ・マドラーソ・イ・アグードやV・カルデーラ、歴史家のJ・アマドール・デ・ロス・リオスらが就任した。この収集の成果は、『スペイン建築記念物』（一八五六〜八一年）という精緻《せいち》な建築画集に結実した。

ところで一九世紀中ごろに盛んになったリトグラフ（石版印刷）は、スペインの芸術品や建築物への人々の関心を一挙に高めることになった。F・J・パルセリーサが絵を描いた『スペインの記念物と美術品』（全一一巻）はスペイン各地の「文化遺産」を視覚的に人々に伝えるものになった。その他にも、F・ピ・イ・マルガルの『絵画的スペイン』、ペレス・デ・ビリャアミルの『芸術と記念物のスペイン』、V・カルデーラの『スペインの図像集』などが出版されて、人気を博した。

こうした動きのなかで持ち上がったのが、一八四四年に国定史跡《モヌメント・ナシオナル》の第一号に指定されたレオン大聖堂の修復事業であった。一三世紀から一五世紀にかけて建てられたゴシック様式の大聖堂は傷みが激しく、一八五九年に修復工事が着手されたが、どの部分をどのような形で直すのか、工事の進行に伴って激論が生じ、工事責任者の交代も重なった。最終的にはゴシック建築の構造合理主義的解釈を行ったフランスの建築家E・E・ヴィオレ・ル・デュクの理論を知るJ・デ・マドラーソ・イ・クンツの計画にしたがって修復が行われ、一九〇一年にその完成を見た。

優れた美術品を手元に置きたいという望みは、前近代の王侯貴族に共通のものであった。とくにルネサンス（文芸復興）のころから古遺物の収集は盛んとなり、博物を陳列する「驚異の部屋（ドイツ語でヴンダーカンマー）」が宮殿や貴族館の一角を占めた。また、絵画はルネサンス以後に王室のコレクションの対象として珍重され、スペインではフェリーペ二世やフェリーペ四世の収集品が有名である。

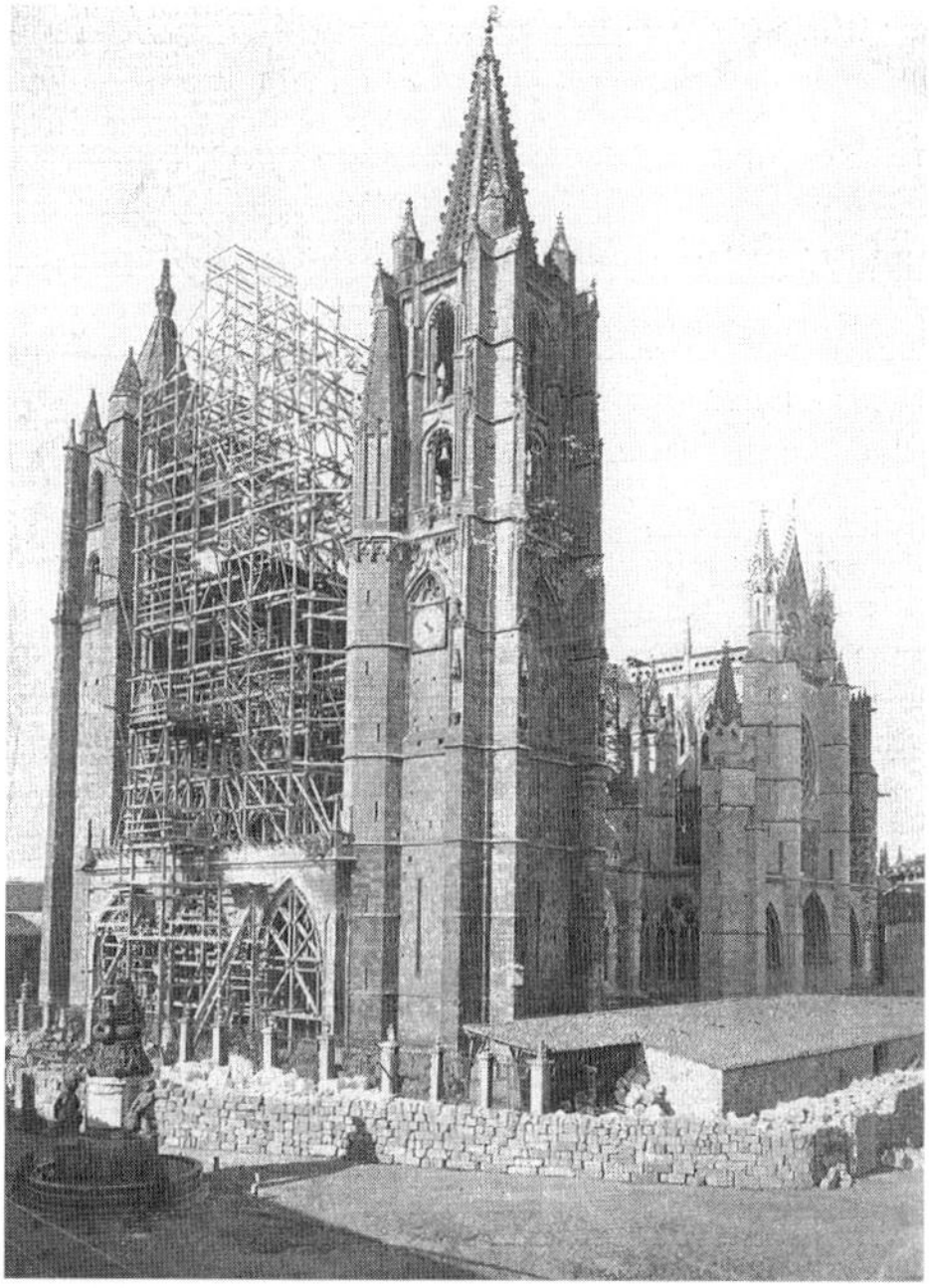

図2－7　修復中のレオン大聖堂（1890年頃）

出典：Graciani García, Amparo, *La técnica de la arquitectura medieval*, Sevilla: Universidad de Sevilla, 2000.

一八世紀の啓蒙思想期には、科学的知見の発展とともに有用性に着目して収集対象の区分がなされ、より系統だった収集が行われるようになった。スペインでは一七五五年に王立植物園がつくられ、一七七七年には王立自然史陳列室が設けられた。

美術作品の公開展示に関しては、フランスでは革命を経て一七九三年からルーヴル宮殿の美術館としての使用が始まったが、スペインでも王室の集めてきたコレクションを国民の遺産《パトリモニオ》として保存・公開しようとする声が強まった。もっとも革命と反革命を繰り返すスペインでは、その実現には時間がかかった。フェルナンド七世はのちのプラド美術館となる王立絵画彫刻館を一八一九年につくったが、それはあくまで王室財産《レアル・パトリモニオ》の一部と位置づけられていて、国民《ナシオナル》のものと性格付けされるのは一八六五年を待たねばならない。一方、古遺物収集の系譜を引く考古学は、この間に学問的立場を明確化させ、考古学コレクションに固有の国立考古学博物館が一八六七年に設立された。

国内各地方の絵画を含めた美術品を「国民の啓蒙《イルストラシオン・ナシオナル》のために利用する」という動きは、一八三〇年代から本格化した永代所有財産解放令《デサモルティサシオン》の実施とともに実現していった。先述したように県ごとに博物館・美術館が創設されていったが、それらの建物は主にかつての修道院などの施設であって、古くからの建築物が「国民の財産」となったことが明示されたのであった。

なお、ロマン主義のヨーロッパのスペインへに対する関心が高まるなか、とくにフランスの画家たちの間でスペイン絵画を再評価する動きが強まった。マネやルノワールといった画家がマドリードを訪れて、それぞれに称賛の声を残している。マネは、ベラスケスを「画家のなかの画家」とさえ呼んだ。だが同時に、こうした着目の結果、教会や修道院の保有していた多くの絵画が二束三文で外国に流出し、ヨーロッパ各国のスペイン絵画コレクションを豊かにすることになった。

歴史学と国民史

第1節で述べたように近代初頭のスペインは、中世に成立した諸国の独自性を色濃く残した諸地方からなるモザイク社会であった。一七世紀初めにJ・デ・マリアナはカスティーリャ王国を中心にして『スペイン全史』（一六〇一年、スペイン語版）を著したが、スペインの他の諸国の歴史を看過することはなかった。その後の二世紀間、マリアナに比する総体的スペイン史の叙述がなされなかったことは、スペイン全体の国民意識の醸成が遅れていたことの証左に他ならない。

しかしスペイン独立戦争を経て、スペイン国民という意識が少なくともエリート層を中心に生まれたことは、カディス議会とカディス憲法に明白である。トレーノ伯爵『スペインの蜂起、戦争、革命の歴史』（一八三五～三七年）は、この要請に応えた著作であった。

M・ラフエンテが長年をかけて著した『スペイン全史』（全三〇巻、一八五〇～六七年）は、マリアナの試みを発展させて、「スペイン史」を叙述しようとした試みであった。当時のヨーロッパ、とくにフランスのギゾーらの歴史叙述の影響を受けつつ、その起源から同時代までの祖国の歴史を、ロマン主義と自由主義に棹差しながらナショナリズム的観点から描こうとしたのである。ラフエンテは、この「国民史」の出発点としてローマ軍による植民地化に抵抗したサグント（ローマ時代の名はサグントゥム）、ヌマンシア（同ヌマンキア）という二つの町の出来事を大きく取り上げ、侵略に対する独立精神こそがスペインの歴史を貫く柱であるとした。そして、中世レコンキスタをスペイン国民の領土と一体性の回復追求の時代と見做し、ナポレオンのフランス軍への国民的抵抗をまさしく「スペイン独立戦争」という祖国の独立を擁護する戦いとして叙述した。この壮大な国民史は、何度も版を重ねて長くスペイン国民史の定番となった。

一九世紀の半ばに、歴史実証主義的な学問的関心が高まったことにも注目したい。一八世紀に設立された王立歴史アカデミーは、一八五六年に制度的に改変され、こうしたアカデミズムの流れを強化する方向に傾いた。一八四二年からは『スペイン史未公刊文書コレクション』が、一八四七年からは『アラゴン連合王国総文書館未公刊文書コレクション』が刊行され始めて、歴史文書を「国民の遺産」と位置づける動きが本格化した。そして一八六六年には、国立歴史文書館《アルチーボ・イストリコ・ナシオナル》が創設された。これはやはり国立《ナシオナル》のプラド美術館や考古学博物館の設立と時期を同じくしていた。

図2－8　M・ラフエンテ

出典：Lafuente, Modesto, *Historia General de España*, Madrid, 1867.

先にリトグラフ印刷が文化遺産としての歴史的建築物への関心を高めるのに役立ったと述べたが、国民史の叙述の書物に数多くの国民的歴史的出来事が挿絵として描かれるにいたったことにも注目したい。視覚的な認識によって歴史意識がさらに喚起されたのである。と同時に、公共の空間を装飾するために国民史を材料にした巨大な歴史画が数多く描かれたのもこのころであった。サン・フェルナンド王立美術アカデミーもまた好んでこうした作品をコンクールの優秀作品にしたのである。代表的な歴史画に、スペイン独立戦争に因んだJ・カサード・デル・アリサルの「バイレーンの降伏」、V・パルマローリの「一八〇八年五月二日、モンクロアの埋葬」があるが、前者はプラド美術館に、後者はマドリード市役所に飾られている。

対抗する地域アイデンティティ

スペイン国家が国民形成を推し進めるためにスペイン・ナショナリズムの強化を図っていたときに、経済的利害の対立から、あるいは中央集権的政策への反発から、そしてカスティーリャ語（スペイン語）の強制とカスティーリャ化への対抗から、旧体制のモザイク社会のなかで固有の言語・文化・歴史をもっていた諸地方は、中央とは異なる文化的アイデンティティを主張するようになった。マドリード中央政府の進めた国民形成の度合いがどれほど有効であったかは議論の分かれるところであるが、結果的に脆弱なものにとどまったのは、カタルーニャ、バスク地方、ガリシアといった諸地方の文化的覚醒が著しかったからに他ならない。一九世紀末の王政復古期にこれらの地方では、政治的様相を帯びた地域ナショナリズムがますます顕著となっていく。

スペインの自由主義国家体制が制度的に成立する一八四〇年代にはこれらの地域で、地域主義的政治運動はいまだ見られないものの、文化、言語、制度、民族誌において固有の過去をもつという自己主張が芽生え始めている。他方、これらの地域の政治家たちは、自分たちの地域を包摂するスペイン自由主義国家が近代化と資本主義化の道を歩むことに大きな期待を抱いていたことにも注目したい。

カタルーニャの「ラナシェンサ（文芸復興）」は、B・C・アリバウがバルセローナの日刊紙に「祖国頌歌《オダ・ア・ラ・パトリア》」をカタルーニャ語で発表して、祖国と言語の一体性を謳いあげたことを起点とするといわれる。アリバウは生涯のほとんどをマドリードで暮らし、日常的にはカスティーリャ語を使用する知識人であったが、当初から「起点」をもったことの意味は大きい。カタルーニャ語は、地域アイデンティティとしての意味と比重をますます強めていく。

一八四〇年代以後カタルーニャ語での文学活動が広がりを見せるが、地域の歴史的個性を評価するロマン主義の動きと、「スペインの工場」として産業革命を推し進めるカタルーニャ・ブルジョワジーの自負の意識とが、この動きの大きな支えとなった。「リュブラガット川のガイタ吹き」というペンネームで一連の詩を発表したルビオ・イ・オルスらの活躍を経て、一八五九年からは抒情的詩歌などの出来栄えを競う「花の競技《ジョクス・フロラルス》」が開催されて、保守的教養人のカタルーニャ語熱を掻き立てた。さらに、J・クルターダは『カタルーニャとカタルーニャ人』（一八六〇年）を著して地方《プロビンシア》の独自性を強調する一方、M・ミラ・イ・フンタナルスやA・ダ・ブファルイらは、カタルーニャの中世以来の文芸と歴史の独自性を謳いあげた。

一八六〇年代には、保守的な「ラナシェンサ」を批判しつつ、民衆文化を称える動きも生まれた。F・スレーは「今、話されているカタルーニャ語」で数々の演劇作品を書いて、一般の人々の人気を博した。またA・クラベは、つとに職人層を中心にした民衆的合唱協会の結成と普及に努めた。第4節で後述するように、一八七〇年代になると、カタルーニャ主義はより鮮明にカタルーニャ語復権と結びつき、さらに政治的動きへと昇華する。

バスク地方のナショナリズムは、一九世紀末以後にはカタルーニャと比しても強固となるが（それは工業化の急速な進展、そして非バスク語話者の労働者の大量流入と強く関連する）、一九世紀半ばには限られた形での言語や地域的独自性の主張にとどまった。一九世紀の半ば、カスティーリャ語による教育制度が確立するなかで、バスク語（エウスカラ）の後退を恐れる人々からは、二言語教育あるいは初等教育の最初の段階でのバスク語教育といった主張も見られたが、大きな影響力はもたなかった。他方、バスク民族を他とは異なった民族誌をもつものとして描こうとする企ては、J・M・デ・ゴイスエタ『バスクの伝承』（一八五一年）、J・V・アラキスタイン『バスク＝カンタブリアの伝統』（一八六六年）などに見られ、A・デ・トルエバ『民謡の書』（一八五一年）によってバスクの農村社会の理想的描写が行われた。いずれにせよ、バスク地域主義の展開は、一八七六年の地域特権フエロスの廃止への反発を待たねばならない。

ガリシアでも知識人層に限られていたが、地方《プロビンシア》の独自性を唱える動きが生まれていた。ガリシア語の後退は著しかったが、五〇年代ころから「レシュルディメント（文芸復興）」という言葉が使われ始め、ムルギアは『ガリシアの歴史』（一八六五年）を書いて、ガリシアをケルトと結びつけて、地域的歴史的独自性を唱えた。B・ビセットもまた『ガリシアの歴史』（一八六七年）において、ケルトに基づくガリシア・アイデンティティの回復を主張した。さらにムルギアの妻となったR・デ・カストロは、『ガリシアの詩歌』（一八六三年）でガリシアを抒情的に褒め称えた。

4　共和主義の台頭

新興市民の社会的結合

一八世紀に開明的な貴族や聖職者は、貴族館のサロンでの私的会合《テルトゥリア》に加えて、カンポマネスらの主導によって各地につくられた祖国の友・経済協会に集って啓蒙改革の議論を重ねていたが、これらへの新興市民の参加は限られていた。一九世紀の自由主義改革の動きが進行するなかでは、身分制的秩序を引き継ぐ貴族的なサロンからも、民衆的要素を併せもっていた愛国協会《ソシエダーデス・パトリオティカス》（自由主義の三年間の時期に拡大を見せた）からも距離を置いた新興市民層のエリート的な集まりの場が定着していった。新たな結合組織《アソシアシオン》に基づいた新たな社会的結合関係《ソシアビリダー》が築かれていったのである。フランスのA・ド・ラボルド『社会の全利益のための結合組織の精神について』（一八一八年）の翻訳出版（一八三四年）は、こうした動きの理論的支えとなった。

ブルジョワ的社会的結合関係を代表する最初の本格的組織は、一八三五年に首都で結成された「マドリード科学・文芸・芸術アテネオ」であった。現在も存続するマドリード・アテネオ（長年の蓄積で、素晴らしい蔵書を備えた図書館をもつ）は、かなり高額の年会費を払うが、会員同士の平等な関係が維持されるイギリスのクラブにならったもので、当時の入会者は男性に限られていた。ここでは学問分野ごとに連続講義などが組織されて、会員同士の自由な議論が保障され、知識人エリートつまり「高名な市民《シウダダーノス・エスクラレシドス》」の涵養の場となったのである。当初の会員には、A・デ・サアベドラ、A・アルカラ・ガリアノ、R・デ・メソネーロ・ロマーノスら、首都の代表的文芸家・政治家が名を連ねていた。

こうしたアテネオは、やがてバルセローナ、レオン、サラゴーサ、バレンシア、サラマンカなど各地に設立された。いずれも、自由主義国家の形成と展開のなかで、クラウゼ哲学、自由貿易論、奴隷制廃止、民主主義などのテーマで議論が戦わされ、一八六八年の名誉革命の下地となっていった。

音楽や詩作、演劇やデッサンなどの芸術を中心にした組織も誕生した。その目的はとくに新興市民の良家の若者たちが、芸術的教養を身につけることであって、ここには女性の入会も認められた。会員たちは、専門芸術家の指導のもとに課題を定期的に提出することを義務づけられた。一八三七年に設立されたマドリードの「芸術・文芸リセオ」がこうした団体の手始めになり、同じようなリセオが、バルセローナ、アリカンテ、バレンシア、サラゴーサ、バリャドリーなどにつくられ、それぞれに各地の名望家の子女を集めて、とくに音楽愛好の裾野を広げていった。

新興市民の関心に応えて娯楽やスポーツの組織がつくられたのもこのころであった。立派な調度品が置かれた専門のカフェの代表は、バルセローナの「リセオ・サークル」である。カシーノまたはシルクロと称されたこれらのサークルは、入会がその地の「良き家庭《ブエナス・ファミリアス》」の男性に限られており、もっとも厳格な会員資格が適用された。彼らは当時の制限選挙制度において選挙権をもつ富裕市民でもあった。イギリスにならった、キツネ狩りなどの貴族的なスポーツクラブも組織されたが、鑑賞スポーツとしては競馬が人気を博し、マドリード、バレンシア、セビーリャなどに競馬場がつくられた。

民衆の社会的結合

一八三〇年代以後になると民衆の間にも、相互扶助、音楽、文化、娯楽などの結合組織《アソシアシオン》が誕生していった。これらの組織が政治的性格を帯びることに当局がつねに警戒を払っていたことはいうまでもないが、民衆はそれらを通じて独自の社会的結合関係《ソシアビリダー》を培っていった。

一八三九年の王令によって認可された相互扶助の結社は、民衆的性格の最初の結合組織《アソシアシオン》といえる。当局の厳格な統制下に置かれ、職人や労働者たちが「自分たちの災害や病気などを相互に助け合う」ことを目的としたが、場所と状況によってさまざまな性格へと転化する可能性をもっていた。一八四〇年にバルセローナで結成された「綿織工相互結社」は、早くから組合的性格を帯びて、スペインで最初の近代的労働者組織の萌芽となった。

一方、これらの結合組織《アソシアシオン》は、自由主義改革のなかで廃止された職人ギルドの性格を引き継ぎ、親方徒弟の契約を実質的に存続させてもいた。これらの結社は、往々にして伝統的ギルドの守護聖人の名前を継承していたのである。梅毒などの性病が「不名誉である」として、相互扶助の対象から省かれていたのも興味深い。

相互扶助から始まって労働者相互の啓発的性格へと発展していったものも多かった。つまりブルジョワジーのアテネオやリセオにならって、教育、音楽、読書などへと活動を広げたのである。カタルーニャのレウスの読書センター、マラガの職人相互扶助協会などが、これにあたる。初期社会主義者の一人とされるF・ガリードらは、イギリスのロッチデール先駆者郷土組合を手本にして協同組合運動を組織した。

職人・労働者の教育と余暇の提供を意図して、一八四七年にマドリードで結成された「技芸人、職人、日雇い工、農民の夜会《ベラーダ》」は、翌年のマドリードの政治的混乱で閉鎖されたが、進歩派政権が復活した一八五四年に復活を果たし、五九年には「技芸振興会」として拡大した。これにはイサベル二世に反対する知識人の支援が加わって、民主的労働者組織として発展していった。

民衆的結合組織《アソシアシオン》として注目されるのは、先に述べたA・クラベが普及に努めた合唱協会である。一八五〇年にバルセローナで「同胞愛合唱協会」として明確な形を成したが、同様の協会が近隣の市町村に広がりを見せ、音楽から相互扶助、ストライキ支援などへと活動を広げた。一八六四年、バルセローナ県知事は、「合唱協会はカタルーニャ全土に広がり、クラベを指導者とみなす政治的組織の性格を帯びてきている」と警戒心を示している。

民主主義と共和主義

第1節で述べたように、自由主義は旧体制の廃棄と立憲君主制の樹立を望む諸階層を結集するイデオロギーとして一八三〇年代まで進歩的役割を果たした。しかし私有財産権の擁護と制限選挙（教養と財産をもつ者のみが選挙権を有する）の堅持を柱とする穏健派自由主義体制は、正理論派の主張を唱えるドノーソ・コルテスらの努力にもかかわらず、とくにヨーロッパ諸国の一八四八年革命の影響によって大きく動揺した。穏健派自由主義体制は一八六八年の九月革命まで存続するが、反体制の思想と運動はますます顕著となっていった。それらは、さしあたり民主主義と共和主義という形で表明された。

一八四九年に進歩派から分離して設立された民主党《パルティード・デモクラタ》の最も熱心な活動家の一人がS・カマラであった。彼は『国民主権《ラ・ソベラニア・ナシオナル》』紙を刊行して、「かつて自由主義の理念は進歩を意味したが、時代の発展のなかで、今日は民主主義《デモクラシア》と呼ばれる」と述べて（一八五五年一一月二五日付）、広範な政治的自由の実現、社会改革の推進と男子普通選挙の実施を要求した。ちなみに彼は、進歩派の二年間（一八五四～五六年）の瓦解後、ポルトガルに亡命し、スペインとポルトガルの民主的統合の理念として「イベリア主義」を唱えて画策したが、一八五九年にスペイン侵攻を企てて失敗し、死去した。

R・デ・カンポアモール（『民主主義との論争』、一八六一年）を筆頭に、普通選挙という「無制限な選挙権」は分別ある中産階級にも群衆にも同一の権利を与えて社会を無秩序状態に陥らせるという反発があったにもかかわらず、九月革命によって男子普通選挙が実現した。この事態に際し、「秩序ある自由」を唱え、後に王政復古の立役者となるカノバス・デル・カスティーリョも、「矯正の方策」としての民主主義を許容した。しかしそれは「代議制民主主義」であって、「聡明で、学識と教養のある」ものでなければならなかった。

図2－9　共和政を風刺する絵

出典：*La Flaca* (1 de mayo de 1873).

その一方で、王政《モナルキア》の存続と民主主義の実現とは相容れないという考え方が広まっていった。一九世紀初めには、一七八九年フランス革命の否定的影響で、無政府状態や無秩序につながるものとして共和政《レプブリカ》の主張はほとんど受け入れられなかった。だが、一八四〇年代になると『再生者《エル・レヘネラドール》』紙や『大暴風《エル・ウラカン》』紙などの共和主義を支持する新聞のキャンペーンなどもあって、その否定的評価を払拭していった。共和政は次第に、専制政治を許す王政への対抗として、民主主義と密接に結びつく政体として受け入れられるようになっていった。

一八六八年の九月革命以後、イサベル二世に代わったアマデオ一世の王政が失敗したために共和政は実現可能な政体として浮かび上がり、一八七三年二月には第一共和政が誕生した。しかし、共和政は新王政破綻の結果にすぎず、国内でも植民地でも内乱状態と戦争が続き、その前途は多難であった。しかも連邦主義と中央集権主義、穏健派と非妥協派の対立が共和主義内部で深刻化し、わずか一年足らずで共和政は実質的に崩壊した。そして、無政府状態と混乱のうちに短期間で終わったために、なった。

「共和政」という言葉には長く「過度の自由のために無秩序が支配する場」という否定的イメージがつきまとうことに

連邦主義・地域主義とインターナショナル

スペインの共和主義は、当初から主として「連邦主義《フェデラリスモ》」と結びついていたことに注意したい。穏健派自由主義が王政と中央集権主義を最大の柱としていた以上、それへの反対はおのずから共和政であり非中央集権主義となったのである。しかも、旧体制のモザイク社会の状態を反映して、「各地方固有の諸法の維持」は総じて受け入れられやすいスローガンであった。ちなみに、当初はフーリエの思想を信奉して初期社会主義者の一人とも評されたF・ガリードは民主党に加わって、一八五五年に『世界民主連邦共和国』を著し、イサベル二世の王政とそれを支える経済的寡頭支配層《オリガルキア》を批判して、中産階級と労働者を主体とする共和国を構想したが、その国家は同時に連邦主義的であらねばならなかった。

やはり民主党に加わったF・ピ・イ・マルガルは、一八五四年に『反動と革命』を出版して、一八六九年にはプルードンの『連合主義原理』（一八六三年）をスペイン語に翻訳するなど、個人主義的・連邦主義的思想の普及に努めた。そして、一八六九年革命とともに台頭した連邦共和党の指導者となり一八七三年六月には第一共和国の第二代大統領となった。しかし、非妥協的連邦主義者との対立や完全自治区を要求するカントナリスタの蜂起に対して毅然と対処することができずに、ピ・イ・マルガルはわずか一カ月で大統領を辞任した。興味深いのは、彼のイニシアティヴでつくられた一八七三年憲法草案には、一九七八年憲法に基づいて築かれた地方分権的な自治州国家体制で実現される要素が少なからず含まれていたことである。

ピ・イ・マルガルは、王政復古後も連邦主義国家を唱え続けたが、カタルーニャなど特定の地域の特殊性擁護の動きには同調しなかった。だがカタルーニャの連邦主義には、そうした地域主義的要素が含まれていたのである。一八六九年革命によって政治的自由の土壌が生まれると、V・アルミライらは『カタルーニャ国』紙を発行して、「マドリードの抑圧をまぬかれたカタルーニャ」を唱えて、連邦主義からカタルーニャ主義への傾斜を強めた。一八七三年二月に共和政が宣言されると、カタルーニャの非妥協的連邦主義者はカタルーニャ国の宣言を要求して激しい示威運動を展開した。さらに王政復古体制のなかで連邦共和主義の展望が見出せなくなると、アルミライらはピ・イ・マルガルと完全に袂を分かち、地域ナショナリズムつまりカタルーニャ主義を前面に打ち出すようになる。

本章で扱ってきた「短い一九世紀」の最後の局面で注目すべきは、スペイン・ナショナリズムへの反発が、共和主義の支持にとどまらず第一インターナショナル（国際労働者協会）への共鳴としてあらわれたことである。第一インターナショナルは一八六四年にロンドンで結成された国際労働者組織で、資本主義的私有財産制を批判して各国の労働者に強い影響を及ぼしたが、アナキズムの革命的直接行動を重視したバクーニン派労働者階級の政権奪取を掲げた路線対立が顕在化した。スペインには一八六八年、バクーニン派の主導で最初の拠点がつくられ、七〇年六月に第一インターナショナル・スペイン地方連合が結成された。当初この組織はカタルーニャが中心であったが、連邦共和主義者たちが築いていた結社網を利用して拡大し、共和主義から自立しようとする労働者たちを糾合していった。マルクスの女婿ラファルグによってマルクス主義が紹介されると「マドリード新連合」が結成されるが、これは少数派にとどまった。

パリ・コミューン（一八七一年三〜五月）とカントナリスタ蜂起に恐怖を感じたブルジョワ諸階層は「私有財産」が脅かされることに耐えらなかった。「平和的結社」には当たらないとしてスペイン地方連合の解散を求める声の高まりのなかで、六九年憲法に基づく議会は、一八七一年一一月、その非合法化案を賛成一九二票、反対三八票で可決した。ガリードのような「インターナショナルを生み出した原因」をこそ取り除くべきだという主張は、少数にとどまったのである。その後インターナショナル活動家への弾圧が続くが、アナキズムの影響を受けた政治運動は、いっそう急進化した。

こうして、「革命の六年間」のなかで誕生した地域ナショナリズムや反資本主義を特徴とする新たな政治結社と労働組織は、一九世紀末の王政復古体制の経過のなかで息を吹き返し、スペイン社会を大きく揺るがすことになる。この新たな時代の政治文化は、「短い一九世紀」すなわち国民国家形成期の自由主義や民主主義のパラダイムを超えるものとなっていく。

（立石博高）

参考文献

関哲行・立石博高・中塚次郎編『世界歴史大系　スペイン史2』山川出版社、二〇〇八年。

立石博高「カディス憲法とスペイン王国――国民／市民の規定をめぐって」立石博高・篠原琢編『国民国家と市民――包摂と排除の諸相』山川出版社、二〇〇九年。

立石博高編『スペイン・ポルトガル史』山川出版社、二〇〇〇年。

立石博高・中塚次郎編『スペインにおける国家と地域――ナショナリズムの相克』国際書院、二〇〇二年。

アルベルト・ゴンサレス・トゥロヤーノほか『集いと娯楽の近代スペイン――セビーリャのソシアビリテ空間』岡住正秀ほか訳、彩流社、二〇一一年。

Villacorta Baños, Francisco, *Burguesía y cultura. Los intelectuales españoles en la sociedad liberal, 1808–1931*, Madrid : Siglo XXI de España, 1980.

Bahamonde, Ángel ; Martínez, Jesús A., *Historia de España. Siglo XIX*, Madrid : Cátedra, 1994.

Historia de España fundada por Ramón Menéndez Pidal, Tomo XXXIII, *Los fundamentos de la España liberal*（*1834–1900*）*: la sociedad, la economía y las formas de vida*, Madrid : Espasa-Calpe, 1997.

Historia de España fundada por Ramón Menéndez Pidal, Tomo XXXV, *La época del romanticismo*（*1808–1874*）, Vol. I, *Orígenes. religión. filosofía. Ciencia*, Madrid : Espasa-Calpe, 1989.

Historia de España fundada por Ramón Menéndez Pidal, Tomo XXXV, *La época del romanticismo*（*1808–1874*）, Vol. II, *Las letras. Las artes. La vida cotidiana*, Madrid : Espasa-Calpe, 1989.

Jover Zamora, José María, et al., *España : sociedad, política y civilización*（*siglos XIX–XX*）, Madrid : Editorial Debate, 2001.

Serrano García, Rafael, *El fin del Antiguo Régimen*（*1808–1868*）*. Cultura y vida cotidiana*, Madrid : Síntesis, 2001.

Fuentes, Juan Francisco, *El fin del Antiguo Régimen*（*1808–1868*）*. Política y sociedad*, Madrid : Síntesis, 2007.

Uría, Jorge, *La España liberal*（*1868–1917*）*. Cultura y vida cotidiana*, Madrid : Síntesis, 2008.

コラム2　一九世紀スペインにおける理想的女性像

伝統的カトリック的規範が根強く存続したスペインにおいては、「天使としての女性」が長い間、女性の理想像とされてきた。一六世紀にルネサンス詩人として活躍したルイス・デ・レオン師は『完璧な妻』と題される女性論を遺しているが、「男性は公的なことに適っており、女性は引き籠りに適っている。自ら話をし、明るい場に出るのは男性に固有のことであり、引き籠り身を隠すのは女性に固有のことである」と述べて、公共の圏域からの女性の排除を、女性の本性に由来するものとして当然視していたのである。二〇世紀のフランコ時代にもなお、この『完璧な妻』が、嫁ぐ娘に与えられる書物だったことに驚きを禁じえない。

フランス革命に代表されるように旧体制の廃棄は、貴族たちの身分的諸特権を廃止し、すべての国民の「法の前の平等」を実現するものであった。しかし、もちろん奴隷は市民的諸権利を享受できなかったし、政治的市民（公民）として参政権を行使できたのは一定の財産をもち一定額の税金を納める者たちに限られていた。スペインは一八八六年まで植民地での奴隷制を維持したし、普通選挙を実現したのは一八九〇年であった。

いま普通選挙と述べたが、正確には男子普通選挙であって、女性が選挙権を獲得するのは一九三〇年代を待たなければならない。それだけではなく二〇世紀に入るまで女性たちは国民でありながら男性と同じような市民的諸権利を享受することはできなかった。家父長的な理念に立った法体系によって、さまざまな民法上の制約を受けていたのである。

実は一九世紀を通じた新興ブルジョワジーの台頭とブルジョワ的価値の実現は、「家庭の天使《アンヘル・デル・オガル》」という理想的女性像の確立を伴っていた。資本主義的経済活動を積極的に推し進める男性にとって、その妻の務めは、家庭をしっかりと守り、夫に安らぎを与えることであった。つまり、旧体制の廃棄は決して家父長的関係の崩壊にはつながらないどころか、むしろ中流階層の人々の間に、家庭の頂点には父親が立ち、その下で家族の秩序が保たれなければならない、そのためには女性は家庭の天使となり、家庭のなかで母として自己犠牲を払い、妻として夫に尽くさなければならないという考え方が広まっていったのである。

注目すべきは、こうした考え方を広める片棒を担いだ著述家が男性だけではなかったということである。一九世紀後半に人気を博した女性作家マリア・デル・ピラル・シヌエス（一八三五～九三年）は、一八五九年に『家庭の天使――女

19世紀の絵画（ベッケル『家族』）

出典：*Historia ilustrada de España*, Vol. 7, Madrid : Editorial Debate, 1997.

性のために捧げる道徳的・娯楽的作品』を著すが、この作品は同世紀末までに八回の版を重ねた。

　シヌエスによれば、「おのおのの性は、神によって示された属性をもっている。男性は、力、抵抗、支配をもっている。私たち（女性）は甘美さ、諦観、忍従を特質としているので、私たちの態度はより柔らかで軽やかである」のであった。したがって、女性もまた教育によって聡明にならなければならないが、その教育は「感受性を豊かにする、夫や息子を愛する、そして娘たちをそういう風に、つまり良き妻となり良き母となるべく教え込む術を知る」ことに限られなければならなかった。さらに、妻の第一の義務は「その夫に忠実である」ことであり、それに加えて、家計をしっかりと管理することや子供たちが怠惰にならないように気を配ることが大事であり、「夫の生活を楽しくするよう気配りする」ことも大切であった。このようなブルジョワ家族を盛んに描いたのが、V・D・ベッケルであった。

　だが、同じ一九世紀後半に、このブルジョワ的家父長制と伝統的因習を批判し、女性の自由と平等を唱える女性著述家も登場した。その代表が刑法学者コンセプシオン・アレナル（一八二〇～九三年）と自然主義作家エミリア・パルド・バサン（一八五一～一九二一年）である。スペインの明確なフェミニズムは二〇世紀を待たなければならないが、女性の地位向上を求める動きは、「家庭の天使」が賞揚されるまさにその絶頂において胚胎していた。アレナルが一八八三年に著した『家庭の女性《ラ・ムヘル・デ・ス・カサ》』は、すでに、性の解放を社会問題として論じていたのである。

（立石博高）

第3章　王政復古期の文化

1　多様性と変容の時代

「王政復古」とは

「王政復古」の時代とは、ふたつの共和政に挟まれたブルボン朝による王政の時代をさし、スペイン初の共和政が一八七四年一月にパビア将軍の蜂起によって倒れ、同年末にアルフォンソ一二世を国王とする王政復古が宣言されてから、一九三一年四月にその子アルフォンソ一三世が王位を辞して第二共和政が宣言されるまで、五七年間におよぶ。このうち最後の六年半は、第一次世界大戦後の危機と体制の機能不全を受けたプリモ・デ・リベーラ将軍による軍事独裁の時代（一九二三年九月～三〇年一月）であるが、本章では立憲君主制期と独裁期を合わせて見ていくことにする。

このころ、ヨーロッパ全体の精神文化が、ロマン主義的な理想主義から、実証主義・合理主義へと転換し、世紀末に近づくにつれて、一九世紀を特徴づけていた進歩や科学や理性への信頼が失われると、悲観主義や非合理主義が主流となっていった。スペインでは一八九八年の米西戦争により最後の植民地を失ったことから、敗北感と悲観主義がより色濃くあらわれ、民族としての「破局《デサストレ》」の原因を探り、蘇る道を見出そうとする「再生主義《レヘネラシオニスモ》」が、あらゆる分野・思想傾向をも支配するようになる。

こういった文脈でそれまでは半ば自明であった「スペインとは何か」という命題が改めて意識されると、それに対する答え探しは、哲学的思索にとどまらず、国家主導での国民形成の政策にもつながっていく。しかし当時の政府と社会の一部寡頭支配層による「スペインとは何か」の定義は、必ずしもスペインの全体を代表するものではなく、地域ナショナリズムや労働運動など、さまざまな異議申し立てが顕在化する。こうして結果的には、スペインの多様性が意識化されるようになった時代でもあった。

また、一九世紀のヨーロッパで進んだ産業革命と技術革新の影響が、二〇世紀に入るとスペインでも広く見られるようになる。これは都市部で、工場労働という新たな労働様式に基づく新たな生活文化を生んだのみならず、交通網の発達は人や物資の流れを変え、輪転機から刷りだされる大衆紙や娯楽雑誌、ラジオから流れる声は、全国津々浦々に住む人々の生活を変容させようとしていた。第一次世界大戦に参戦しなかったスペインは、一時的ながら大戦好況に沸き、「幸福な二〇年代《フェリセス・ベインテ》」と呼ばれる時代が到来する。消費文化の成立は、人々の生活や価値観を大きく変えることになるが、影響は大都市と農村では異なり、また統一される文化への抵抗もさまざまな形で起こった。

王政復古体制の仕組みと政治文化

王政復古期の文化について述べるためには、体制の仕組みと政治文化から話を始める必要があるだろう。王政復古体制の特徴を簡単に説明するならば、イギリスの二大政党制をなぞらえた民主主義的議会制の外観をもちながら、実際の選挙はカシーケと呼ばれる地方ボスの影響力や不正によって操作され、強い王権と二大政党（保守党と自由党）の話し合いによって政権交替が実現する、国民の政治参加を軽視した立憲君主制ということができる。体制の設計者カノバス・デル・カスティーリョ（一八二八～九七年）らは、直前の「民主主義の六年間（革命の六年間）」の政治的混乱の経験から、何よりも社会秩序の維持と安定に価値を置いて体制づくりを行った。これは自由主義が根本的にもっていたエリート主義のあらわれともいえる。このエリート主義は、一九世紀に経済力を得た大ブルジョワジーや軍人などの新たな支配層が貴族化し、旧体制の上流階級と類似した心性を保持しつづけたことや、国民の政治参加の前提となるべき教育が進まなかったことにより、いっそう促進されたのである。

社会の安定を何よりもめざす体制は、一八九〇年に男子普通選挙を導入しながらも、低い投票率と選挙操作によって政権党が必ず勝利する仕組みを作りだし、二大政党以外の勢力を議会政治から排除した。排除された勢力が必ずしも影響力をもたなかったわけではなく、むしろこの時期の豊かな文化と思想の開花は体制外勢力に見られるのだが、政治についての議論や闘いは、街頭行動や会員制のクラブなど、議会の外で積極的に展開されることとなった。そして労働者や農民たちは、体制に不満をもつと、投票箱に向かうのではなく、街頭でのデモや暴動へと動員されていった。

また王政復古体制の基本法である一八七六年憲法は、六九年憲法で認められた信教の自由を取り消し、再びカトリックを国教と定めた。国家がナショナリティの基本原則のひとつにカトリック信仰を採用したことは、カトリックの復興を促したが、同時に世俗化の進展にブレーキをかけ、反教権主義の言説の過激化や街頭での暴力をも生むことになった。

2　国民形成の文化的側面

図3－1　初等教育学校の授業風景

出典：Villares, Ramón ; Moreno Luzón, Javier, *Restauración y Dictadura (Historia de España, vol. 7)*, Barcelona : Crítica-Marcial Pons, 2009.

初等教育の拡充と識字率の向上

王政復古体制が成立したとき、民主主義未成熟の理由のひとつが教育の遅れにあるという認識は、多くの政治家や知識人に共有されていた。一八五七年に制定されたモヤーノ法によると、六歳から九歳までの男女は無償で義務教育を受けることになっていたが、学齢期の児童の就学率は五〇％に及ばず、農繁期には欠席するなど、通学形態も不規則だった。また学校の設置や維持の負担が市町村に課されたため、地域差や都市と農村の格差が大きく、恒常的な財源不足から教師への手当は十分でなく、教育の質も保証されなかった。初等教育学校の数は、一九世紀半ばの二万校から、一九〇〇年には三万校へと増えたものの、一九〇一年の成人識字率を見ると、イギリスで九七％、フランスで八三％に対して、スペインでは四四％と、西ヨーロッパの水準には遠く及ばなかったのである。

このような現状に対して、「再生主義」の観点から教育改革を求める声が高まり、一九〇〇年に公教育美術省が創設されると、一九〇一年以降、自由党政権下の公教育大臣ロマノネス伯爵の下で数々の改革が実行された。義務教育は一二歳までに延長され、男女同じカリキュラムとされたほか、教師の待遇改善にも力が尽くされた。この結果、成人の識字率は一九一〇年には五〇％に近づき、一九三〇年には七〇％にまで達した。しかし地域差や都市と農村の格差や、男女差が解消されたわけではなかった。

また当然ながら初等教育は、スペイン人という国民を形成するための基本的な場となった。この点について、一八八〇年に勧業大臣がギプスコアの初等教育監察官に宛てた回状で「方言の使用は言語を基礎とする国民の統一と相容れない」と述べていることからもわかるように、カスティーリャ語による教育を通して国民を育成するという視点は、当初から存在したといえる。二〇世紀になると、一九〇一年の教育改革で、民族の再生と祖国愛の涵養が初等教育の目標に加えられるなど、国民形成のための教育という視点はいっそう強まった。しかし公教育の普及が完全ではなく、不足する初等教育や成人への識字教育、各種講座や図書館などの提供を、教会や、地元のアテネオやリセオなど民間の協会、労働者組織などが担っていた現実を考えると、教育が国民形成の有効な手段として機能しえなかった限界も理解できる。

教育と教会

一八七六年憲法がカトリックを国教とし、いかなるスペイン人も法律に則して教育機関を設立運営することができるとしたことから、この時期、中等教育学校を中心に、修道会等の運営する私立学校が急増した。モヤーノ法は各県一校（マドリードに二校）の公立中等教育学校の設置を定めたが、一九〇二年の統計によれば全国に公立学校が五〇校余に対して、私立学校は三〇〇校近くあり、そのうちの八〇％が修道会の運営で、うち半数がマドリードとその周辺町村に存在するなど、大都市部では私立学校の比重が高かった。とくにスペインのエリートは公立学校に行かず、修道会の運営する私立学校で学んだ。これらの私立学校の設置運営には、伝統的に教育に携わってきたイエズス会やピアリスト会といった修道会のみならず、近代のカトリック復興を背景に生まれ、この時期に教育の世俗化が進んだフランスから入ってきた、マリア会やラサール会などがかかわった。そのほか、司教区神学校は中等教育学校として認可され、聖職者には一律で教員資格が与えられるなど、この時期のスペインの中等教育の大部分が実質的に教会の手に委ねられたのである。

これに加えて、公立学校を含めたすべての課程において、宗教、すなわちカトリックの公教要理が必修とされた。これが議会で批判的に検討されるのは、二〇世紀に入ってからである。首相も務めることになる自由党の論客ホセ・カナレーハス（一八五四～一九一二年）は、一九〇〇年に保守党政権が倒れた後の国会で「教権主義に対して闘いを仕掛けなければならない」と熱弁をふるい、教育と宗教の問題を議論の俎上に乗せた。政権を手にした自由党は新たな結社法を制定して、一八五一年にローマ教皇庁との間に結ばれた「政教条約《コンコルダート》」に取り決められていない修道会を、教会法でなく世俗法の対象としようと試み、また教育改革を進め、公立学校での宗教教育を自由選択制にしようとした。しかし、これらの法案は成立せず、実際に公立学校で非カトリック教徒の家庭の子女への宗教教育の免除が実現するのは、一九一三年、ロマノネス伯爵政権下でのことだった。同時期にフランスの第三共和政で政教分離が実現していたことと比較すると、スペインにおいて世俗化は大きく遅れたと言わざるをえない。「自由教育学院」（後述）を中心とした、信教の自由を認めない教育のあり方に異論を唱える知識人の運動や、アナキスト教育家フランセスク・ファレー・イ・グアルディア（一八五九～一九〇九年）がバルセローナに設立した「近代学校」のような世俗学校の試みは存在したが、それがスペインの教育の主流となることはなかったのである。

スペインのナショナリティと文化遺産

王政復古期の政治家たちのスペインのナショナリティについての考え方は、一八六八年以前の自由主義穏健派の認識をおおむね引き継いでいた。しかしながら「第一共和政」の挫折などを経て、次第に複数のスペイン観が共存する余地は狭まり、為政者のスペイン観、すなわち伝統的なカスティーリャ王国の歴史の上に成り立つ、王政とカトリックを基本としたスペイン観が、国民全体に押しつけられる傾向が強まる。カノバス・デル・カスティーリョは「スペインは神の、あるいは自然の作品である」と述べ、ナショナル・アイデンティティは国民が選び取るものではなく、所与の事実であると考えた。こうしたスペイン観に基づく文化政策が積極的に推進されるのが、王政復古期の特徴のひとつである。

同時に、アルバレス・フンコによれば、一九世紀半ばのモデスト・ラフエンテ以来の、スペインの風土や国民性を礼賛する国民史のとらえ方は、一八九八年の「破局」とともに説得力を失い、二〇世紀に入るとスペイン国民の「カイン

図３－２　国民史の形成と記念行事

中世レコンキスタ始まりの地とされるコバドンガにて，フランセスク・カンボーの演説を聴くアルフォンソ13世（着席）。

出典：Villares, Ramón ; Moreno Luzón, Javier, *Restauración y Dictadura (Historia de España, vol. 7)*, Barcelona : Crítica-Marcial Pons, 2009, p. 12.

のような」兄弟殺しの性質や、スペイン史を特徴づけてきた無秩序が強調されるようになったという。また、衰退からの救済を求める気持ちから、古くはヌマンシアやサグントにはじまり、直近では対ナポレオン戦争（「スペイン独立戦争」）にいたる、外国勢力に対して勇敢に戦った民衆の歴史が注目され、英雄的な国民像として取り上げられるようになる。二〇世紀に入ると、こういった歴史的事件に関する記念日の制定、記念碑の建造、遺跡の発掘や文化財の保護、博物館での展示などが、立て続けに企画される。

たとえば、イベリア半島の先住民が古代ローマ帝国の軍に抵抗して戦った地であるヌマンシアの遺跡は、一九世紀初めから発掘に着手されては放棄されていたが、一八六〇年代に王立歴史アカデミーによって発掘が進み、一八八二年に国定史跡《モヌメント・ナシオナル》に指定される。一九〇五年には国王アルフォンソ一三世による記念碑の除幕がなされ、一九年には発掘品を展示するための博物館が開館する。一九〇五年の式典の直前、それまで発掘を指揮してきたドイツ人考古学者に代わって発掘を任せられたマドリード大学のホセ・ラモン・メリダは、「英雄的都市の発掘は国民としての義務である」と述べている。

これはほんの一例であるが、一九世紀後半の国民史への関心の高まりが考古学の研究を促し、二〇世紀初頭に、その発掘等の成果に対して、国家による記念碑的な読みが与えられていった。同様の動きは地域ナショナリズムの場でも起こり、アンプリアス（カタルーニャ東北部）のギリシャ遺跡に民主的生活の跡を見つけたボスク・イ・ジンペーラや、形態人類学による頭蓋骨分析からバスク人の独自性を説いたテレスフォーロ・デ・アランサーディの仕事など、地域ナショナリズムの歴史解釈に押された研究も進展する。なおこの後、ミゲル・プリモ・デ・リベーラ独裁下の一九二六年から二九年に、建築や絵画を含めた文化遺産を対象として、専門家による科学的保護のための組織や法律などが整備され、近代的文化財修復・保存・保護のシステムがつくり上げられていく。同時に、文化財を観光資源として利用しようという動きも進み、一九一一年には王権の下に観光局が設けられ、二八年には最初のパラドールがグレドスの山間に開業する。

このほか、考古学的な遺跡ではないが、歴史的事件の記念という意味では、一九〇八年に「スペイン独立戦争」の一〇〇周年が盛大に祝われ、全国で戦死者のための葬礼やパレード、貧民への施しや学童への賞の授与、展覧会や記念碑の除幕などが行われた。そもそも「独立戦争」という呼称自体、一九世紀後半のロマン主義的国民史によって定着したものであるが、この戦争がもつ複数の要素のなかから、抵抗する無名の民衆という部分が取り出され、従うべき範として強調された。同様に一九一八年には、レコンキスタの始まりとされるコバドンガの戦いの一二〇〇周年が前倒しで祝われ、コロンブスがアメリカに到達した一〇月一二日が、「民族《ラサ》の日」として、ナショナルデーに制定された。

ヌマンシアの記念式典と同じ一九〇五年には、まったく性格が異なる記念ではあるが、『ドン・キホーテ』第一部初版出版三〇〇周年が、やはり政府によって全国で盛大に執り行われた。セルバンテスと『ドン・キホーテ』は、カスティーリャ語に基づく国民形成をしようとした指導者たちが世紀転換期に見いだした国民的作家と国民文学であった。セルバンテスについては、一九二六年に誕生日とされた一〇月七日（実際には九月二九日と判明した）が「本の日」とされ、三〇年以降、命日である四月二三日に移されて、今日にいたっている。このように、一般に国民形成が弱かったと考えられるスペインであるが、王政復古期にはさまざまな文化政策が政府によって進められたのである。

3　国民文化と地方文化

ナショナル・アイデンティティと地方

スペインのナショナリズムについて論じるとき、国民国家としてのスペインにおける国民形成の失敗と、それに対して言語・経済力などの裏づけをもつカタルーニャやバスクといった地域における地域ナショナリズムの強さ、という視点から語られるのが常である。ボルジャ・ダ・リケーは、カタルーニャの立場から、九八年の「破局《デサストレ》」によって祖国への失望が蔓延したとき、スペインの国民形成の失敗が痛感されるようになり、それまで所与のものとされていたスペインというナショナル・アイデンティティからの離脱が広まったのだと説明している。しかし逆にいえば、少なくとも九八年以前には、ネーションとしてのスペインとローカルな各地方は、決して対立する概念ではなかったということになる。

一九世紀を通じて、スペインとは何か、スペイン人とは誰か、が問題にならなかった背景に、実態としてそれらの概念を構成していたのは各地方だったという事実がある。たとえば一九世紀末にいたるまで、「スペイン語」といえば現在のようにカスティーリャ語だけをさすのではなく、複数形で、イベリア半島の諸言語をさし、「スペイン文学」もカスティーリャ語による文学に限らず、ラテン語やヘブライ語で書かれた作品も含めて、スペインで創作された文学の総体をさした。そして王政復古当時の文学や絵画の主流であった写実主義は、当然ながら、ある都市や村などのローカルな実態を対象として描くものだった。すなわちスペインとは、少なくとも文化的には、それぞれのローカルな経験の総体だったのである。これが徐々に崩れていくのが世紀転換期であり、両者が政治的にも文化的にも対立する概念として受け止められるようになるのは、一九一五年前後のことである。

サルスエラと「スペイン民族楽派」

ここで音楽を例にとって、国民文化と地方文化の関係について考えてみよう。

スペインでは一八世紀以来、宮廷音楽家はイタリア人であり、上流社会の音楽といえばイタリア・オペラだった。各地方に土着の音楽はいくらでもあったが、民衆が歌ったり踊ったりして楽しむためのもので、高尚な音楽とははっきり区別されていた。自前のオペラがないことを問題視した政府は、一九世紀を通じて、奨学金や、劇場での外国語作品上演への制限などの政策をとるが、大きな成果は上がらなかったのである。

王政復古期に、スペインに国民的音楽をつくり上げる必要性を訴えた音楽家に、ファリップ・パドレイ（一八四一～一九二二年）がいる。彼はイタリア語や、カスティーリャ語、カタルーニャ語による多くのオペラやミサ曲を残している作曲家であるが、イタリアやフランスへの留学を経て、スペインにも、ドイツのリートのような民衆歌謡に着想をえた国民的歌曲をつくるべきであると、著作や雑誌などを通して訴えた。しかしスペインはこの時期、国民音楽として誇れるような、重要なオペラ作品や歌曲を生むことには成功しなかった。

むしろスペイン音楽は、ヘネロ・チコと呼ばれた小喜歌劇の分野で開花した。サルスエラと呼ばれる台詞入り音楽劇である。もともとサルスエラ離宮で楽しまれていた音楽劇が一九世紀初に衰退した後、王政復古期に、マドリードのローカルな風俗を題材として、民衆的な歌や踊りを取り入れ、事件や世相風刺を織り込む新たなスタイルとともに復活したのである。この時代に大当たりしたサルスエラには、マドリードの下町での夏祭りを描いた『ラ・ベルベーナ・デ・ラ・パローマ』（一八九四年、トマス・ブレトン）などがある。

二〇世紀になるとサルスエラには新たな傾向があらわれ、マドリードの風俗にとどまらず、各地方の風俗や民衆歌謡を取り入れた、地方色豊かな作品が数多く生まれる。アフリカ戦争を背景にした愛国心とカトリック信仰をアラゴンの民謡ホタに歌い込んだ『ロス・デ・アラゴン』（一九二八年、ホセ・セラーノ）や、有名なパソドブレ（スペイン起源の軽快な行進音楽で闘牛士の入場などにも使われる）「バレンシア」を含む『愛する人へ』（一九二五年、ホセ・パディーリャ）などはその代表例であり、そのなかからいまも歌い継がれる多くのロマンセ（歌謡）が生まれた。サルスエラは、スペインにひとつの国民文化があるのではなく、それが地方文化の総体であることを教えてくれる。しかしこの地方文化は普遍性をもたず、国境を越えて評価される性格の芸術ではなかった。

国外で評価されるスペイン音楽は、先に述べたパドレイの弟子たち、イサーク・アルベニス（一八六〇〜一九〇九年）、エンリケ・グラナドス（一八六七〜一九一六年）、マヌエル・デ・ファリャ（一八七六〜一九四六年）ら、「スペイン民族楽派」と呼ばれる作曲家たちによって生み出された。近代ピアノ音楽の最高峰のひとつともいわれるアルベニスの組曲『イベリア』（一九〇五〜〇九年）や、ファリャのバレエ音楽『恋は魔術師』（一九一五年）、『三角帽子』（一九一七年）からわかるように、彼らはスペイン特有で、アラビア音楽の強い影響が見られるミ旋法の旋律と、セビリャーナスやフラメンコから着想を得たリズムを駆使し、イスラームやジプシーの色合いが濃いアンダルシーアの情景に代表される「スペイン」を描きだしたのである（ミ旋法とは中部ヨーロッパの音楽のドを主音とする長旋法、ラを主音とする短旋法に対して、曲中ではラが支配的でありながらミを主音とする旋法）。

彼らの音楽が希な才能と高い技術によって生み出されたことに異論はないが、ドビュッシーが『イベリア』を愛し、『三角帽子』がバレエ・リュスによってロンドンで初演されていることからわかるように、それらは民衆的起源をもつスペインの国民音楽（民族音楽）というよりも、当時のパリやロンドンで流行した「エキゾチックなスペイン」という他者イメージを投影したものだった。描かれるスペインはアンダルシーアに限られていただけでなく、実在しない、ノスタルジックな虚像だった。当然そこにアイデンティティを重ね合わせることのできるスペイン人は少数だったのである。同じころ、ファリャや詩人ガルシア・ロルカがフラメンコに惹かれたのも、そのなかにエキゾチックなスペインを見たからだった。

地方文化の復興と創造

このような国民文化のあり方に対して、同じ時期の地方文化はどのような状況にあったのか。ここではカタルーニャとバスクの二地方について、地域ナショナリズムとの関係において見ていきたい。当時のナショナリズム概念自体、言語を基準とし、歴史認識と深くかかわったため、地域がネーションとして自己を規定する際にも、文化が大きな位置を占めた。そのなかに、E・J・ホブズボウムが「伝統の創造」と呼んだ過程を含んだのは、国家を単位としたナショナリズムにおいても、地域ナショナリズムにおいても同じである。

カタルーニャでは一八三〇年代から、「文芸復興《ラナシェンサ》」と呼ばれる、文化言語としてのカタルーニャ語の復興運動が存在した。王政復古当初、共和派のカタルーニャ主義運動は力を失ったが、ラナシェンサ以来の、詩や演劇、音楽を核とした活動や、カタルーニャ語による出版は健在だった。とくにこの時期、カタルーニャの田舎に徒歩旅行に出かける団体（小旅行センター《セントラ・アスクルシオニスタ》）や、サイクリング・クラブ、カタルーニャの民謡やカタルーニャ語の歌を歌う合唱団など、文化的な目的のために集まる協会や団体の活動が盛んになった。

また、文学、建築、装飾美術、絵画、音楽などの分野では、ムダルニズマ（モデルニスモ）が大きな花を咲かせた。ムダルニズマは近代的な要請（建築でいうならば、鉄などの材料）と独自の伝統（同じく建築でいうならば、ムデハル様式やカタルーニャに伝わる職人の仕事）を融合させるもので、普遍性と地域の伝統の双方を追求する文化運動だった。

これらの活動や文化運動は、一九世紀の間はスペインの一地方であることを前提として、地方文化の独自性を主張するものだったが、九八年をひとつの転換点として、二〇世紀にはネーションを志向するナショナリズムへと性格を変える。一九〇一年創立のリーガ・ラジオナリスタ（地域主義連盟）というカタルーニャ主義政党の選挙での勝利と、一九一四年のマンクムニタット（カタルーニャ四県連合体。カタルーニャ四県の議会連合）の成立により、カタルーニャ文化を公的に振興する仕組みが成立し、文化的なシンボルがつくりだされていく。マンクムニタットは図書館の整備、カタルーニャ語の標準化、考古学遺産の発掘やカタルーニャ語による出版への助成、スポーツの振興など、文化政策を積極的に行った。

カタルーニャ語についても、二〇世紀に入ると、言語学者プンペウ・ファブラ（一八六八〜一九四八年）の多大なる功績により、文法の体系化や正書法の確立、辞書の編纂が大きく進む。ファブラは「カタルーニャ研究所」の言語学部門（一九一一年設立）の責任者として、「正書法の規則」（一九一三年）や「カタルーニャ語文法」（一九一八年）を著し、カタルーニャ語の語彙を網羅的に整理した大辞典（一九三二年）を準備した。

一方、バスクにおいてはまったく状況が異なる。一八九五年前後、サビーノ・アラーナ（一八六五〜一九〇三年）という人物が、「バスク・ナショナリスト党」の起源となる組織をつくり、政治的なバスク・ナショナリズムを創始した。このバスク・ナショナリズムがバスク語に代表されるバスク文化を復興し、創造したといっても過言ではない。世紀転換期のバスク主義者たちは、アラーナの主張するように、バスクがスペインとは異なるだけでなく正反対の民族であることを示すため、バスク語とバスクの文化を利用したのである。

たとえば、いかにバスク語がスペインの諸語と異なっているかを示すために、正書法を体系的に変更し、カスティーリャ語やラテン語起源の単語を駆逐するために多くの新語をつくり、その後にこの「純粋な」バスク語で愛国的な詩や戯曲を創作した。またバッソキ（集会所）と呼ばれる建物を各所につくり、バスク主義の宣伝と教育、娯楽の場とした。こうして一九世紀を通して地方特別法（フエロ）を擁護する根拠とされ、カルリスタの基盤でもあったバスクの地方文化は、ナショナルな文化として規定されるにいたった。アラーナはバスクの旗（イクリーニャ）をデザインし、古くからのメロディーに詞をつけてバスク民族の歌とした。

しかし実際にバスク人が純粋なバスク語を話していたわけではなく、とくに都市部ではバスク主義者でもバスク語を話せない者が少なくなかった。ミゲル・デ・ウナムーノ、ピオ・バローハ、ラミーロ・デ・マエストゥら、当時を代表するバスク生まれの哲学者・文学者は、バスクの伝統を意図的につくりだすことに反対し、文化的な表現の手段としては、カスティーリャ語（フランス領バスクではフランス語）を使うべきだと主張した。バスクには民謡や料理やペロータのような球技など、地方色豊かな文化が存在したが、他文化と交流のない純粋な文化が存在したわけでも、スペインと正反対の文化が存在したわけでもなかったからである。

独自の文化事象はいくらでもあるが、他地域と交流のない文化は存在しない。これはバスクに限らず、他の地域に関しても同じだった。そもそも純粋なスペイン文化という存在もありえなかった。しかし一九一五年頃を境として、地域ナショナリズム側のキャンペーンと合わせて、スペイン主義《エスパニョリスモ》の立場から反地域ナショナリズム・キャンペーンが起こると、スペインのナショナルな文化と地方文化は、まるで対立する概念であるかのようにとらえられるようになっていったのである。

4　世紀転換期の危機と「再生主義《レヘネラシオニスモ》」

再生主義とは何か

一八九〇年代に王政復古体制の機能不全が次第に露呈し、九八年の「破局《デサストレ》」、すなわち米西戦争での敗北と植民地の喪失により敗北感と悲観主義が蔓延すると、この国を何とかして再生せねばならないという妄執にも似た感情と、何らかの理論に基づいて再生への道を提示しようとする運動が、政治経済にとどまらず、日常生活のあらゆる分野に出現した。当時流行していた社会ダーウィニズムは、衰退するラテン民族に対するアングロサクソン民族の優位や、「病気のスペイン」という言説に、真実味を与えた。

各界のエリートや知識人は口々に「再生《レヘネラシオン》」を唱えたが、意味する内容は異なっていた。王政を支持する政治家にとっては体制の機能改善を意味し、地域ナショナリストにとっては中央集権への攻撃を意味し、教会にとってはカトリック信仰に基づく国の再建を意味し、自由教育学院の知識人にとっては教育を通しての国民形成を意味したのである。

具体例をあげるならば、地質学者であったルカス・マリャーダ（一八四一〜一九二一年）は、地質図の監修者として全国を巡り、科学者としての提言にとどまらず、怠惰で無知であるという国民性への批判を含めた提案を、『祖国の害悪と将来のスペイン革命』（一八九〇年）などで発表した。教師で文筆家だったリカルド・マシアス・ピカベア（一八四七〜九九年）は、スペイン帝国の「ゲルマン化」がそもそもの衰退の原因だと主張した。一九〇六年にノーベル医学賞を受けたサンティアゴ・ラモン・イ・カハル（一八五二〜一九三四年）は、スペインにおける科学研究の遅れを批判し、解決を促した。こういった知識人による訴えだけでなく、一八九九年一月一日の『ラ・エポカ』紙には「演劇の再生のために」という記事が載り、ピオ・バローハの小説には、マドリードの下町の靴屋が「靴の再生のために」という看板を掲げていたと書かれている。このように、再生という言葉はありとあらゆる場面で使われ、当時の流行ともなったのである。

ホアキン・コスタと農村からの再生主義

再生主義の思想家としてまず名前があがるホアキン・コスタ（一八四六〜一九一一年）は、アラゴン北部ウエスカの貧しい農家の出身で、公証人、後にマドリード大学の教授となった。灌漑などの農業技術やアラゴンの慣習法などを扱った技術書から、王政復古体制を批判しスペイン民族の再生を論じた政治的著作まで、実に幅広い著作で知られている。扱うテーマが広く、植民地政策について当初アフリカ進出を擁護しながら、後に批判に転じるなど、一貫しない部分もある。代表作として『スペインの農業集産主義』（一八九八年）、『寡頭支配体制とカシキスモ』（一九〇一年）、『都市と社会問題』（一九一二年）があげられる。

コスタは、スペインのすべての害悪の原因は、議会制の外見のもとに政権をたらい回しにしている二大政党と、それを支える寡頭支配層とカシーケ（地方の政治的ボス）にあると述べる。病気のスペインを治療するためにはカシーケという癌を摘出する「鉄の外科医」が必要であると述べ、大きな反響を呼んだ。そして、国の実態に不似合いな帝国思想の下に四世紀を過ごしてきた過ちを正し、灌漑設備や貸付制度などを含めた農業政策を見直さなければならないと述べる。また、スペインの問題の半分は教育にあるとして、教師への報酬の改善や留学制度の整備、検閲の廃止などを説いた。このコスタの思想をまとめて、「学校と食料備蓄と、エル・シッドの墓に七つ（コスタの本来の著作ではふたつ）の鍵」といわれることが多い。エル・シッドは、当時もてはやされた中世スペインのレコンキスタの英雄である。
このようなコスタの主張は多くの追従者を生んだが、限界としては、批判と提案はしながら現実の政治にかかわっていかなかったこと、いつの間にか批判していた体制のなかに取り込まれたこと、コスタの頭のなかにあるのは農業スペインであり、当時深刻化していた都市労働者の問題への解決策をもたなかったこと、が指摘されている。

教育と科学研究の再生

当時の知識人のなかには、コスタと同様、教育こそ国の再生の鍵を握ると考えた者が少なくなかった。政界にも、「スペインを敗北させたのはアメリカの兵士ではなく教師である」と述べた自由党のサンティアゴ・アルバのように、教育改革の必要を説く者が多くいた。そのような知識人の活動の拠り所となり、一九〇〇年以降、自由党政権下での教育改革に大きな影響を与えたのが、一八七六年に保守党カノバス政権の教育政策に反対する大学教授らによってマドリードに設立された「自由教育学院」である。

自由教育学院設立のきっかけとなったのは、前年に勧業大臣オロビオが、大学で国家の宗教（カトリック）以外の宗教を講義することを禁止し、現体制に反対する教員への制裁を定めたことに対して、全国で四〇人ほどの教員が抗議し、失職した事件である。彼らは、カトリックと王政への批判を認めない体制に対し、教育の場での思想信条の自由を求め、「新しい人間」の形成を目標に、国家から独立した私立の高等教育機関を設立した。中心となったフランシスコ・ヒネル・デ・ロス・リオス（一八三九〜一九一五年）は、クラウゼ主義の影響を強く受けた哲学者・法律家で、その他にマドリード大学の同僚だったグメルシンド・デ・アスカラテ、第一共和政下で大統領を務めたニコラス・サルメロンらが加わった。

自由教育学院は、高等教育機関としては短命に終わるが、一八八一年には卒業生であるマヌエル・バルトロメー・コッシオ（一八五七〜一九三七年）らを迎え、むしろ初等・中等教育機関として、新たな教育法の提案と実践を行っていった。その内容は、当時のスペインの暗記中心の教育に代わる、教師と生徒の対話による相互教育、課外活動を多く取り入れた体験型教育、自然とのふれあいや体育の重視、男女共学などである。課外活動ではしばしば、彼らが「スペインの脊椎」であると考えたグアダラーマ山脈に出かけた。

また同学院のメンバーは、個々に教育改革に関する委員会や公の教育研究機関に属し、教育改革と科学の振興に貢献した。国民教育博物館、学術研究拡大評議会、同評議会の下に設けられた歴史研究所や物理・自然科学研究所、研究者や文学者・芸術家たちの交流の場となった男女別の「学生寮」などがその例である。コッシオが館長となった国民教育博物館は、サマースクールに多くの児童を集め、ラモン・イ・カハルが代表を務めた学術研究拡大評議会は、海外留学のための奨学金を給付し、外国から第一線の研究者を招聘した。

同学院で教育を受けたり、メンバーとの交流から影響を受けた学生・知識人は数知れない。詩人ガルシア・ロルカと映画監督ブニュエル、画家のダリなど、前衛的な芸術家が交流を深めたのも、マドリードの「学生寮」だった。もし自由教育学院の存在がなければ、「二七年の世代」の文学など、プリモ・デ・リベーラ独裁期に、体制と一線を画した豊かな文化活動がスペインに生まれることはなかったといえるだろう。

カトリックによる再生

スペイン没落の原因探しが、「スペインとは何か」という本質的な議論に進むと、カスティーリャの荒野、レコンキスタの歴史、カトリック信仰と王政という、いわゆるカスティーリャの伝統的な価値が想起される傾向があったのは先に述べたとおりである。カトリック信仰を近代社会に合致させることをめざした新トマス主義者たちは、スペインが凋落した理由は合理主義と不敬虔にあり、宗教によるネーションの統一が崩壊したことによると考えた。彼らは、理性はカトリックの教義に服従すべきだと考え、合理主義や唯物論、実証主義を誤りとした。彼らの考えに基づくと、ネーションとは本質的な特徴により規定される空間であり、スペインの場合、その本質をなすのがカトリックだとなる。こうして、国民の再生のためにはカトリックの再布教が肝要であるという理屈が生まれた。

この国民概念を支えるスペイン史の認識を示しながら、新トマス主義の知識人たちとは一線を画するカトリックによる「再生」を訴えたのが、当時のカトリック界を代表する知識人、マルセリーノ・メネンデス・ペラーヨ（一八五六～一九一二年）である。彼は『スペイン異端者の歴史』（全八巻、一八八〇～八二年）に代表される著作や論文において、一六世紀から一八世紀にかけての異端審問所の活動と宗教の不寛容は、スペインに科学や文化の衰退をもたらしてはいないと主張し、むしろ宗教の一致によってスペイン文化の繁栄が生み出されたのであり、一九世紀における衰退は、一七六七年のイエズス会の追放後、カトリックに反対する思想が流入したためであると述べた。ここから進んで、外来思想の影響を排除し、高等教育を改革してエリート文化を強化することによって、スペイン文化を再生する方策を示し、文化の再生により、他の多くの問題も解決できると説いた。彼はアレハンドロ・ピダルのウニオン・カトリカ（一八八一創設）に参加し、保守党政権下に国会議員として政治活動を行ったが、思うような影響力を行使するにはいたらず、一九〇九年にマウラ政権が倒れた後は著述活動に専念した。その著作はむしろ彼の死後、スペインの精神文化に実に大きな影響力を持ち続けていくことになった。

地域ナショナリズムと「帝国主義」

再生主義のまた別の形の表現として、キューバ植民地喪失でとくに大きな経済的打撃を受けたカタルーニャでは、米西戦争での敗北を自由主義スペインの国民国家形成の失敗の帰結ととらえ、スペインに見切りをつけて、カタルーニャというネーションを単位として独自にヨーロッパ化する道をめざす地域ナショナリズムが生まれた。ムダルニズマ文学を代表する詩人ジュアン・マラガイの「死体［スペインを指す］に縛り付けられている紐を断ち切り、ヨーロッパ化する以外に道はない」という言葉が、この姿勢を端的に表している。

中心となったのは、アンリック・プラット・ダ・ラ・リーバ（一八七〇～一九一七年）、フランセスク・カンボー（一八七六～一九一四年）、リュイス・ドゥメナク・イ・ムンタネー（一八五〇～一九二三年）、ジュゼップ・プッチ・イ・カダファルク（一八六七～一九五六年）ら、新しい世代の弁護士や建築家などの知識人だった。彼らはヨーロッパ主義を標榜してイギリスなどの進んだヨーロッパの技術や文化を導入しようとしただけでなく、カタルーニャがイギリスに続く「帝国」になることを夢見た。

「帝国主義」は一九〇五年にアウジェーニ（エウヘニオ）・ドルス（一八八一～一九五四年、『バロック論』で知られる美術評論家）が発表した理論で、当初は、ネーションとして世界での展開を示すという、あくまで知的な態度の表明だったが、リーガの支持基盤だった大ブルジョワジーの利益と重なり、すぐに対外的な干渉政策に結びついた。彼らは現実の国政ではスペインからの独立をめざすのではなく、王政を支持して政権に参加し、対外的には孤立主義に反対して、北アフリカでの植民地と権益拡大のためのスペイン軍の行動を支持した。しかし、植民地獲得戦争は労働者にきわめて不人気だったため、大衆運動としての展開には無理があった。また、抑圧されたネーションとしての権利回復の要求と、帝国主義のイデオロギーは、もともと矛盾を抱えていたといえるだろう。

ウナムーノと「九八年の世代」

九八年の「破局」をきっかけとしてスペインにあらわれる内省的な哲学思想および文学の担い手について、ミゲル・デ・ウナムーノ（一八六四〜一九三六年）、ピオ・バローハ（一八七二〜一九五六年）、ラミーロ・デ・マエストゥ（一八七五〜一九三六年）、アソリン（一八七三〜一九六七年）、アントニオ・マチャード（一八七五〜一九三九年）らに、先駆者としてのアンヘル・ガニベー（一八六五〜九八年）を加え、「九八年の世代」として語られることが多い。彼らは基本的にスペインの没落に対する悲観的な見方を共有したのみで、客観的な解決・再生への道を提示したのではないという観点から、再生主義には含めないとする立場も多々あるが、同じ危機感と問題意識を共有したという意味で、ここに並列して考察したい。

「九八年の世代」の文学者・思想家たちは、米西戦争での敗北を何らかのきっかけとして、「スペインとは何か」を自らの思想・文学を通して突き詰め、カスティーリャの荒野にスペインの原点を求めた点や、祖国の再生を求めて創作を行った点などが共通するとされる。しかし、表現の手段も哲学書から詩や小説、新聞記事とそれぞれであるほか、祖国の再生の道をどこに求めたのかという政治的な観点も含めて考えるならば、プリモ・デ・リベーラ独裁に反対して追放されたウナムーノから、独裁を支持して駐アルゼンチン大使に任命されたマエストゥまで、ひとくくりに考えられない点が多い。近年、九八年の敗北の意味をことさら強調すべきではないという意味も合わせて、このくくり方には、留保が示されることが多い。実際に、九八年に自殺により若い生涯を閉じたガニベーが、『スペインの理念』（一八九七年）において祖国の凋落を憂い、「無為症」に陥った国民を救うためにはその核となる理念が必要であると説いていることからも、彼らに共有される危機感が、九八年の敗北によってのみ引き起こされたと考えるのは誤りだとわかる。

九八年の世代を代表する思想家で、ガニベーとも公開書簡（『スペインの未来』として出版）のやりとりなどで交流のあったウナムーノは、ビルバオ出身の哲学者・文学者で、サラマンカ大学ギリシャ語教授を務め、『生粋主義をめぐって』（一八九五年）、『ドン・キホーテとサンチョの生涯』（一九〇四年）、『生の悲劇的感情』（一九一三年）など、哲学研究から文学作品まで多くの著作を残している。バスク人であったが、活動の中心はサラマンカ大学であり、哲学者として自己の内的な問題に向き合いつつ、カスティーリャの素朴な農民の生き方にスペインの再生を求めた。一九〇〇年から学長を務めるが、一四年に反体制的であるとの理由で学長職を解かれて以来、学問の自由のために抵抗する姿がリベラルな知識人にとっての英雄となる。二一年には副学長に就くものの、国王への宣誓を拒否しつづけ、プリモ・デ・リベーラ独裁により亡命を余儀なくされる。

ピオ・バローハ、アソリン、マエストゥの三人は、それぞれ経歴は異なるが、九八年前後のマドリードで新聞等に寄稿して生計を立てており、祖国の危機を憂い、一九〇一年には『フベントゥー』誌に「三人組」という署名で、「すべての社会の傷に科学の知識を適用するよう」呼びかけている。そのころ、バローハとアソリンはともにトレードを訪れ、廃墟となった都市の情景に、祖国の破局と、自己のアイデンティティの危機を重ね合わせる創作を行っている。しかし彼らにとって、スペインの危機の元凶こそが腐敗しきった政治にあり、政治は絶望と軽蔑の対象にしかならなかった。その後、バローハとアソリンは文学作品や文学批評を通して、スペインとは何かというテーマを表現しつづける。マエストゥはジャーナリストとして活躍し、キューバ、ニューヨーク、ロンドンなどに滞在した後、一九一九年に帰国すると、民主主義への不信から、王党派右翼の政治活動へと入っていく。

5　体制から排除された勢力

労働運動と労働者の文化

はじめに述べたように、王政復古体制は、二大政党以外の勢力を議会政治から排除し、非常に均質な価値観によって秩序の安定を図る体制だったため、男子普通選挙が実施された後も、社会の多くの部分が政治から排除され、体制の外に置かれていた。当時、社会の一大勢力となっていた労働者がまさにそうであり、スペイン社会労働党（ＰＳＯＥ）は一八七九年に創設されながら、パブロ・イグレシアスが議会で初の議席を獲得するまでに三〇年を要し、一九一八年まで一議席を確保するのみだった。単純に数で比較はできないものの、一九一〇年にイギリス労働党が四〇議席、インターナショナルフランス支部が七五議席、イタリア社会党が四一議席をもっていたのとは明らかに異なった。

そもそもスペインでは一九〇〇年頃まで、農業社会や前近代社会に特徴的な労働の形が存続し、労働組合を核とした階級としての意識や文化が生まれるのは一九〇〇年前後だといわれる。それ以後の労働者の文化は、社会労働党および社会主義の労働組合である「労働者総同盟（UGT）」（一八八八年結成）と、アナキストのなかでも、ゼネストによるブルジョワ国家の破壊をめざす、アナルコサンディカリストの組合「全国労働連合（CNT）」（一九一〇年結成）を中心に展開される。アナキストの勢力が強かったことがスペインの労働者文化の大きな特徴であるが、アナキストのみならず社会主義者も、議会をブルジョワ的な組織だととらえ、主要な活動の場とは考えていなかったことがもうひとつの特徴である。アナキストのなかには、爆弾を手に政府要人や大企業家を狙う直接行動主義も生まれる。

しかし労働組合は労働者にとって、抵抗や闘争の場であっただけではなかった。社会労働党が各地に設立した「人民の家」やアナキストが設立した「労働者向けアテネオ」など、図書館や学習センターを兼ねた集会所、その他、労働者の合唱団などは、最低限の相互扶助に加えて、娯楽と社会的なつながりを提供する場として、彼らの生活に大きな意味をもった。一九世紀をかけて工場法が改正され、労働環境が整備されていったイギリスなどとは異なり、二〇世紀に入っても労働環境が劣悪なままに放置されたスペインにおいて、これらの団体の存在はひときわ大きかったといえる。

一般にヨーロッパにおいて、一九世紀後半には工場労働という新たな労働の形式が定着したことで労働時間と娯楽の時間が分化し、合わせて労働時間の短縮や休日の法制化によって、スポーツや旅行などの新たなレジャーが労働者の間にも広まったといわれている。スペインにおいては、一九世紀末に製造業者の労働時間は一〇時間を超え、地域や職種によっては一二時間を超えることも珍しくなく、八時間労働が法制化されるのは一九一九年である。日曜日の休日は一九〇四年に法制化されるとすぐに全国に広がるが、それまでは農村部などの宗教的伝統の強い地域に限られた。季節休暇にいたっては、必然的に自然条件に左右される農業労働などに限られ、有給休暇の制度が初めて導入されるのは、第二共和政期（一九三一年）のことである。それまでバカンスという言葉は存在していても、学校や裁判所などの休暇という意味であり、一般の労働者が仕事を休める期間ではなかった。前近代においては日曜日を含めて宗教的な祭日・休

図3－3　黒い蜘蛛の姿で描かれる修道士（『騒擾《エル・モティン》』1910年2月3日号）

出典：Sanabria, Enrique A., *Republicanism and Anticlerical Nationalism in Spain*, New York: Palgrave and Macmillan, 2009, p. 81.

日が年間の三分の一程度と多く、現在もバカンスなどの休暇を存分にとるイメージが強いスペインであるが、この時代に限っていうならば、労働者が娯楽や文化活動に充てられる時間は非常に限られていた。大衆文化の成立については次節で述べるが、この点をあわせて理解する必要があるだろう。

教会に対する攻撃と共和主義の文化

これまでに述べてきたように、体制がカトリックを国家の宗教として擁護したことから、王政復古体制下のスペインではカトリック復興が起こり、この時期に修道士の数は男子が一〇倍、女子が三倍に増加するほど、教会は社会における存在を増した。これに対して、体制から排除された勢力のひとつである共和主義者は、聖職者は「反スペイン」であり、「反近代」であるという言説で、教会批判を強める。風刺画を売りにした共和主義週刊誌『騒擾《エル・モティン》』（マドリード、一八八一～一九二六年）や『グラシアの鐘《ラ・カンパーナ・ダ・グラシア》』（バルセローナ、一八七〇～一九三二年）は、聖職者をヒキガエルやヒドラ、毒蜘蛛、ハイエナなどの姿で描いた。とくに前者の創刊者のひとりであるホセ・ナケンス（一八四一～一九二六年）は、過激な反教権主義者として知られ、アルフォンソ一三世に爆弾を投げつけた犯人を匿った科で投獄された経験をもつ。カトリック復興は、敬虔な信者の活動を活性化すると同時に、反教権主義を刺激する結果も生んだのである。

この時期に反教権主義が共和主義と結びついたことは、共和主義と、アナキストや社会主義との共同戦線を可能にし、後に第二共和政を招来する反体制運動の母体となるという点で、大きな意味をもった。しかし、一九世紀末までの教会への攻撃は、主にメディア上の風刺や批判が中心だったという意味では、穏健だったといえる。

二〇世紀に入ると、アレハンドロ・レルー（一八六四～一九四九年）らポピュリスト共和主義者による煽動的演説において、聖職者は諸悪の根源の悪魔だという見方が提示され、殺害が必要だという理屈が生まれる。これに対して、体制に不満をもつ民衆が反応し、反教権主義の主役は、神の存在自体を否定するアナキストや社会主義者に移った。バルセローナの「悲劇の一週間」（一九〇九年）では、北アフリカでの植民地戦争への予備役の出兵をきっかけとした反戦ゼネストに端を発した暴動でありながら、植民地に利権をもつ大ブルジョワジーと教会は同じ穴の狢《むじな》だという考えから、市内一〇四のうちの半数の教会施設が焼き討ちにされ、修道女たちの墓が暴かれ、三人の聖職者を含む一一八人が犠牲になった。民衆を煽動したとの罪を着せられ、アナキスト教育家のファレー・イ・グアルディアら一七人に死刑判決が出され、五人が銃殺された。内戦期にスペイン全土で嵐のように吹き荒れる、暴力的な反教権主義と、それに対する暴力的な報復の始まりだった。

オルテガと知識人の役割

一九一〇年代以降のスペインには、「スペインとは何か」という問題意識を共有しながら、積極的な危機の打開と政治へのかかわりを志向する知識人があらわれた。文学者や哲学者のほか、科学者や医師、建築家、技術者、法律家など、進んだヨーロッパに目を向ける学問分野の専門家が多く、内省的な思索よりも科学的技術的な裏づけのある解決をめざした。代表的人物には、共和主義の政治家マヌエル・アサーニャ（一八八〇〜一九四〇年）、社会主義の思想家フェルナンド・デ・ロス・リオス（一八七九〜一九四九年）、作家ラモン・ペレス・デ・アヤーラ（一八八〇〜一九六二年）、医師で著作家のグレゴリオ・マラニョン（一八八七〜一九六〇年）、先に名前をあげた評論家のドルスらがおり、リーダー格だったホセ・オルテガ・イ・ガセー（一八八三〜一九五五年）が最初の著作『ドン・キホーテをめぐる省察』を出版し、「旧い政治と新しい政治」という講演を行った年に因み、「一九一四年の世代」と呼ばれることが多い。また、世紀転換期のモデルニスモに代わる文化潮流として、ノベセンティスモ（「一九〇〇年主義」、カタルーニャではノウサンティズマ）とも呼ばれる。

オルテガは、スペインの危機を打開することができるのは政治の力だけであると考え、真の国民教育とは政治教育であり、そのためには大衆の政治教育を担うことのできる少数のエリートを形成すべきであると主張して、一九一三年にマドリードで「スペイン政治教育連盟」を結成した。アサーニャら、先に名前をあげた知識人はみなこの連盟に参加している。彼らは自らが知識人であるという明確な自己認識をもち、政治とのかかわりのなかで知識人としての使命を全うしようとした最初の世代だった。また、ウナムーノがスペインの再生のためにスペインの原点を見つめる「生粋主義」をとったのに対し、オルテガらはスペインのヨーロッパ化を説いた。この点ではコスタの再生主義を継承している。

その後オルテガは、『無脊椎のスペイン』（一九二一年）や『大衆の反逆』（一九三〇年）などの代表作を発表する。前者において、スペインは衰退したのではなく、もともと偉大な繁栄など存在しないという歴史認識を示し、スペインには高貴な少数エリートが存在しないため、従順でない大衆が支配しつづけていると現状を批判する。後者においては考察対象をヨーロッパ全体に広げ、ヨーロッパ文明の発展が招いた大衆社会の弊害を指摘し、一九三〇年のヨーロッパで起こっているのは、傑出した少数に対する大衆の反逆であると述べる。そして自らを含めた知識人の役割を鏨《たがね》にたとえ、新たなスペイン人を削りだそうと説く。

一九二三年にプリモ・デ・リベーラがクーデタを起こすと、オルテガは当初、旧い政治への訣別としてこれを歓迎するが、体制の再生政治の弊害に気づいて批判に回り、ウナムーノやマラニョン、ブラスコ・イバニェスら、多くの知識人や文学者は、当初から積極的な体制批判を展開した。また、一九一〇年代から二〇年代に飛躍的に数が増えた大学生たちが、進歩派の教授に対する体制の迫害に反応し、反体制学生運動を展開した。第二共和政は「知識人の共和国」だったという評価があるが、知識人や大学生から社会主義者や労働運動への呼びかけが、共和政を実現する大きな力となったことを考えると、的外れではない。

これらの知識人のなかで、独裁以前から積極的に政治活動を行っていたのが、アサーニャである。彼は一九二三年までメルキアデス・アルバレス率いる改革党に属したが、軍事独裁を許容する王政と、王政批判に回らない改革党に訣別し、一九二五年に共和主義行動党を結成する。王政が軍事独裁と運命をともにしたとき、共和政こそが民主的な体制であるという主張が世論の支持を得て、一度は消滅しかけていた共和主義運動が蘇った。そして共和政というユートピアの下に反体制勢力を結集し、民衆の支持を得て、第二共和政樹立への流れをつくった。彼の思想の特徴は、自由教育学院からの再生主義の流れの継承と、フランスのジャコバン主義の影響を受けた急進的な自由・民主主義と、スペインへの愛国心にある。しかし何よりも傑出していたのは、時代の要請を見抜く力だったといえるだろう。

6　消費社会の出現と大衆文化

消費生活の変容

人々の生活という面から見ても、王政復古期は大きな変容の時代だった。一九世紀の産業革命や技術革新の影響が、二〇世紀に入るとスペインでも一般化したことに加えて、第一次世界大戦に中立を保ったことによる一時的な大戦景気は、経済史家ビセンス・ビバスのいうところの「ほとんど裕福だと思えた」状況をもたらした。たしかに、にわか景気によって得られた富の分配は地域的にも社会的にも偏り、ビスカーヤの製鉄業やバルセローナの繊維業などの一部地域や業種を除いて、労働者階級は恩恵を受けずにむしろ物価上昇に苦しんだ。しかしヌエボス・リコス（ニュー・リッチ）と呼ばれた成金たちは、収入を豪華な邸宅や自動車や貴金属などの消費に回し、派手で下品と揶揄される消費を行った。

大戦景気は長く続かなかったが、その後、労働運動の激化や経済危機をうけて成立したプリモ・デ・リベーラ独裁体制は、多くの公共事業を行い、社会保障政策の充実を図ったため、一九二〇年代のスペインには、「幸福な二〇年代《フェリセス・ベインテ》」と呼ばれる時代が到来する。この時代にスペインの産業構造は農業主体から、工業・サービス業へと比重が移り、大都市には百貨店が出現して、ローンで耐久消費財を購入するような消費行動が一般化した。この新たな消費文化の花形は、家具や家電と、自動車だった。

自動車は当初、非常に限られたエリートのための贅沢品だったが、二〇年代後半に経済車やレンタカーが出現し、中流階級にも手の届くものとなった。国産メーカー「イスパノ・スイサ」は相変わらず職人的な生産様式をとっていたが、オートメーション生産を始めたフォードが、一九二六年にバルセローナのゾナ・フランカに工場を建設した。フォードは車を売っただけでなく、新聞やグラフィック雑誌での広告を一変させ、そのなかで提案されたアメリカ流ライフスタイルは、新たな娯楽として入ってきたハリウッド映画とともに、生活レベルが上がった一部のスペイン人を魅了した。

図3－4　ラファエル・デ・ペナーゴスの描く女性

出典：*Rafael de Penagos en las colecciones Mapfre,* Madrid: Fundación Mapfre, Cuaderno no. 27, 2007, p. 30.

核家族化で家計を握るようになりつつあった中流以上の女性を対象として、缶詰や乳児用粉ミルク、生理用ナプキンなどの商品が開発され、広告には、ラファエル・デ・ペナーゴス（一八八九～一九五四年）がイラストに描いたような、ギャルソンヌ風のショートヘアで、膝上のスカートやパンツをはき、煙草を吸い、車を運転し、テニスをして、ミュージック・ホールでタンゴやチャールストンを踊るような、新しい女性が登場したのである。

新しい大衆娯楽の誕生

このような消費文化の変容を背景に、新しい娯楽がスペインでも広がった。サッカーやサイクリング、テニス、ボクシング、水泳などのスポーツは、一九世紀末にイギリス人やオランダ人、フランス人などによって伝わり、進んだヨーロッパの文化として新し物好きのエリートたちに受け入れられたが、二〇世紀に入ると一部のスポーツは労働者にも広まった。二〇年代になると、やるスポーツではなく、「見るスポーツ」が成立し、観客席をもつ大型サッカースタジアムが建設されて、多くの観客を集めた。同様の見世物として、一九世紀に発展した闘牛の人気は二〇世紀に入っても衰えず、大型闘牛場の建設や馬への防具（カパラソン）の採用など、見せ物としての近代化が進んだ。

映画は、一八九五年にリュミエール兄弟が撮影したフィルムをパリで公開したのが始まりとされるが、スペインにはその翌年、兄弟と一緒に働いていた人物により持ち込まれる。二〇世紀初めまでは、フェリアなどに珍しい見せ物として出されたり、劇場のバラエティショーのひとつの出し物として出されたりするにとどまったが、一九二〇年代には常設の映画館での上映が一般化する。入場料が手頃だったこともあって大衆の娯楽として定着し、『エル・ソル』紙によれば、二五年には全国に一四七九の常設映画館が存在したという。とくにマドリードのグラン・ビアに建てられたインペリアル館（一九二三年開業）のような大型映画館や、同じくグラン・ビアに建てられた「新聞会館《パラシオ・デ・ラ・プレンサ》」（中の映画館は一九二九年開業）などの大型施設は、建築としても二〇世紀の新しい価値観を体現し、都市景観を変えるインパクトをもった。多くの興行収入を記録したのはほとんどがアメリカ映画で、スクリーンに映し出される未知の世界が観客を虜にした。とくに二九年にトーキー映画が導入されると、多くの劇場が閉鎖に追い込まれたり、映画館に衣替えしたりした。

劇場での興行は、一九二〇年代以降は落ち目になるが、王政復古期の前半には繁栄した。その大半は小劇場で、年間を通して興行が行われる常設劇場は一割にも満たなかったようだ。そこではヘネロ・チコと総称される小喜歌劇や、卑猥な芝居、バラエティショー、クプレと呼ばれた歌謡曲のショーなど、雑多な興行が行われていた。このころにマドリードやバルセローナなど大都市の歓楽街で発展したのが、カフェ・カンタンテやミュージック・ホールと呼ばれた、演奏やダンスのショーを行うナイトクラブだった。ピアノ演奏などが行われていたこのような店で、一八七〇年代頃からパリのナイトクラブを真似たショーが行われるようになり、世紀転換期にはここでフラメンコが大流行した。ピカソの絵に描かれたバルセローナのエデン・コンサート（一八八六年開業）などが有名である。

図3-5　新しい娯楽

マドリードの新聞会館。

出典：González Calleja, Eduardo, *La España de Primo de Rivera. La modernización autoritaria 1923-1930*, Madrid: Alianza, 2005, p. 278.

しかし一九二〇年代に入ると、旧来の出し物は時代遅れになり、キャバレーが流行して、アメリカ式のレビューが人気を集める。前記のような場所でも、チャールストンやフォックストロットが踊られるようになり、ジャズやアルゼンチン・タンゴが流行する。このようなキャバレー文化は、派手で刹那的な、消費に沸く時代を象徴していた。同時に、大衆消費文化の発展は、世界的な規模での文化の画一化をも意味したのである。

コミュニケーションとメディアの革新

プリモ・デ・リベーラ体制は鉄道より自動車の普及に力を入れ、道路やガソリンスタンドを整備したため、一九二〇年に二万八〇〇〇台だった自動車保有台数は、三〇年に二五万台にまで増加した。一九年にスペインで初めてマドリードで開通した地下鉄は、二四年にはバルセローナでも開通し、飛行機ではプルス・ウルトラが二六年に大西洋横断に成功、それと前後して国内やヨーロッパ路線での商業運航が開始した。このように、コミュニケーションと交通の領域では、次々に革新が起こった。また二八年にドーバー海峡横断に成功し、短期間ではあるが世界的に注目を浴びたオートジャイロ（ヘリコプターのような回転翼を備えた小型飛行機）も、ファン・デ・ラ・シエルバというスペイン人の発明だった。交通手段の革新は文化の画一化を助長し、同じスペイン語圏であるラテンアメリカに対して文化的な親近性を強調する際、心理的な距離を縮める役割を果たした。

出版の分野でも王政復古期には、蒸気機関印刷機や工業用製本プレス機、布ではなく木材パルプを原料とする安価な紙の利用が一般化し、さらに二〇世紀になると、輪転機や自動活字鋳《ちゅうしょく》植機（ライノタイプやモノタイプ）、写真製版法などが導入された。このような技術革新の影響が顕著にあらわれたのは定期刊行物で、地方新聞や風刺新聞（雑誌）、女性誌、家族向け雑誌、児童雑誌など、多様な読者層を想定したバラエティに富んだ新聞・雑誌が刊行されるようになる。紙のコストが下がり、広告から収入を得るやり方が一般化すると、大きな見出しのトップ記事を設け、挿絵や写真をふんだんに入れ、頁数も増やすなど、紙面構成の可能性が広がり、モードや旅行、スポーツ、ルポルタージュなど、扱うことのできるテーマの幅も一気に広がった。こうして一九世紀までの、活字だけが並ぶ数頁のオピニオン紙の時代は終わり、挿絵や写真の多く入る大衆紙の時代が到来した。

最後に忘れてならないのは、ラジオ放送の開始である。アマチュアによる無線ラジオの実験放送は、スペインでも一九一六年頃から行われていたが、法律が整備され、定期的な放送が始まったのはプリモ・デ・リベーラ体制成立後である。一九二四年にマドリードのラディオ・イベリカが、月曜を除く毎日午後一〇時から一二時まで、定時の放送を開始し、各地の放送局がそれに続いた。一九二五年には有力な電機メーカーや電信会社が合同し、ウニオン・ラディオ（現カデーナ・セルの前身）が創設された。当初のプログラムは音楽や講演が中心だったが、二六年には闘牛やサッカー、ボクシングなどの中継放送が始まり、三〇年秋には初めてニュース番組が放送される。ラジオはスポーツなどの娯楽を大衆化し、人気を高めるのに大きな役割を果たした。また、瞬時に同じ情報を伝えることができ、政治的に利用される可能性が高いメディアでもあった。

伝統的な世界の存続と変容

このような消費生活の変容や新しい娯楽の誕生は、あくまでも都市を中心とした現象であり、スペイン全体を見ると、二〇世紀に入ってもなお、農村社会に生きる人々の方が多かったことを忘れてはならない。一般に、労働を自然のサイクルに合わせざるをえない農村社会では、日照時間に合わせた労働や、日曜日の労働禁止とミサへの出席、農事暦とかかわりの深い共同体の祭日と娯楽など、伝統的な労働と娯楽の形態が根強く残存することが多く、それは宗教的な意味づけを伴うことが多かった。とくに北部のミニフンディオ地域では、共同体意識も、カトリック信仰の実践の度合いも高かったといわれ、たとえばアストゥリアス地方のサラスでは、若い女性が週二回ほど糸紡ぎを名目に集まっておしゃべりなどを楽しむ集会が、二〇世紀に入っても続いていたと報告されている。

しかし、農村においても、伝統的な世界がそのまま残ったと考えるのは誤りである。信仰実践についていえば、都市部の急進的な反教権主義や、カトリック再布教運動の成果としての熱心な信仰の高まりとは別に、とくに南部では、日曜のミサへの出席や復活祭・聖体祭での聖体拝領のような基本的な義務を果たす信者の割合も減少し、一九一〇年代にアンダルシーアやエストレマドゥーラの多くの町村では、五％程度だったともされている。

伝統的な祝祭や娯楽についても、カーニバルのような代表的な祝祭において、市町村当局による規制や新たなイベントの提案により、性的な倒錯や、当局や政治への批判や風刺などの危険な要素は徐々に減退し、趣味のいい飼い慣らされた娯楽へと変化するケースが多く見られた。卵や食べ物の投げ合いは、現在のカーニバルで多く見られる花やキャンディーの投げ合いに代わり、秩序の転倒を意図した男装／女装や権力者の扮装は、道化師などの扮装に代わった。都市の祭りでは、地元企業の提供で派手な山車のパレードが企画されて人気を呼んだ。農村部においても、アストゥリアスやアンダルシーアの村々のロメリア（村外れの教会堂を訪れる巡礼祭）のように、交通網の発達によって都市から観光客が訪れるようになると、観光行事として発展し、元々の意味合いが変質することがあった。

先に述べたような消費社会の成立や新たな娯楽の普及による文化の画一化や、このような文化の変質は、スペイン全体で同時に同じ速さで起こったのではなく、伝統的な生活形態や文化の残存の程度や内容も、まちまちだった。生活形態や娯楽の変化に対しては、民衆からの本能的な抵抗も起こり、また、社会主義者やアナキストは、自らの文化活動を通して、娯楽産業による支配を拒否するという意味の抵抗を行ったのである。

（山道佳子）

参考文献

P・ライン・エントラルゴ『スペイン一八九八年の世代』森西路代・村山光子・佐々木孝訳、れんが書房新社、一九八六年。

Alvarez Junco, José, *Mater Dolorosa. La idea de España en el siglo XIX*, Madrid : Taurus, 2001（英訳 *Spanish Identity in the Age of Nations*, Manchester : Manchester University Press, 2011）.

Álvarez Junco, José, *The Emergence of Mass Politics in Spain: Populist Demagoguery and Republican Culture, 1890–1910*, Brighton : Sussex Academic, 2002.

Bahamonde, Ángel (coord.), *Historia de España Siglo XX 1875–1939*, Madrid : Cátedra, 2000.

González Calleja, Eduardo, *La España de Primo de Rivera. La modernización autoritaria 1923–1930*, Madrid : Alianza, 2005.

Mainer, José Carlos ; Pontón, Gonzalo (eds.), *Historia de la literatura española, vol. 5: Hacia una literatura nacional, 1800–1900; vol. 6: Modernidad y nacionalismo, 1900–1939*, Madrid : Crítica, 2010.

Salavert, Vicente ; Suárez Cortina, M. (eds.), *El regeneracionismo en España. Política, educación, ciencia y sociedad*, Valencia : Universitat de València, 2007.

Sanabria, Enrique A., *Republicanism and Anticlerical Nationalism in Spain*, New York : Palgrave and Macmillan, 2009.

Suarez Cortina, M., *La cultura española en la Restauración*, Santander : Sociedad Menendez Pelayo, 1999.

Uría, Jorge (ed.), *La cultura popular en la España contemporánea. Doce estudios*, Madrid : Biblioteca Nueva, 2003.

Villares, Ramón ; Moreno Luzón, Javier, *Restauración y Dictadura (Historia de España, vol. 7)*, Barcelona, Crítica-Marcial Pons, 2009.

第4章　第二共和政・スペイン内戦期の文化

1　共和国の成立

知識人の共和国

プリモ・デ・リベーラ独裁（一九二三～三〇年）の崩壊後、国王アルフォンソ一三世は立憲君主制への復帰を試みたが、すでに国民の気持ちは彼から離れていた。一九三一年春に行われた地方選挙で共和派が圧勝すると、孤立した国王は国外へ亡命し、ここに五七年ぶりに共和政が復活した。第二共和政は「すべての労働者の共和国」を宣言したが、知識人や芸術家たちもその到来を待ち望んでいた。

スペインが米西戦争（一八九八年）で敗北したことに危機意識を抱いた作家たち（いわゆる「九八年の世代」）を代表する一人アソリンは、長期にわたるたゆまない知的生産が国民の意識を変え、それが共和国の樹立を後押ししたと指摘している。大衆の政治参加を促したのが、出版やラジオ放送の発達であった。スペインの識字率はヨーロッパの主要国に比べると低く、二〇世紀初頭で国民の五六％が文字を読めなかった。それでも都市部では新聞・雑誌の購読者数が増加し、ラジオ放送も一九二三年にマドリード、翌年にはバルセローナで開始された。

こうしたマスメディアの活用を通してヨーロッパの最新の情報を紹介し、スペイン社会の刷新を訴えたのが、哲学者オルテガ・イ・ガセーら「一九一四年の世代」の知識人である。オルテガは『大衆の反逆』で大衆社会に潜む危機を描き出そうとしたが、同時に「スペイン人として生きることは、好むと好まざるとにかかわらず、われわれに政治的行動を強いる」と述べ、雑誌の創刊や日刊紙等への寄稿、講演を通して積極的に社会とかかわろうとした。彼はアントニ

図４－１　教育使節団の活動（1931～36年）

出典：http://www.sierrapambley.

オ・マチャード（詩人）、グレゴリオ・マラニョン（医学者・歴史家）、ラモン・ペレス・デ・アラーヤ（作家）と共に「共和国に奉仕するグループ」を結成し、第二共和政の樹立に貢献した。

共和国で活躍する政治家のなかには、マヌエル・アサーニャ（首相・大統領）やフェルナンド・デ・ロス・リオス（公教育相など）、フリアン・ベステイロ（国会議長）など、当時を代表する学者や文化人が多くいた。第二共和政が「知識人の共和国」といわれるゆえんである。

共和国は新しい時代のはじまりにふさわしく、王政復古期の赤と黄の二色からなる国旗を赤・黄・紫の三色に、国歌を「国王行進曲」から自由主義の英雄を讃える「リエゴ讃歌」に変更した。民主主義的な価値観や自由で闊達な市民精神が称揚され、「文化を民衆へ」というスローガンのもと国民の識字教育が進められた。知的欲求の高まりは労働者階級にも広まり、独自のアテネオ（文芸協会）や大学の設立が進んだ。共和国の最初の二年間、改革の精神は経済から文化まで広い分野に及んだが、それは政治的な対立も生み出す。ここでは教育と地方自治問題を主に取り上げて、その改革をめぐる文化的諸相を見てみよう。

教育と文化をめぐる対立

共和国が最も力を注いだ改革のひとつが公教育の改善である。政教分離を旨とする共和国政府は、初等・中等教育で男女共学と世俗化を進めた。宗教教育を必修から外し、カトリックの伝統的教育から子どもたちを解放した。また一九三三年には、イエズス会などの宗教法人による教育活動も禁止した。教育予算は大幅に拡大され、学校の新設、教師の増員、図書の購入、教員給与の引き上げなどが行われた。共和国の数年間で建設された学校や図書館の数は、それまでの王政の三〇年間における数を上回った。

一九三〇年代のスペインは国民のおよそ半分が農民で、彼らの暮らしは貧しく、教育水準も低かった。共和国は都市と農村との格差を解消するため、教育者であり芸術史家でもあるマヌエル・バルトロメー・コッシオを中心に「教育使節団」を組織した。「文化を農村へ」「文化を民衆へ」というスローガンが掲げられ、作家や芸術家、教員、学芸員らが孤立した農村を巡回し、移動図書館、映画・演劇、音学・美術鑑賞などの啓蒙活動を行ったのである。現在でも広く利用されている『スペイン語用法辞典』の著者マリア・モリネールはバレンシアの教育使節団の活動に熱心であったし、哲学者マリア・サンブラーノも若いころ一員として各地を訪れた。彼らは文化の「伝道師」として民衆に最も近いところで共和国を支えたのであり、それゆえ内戦勃発後、反乱派は教員たちを徹底的に弾圧・粛清した。

共和国の成立は女性の生活にも変化をもたらした。スペインの女性は一八八九年の旧態依然とした民法に縛られてきたが、ようやく離婚が可能となった。教会によらない結婚（世俗婚）や葬儀も認められた。女性参政権については、女性議員や活動家たちの間で賛否両論があったものの、一九三一年に国会で承認された。女性の高等教育機関への進学も増え、マドリード大学では女子学生の数が急増した。とくに法学部への進学が人気であったが、それは弁護士になれば男性と同等の資格が与えられたからである。富裕層の間では、髪をショートカットにし、軽快で活動的な装いの女性たちが、テニスや自動車の運転を楽しんだ。女性ジャーナリストとして活躍したアナ・マリア・マルティネス・サジは、やり投げの選手としても有名であり、一九三四年には女性として初めて名門サッカークラブ「FCバルセローナ」の経営陣に迎え入れられた。しかし、貧しい労働者階級の女性には、学問やスポーツをするゆとりはなかった。

共和国政府によって学校教育や市民生活に大胆な改革が導入されたが、それに強い不満を示したのが、教会や保守派であった。男女共学は子どものモラル低下を引き起こし、「良家の女性に対する政府の犯罪」（極右派オネシモ・レドンドの言葉）であると非難された。政府の政教分離政策に抗議するため、カトリックの私立学校に子どもを通わせている保守的な親が動員され、公立学校ではキリストの十字架が取り外されたことに反発して、子どもたちが十字架を押しいだいて登校した。教師への暴行事件も発生し、学校は闘争の場に変化した。

中央と地域ナショナリズム

自治問題は共和国政府の重要課題のひとつであった。プリモ・デ・リベーラ独裁期には各地の民族主義的運動が抑え込まれていたので、共和政の到来は自治権獲得をめざす各地域にとって絶好の機会であった。一方、マドリードの中央政府は「自治権」を与えることで、カタルーニャなど経済的に重要な地域を共和国の味方につけようとした。一九三二年九月、激しい論争の末、国会でカタルーニャ自治憲章が承認され、自治政府が成立した。カタルーニャ語はカスティーリャ語（スペイン語）と同じ公用語の地位を獲得し、学校教育や出版、ラジオ放送などでカタルーニャ語化が進められた。

自治政府を掌握したERC（カタルーニャ共和主義左翼）は、バルセローナを近代的な「都」に整備するために、新しい都市計画「マシアー計画」の策定にとりかかった。スペインに合理主義建築をもたらしたジュゼップ・リュイス・セルトや、二〇世紀を代表するモダニズム建築の巨匠ル・コルビュジエらがこれに協力し、バルセローナを職能や用途に応じて区分するゾーニングという新しい発想を取り入れた。また過密都市における劣悪な住環境を改善するために、労働者向けの集合住宅も建設された。自治政府は文化政策にも力を入れ、一九三四年にはモンジュイックの丘に美術館が開館した。ここには中世カタルーニャ美術の宝であるピレネー山間の教会に眠るロマネスク壁画が収められた。

有数の工業地帯であるバスクでも、自治権獲得への機運が盛り上がる。運動の中心となったのは地域の民族主義政党（PNV）である。教育、文化、民俗芸能、スポーツなどで「バスク精神」が称揚された。バスク語での教育を行うイカストラと呼ばれる小・中学校が各地に設立された。伝統文化の重要な要素となっている民族舞踊は、集会やイベント、祭りなどで頻繁に披露され、合唱も地区教会などを通して活発に行われた。サッカーや自転車競技などの近代スポーツ以外にも、壁に球を打ちつけ合うペロータ・バスカ、丸太割りや石上げなどの野外伝統競技、バスクの自然を通して民族精神を涵養するハイキングが盛んに行われた。しかし、ウナムーノやピオ・バローハなどバスク出身の著名な作家は、こうした民族運動とは距離を置き、バスク語ではなくカスティーリャ語で作品を書いた。

スペイン北西部ガリシアでも、一九世紀後半からガリシア語を中心とする文芸復興運動《レシュルディメント》が開始された。ケルト文化や郷愁《サウダーデ》という民族的な感性が、ガリシアの個性として強調された。ガリシア語で書かれた雑誌『われら《ノス》』には、ビセンテ・リスコら知識人や作家たちが集い、単なる伝統的な風俗描写を越えた新しいガリシア文学をめざした。また、ガリシア主義の政治家であり風刺画家でもあったカステラオは、ガリシアの政治社会を痛烈な皮肉をこめて描いた。しかし、各地のこうした文化・文芸活動はその影響力が地域を越えて浸透するまでにはいたらなかった。

自治権獲得の動きに強い危機感を抱いたのが右派やカトリック保守である。中央集権的な国家を理想とする彼らにとって、地域の多様性を認めることは、スペインを分裂に導きかねない暴挙であった。独裁者プリモ・デ・リベーラの息子ホセ・アントニオは、ファランヘ（スペインにおけるファシズム政党）の設立集会で、祖国《パトリア》とは「不可分の総合」であり、今求められているのは「スペインの全人民がどんなにちがっていようと、変更することのできない運命の統一体との調和を感じること」であると主張した。

2　アヴァンギャルドと大衆文化

新聞・雑誌・出版物

共和国は政治・社会闘争だけでなく、文化の戦いの「戦場」でもあった。第二共和政の到来はリベラルな知識人に知的高揚をもたらしたが、二〇世紀に入ってから起こったロシア革命、イタリアでのファシズム出現、ドイツのヒトラー登場、世界恐慌といった諸事件は、近代資本主義体制の行き詰まりを露呈させ、不安と危機感をも生み出していた。とくに若い世代は西欧的な議会制民主主義やブルジョワ的なエリート文化に懐疑的で、既存の社会や価値観を拒否する姿勢を示した。彼らは現実世界との接点を模索しながら、ある者は社会主義や共産主義へ、ある者はファシズムへと傾倒していく。彼らは街頭での機関紙やチラシの配布、ポスター貼り、集会やデモへの参加などを通して、急進的な政治組織へとリクルートされていった。

出版の検閲はプリモ・デ・リベーラ独裁末期からすでに緩みはじめていたが、共和政期に入るとあらゆる出版が未曾有の活況を呈した。各出版社は競うように哲学や思想書、政治社会に関する評論、社会派文学、外国作品の翻訳を世に送り出した。出版技術の進歩は本の値段を下げ、一般市民も容易に手にすることができるようになった。市場は拡大し、書籍フェアーはいつもにぎわった。一九三三年にマドリードで開催された第一回書籍フェアーでは、アサーニャ大統領自らが開催を宣言した。

新聞や雑誌の購読者数も急速に伸びた。「中立」と銘打っていても、実際には特定の政治的立場を支持するものが多く、読者の方もそれを承知で購読していた。マドリードの『ＡＢＣ《アー・ベー・セー》』は王党派、『討論《エル・デバーテ》』は保守カトリック、『太陽《エル・ソル》』は共和派といった具合である。

左派の若者の間では「革命」に対する憧憬が強かった。詩人ラファエル・アルベルティは雑誌『一〇月《オクトゥブレ》』を創刊し、ロシア革命の理念に共感を示した。彼のように共産党シンパでなくても、多数の知識人がロシア革命やソ連、あるいはマルクス主義に引かれていた。たとえば詩人アントニオ・マチャードは自分を「マルクス主義者ではない」といいつつ、「社会主義は正義へ通じる、避けては通れない局面である」と述べている。ソ連はスペインが抱える社会の矛盾を克服、解決するひとつのモデルであり、ファシズムの台頭を阻止できるものと期待された。一九三三年にドイツでナチスが政権をとると、一九三五年の第七回コミンテルン大会は、反戦、反ファシズムを目的とする「人民戦線」戦術を採択する。ファシズムに対する危機感の高まりから、同年「反ファシズム知識人協会」が旗揚げされ、三六年にはベルリン・オリンピックに対抗して、バルセローナで人民オリンピックの開催が決定された。

左派の間でソ連へのあこがれが高まったのと同じように、右派の間ではムッソリーニやヒトラーへ心酔する若者があらわれた。文芸雑誌『文学新報《ラ・ガセータ・リテラリア》』には「二七年の世代」の作家たちも多く寄稿していたが、その編集を担当するエルネスト・ヒメネス・カバリェーロは急速にイタリア・ファシズムに傾倒していった。彼はやがてフランコ陣営でプロパガンダ政策の責任者となる。右派活動家ラミーロ・レデスマは、一九三一年にイタリアの雑誌をまねて『国家の征服《コンキスタ・デル・エスタード》』を刊行し、真にスペイン人的、国民主義的な革命の必要性を説いた。「九八年の世代」の一人ラミーロ・デ・マエストゥは『スペイン精神の擁護』（一九三四年）を著し、一八世紀からの外国の影響がスペイン人の真のアイデンティティを損なわせたとして、カトリック両王以来の伝統に立ちかえるよう訴えた。

世論の急進化を懸念した共和国政府は、一九三三年七月に「公共秩序法」を制定し、出版物への事前検閲を導入した。雑誌『エル・ファスシオ』はファシズムを論じる場として発行されたが、すぐに政府によって発禁処分を受けた。

図4－2　フロリアン・レイ監督作『アラゴン人の気高さ』のインペリオ・アルヘンティーナ（右）
出典：乾英一郎『スペイン映画史』芳賀書店，1992年，51頁。

ラジオ・映画・演劇

一九二〇年代に登場したラジオは、新しい時代のシンボルとして、三〇年代に急速に普及した。ラジオは民衆を動員する道具でもあった。指導者は無数の人々に同時に話しかけることができ、聴衆は自分個人に話しかけられていると感じたので、政治集会や行事では必ずマイクロフォンが設置された。バルやカフェ、政党や組合の事務所ではラジオの前に人々が集まった。大統領アルカラ・サモーラの共和国樹立宣言はラジオ放送され、国会審議の模様も中継ではないが伝えられた。政治以外でも、スポーツや闘牛の実況中継、ニュース番組、有名人のトーク、クラシックや民俗音楽など多彩なプログラムを提供し人々を引きつけた。

この時代、市民の娯楽として定着したのが映画である。ちょうどサイレントからトーキーへの移行期で、一九二九年にはスペインで最初のトーキー『プエルタ・デル・ソルの謎』が制作された。全国で映画同好会が結成され、専門誌も発行され、映画館や上映会は地区住民の社交場となった。上映本数の多かったのはアメリカ映画、次にヨーロッパ映画、そしてスペイン映画の順である。スペイン映画といっても、当初はパリやハリウッドなど外国のスタジオで制作されたものが多かったが、そこで修業を積んだ映画監督やシナリオ・ライターがその後スペインに戻り、映画産業を盛り上げた。その結果、国産映画の人気も上昇していった。スペイン独特のオペレッタであるサルスエラを取り入れたベニート・ペローホ監督の『パローマの前夜祭』やアラゴン地方の風俗と民謡（ホタ）を取り入れたフロリアン・レイ監督の『アラゴン人の気高さ』などである。美しく歌も上手な女優インペリオ・アルヘンティーナや彼女と共演したミゲル・リヘーロらが銀幕のスターとしてもてはやされた。

共和国時代に最も物議をかもした映画は、ルイス・ブニュエルの『糧なき土地』であろう。舞台はウルデスという電気も水道もないエストゥレマドゥーラの山間にある極貧の村々である。彼はそこに生きる孤立した人々の生活を描き、教会や地主の支配下にあるスペインの伝統的社会を痛烈に批判した。映画は一九三二年に撮影され、翌年封切られたが、マラニョンなど共和派のなかにもこの映画に不快感を抱く者がでたため、結局スペインでは上映が禁止された。後にフランコ政権は国辱映画をつくったとして彼を指名手配する。

保守的な人々は、スペイン人の倫理観や価値観を蝕《むしば》むとしてアメリカ映画の上映に批判的であった。また『戦艦ポチョムキン』『クロンシュタットの水兵』といったソビエト映画やドイツの『クウム・ワルペ』など、外国のプロレタリア映画の上映にも反対した。

演劇では、『血の婚礼』『イェルマ』など独自の劇作品を世に送り出し高い評価を得たガルシア・ロルカがいる。彼は「一九二七年の世代」の一人で、「この劇的な時間において、芸術家は民衆と共に泣き笑うべきだ」との立場から、自ら「ラ・バラーカ」という学生の演劇集団を率いて、各地でセルバンテスやカルデロン・デ・ラ・バルカなどの古典演劇を上演した。民衆を教化するという進歩的な姿勢のため、ロルカの公演は極右活動家によって妨害を受けることがあった。

庶民の人気を博していたのは、ペドロ・ムニョスの「アストラカン」と呼ばれるドタバタ喜劇や中産階級向けの芝居を書いたハシント・ベナベンテ、アンダルシーアの風俗描写を取り入れたアルバレス・キンテーロ兄弟の作品であった。しかし、これらを通俗的、ブルジョワ的、耽美的と非難する声もあった。辛辣な表現で社会の不条理を描き出したバリエ・インクランは『聖なる言葉《ディビナス・パラブラス》』など実験的・前衛的な作品を発表したが、興行としては成功しなかった。

保守的な演劇としては、ホセ・マリア・ペマンが、演劇と宗教・道徳との関係を取り扱い、自由とキリスト教的な善との結びつきを強調する作品を発表した。

カフェ文化

共和国は「文化を民衆に」という理想を掲げ、知識人もその実現に尽くしたが、庶民は相変わらず映画館や闘牛場、サッカー場につめかけた。映画やスポーツ雑誌、風刺漫画、料理や裁縫などの情報を満載した女性誌が熱心に読まれた。ミュージック・ホールやキャバレーも連夜にぎわいを見せ、劇場もたわいのないコメディ・ドラマが主流であった。マドリードで上演されたミュージカル・レビュー『ラス・レアンドラス』は、コミカルな場面展開が人気を博し、八五〇回も上演を重ねた。

一見すると政治には無関係な世界も時代の空気に敏感であった。闘牛場ではカトリック右派政党に資金援助をした闘牛士が観客にブーイングで迎えられ、街頭では共和派女優がいきなり見知らぬ女性に殴られ、アコーディオン弾きが革命歌「インターナショナル」を奏でると目の前の皿が小銭でいっぱいになる。一九三〇年代はそうした「イデオロギーの時代」であった。

スペインの都市で盛んだったのがテルトゥリアである。インフォーマルな文芸サロンのことで、文化人や芸術家あるいはそれを気取った者たちがカフェに集まって会話や議論を楽しんだ。マドリードでは、前衛作家ゴメス・デ・ラ・セルナの主宰するカフェ・デ・ポンボでのテルトゥリアが有名であった。彼は「グレゲリア」（ユーモアとメタファーを兼ね備えた短いフレーズ）と呼ばれる新しい文学のジャンルをつくりだしたことで知られている。しかし、こうしたテルトゥリアは男の世界で、女性が参加することはもちろんのこと、彼女らはカフェにもあまり入らなかったらしい。

作家や詩人たちはお気に入りのカフェをもっていた。ノーベル賞作家ハシント・ベナベンテはカフェ・デ・ガト・ネグロ、バリエ・インクランはカフェ・リヨンの常連で、マチャード兄弟はカフェ・エスパニョルに姿を見せた。もちろん、文化人だけでなく政治家たちもこうしたサロン空間を楽しんだ。マドリードにはプリモ・デ・リベーラやファランヘ党員の好むカフェがあったし、バルセローナではERC（自治政府を掌握するカタルーニャ共和主義左翼）のアイグアデーがカフェ・カタルーニャでテルトゥリアを主宰した。POUM（マルクス主義統一労働者党）の指導者ニンは、ランブラス通りに面したシクリスで執筆をする姿がよく目撃された。

社会の分極化と暴力のエスカレート

共和国の文化は花開いたが、政治は常に不安定だった。最初の二年間の改革は、左右両方の急進勢力から反発をまねいた。農地改革の遅れに不満をつのらせる農業労働者たちは、南部アンダルシーアで度々抗議行動を引き起こした。カサス・ビエハス村での農民蜂起は、警察部隊により鎮圧され死者も出た。作家ラモン・センデルはこの事件を『犯罪の村への旅』（一九三四年）で描いている。

右派の側からの攻撃も強まった。改革に危機感を抱く保守カトリック勢力はＣＥＤＡ（スペイン独立右翼連合）に糾合した。一九三三年には極右派がホセ・アントニオ・プリモ・デ・リベーラを中心としてファランヘ党を結成した。彼は設立集会で「正義や祖国が傷つけられているときには、鉄拳とピストルの対話以外に認めうる対話はないのです」と述べ、若者を暴力とテロへ誘った。

一九三三年末、選挙で勝利した右派が政権につくと、それまでの改革の多くが白紙に戻されたので、労働者や農民は一層急進化した。一九三四年一〇月には労働者によるゼネストや蜂起が各地で発生し、カタルーニャでは自治政府が「スペイン連邦共和国内のカタルーニャ国」を宣言し中央政府に反旗を翻した。アストゥリアスでは炭鉱労働者が蜂起し、コミューンを形成した。彼らは最後まで抵抗したが、政府がアフリカから投入した軍隊によって鎮圧された。ＣＥＤＡを含む右派政権の統治期間は「暗黒の二年間」と呼ばれている。

共和国の政局が選挙の度に左右に大きく振れていくなかで、人々はテルトゥリアを楽しむゆとりを失っていった。とくに一九三六年春、左派勢力が結集する人民戦線が選挙に勝利すると、クーデタの不穏なうわさがささやかれるようになり、市民の間には不安と緊張が高まった。「街頭を制圧する」というスローガンのもとに、街では左右の過激派グループによる暴力沙汰や暗殺が横行した。作家ラファエル・カンシーノス・アセンスは「カフェの窓で数人の若者ががなり声を上げ、中でチョコレートと菓子を食べている紳士たちにげんこつを振りかざしていた」と当時の物騒な雰囲気を伝えている。人々は夜の外出を控えるようになり、テルトゥリアの文学談義はすぐに政治論争に様変わりし、仲間たちもファランヘ主義に傾倒する者と共和国を擁護する者とに分裂していった。すでにウナムーノやオルテガらは共和国に失望して、政治から距離を置いていた。知識人のなかには、緊迫した社会情勢に耐えきれなくなって国外へ脱出する者が相次いだ。国内にとどまった者もやがて内戦の勃発により、どちらかの側へ選択を迫られることになる。中立は許されなかった。

3　内戦の勃発

スペイン内戦と世界

一九三六年七月一七日、スペイン領モロッコで共和国に対する軍のクーデタが開始されると、それに呼応するようにイベリア半島各地で反乱が起こった。マドリードやバルセローナなどの都市部では、労働者が共和国に忠実な警察勢力と共に武器を手に抵抗したので、軍の動きは制圧された。短期決戦という反乱派軍人のもくろみは外れたのである。しかし、南部アンダルシーアや中央部カスティーリャの一部では反乱が成功し、スペインは共和国と反乱軍という敵対するふたつの陣営に分断されることになった。

内戦は、スペイン社会の構造的不均衡を背景に、あるべき国家の枠組みや社会変革の是非をめぐって一九世紀から展開されてきた根深い社会対立の帰結である。しかし、その影響は一国を越えて広がり、ファシズムに対する民主主義の戦い、あるいは革命と反革命との戦いとして受け止められた。そしてスペインの一般市民にとって内戦は、ある日突然地域のコミュニティが引き裂かれ、家族や友人どうしが殺し合う悲劇を意味した。

スペイン内戦は、一九世紀にしばしば発生した内戦とは大きく異なり、敵を徹底的に叩きのめす近代的な総力戦となった。三五万人前後のスペイン人が犠牲となったとされるが、その数は確定していない。戦闘での死者と同じくらいの人が後衛においてテロや処刑で命を落としたとされる。空爆や疾病・栄養不良などで亡くなった人も数知れない。さらに五〇万近いスペイン人が祖国を離れなければならなかった。その半数が女性や子どもたちであった。

スペイン内戦は世界の目をイベリア半島へひきつけた。イギリスやフランスなどヨーロッパ主要国は、スペインでの革命発生をおそれ、またドイツやイタリアとの全面対決を避けるために、どちら側にも干渉しない姿勢（非干渉政策）をとった。しかし、枢軸諸国はこれを無視して反乱派を支援したので、ソ連やメキシコからの部分的な支援しか期待できなかった共和国には不利であった。当時の国際状況が内戦の趨勢を決定づけたといえる。スペイン内戦はまさに第二次世界大戦の「前哨戦」であった。

スペイン内戦には多数の外国人が参戦した。共和国側ではコミンテルンなどの呼びかけで国際旅団が編成され、五〇カ国以上から四万人近い人々が加わった。彼らは内戦を自分たちの戦争として受け止め、犠牲をいとわなかった。無傷で帰国できたのは旅団兵士のわずかな部分でしかなかった。ジョージ・オーウェルの『カタロニア賛歌』、アーサー・ケストラーの『スペインの遺書』、アンドレ・マルローの『希望』などは、彼ら自身の戦争体験から生まれたものであり、ロバート・キャパの報道写真やパブロ・ピカソの作品「ゲルニカ」とともに、スペイン内戦を広く世界に知らせる役割を果たしたのである。

外国人は反乱派側でも戦った。ドイツやイタリア、隣国ポルトガルから派遣された義勇兵、フランスの「アクション・フランセーズ」を支持する右派青年たち、アイルランドのカトリック勢力、ロシア王党派、反共主義者などである。しかし、その数は共和国側に比べるとはるかに少なかった。また政治色抜きで参加したモロッコ兵のような存在もあった。彼らは北アフリカ各地で組織され、スペインに傭兵として送り込まれた。共和国側はこれに対して、ネガティヴ・キャンペーンを展開した。中世のイスラーム教徒との戦い、二〇世紀初頭の植民地戦争、一九三四年一〇月の労働者蜂起にモロッコ兵が投入されたことなどが想起された。そして、彼らの野蛮さ、残忍さ、白人女性への性的欲望などが喧伝されたので、とくに女性の間に恐怖心を呼び起こした。

イデオロギーと暴力

ふたつに分裂したスペインでは、それぞれの政治社会的状況から弾圧とテロが開始される。戦場以外の場所で多数の犠牲者が生じたことは、この内戦の特徴のひとつである。

共和国の支配下にとどまった地域では重要な社会変化が起きつつあった。武器を手にした労働者や農民が「革命」を開始したのである。地域によっては農場や工場が「集産化」され、各地で革命委員会が乱立したが、共和国政府はこうした労働組合や民兵の動きをコントロールすることができなかった。労働者にとって内戦とは、ドイツやイタリアに支援されたファシズムを打倒する戦いであるだけでなく、同時にブルジョワ支配を打破する「革命のための戦争」でもあった。

共和国陣営では、地主や資本家、聖職者らが「ファシスト」「労働者の敵」とみなされた。とくに弾圧の対象となったのが教会である。聖堂は放火され、多数の聖職者が殺害された。教会権力のシンボルである聖像や祭壇画も破壊された。これはスペイン民衆のなかに伝統的に見られる反聖職者主義《アンティクレリカリスモ》が、革命的混乱のなかで噴出したものといえる。

左派政党や労働者組織は富裕層が利用するカジノやクラブハウス、邸宅などを接収し、建築家、弁護士、医師などの職能団体を解散させた。ブルジョワ階級の人々は労働者風の身なりをして、アナルコサンディカリスト系のCNTや社会主義系UGTといった労働組合に加入した。その組合証は彼らの命を保証するものとなったからである。反対派とみなされれば、人知れず連れ出されて殺害された。こうした弾圧やテロは、共和国の統治機能が低下した内戦初期に多発した。ファランへ党首ホセ・アントニオ・プリモ・デ・リベーラ、「九八年の世代」の作家ラミーロ・デ・マエストゥ、喜劇作家ペドロ・ムニョスらもその犠牲となった。

一方、反乱軍を構成したのは王党派（アルフォンソ一三世の支持者）、伝統主義者（カルリスタ）、ファランへ、カトリック保守などである。内戦は外国勢力によって操られている共産主義者（赤という意味のロホ）、フリーメーソン、無神論者、分離主義者などの邪悪な勢力から祖国を守るためであり、スペインの秩序と伝統を回復する愛国的な戦いであると位置づけられた。彼らの精神的柱となったのがカトリック教会である。一九三七年七月、スペインの司教団はフランコ側への支持を正式に表明し、反乱に「聖戦」「十字軍」という性格を付与した。

三六年七月、ブルゴスに国防評議会が設置され、反乱に加担したファランへなどを除くすべての政党が廃止された。身の危険を感じた人々がファランへに入党するため殺到した。反乱派が進攻した地域では、組織的な摘発と粛清が行われた。対象者は共和国を支持した政治家、知識人、教員や公務員、労働組合活動家、バスクやカタルーニャの民族主義者らである（バスクの民族主義者はカトリックでもあったので、両方の陣営で迫害された）。彼らは「スペイン人の魂」を汚染し、社会の混乱を招いたとして軍法会議にかけられ、処刑、拷問、投獄、財産没収、追放などの処分を受けた。ガルシア・ロルカがグラナダで治安警備隊に殺害されたことは、国際的な反響を呼び、反乱派のイメージを悪化させた。反乱派の弾圧は、支配地域の拡大とともに広がり、内戦終了後も続く。

反乱派陣営では、共和国政府の行った社会改革がすべて白紙に戻された。農地改革によって国が接収した土地は旧地主に戻され、カタルーニャやバスクの自治権も剝奪され、カスティーリャを中心としたスペインの統一性が称揚され、赤・黄の伝統的な二色の旗が正式なシンボルとして掲げられた。カスティーリャ語（スペイン語）は「帝国の言語」であり、共和国陣営から逃げてきたカタルーニャ人もカスティーリャ語を話すよう強要された。離婚法は破棄され、学校では宗教教育が再び義務化された。取り外されていたキリストの十字架も元の位置に戻された。カトリックの祝祭やフォークロアなども復活した。スペイン帝国の過去の栄光が称揚される一方、自由主義や社会主義が流入した一九世紀という時代は退廃的、物質主義的であると批判された。

一九三六年一〇月一日、モロッコからの軍隊を統率するフランシスコ・フランコが国家首長に選出されると、彼の軍歴や業績、人物や性格などを賛美するキャンペーンが展開された。一九三七年にはファランへと伝統主義者を統合した新しいファランへ党が誕生し、フランコはその党首に就任した。また陸海空軍の指揮権も彼が掌握した。彼に批判的な人々は排除されていき、「フランコが命令し、スペインが従う」という個人独裁への歩みが進んでいく。

4　文化とプロパガンダ

内戦は武力衝突であると同時に政治的・社会的な闘争でもあった。共和国も反乱軍も互いを「ファシスト」、「アカ」と呼んで非難しあったが、どちらの側も愛国心をかきたてるプロパガンダを展開する。それは敵や国際社会を意識しつつ、各陣営を構成する諸勢力間の立場の違いやそこから生じる矛盾を覆い隠し、人々を戦いへと結集させるものであった。士気を高めるシンボルやメッセージとともに、ステレオタイプ化された醜い敵が、理想化された味方の兵士や労働者に一蹴される場面が描かれた。古代ローマ軍やナポレオン軍といった外からの侵略に抵抗するスペインの英雄は、どちらの陣営でもイメージとして利用された。

出版物・ポスター

共和国支配地域では、王党派、ファランへ、伝統主義、反乱派では共和派、社会主義、アナキズム、共産主義などの新聞や雑誌が発行を禁止された。敵を支持する印刷所は閉鎖、接収された。

反乱派では一九三八年四月に「出版法」が制定され、国家や体制の権威を少しでも傷つけ、新政府の仕事を妨害するものはすべて厳罰に処された。ショーロホフの『静かなドン』、フォークナーの『サンクチュアリ』など、不道徳で退廃的とされた作品も規制された。こうしてすべてが「善」と「悪」、「カトリック」と「異端」とに塗り分けられていった。

識字率の低いスペインにおいて、ポスターは国民にメッセージを伝える効果的な宣伝方法であった。分かりやすいスローガンと共にインパクトのある絵柄が描かれた。共和国では戦いを正当化するために階級間の連帯や革命的目標が掲げられ、アナキストの英雄ドゥルーティの肖像や青いつなぎの民兵が描かれた。また地域住民のナショナルな感情に訴えかけるものもあった。カタルーニャでは、古い民衆の歌「三つの太鼓」に出てくる勇敢な男の子をイメージしたマスコットが人気となった。メッセージは切手やスタンプ、絵葉書やマッチ箱にも印刷された。

戦場では、兵士への識字教育が熱心に行われ、「同志に読み方を教えよう」「文盲は精神をくもらせる」といった啓発的なポスターがつくられた。また、兵士の衛生管理、モラルの維持、余暇のためにガリ版刷りの「塹壕新聞」が発行された。また教師や芸術家たちが「文化の民兵隊」として派遣され、兵士と寝食をともにしつつ、地理・歴史、算数の授業や詩の朗読、映画上映、楽器演奏、人形劇などを行った。イベントの最後には「インターナショナル」と「リエゴ讃歌」が合唱された。勉強を嫌がる兵士もいたが、空腹と寒さを紛らわしてくれると歓迎する者もいた。

図4－3　文盲撲滅を訴える内戦期共和国側のポスター

出典：Fundación Pablo Iglesias, *Carteles de la Guerra*, Madrid, 2008, p. 219.

一方、反乱軍によって「解放」された町では、まず共和国側のポスターがすべて取り払われ、次に新しいポスターが貼られていった。通りや広場の名前も変更された。スペイン・ナショナリズムは、カトリックの擁護と並び、反乱派プロパガンダの重要な要素であった。「スペイン万歳」「祖国、パン、正義」といった愛国的な標語とともに、フランコの肖像や彼への賛辞が掲げられた。共和国を支持する諸勢力はソ連の操り人形として、スペインの保護下にあるモロッコ兵は「友好的なモーロ人」としてイメージされた。イサベル女王や聖ヤコブ（スペインの守護聖人）などの歴史的、宗教的シンボルは、人々を結集させる力をもっていた。人々は、「国王行進曲」（国歌）、「カラ・アル・ソル」（ファランへの歌）、「オリアメンディ」（伝統主義者の歌）などを急いで覚えなければならなかった。

ラジオ・映画

ラジオの電波は境界線を越えて相手陣営にまで届いたので、最も効果的な宣伝手段のひとつとなった。敵による弾圧や処刑のニュースは人々の怒りを増幅させた。わざとラジオの音量を上げて自分の忠誠心を示す者もいれば、逆にベッドのなかで密かに反対陣営の放送を聴く者もいた。外人部隊を創設した軍人ミリャン・アストライは、サラマンカに「ラディオ・ナシオナル」を設立した。そこから食料難に苦しむ共和派陣営に向けて、レストランのメニューが読みあげられ、負傷者や囚人の名前が流された。戦場では迷っている兵士への呼びかけも行われた。

映画では、バルセローナやマドリードなど映画産業の集積地を抱えた共和国が有利であった。制作本数も反乱派が九三本に対して共和国側は三六〇本と圧倒的に多い。検閲などの制約も反乱派の方が厳しかった。しかし、自分たちの行動や立場を正当化し、敵を失墜させるという目的に利用された点では、どちらの映画も共通している。

人々は飢えや寒さ、未来への不安を紛らわすかのように映画館や劇場に出かけた。共和国陣営では映画産業が集産化され、革命的理念にふさわしくない猥雑でグロテスクなものは禁止された。ニュース映画やドキュメンタリー、フィクション、ソ連映画などが上映されたが、前線では『チャパーエフ』（一九三四年）が人気であった。ロシアの反革命勢力と戦うソ連の英雄は、ファシストと戦う共和派の兵士の姿と重なり合って受けとめられたのである。しかし、初期の革命的雰囲気が後退すると「ブルジョワ的」映画も復活する。人気女優インペリオ・アルヘンティーナ、チャップリン、マルクス兄弟などの映画も上映されたが、新作が入ってこないので同じ作品が繰り返し上映された。

反乱派は共和国側に比べ映画の質・量ともに劣っていた。しかし、映画産業が集産化されなかったので、民間の映画会社は存続した。またドイツやイタリア、ポルトガルなどでも戦果を喧伝するドキュメンタリーがつくられた。一九三八年には国民映画局が設立され、映画に関する権限がここに集約された。作品はすべて内務省の検閲機関によってチェックされ、階級闘争を描いたものやフェミニズム的要素をもったもの、宗教的観点から問題のあるものは禁止された。一九三七年秋からは、幕間や終了時に国歌とともにスクリーン上にフランコの映像があらわれ、観客は起立して右手を上げファシスト式の敬礼をしなければならなくなった。

反乱派の支配地域が拡大するにつれ、押収される共和国側の映画も増えていった。これらは、共和国側のイメージを悪化させるために使われただけでなく、後に警察資料として共和派の弾圧にも利用される。第二共和政期に長編映画をとった監督の二二％、脚本家の二〇％が弾圧や亡命を余儀なくされた。

内戦と知識人

内戦中、知識人はどのように生き延びたのであろうか。すでにオルテガやマラニョンら著名な知識人は国外へ脱出していた。内戦期に活躍したのは、一九二五年に国民文学賞を獲得したラファエル・アルベルティ、ミゲル・エルナンデスら若い世代であった。アルベルティは詩の朗読会、演説会、演劇上演などを各地で行い人々を鼓舞し、エルナンデスの詩は共和国兵士や市民の間で愛唱された。またマリア・テレーサ・レオンらは、プラド美術館やトレードなどの修道院にある文化財を保護するために尽力した。「九八年の世代」の一人アントニオ・マチャードは最後までスペインにとどまり執筆活動を続けたが、共和国の敗北が濃くなった一九三九年二月、たどり着いたフランス国境の町で力尽き亡くなった。

反乱派では、フランコ政府が学者や文化人に対する統制を強化していた。一九三八年一月、それまでの王立アカデミー会員が呼び集められて「スペイン協会」が設立され、祖国スペインとともに総統《フランコ》にも忠誠を誓うことが求められた。会長には作曲家マヌエル・デ・ファリャが指名されたが、彼は健康を理由に辞退し、その後亡命した。サラマンカ大学総長であったウナムーノは、大学でアフリカ派軍人ミリャン・アストライを批判したため、自宅軟禁処分を受けた。彼はその数週間後、失意のうちに亡くなっている。

一九三七年四月に発生したゲルニカの無差別爆撃は、当時パリにいたパブロ・ピカソに『ゲルニカ』を描かせた。一般市民の正確な犠牲者数は不明だが、市街地のおよそ七割が焼き尽くされ、世界を震撼させる事件となった。共和国側は即座に反乱派を支援するイタリアとドイツの空軍機による蛮行と断罪したが、反乱側はこれを退却するバスク人部隊が焼き払ったと主張し、双方の主張が真っ向から対立した。反乱派は情報操作により戦後も真実を隠し通し、一九七〇年代になってからようやくフランコ政権は関与を認めた。

『ゲルニカ』は一九三七年にパリで開催された万国博覧会に出展された。この万博は共和国にとって反乱軍の非道と共和国の正統性、そして内戦に苦しむスペイン人への支援を訴える貴重な場となった。ジュゼップ・リュイス・セルトらの設計による共和国パビリオンは、その軽快で簡素なフォルムがナチス・ドイツやソ連の威圧的な巨大パビリオンと対照的であった。入口にはジュアン・ミロの『刈り取る人』、ジュリ（フリオ）・ゴンサレスの『ラ・ムンサラット』、そして階段を上がって正面のフロアに『ゲルニカ』が飾られた。

5　内戦下の人々

日常生活

共和国側で発生した革命は、ファッションや挨拶の仕方にも変化をもたらした。ブルジョワ階級が使用するシルクハットや山高帽、ネクタイが消え、街には青いつなぎとアルパルガータ（サンダル）姿の民兵が銃を手に歩いていた。「さようなら《アディオス》」や「お元気で《バヤ・コン・ディオス》」といった挨拶は、神《ディオス》という言葉が嫌われ、「ご健康を《サルー》」「同志《カマラーダ》」にかわった。しかし、内戦が長期化して戦況も共和国に不利になると、アナルコサンディカリストや社会主義左派の「革命と戦争との同時遂行」という路線は後退し、かわって「戦争勝利」を第一とする共産主義者らの影響力が増した。民兵の青いつなぎは消え、新しく組織された人民軍の軍服がとってかわることになる。

男性が戦場に赴いたので、女性の社会進出が見られた。工場や作業場での労働、病院での傷病者の手当、難民支援や保育園、学校などの運営に女性があたった。共和国側では法的な女性の地位向上が実現したが、カフェやバルは男性の専有空間であり続け、昼間でも女性は街頭での性的嫌がらせにさらされ、若い女性の多くは「付き添い」で外出する習慣に従っていた。男性側の変化は緩慢であった。

反乱派陣営ではファッションにあまり変化は見られなかったが、女性はマンティーリャと呼ばれる黒いレースのベールを頭にかぶり慎み深い服装をしていた。新しく占領された町ではファランヘ党員に青シャツと赤い帽子が配られた。青は反乱側のシンボルカラーとなる。また、共和派の挨拶は禁止された。反乱側でも非常時への対応から、女性が生産・社会活動に従事する機会が増えた。しかし、教会が女性の社会参加や生活スタイルの変化を好まなかったので、共和国側ほど自由でなかった。

多くの都市を抱える共和派陣営では、食料不足が懸念された。反乱軍の進攻に伴って難民が増えたので、食料事情はさらに悪化した。とくに、内戦の比較的初期から敵に包囲された首都マドリードでは深刻であった。生活必需品を手に入れるために人々は長い列をつくり、庭には野菜が植えられ、鶏やウサギも飼育された。ひまわりの種や野草などの代用食で飢えをしのがなければならなかった。必需品の配給制が始まり、統制価格も設定されたが、闇市では価格が暴騰した。灯火管制の下、暖房がない冬の生活はとくに厳しく、人々は瓦礫や廃材を集めて燃やし暖をとった。栄養失調や衛生状態の悪化で病気が広がり、ノミ・シラミ対策として女性は髪を短く切り、坊主頭の男性が増えた。

反乱派はカスティーリャの穀倉地帯や肥沃なアンダルシーアを占領していたので、食料にそれほど窮することはなかった。彼らは飛行機にパンを積み、宣伝ビラとともに敵陣の都市へ投下した。そこには「炉辺に火のない家庭はなく、パンのないスペイン人はいない。フランコ」と書かれてあった。

どちらの陣営でも市場に銀貨が出回らなくなり、買い物に小銭が不足した。物々交換が頻繁に行われるようになり、共和国側では自治体や生産者組合などさまざまな組織が独自の紙幣（物品引換券）を発行した。反乱派陣営でも独自の通貨が発行され、銀貨にはカトリック両王のシンボル「くびきと矢」が彫り

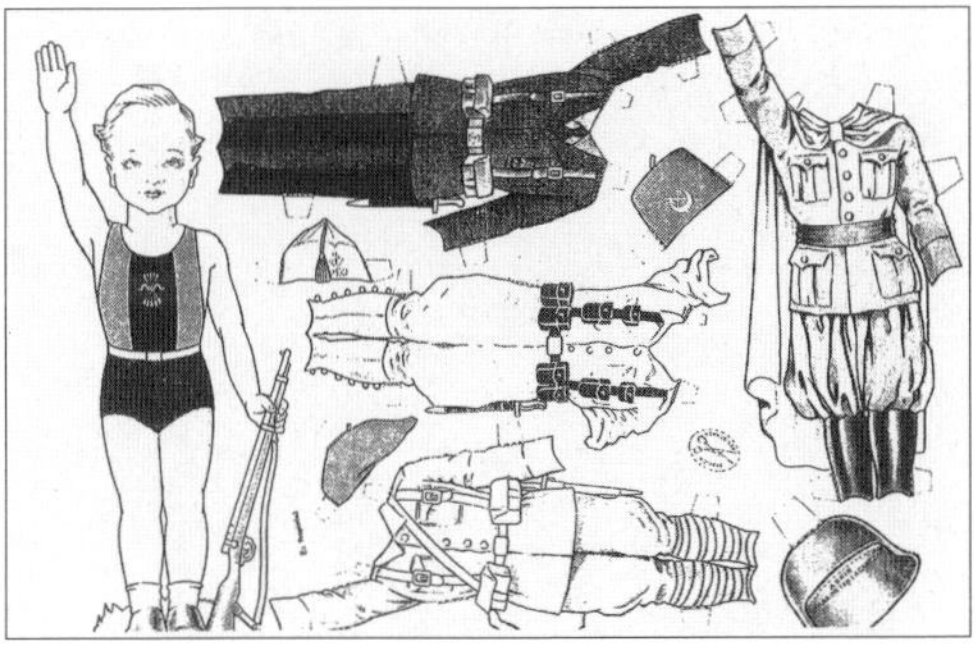

図4－4　子ども向けの着せ替え人形

出典：Museu d'Historia de Catalunya, *Retallables de la Guerra Civil 1936-1939*, p. 80.

込まれた。戦況の悪化とともに共和国側の通貨は国際市場で価値を失い、逆に反乱側の通貨や株価は上昇していった。

難民と亡命者

三年にわたる内戦は多くのスペイン人に移動を強いた。危険から逃れるため、家族と再会するため、あるいは自らの政治的信条にしたがって、彼らは境界線を越えた。一旦フランスなどの外国に出てから相手陣営に入る場合もあれば、警備の手薄な戦線を突破することもあった。反乱軍の支配地域が拡大すると、それまで決めかねていた人々は反乱側へ移った。ホテルや民宿、下宿屋はどこも満杯になった。北部の高級避暑地サン・セバスティアンの「グロス地区」は、カタルーニャ人が多数暮らしたので「バルセロネータ」と呼ばれた。一方、反乱軍の進攻から逃れて、カタルーニャやバレンシアなどの東部へ向かう難民の流れもあった。北部戦線が崩壊すると、多数のバスク人がカタルーニャに移り住んだため、バルセローナではバスクの新聞も発行された。

子どもたちも親元を離れて外国へ疎開した。その数は三万人以上にのぼる。フランスが主だったが、イギリスやベルギー、ソ連やメキシコへも送られた。一時的な避難であったが、戦後の国際情勢が家族の早期再会を阻む場合もあった。たとえば、戦後フランコ政権はソ連へ疎開した子どもたちの返還を要求したが、スターリンの死後までそれは実現しなかった。帰国できた子どもたちも「アカ」の親（死亡あるいは投獄中の場合が多かった）や親族から引き離され、施設でカトリック教育を受けなければならなかった。

一九三七年秋、反乱軍は北部地域を制圧し、翌年春には地中海へ到達する。共和国側は陣営内の分裂に悩まされ、反乱軍の進撃を食い止めることはできなかった。共和国側は和平の可能性を模索したが、勝利を間近にしたフランコはこれを拒否した。一九三九年初頭、カタルーニャが陥落し、包囲に耐えてきた首都マドリードも三月末に降伏する。四月一日、フランコは内戦の終結を宣言し、反乱派政権が共和国に代わり正式なスペインを代表することになった。

内戦は同じ国民のなかに勝者と敗者をつくりだし、何十万ものスペイン人が国を捨てなければならなかった。多くは隣国フランス（およびその植民地）へ逃れるが、ナチス・ドイツがフランスに進攻すると、彼らはさらにアメリカ（とくにメキシコ）へ逃げた。亡命者のなかには、対独レジスタンスに参加して、その後ドイツ軍の捕虜となり、フランコ政権に引き渡されたり、ナチスの強制収容所に送られたりする者もいた。

亡命者には学者や知識人、芸術家、技術者が多数いた。彼らは亡命先で教鞭をとったり、新聞や雑誌を発行したり、彼らを受け入れてくれた国へ知的な貢献を行った。現在メキシコにある大学院大学コレヒオ・デ・メヒコは、もともとスペインから亡命してきた知識人を招聘してつくられた教育・研究機関である。作家フアン・ラモン・ヒメネスは一九五六年ノーベル文学賞を受賞し、建築家セルトはハーバード大学で教鞭をとり、パウ・カザルスは南仏に演奏活動の拠点を置いた。カザルスはピカソと同じくフランコが存命中は祖国に戻らないと宣言し、終生それを貫いた。亡命者は祖国への思いを抱きながら、自由と民主主義のために戦ったという自負に支えられ、自らの体験を次の世代に伝えようとした。彼らが再びスペインに戻るには、四〇年近い歳月を待たなければならなかった。一方、優秀な人材が国外へ流出したことは、戦後スペインでの知的生産活動を停滞させることになった。

スペイン内戦は「悲劇的」「暴力的」「ドラマチック」というスペインのイメージをつくりだした。フランコ側が勝利し独裁制が成立したことで、外の世界の歴史との「ずれ」、あるいはスペインの孤立がさらに固定化されたようだった。スペインの特殊性や後進性が強調された。かつて米西戦争で植民地を失ったとき、「九八年の世代」は「スペインとは何か」を問いながらスペインの再生を模索したが、戦後のスペイン人も「なぜ内戦は起こったのか」を問い続けることになる。共和派も反乱派もその責任を相手に押しつけようとした。

勝者も敗者もそれぞれ心に傷を負った。しかし、戦後のフランコ政権にとって敗者は圧殺の対象であり、和解の相手ではなかった。戦後も「報復」として多数の共和派市民が弾圧され、その恐怖から人々は押

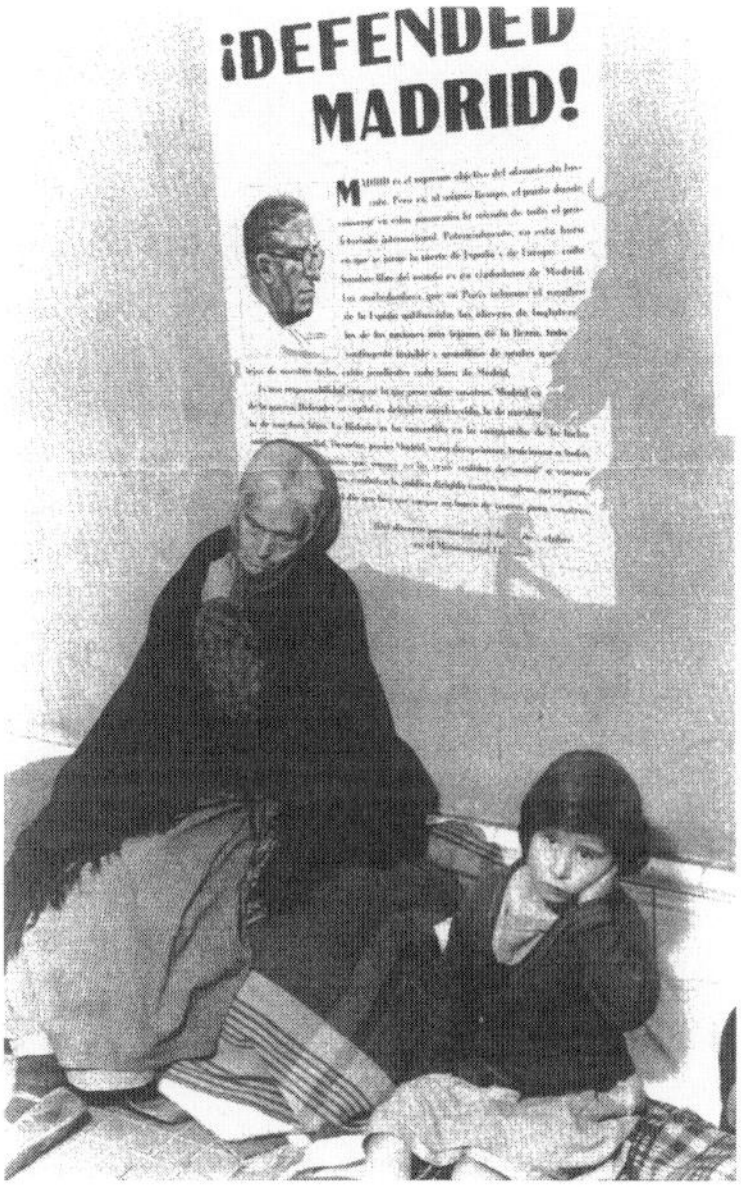

図4－5　マドリードの地下鉄に避難する人々

後ろにはマドリード防衛を呼び掛けるポスター。

出典：*Vivir en Guerra, en imágenes*, Madrid, 2009, p. 69.

し黙った。今日、内戦終了から七〇年以上が経過し、スペインはフランコ独裁をへて民主化を達成している。しかし、内戦からフランコ体制初期にかけて犠牲となった身元不明者の調査は未解決のまま残されており、この問題をめぐってスペイン人の間に合意は形成されていない。内戦という過去のタブーを克服し、真の国民的和解を達成しようとする努力はまだ続いている。

（八嶋由香利）

参考文献

乾英一郎『スペイン映画史』芳賀書店、一九九二年。

P・ヴィラール『スペイン内戦』（文庫クセジュ）立石博高・中塚次郎訳、白水社、一九九三年。

坂田幸子『ウルトライスモ——マドリードの前衛文学運動』国書刊行会、二〇一〇年。

佐竹謙一『概説スペイン文学史』研究社、二〇〇九年。

高橋博幸・加藤隆浩編『スペインの女性群像——その生の奇跡』行路社、二〇〇三年。

P・プレストン『スペイン内戦——包囲された共和国　一九三六～一九三九』宮下嶺夫訳、明石書店、二〇〇九年。

スタンリー・G・ペイン『ファランヘ党——スペイン・ファシズムの歴史』小箕俊介訳、れんが書房新社、一九八二年。

B・ボロテン『スペイン内戦——革命と反革命（上・下）』渡利三郎訳、晶文社、二〇〇八年。

Abella, Rafael, *La vida cotidiana durante la guerra civil. La España nacional*, Barcelona: Planeta, 1973.

Abella, Rafael, *La vida cotidiana durante la guerra civil. La España republicana*, Barcelona: Planeta, 1975.

Crusells, Magí, *La Guerra Civil española: Cine y propaganda*, Barcelona: Editorial Ariel, 2003.

Ealham, Chris; Richards, Michael, *The Splintering of Spain. Cultural History and the Spanish Civil War, 1936–1939*, Cambridge University Press, 2005.

Holguín, Sandie, *República de ciudadanos. Cultura e identidad nacional en la España republicana*, Barcelona: Crítica, 2003 [2002, 英語版].

Puértolas, Julio Rodríguez (coord.), *La República y la cultura. Paz, guerra y exilio*, Madrid: Ediciones Akal, 2009.

コラム3　ガルシア・ロルカと移動劇団「ラ・バラーカ」

文化と教育を重視する共和国政府は、一九三一年五月「教育使節団」を設立した。文化の恩恵が届きにくい僻地や貧しい村の住民に、新しい民主主義スペインのメッセージを届けることが目的であった。識字率や文化水準の向上を図るために、熱意ある若者たちが村を巡回し、劇の上演、音楽会の開催、地方教員の支援、展覧会や講演会の準備、公立図書館の設立、映画上映などを行った。活動期間は一日限りの場合もあれば、二週間程度続くこともあった。使節団の責任者は、エル・グレコの研究で有名な美術史家マヌエル・バルトロメー・コッシオである。彼は「自由教育学院」の創設者フランシスコ・ヒネル・デ・ロス・リオスの後継者で、教育学者としても知られていた。

この「教育使節団」プロジェクトの一貫として生まれたのが、大学生を中心とする移動劇団「ラ・バラーカ」である。常日頃金もうけの商業演劇に反発し、真の演劇を追い求めていたガルシア・ロルカは、このユニークな試みにすぐに関心を示した。彼と親交のあった社会主義者フェルナンド・デ・ロス・リオス（F・ヒネル・デ・ロス・リオスの甥）がアサーニャ政府の公教育相に就任したことで、この計画は実現に向けて大きく踏み出した。ラ・バラーカは政府から年間一〇万ペセタの補助金を得ることになった。

劇団の芸術監督として参加したロルカは、学生オーディションを行って俳優を集めた。合格しなかった者も舞台裏で働いた。劇団員の制服は「青いつなぎ」で、女性はシンプルなブラウスとスカートといういでたちであった。みな胸には劇団のマーク（車輪の真ん中に仮面と俳優の顔）をつけていた。演劇の指導は主にロルカが行ったが、事務的な仕事を引き受けたのは若い劇作家のエドゥアルド・ウガルテであった。彼は一九三〇年にハリウッドでしばらく働いた経験をもち、舞台係から案内係、メーキャップ係まで何でもこなすロルカの有能な右腕となった。

ラ・バラーカは、一九三二年七月から巡業を開始した。トラックに移動式の舞台装置や道具類などを積み込んで、学生俳優たちは村々を回った。到着すると広場や市場などに仮設舞台を設置し、夜に上演が行われた。ロルカがまず舞台に上がり、大学劇団の目的を説明する。演目はセルバンテスの幕間狂言、ロペ・デ・ベガの『人生は夢』、カルデロン・デ・ラ・バルカ『フエンテオベフーナ』、ティルソ・デ・モリーナなどの古典であった。『人生は夢』では、ロルカ自身が死を意味する「影」の役を演じている。

今まで演劇などに接したことのない農村の人々は、学生の熱演に高い関心を示したが、巡業は常に成功したわけではなかった。右派の風刺雑誌『グラシア・イ・フスティシア（恩寵と正義）』は、移動劇団をマルクス主義の宣伝活動とみなして中傷し、実際に劇が妨害されることもあった。ソリアでは王党派の若者らによる野次や暴力で劇が中断され、警察が呼ばれる騒ぎになった。そもそも責任者のロルカ自身が、反道徳的、反スペイン的な劇作家として右翼の反発を買っていたのである。

一九三三年末、共和主義左派のアサーニャ政権に代わって右派政権が誕生すると、政府の補助金は半分に減額され、一九三五年にはそれも完全になくなったが、ラ・バラーカの巡業は内戦勃発まで続けられた。一方、ロルカは『血の婚礼』や『イェルマ』の上演など自身の活動に忙しく、劇団から徐々に離れていった。一九三六年、共和国に対する反乱のうわさがささやかれるようになると、不安にかられたロルカは故郷のグラナダに戻る。しかし、不運にもこの街はすぐに反乱側の支配下に置かれ、友人宅に身を寄せていた彼は見つかって、郊外に連れ出され銃殺されてしまった。彼の遺体は未だ発見されていない。

（八嶋由香利）

第5章　フランコ時代の体制文化と対抗文化

1　フランコ時代の歴史的背景

フランコ体制期（一九三九〜七五年）は、スペイン現代史のなかでもとりわけ陰鬱さを感じさせる時代である。その陰鬱さをもたらした最大の要因は、体制がスペイン内戦（一九三六〜三九年）の結果生まれたことにある。共和国陣営とフランコ率いるナショナリスト陣営に分かれ、三年にわたって繰り広げられた凄惨な内戦は、文字通り国を二分し、スペイン社会や人々の心のなかに深い傷跡を残した。フランコ時代の文化を考える際は、このような政治的・歴史的背景を理解することが不可欠である。

内戦には政治的対立のみならず、進歩的・自由主義的価値観と、保守的・伝統的価値観という、文化・思想的対立の要素も含まれていた。第二共和政期の対カトリック政策をめぐる対立などはそれを端的に示しているであろう。両陣営の総力戦となった内戦は、必然的に「敵か味方か」という戦時の論理を生み出し、それは内戦後も政治・社会・日常生活などあらゆる局面において続くことになった。文化領域においては、フランコ陣営が体現する文化・価値観の全面的な賛美・称揚と、旧共和派のそれの徹底的な否定という形であらわれる。

そのような状況のなか、内戦終結と前後して、旧共和派陣営に与した知識人・大学教授らはその地位を追われたり、亡命したりすることを余儀なくされた。しかしそういった術をもたない「普通の」人々の多くは、フランコ支配下のスペインで生きていく以外に道はなかったのである。他方、支配する側にとっても、国内に多数の旧共和派が残った状況に対し、政治・経済的のみならず文化的な意味まで含め、声高に自分たちの価値観の正統性を訴える必要があった。こうしてフランコ独裁の下では、体制側が示す公的な価値観が、学校教育、プロパガンダ、パンフレット、各種団体の集会などさまざまな手段によって伝達される、体制文化が形成されていくのである。

フランコ体制は、ドイツのナチズムやイタリアのファシズムなど、同時期のヨーロッパに出現した他の独裁体制と比較して論じられることが多い。両者の間には、政治体制としては少なからぬ相違点があるというのが現時点での有力な見方となっているが、画一的な文化を体制が強要するという意味では共通している面もある（もっともその内容にはかなりの差がある）。

他方、公的な文化に反対する潮流も存在した。彼らの提唱した文化をここでは対抗文化と呼ぶが、厳密に考えるとそれはさらにふたつに分けられよう。ひとつは、フランコ体制の存在そのものを否定する反体制派による文化である。その担い手は、旧共和派系の人々や、体制によって強く弾圧されたカタルーニャやバスクなどの地域主義者もいる。もうひとつは、体制文化の価値観を強く信奉するものの（あるいはそれゆえに）、その理想と体制の政治的・社会的現実とのギャップ・矛盾に苛まれ、これを超克しようとした人々によるものである。

さらに、政治的背景を色濃く反映した文化以外にも、とりわけ一九六〇年代以降の急激な経済発展と社会変化のなかで、新たな大衆文化・消費文化も生まれていく。

本章では、こうした担い手の違いを踏まえた上で、体制の歴史的展開に即しつつ、フランコ時代の文化を概観していく。

2　体制文化——分断のなかでの国民形成

体制文化の内容

先に述べたとおり、フランコ体制、とりわけその最初期においては画一的な文化的価値観が喧伝された。一九二〇〜三〇年代にヨーロッパを席巻したファシズムには、少なくとも理念の上では、旧来の政治・社会秩序の打破、若々しさ・男らしさの称揚、あるいは情念・暴力の賛美といった、急進的・革命的要素が随所に見られる。フランコ時代の体制文化にもこういった要素は含まれているが、同時に伝統的・保守的な要素も顕著に見られる。

フランコ体制の原型は、内戦中に第二共和政（共和派）に反対する勢力の集合体として形成された。そのなかには、ファシズム的価値観をもつ勢力から、スペインの伝統的社会秩序・価値観の復興を主張する保守勢力まで、多種多様な勢力が存在したが、実際の政治において優位に立ったのは後者であった。ドイツとイタリアのファシズムが強力な大衆的基盤をもっていたのに対し、スペインのファシズム政党であるファランヘは、第二共和政期には泡沫《ほうまつ》といってもよい、弱小な存在であった。他方、カトリック教会や軍など、フランコ体制を支えた多くの勢力は、保守的なイデオロギーを信奉していた。こうした政治勢力間の関係は、体制文化の形成やその意味内容にも少なからぬ影響を与えた。ドイツとイタリアでは体制文化は一元的なイデオロギーに基づいて、単一政党の指導の下で形成されたのに対し、フランコ体制の場合、そもそも体制文化の担い手が多様であった。そしてまた、各文化・社会領域における主導権をめぐって、体制派内部でも競合があった。つまり、体制文化自体が混成的性質をもっていたのである。

こうしたフランコ体制の特色を踏まえつつ、より具体的に体制文化の特徴を見よう。

第一に、スペインの伝統や精神といった超歴史的価値、すなわち「スペイン的なるもの《イスパニダー》」の称揚が挙げられる。この耳慣れない言葉は、単なるナショナリズムを示すものではない。国民国家形成に際し、多様な地域的・文化的マイノリティ（カタルーニャ、バスクなど）を含んだスペインは、フランスなどと異なり単一の言語・文化による国民統合は困難であり、いわば統合のための代替案としてこのような抽象的な理念を掲げざるをえなかったのである。「スペイン的なるもの」という概念は以前から存在しており、フランコ体制の発明品とはいえないものの、この時代になると上からの国民統合を支える理念として前面に押し出された。

第二に、カトリックの教義が重視された。ナショナリズムとカトリック的価値観が融合して形成された国家カトリック主義《ナシオナル・カトリシスモ》という教義は、フランコ体制のイデオロギーの中核をなすものであった。また、第二共和政期の反教権的政策に強く反発していたカトリック教会も、内戦勃発当初からナショナリスト陣営を「十字軍」と呼び、フランコ政権を早々とスペインの正統な政府と承認した。思想・文化的基盤としてのカトリシズム（カトリック的理念・価値観）は、とくに教育や家族関係といった領域に影響を及ぼした。

第三に、ファシズム的イデオロギーも体制文化の一構成要素を成した。政治勢力としては弱体であり、伝統的価値観やカトリシズムの否定という含意をもつファシズムが、一定程度の影響力をもったことは奇妙でもある。その背景としては、内戦という特殊な状況のなかでファシズム（ファランヘ）が、ナショナリスト陣営の中核の一部として格上げされたことが挙げられる。そしてまた、当時のヨーロッパにおいて、思想としてのファシズムがドイツとイタリア以外の国においても相当の影響力をもっていたことは無視しえない。ファランヘに代表されるファシズム的イデオロギーは、労働者を中心とした国家建設をめざす動きや、大衆の動員や大規模なプロパガンダといった新しいスタイルの政治文化となってあらわれた。

このように、体制文化はさまざまな（時には相反する）要素を内包していたが、それらは内戦が勃発した日付に因んで、「七月一八日の精神」と総称された。この言葉自体に肯定的な意味が含まれているとおり、フランコ体制自身は共和国に対する反乱を、光栄ある「蜂起」あるいは「解放」と呼んだ。

そして第四に、「七月一八日の精神」を体現する存在として、個人としてのフランコに対し政治的権力のみならず、あらゆる権威・イメージが投影された。プロパガンダなどにおいて、フランコはしばしば中世の英雄エル・シッドやカトリック両王と並び称された。フランコに与えられた「国家首長」、三軍の最高司令官たる「大元帥」、さらに「総統」という呼称は、絶対的イメージを象徴している。フランコは神と歴史に対してのみ責任を負うとされ、総統の枕詞として「神の恩恵による」という文言が冠された。ヒトラーやムッソリーニなどと比べ、カリスマ性に欠ける印象の強いフランコだが、少なくとも宣伝やイメージの上では、彼らに勝るとも劣らない存在に祀り上げられていたのである。

他方、これらの裏返しとして、非スペイン的とされた理念・団体は徹底的な否定の対象となり、その価値を剝奪された。具体的には、自由主義、共産主義、議会と政党を基盤とする西欧型の民主主義、世俗主義、フリーメーソンなどが挙げられる。さらにカタルーニャやバスクの地域主義も、スペインの分裂を招く分離主義として指弾された。フランコ体制下で、公的な場においてカタルーニャ語やバスク語の使用が禁止されたことはよく知られている。フランコ自身は北部ガリシア地方の出身であるが、スペインの一体性を維持するという発想は、一九世紀後半から二〇世紀前半にかけてのスペインの右翼思想を継承するものであった。

戦時の論理（敵か味方か）がもたらしたのは、こうした単なる観念的な対立にとどまらなかった。先に述べたとおり、内戦終結後に多くの旧共和派の知識人・文化人が亡命を余儀なくされ、教育現場においても教員の大規模なパージが行われた。これは、当時のスペインの文化・知的活動を支える層が少なからず失われたことを意味した。高名な亡命者の例としては、中世史家サンチェス・アルボルノス、作家アヤーラ（両者ともアルゼンチンに亡命）、物理学者ドゥペリエル（イギリスに亡命後、一九五三年に帰国）などが挙げられる。

とりわけ旧共和派知識人が多く亡命したのはメキシコであった。メキシコでは一九一〇年の革命により社会主義政権が誕生し、スペイン内戦に際してはソ連とともに共和国支援に回った（このことによりフランコ体制下のスペインとメキシコは国交を断絶する）。内戦中の一九三八年、メキシコ政府は「スペインの家」を設立し、亡命知識人たちの研究・創作の場を提供した。

もっとも、旧共和派ではない知識人のなかにも、哲学者オルテガ・イ・ガセーなどのように、戦火を嫌って内戦勃発後に亡命した者はいた（オルテガ・イ・ガセーは一九四五年に帰国）。

また、内戦中から一九四〇年代半ばにかけて、スペインが枢軸国に近い立場をとっていたことから、ドイツとイタリア以外の国々との学術・文化交流の機会が失われたことも、スペイン文化にとっては大きな損失となった。

体制文化の伝達手段

ドイツとイタリアのファシズム体制が自らの価値観を国民に伝え、社会化する際に用いられた手段やイデオロギーは広く研究されている（モッセ『大衆の国民化』など）。フランコ体制下でも、公式・非公式のさまざまな経路を用いて体制文化が伝達され、他方で文化や情報に対する政府の統制も体系的に行われた。こうした一連の作為のなかで、画一的な文化が上から流布されていったのである。

政治・社会組織

フランコ体制で唯一の公認政治組織は、ファランへとその他の右派政党を統合したFET－JONS（以下FETと略記）であった。FETはナチ党やイタリア・ファシスト党と異なり、政治権力を独占したのではなく、国民の教化、すなわち体制文化の伝達に活動の主軸があった。FETの系列団体として、青少年戦線や、スペイン大学生組合（SEU）、女性部（セクシオン・フェメニーナ）などが挙げられる。こうした団体を通じ、日常生活や余暇・文化活動の組織化が進められ、同時に社会の各層に対し体制文化が伝達されていったのである。

たとえば青少年戦線は、性別・年代別に組織され、社会奉仕やスポーツ、ボーイスカウト的活動を展開した。SEUは、フランコ体制下の唯一の公認大学生組織であり、法令上すべての大学生は加入を義務づけられた。もっとも、実際の加入率は相当低かったという。

女性部はその名のとおり、フランコ体制下の公認女性組織であった。この組織もそこで声高に主張されたのは、女性はまず家庭を守り、夫と子供に尽くすべきという良妻賢母的価値観であった。女性部のトップを務めたピラル・プリモ・デ・リベーラ（独裁者ミゲル・プリモ・デ・リベーラの娘）自身、「女性の第一の役割はよき母親・妻たることであり、女性は男性に比べて能力的に劣る存在である」と公言していた。体制文化に多様な意味内容が混在していたことはすでに述べたが、急進派・保守派双方とも、女性をめぐってはきわめて伝統的な理念を共有していた。付言すれば、政治的・社会的には急進的な側面をもつナチズムやイタリア・ファシズムも、こと女性観・家族観については、驚くほど旧来型の家父長的・男尊女卑的価値観を保持していたことは注目すべきである。

また、FET傘下の唯一の公認官製労働者組織である垂直組合も、労働者に体制文化を教え込む役割を果たした。垂直組合は労使双方を「生産者」とし、産業別に編成された階級横断的な組織として設立された。とくに二〇世紀に入り、しばしば政治・社会的混乱をもたらした労使間の階級対立を超克する、というのがこの組織の主旨であった。しかし垂直組合の実態は、そうした建前とは裏腹に、労働者に規律・服従を課すことでむしろ旧来の労使関係を再強化する役割を果たしたといわれる。

カトリック教会

カトリシズムは、フランコ体制を思想的にも実際の政治でも支える最も重要な基盤のひとつであった。ヨーロッパに自由主義と世俗主義が広がった一九世紀においても、スペインでは社会のさまざまな領域においてカトリック教会の特権的地位は維持され続けた。教会もこうした特権に慣れきっていただけに、第二共和政期に政府・民衆レベル双方から反教権主義の嵐が吹き荒れたことは、まさに悪夢であった。カトリック教会がフランコ率いるナショナリスト陣営を十字軍と呼んだのは、決して単なるレトリックではなかったのである。

こうして内戦終結後には、カトリック的価値観および信仰の復活をめざし、教会・系列団体による再カトリック化の試みが大々的に推し進められた。その内容は荘厳な宗教行事の開催や、教義に関するセミナーの開催、職業教育、余暇活動など多岐にわたった。

また離婚の禁止、日曜休日法、中絶・避妊の禁止など、カトリックの教義に基づく法律が制定され、人々は日常生活のなかでも宗教的価値観を強く意識することとなった。

メディア・プロパガンダ

各種メディアは最も直接的な体制文化の伝達手段であった。ファランへの機関紙である『万歳《アリーバ》』、王党派系の『ABC《アー・ベー・セー》』、カトリック系の『今こそ《ヤ》』などは、フランコ体制下の有力な日刊紙であった。だが、一九四〇年代前半ばのスペイン全土での新聞の発行部数は人口一〇〇〇人あたり五〇部程度であり、その影響力は限定的であった。そして内戦中の一九三八年に制定された出版法にしたがって、各種出版物に対しては事前の検閲が行われた。とりわけ政府が神経を尖らせていたのは外国からの情報流入であった。政府に認可されていた通信社（EFE社、Cifra社など）は、外国特派員からの外電などを、発表前に内務省の検閲部に送らなければならなかった。それ以外にも内務省政令などに基づき、映画、演劇、各種興行などに対して検閲が行われた。また、当時新しいメディアとしてラジオ放送も登場しつつあったが、これに対しても当局の厳しい規制がかかっていた。

また、各種プロパガンダも大規模に展開された。プロパガンダを担ったのは政府の人民教育局であった。ニュース映画制作会社NO-DO（一九四二年設立）が作成したプロパガンダ映画は、街の映画館で通常の作品の前に上映することが義務づけられていた。一九四〇年代前半のNO-DOの作品においては、フランコが軍のパレードを謁見したり、執務に没頭する模様が描かれている。

教育・学術研究

学校での公教育は、体制文化を若年層に伝達する重要な手段と位置づけられた。国民教育相ポストはサインス・ロドリゲスやイバニェス・マルティンら、カトリック系団体に属する人物の定席であり、教育政策においては内戦中から一貫してカトリック系勢力が支配的地位を占めていた。各種の教育法（初等・中等・高等）においても、「教育権は家庭（家長）と教会に属する」という教会の主張を受けて、明確にカトリック的価値観の護持が謳われ、宗教教育が復活した。

カトリックの教義に則り共学は禁止され、体罰も日常的に行われた。また歴史教育ではカトリックのスペインが異教徒の侵入に対し常に戦ってきたという、単純明快な善悪二元論に依拠した、図式的な内容が教え込まれた。そうした歴史観においてフランコは、啓蒙思想、自由主義、社会主義といった外来の思想に塗《まみ》れてきたスペインにあらわれた真の救世主であり、内戦もソ連と結びついた祖国の裏切り者からの「解放戦争」であると教えられた。学校の各教室にはフランコとファランヘ創設者ホセ・アントニオ（ミゲル・プリモ・デ・リベーラの息子であり、内戦中に共和派にとらえられ処刑された）の肖像画が掲げられていた。

もっとも、人々に対する教育の機会という点においては、状況は惨憺《さんたん》たるものであった。その大きな要因は予算である。国家予算全体に占める教育予算は常に一％以下だったが、これは同時代のヨーロッパ諸国はもちろん、ラテンアメリカ諸国などをも下回るきわめて低い水準であった。当然ながら学校の施設などは劣悪であり、教師一人当たりの生徒数も三五人と高いものであった。

また、主に経済的理由から、就学年齢に達しても学校に通えない児童が多くいた。一九四〇～四一年には、継続的・実質的に学業に参加している生徒の割合は四六・九％、さらに貧困・飢餓が厳しくなった一九五〇～五一年には三五・七％に落ち込んだという。

こうした状況では、体制がめざした、教育という手段を通じた体制文化の伝達は到底うまく機能せず、後で述べるような識字率の低さなどという問題にもつながっていく。

また、大学とともに学術研究を担うべき機関として高等学術研究院（CSIC）、政治研究所などが設立された。だが、当然これらの機関に求められたのは中立的な研究ではなく、フランコ体制のイデオロギーに即し、それを補完するための研究であった。CSICは当初より明確にカトリック的価値観を打ち出しており、とりわけこの組織において中核的役割を果たしたのが、在俗エリート信徒団体オプス・デイのメンバーであった。創設者のエスクリバ・デ・バラゲール師は神学以外の学問研究を積極的に奨励したため、オプス・デイは学術界などの知的世界に多くの会員を獲得していた。一九五〇年代以降、体制の経済政策を理論的・実際的に支える官僚や経済学者の多くがオプス・デイに所属し、CSICでのキャリアを経験した人物であったのは、このような背景があったためである。また政治研究所はFETの付属機関であり、こちらはファランへのイデオロギーに基づき、体制の政治・法制に関する諮問・研究を行った。

CSICの機関誌『木《アルボル》』や、政治研究所の機関誌『政治研究《レビスタ・デ・エストゥディオス・ポリティコス》』は、制限・検閲のあった当時のスペインにおいて、随一の知的出版物であった。これらも当初はきわめてイデオロギー色の強い記事が多かったが、一九五〇年代以降、スペインの現状に関する知的論争の舞台となった。

建築物

より可視的な形で体制文化を伝えたのが、建築物や都市整備事業であった。フランコ時代、あらゆる都市で大通りが「フランシスコ・フランコ大元帥通り」、「ホセ・アントニオ通り」といった名称に変更され、各市の大広場には馬にまたがるフランコの銅像が設置された。

また、内戦の勝者たるフランコの正統性を誇示しようとする建造物やモニュメントも数多くつくられた。マドリード市内モンクロア地区の空軍省や、そのすぐ近くの「勝利の門」などが有名であるが、その最たる象徴はエル・エスコリアルに建設された「戦没者の谷」である。この施設は、その名のとおり内戦の戦没者を慰霊する施設だが、当然その対象となったのは、フランコ側で戦った人々のみであった。この施設では序列第二位でホセ・アントニオが埋葬され、フランコは死後序列第一位として祀られることになっていた。戦没者の谷は内戦終結直後に着工し、旧共和派の政治犯らによる強制労働によって建設された。最終的な完成・開場は一九五九年を待たなければならないが、完成時には後に述べるように体制側が強調する成果は「勝利」ではなく「平和」へと移行していた。なおこれらの建築物の多くは現存しており、当時の雰囲気の一端を伝える貴重な証拠となっている。

政治的セレモニー

フランコ体制は、内戦に勝利したという事実を（唯一ではないにせよ）最大の正統性根拠としていた。そのことを喧伝するために、体制はさまざまな政治的記念日を制定した。内戦が勃発した七月一八日、内戦中フランコが大元帥に選出された日である一〇月一日、ホセ・アントニオの命日である一一月二〇日などには、毎年盛大な式典が行われ、新聞などにはその模様や要人の演説などが掲載された。

一九四二年一月には、フランコ自身が、バルセローナなどカタルーニャ地方各都市を歴訪した。工業労働者が多く、そして内戦中は共和派が最後まで抵抗したカタルーニャへのフランコの「行幸」は、体制初期の政治的セレモニーの特質をよく表している。この訪問に際しては、事前に各種メディアでフランコに対する歓迎・無条件の恭順を呼びかける報道が行われた。また、訪問中はFETの系列団体（青少年戦線など）を通じて、大量の人々、労働者がフランコへの熱狂的支持を演出するために動員されたという。

また、これらの政治的セレモニーでは軍の高官が臨席し、教会の高位聖職者による記念のミサが執り行われるなど、体制の掲げる政治的・文化的価値観を表象するものであった。

受け手から見た体制文化

体制文化は、内戦後の国家・社会の分断を超克するべく、上から形成・伝達されたものである。だが、一般国民の立場から見ると、その伝達には困難な状況が存在した。

三年にわたる内戦により、国民の間には困窮と厭戦気分が広まった。人々が望んだものは何よりもまず安寧な生活と、食糧・生活必需物資であり、体制が声高に主張する新しい価値観は、一部の人々を除いて積極的な反響は得られなかった。一九四一年時点で、スペインにおいては必要な脂肪の六一・五％、炭水化物の六六・二％、全カロリーの六六％が不足していたという。

また、近代スペインにとって常に深刻な問題であった文盲の存在は、フランコ体制期においても依然として続いていた。非識字率は一九三〇年時点においても未だに四四％という高さであった。フランコ体制はFET系列組織などを使い反文盲・識字率向上キャンペーンを展開した。その結果、一九五〇年には非識字率は一五％にまで改善されたが、都市部と農村部との間には歴然たる差異があり、南部各県やカナリア諸島などにおいては依然として三五％前後近い数値だったという。

こうした状況下では、政府がいかに体制文化を喧伝したところで、国民の側からの熱狂的反応・自発的参加が生まれないのは必然の結果でもあった。

3　体制文化の変容と対抗文化の形成

第1節で述べたとおり、本章で用いる対抗文化とは、大まかにいってふたつの意味をもつ。すなわち、旧共和派（亡命者も含む）、労働者、地域主義者など、体制を否定する人々から打ち出されたものと、フランコ体制の価値観を受容しつつも、現実政治の展開に不満・失望をもち、体制文化の理念を実現しようとする人々から打ち出されたものである。いわば、反体制、体制の信奉者双方から、体制文化への疑問・異議が提出されたのである。

体制内部からの文化的異議申し立て

体制派内部からの対抗文化は、一九五〇年代初頭から現れるようになる。一部の知識人・文化人は、内戦の敗者を社会に統合することを訴えた。彼らは「包摂派」と呼ばれ、一九五一年に国民教育相に就任したルイス・ヒメネスの他、マドリード大学長ラインや、サラマンカ大学長トバルなど知的世界の有力者も数多く名を連ねた。

包摂派は、ウナムーノやオルテガ・イ・ガセーなど「一八九八年の世代」の問題意識（スペインの刷新・再生）を引き継ぎ、さらに時には旧共和派の詩人ガルシア・ロルカなどをも引証基準とした。彼らの主張は、スペイン社会が内戦終結後一〇年以上経っても深く分断されている状態を克服すること、すなわち戦時の論理を終わらせることを目指したものであった。

だが、旧共和派に手を差し伸べることは「七月一八日の精神」を根底から否定することである、という強い批判が浴びせられた。包摂派を批判した保守的知識人層は「排除派」と呼ばれ、カルボ・セレルらが中心であった。排除派はメネンデス・ペラーヨやドノーソ・コルテスなど、より保守的とされた思想的伝統を継承し、カトリック信仰や王政こそがスペインの存立基盤であると主張したのである。

この両者の間には一九五〇年代を通じて激しい論争が繰り広げられることとなった。なお包摂派、排除派という呼称は、詩人のリドルエホが用いたものである（リドルエホは、古参ファランヘ党員で内戦終結直後は政治的要職を務めたが、後に政治の世界から離れ、徐々にフランコ体制の現状に対し批判的な立場へと転じる）。包摂派と排除派との論争は、内戦から一〇年あまりを経たフランコ体制下のスペインがいかなる道を歩むべきかをめぐる、深い内省でもあった。

こうした動きは知的論争にとどまらず、政治的色彩をもった運動をも生み出した。その中心的な担い手は大学生であった。当時のスペインで大学生は知的エリートともいうべき存在であり、フランコ体制は大学生組織ＳＥＵを通じて、学生を体制の将来の指導者へと育成すべく、その組織化を図った。だが大学生は、体制文化の価値観に基づく教育のなかで育ったにもかかわらず（あるいはそれゆえに）、体制に対し批判的な立場をとるようになる。彼らの目には、一九五〇年代のスペインが、未だに「七月一八日の精神」で掲げられた理想からは遠く隔たっており、同時代のヨーロッパ諸国から大きく遅れを取っていると映ったのである。

一九五四年二月にマドリードで起こった学生のデモは、直接的には英女王による英領ジブラルタル訪問計画に反対するものであったが（ＳＥＵの機関紙では、ジブラルタルの返還がたびたび主張されていた）、学生たちのやり場のない感情の爆発でもあった。

一九五五年一〇月、当時のスペインを代表する高名な哲学者、オルテガ・イ・ガセーが死去した。憂国的な学生にとって英雄的な存在であるオルテガ・イ・ガセーの死は、改めてスペインの現状と将来に対する懸念をもたらすこととなった。こうした状況のなかで発生したのが、一九五六年二月のマドリード大学での騒擾《そうじょう》であった。

大学生はかねてから、ＳＥＵの非民主性や、政治的意見を自由に表明できないことなどに対して不満を募らせていた。一九五六年二月一日、マドリード大学のタマメスら一部学生たちが、学生による集会と自由選挙の実施を要求する宣言文を発表した。これに賛同する学生グループと治安当局、そしてフランコへの絶対的忠誠を誓うグループなどはマドリード市内で衝突し、政府は国民憲章（一九四五年に制定された基本法）の一部停止を決定した。

この騒擾の責任を問われ、国民教育相ルイス・ヒメネスは更迭され、リドルエホらも逮捕された。包摂派の象徴的存在であったルイス・ヒメネスの失脚は、五〇年代における体制文化の自己改革運動が終焉したことを示していた。だが体制の現状を憂いた学生たちのエネルギーが消滅したわけではない。大学生はこの事件以降より明確に反体制的立場へと転じ、一九六〇年代以降大学は反体制闘争の中心的舞台となるのである。後にスペインを代表する経済学者となるタマメスは、騒擾時に逮捕・投獄されたが、これを機に当時まだ非合法であったスペイン共産党（ＰＣＥ）に入党し、地下での反体制運動へと転じていく。

このように、一九五〇年代以降、体制文化の側にも一定の変化が現れはじめた。政治的宣伝や言説のレベルにおいても、戦時の論理を超えて、旧共和派との和解の上に、新しいスペインを築くという目標が打ち出されるようになった点は注目すべきである。

たとえば内戦終結二五年後の一九六四年は、「平和の二五周年」と銘打たれ、各記念日には壮大なセレモニーが行われた。全国各地ではポスター展、詩や映画、小説などのコンクールが開催され、記念切手や記念宝くじが発行され、多くの記念出版がされた。この一連のキャンペーンにおいて最も強調されたキーワードは「平和」であった。すなわち、フランコの威光の下、スペインがかつてないほど長期に渡って平和を享受できたという論理であり、かつて支配的であった敵（旧共和派）の排除・弾圧という論理は希薄になった。

図5－1　平和の25周年

出典：“Un siglo de España: 1900-2000 (3.ª edición)” Madrid: Agencia EFE, 2002, p. 151.

反体制派による対抗文化は、一九五〇年代までは、国内で展開されることはなかった。その要因として、旧共和派の文化人・知識人の多くが国外に亡命したことで、文化の担い手が存在しなかったこと、そして政権の激しい弾圧が挙げられる。

対抗文化の萌芽

だが一九五〇年代に入ると、少しずつ対抗文化の形成が見られるようになる。たとえばカタルーニャにおいては、四〇年代末から五〇年代初頭にかけて、地域主義グループが大学で活動を始め、雑誌の発行やカタルーニャ語文学者の会合などを組織した。これらは自生的な運動であったが、国民教育省が地域文化を積極的に取り上げる行事を企画することもあった。セゴビア（一九五二年）、サラマンカ（五三年）、サンティアゴ・デ・コンポステーラ（五四年）で開催された詩文大会においては、内戦以降初めて、カスティーリャとカタルーニャの文学者たちとの間で対話が行われた。こうした機運は、当時国民教育省を率いていたルイス・ヒメネスらの影響によるところが大きい。詩文大会の開催に際しても、包摂派の詩人リドルエホが主導的役割を果たした。先述のとおり包摂派は一九五六年の政争により影響力を失うが、地域文化再興に向けた動きは、一九六〇年代以降より強まっていく。

また、対抗文化のもうひとつの中核である労働運動も、一九五〇年代後半以降活発化し、かつ組織的になっていった。先述のとおり、フランコ体制下では労働者と使用者は垂直組合に加入するとされ、それ以外の労働組合は非合法化された。フランコ体制期以前の左派政党・労働組合の幹部や有力者の多くが亡命したり逮捕・投獄されたなか、一九五〇年代半ばまでの労働運動は散発的なものであった。一九四七年にカタルーニャ地方で大規模なストライキが発生したものの、こうした事例は例外的である。かつて左派系労組に属していた一般の労働者の多くは、受動的手段（労働規律への不服従、サボタージュ、各種選挙での政権寄りでない人物への投票など）によって政権に抵抗するしかなかった。

一方旧左派系の労働組合は、非合法化と政権の弾圧に直面し戦術の転換を図る。すなわち地下活動ではなく、垂直組合に活動家を送り込み、地道に賛同者・同調者を増やし、組合内部から反体制労働運動を形成していこうという、いわゆる「浸透戦術」である。この転換は功を奏し、一九五七年と六二年には鉱山労働者の多い北部アストゥリアス地方で大規模なストライキが起こった。

反体制運動の高まりを国際的にも強く示したのが、一九六二年のミュンヘン会議であった。著述家・外交官であり、内戦勃発とともに亡命したマダリアガの呼びかけに応じる形で、国内外の反体制派がミュンヘンに集結した。政府はとくに国内からの参加者に対し厳罰をもって臨む姿勢を打ち出したが、王政復古を主張したかつての急進右派政党CEDA党首のヒル・ロブレスやリドルエホなど、旧共和派以外にも幅広い勢力がフランコ体制への異議を示したのである。

4　社会変容と大衆文化の広がり

以上見てきたのは、政治や知的世界を中心とした動向であったが、フランコ体制期の文化史を論じる際は、当然人々の日常生活史や社会史的側面にも目を向けなければならない。とくに一九六〇年代以降の大衆消費社会がもつ意味合いは大きい。

大衆消費社会の到来と観光ブーム

まず、大衆社会の経済的・社会的背景を簡単に述べておこう。内戦終結以降、フランコ体制は自給自足経済政策《アウタルキーア》を行ってきたが、それは極端な物資不足、インフレなどを惹き起こした。早くも一九四〇年代末には自給自足経済政策の矛盾は認識されていたが、一九五三年の米西協定によるアメリカからの経済援助などもあり、根本的な解決は先送りされたままであった。しかし一九五〇年代半ばの急激なインフレの昂進などにより、ついに自給自足経済政策は放棄されるに至った。一九五七年の内閣改造（オプス・デイ所属のテクノクラート二人の入閣）と、一九五九年のIMFによる経済安定化計画の受容がその画期である。

こうして一九六〇年代、経済自由化と対外開放により、スペインは高度経済成長期の日本に次ぐ高い経済成長を遂げた。そのことによって、都市化・工業化、産業構造の大変化、農村部から都市部への人口移動が生まれることになる。一九五〇年には労働人口の産業別割合は農業四七％、工業二六％、サービス業二六％だったのが、一九六〇年にはそれぞれ四〇％、三三％、二七％、さらに一九七〇年には二九％、三七％、三三％へと大きく様変わりする。

こうして豊かさを手にした人々は、新たな消費財を数多く手にすることになった。その象徴は自動車、ラジオ、テレビなどである。一九六〇年の時点ではスペイン国内に約一五〇万台の自動車が普及するようになり、この時期生産された国産自動車のSEAT600は、スペインにおける大衆車時代の到来を示す象徴的な存在であった。

そして自動車と並び、この時期の大衆文化に多大な影響を与えたのは、テレビ放送の普及であった。一九六四年にはすでにスペイン国民の一〇人中八人は何らかの形でテレビを視聴できる環境にあり、一九七〇年にはスペイン全土に五八〇万台のテレビ受像機が存在したという。もっとも、新しいメディアであるテレビ放送も、政府による政治的教義の伝達手段と位置づけられた点は変わらなかった。放送の中心は政権の統制下にあるTVE（スペイン国営テレビ）であった。当初TVEはきわめて中央集権的な放送局であり、マドリード以外で番組制作を行える放送局はカナリア諸島とカタルーニャのみであった（一九七一年にはビルバオ、サンティアゴ・デ・コンポステーラ、オビエド、セビーリャ、バレンシアにも設置）。

まだテレビが各家庭に普及していない段階においては、とくに農村部においてテレビクラブという団体が数多く結成された。これは情報観光相フラガの発案によりつくられたもので、一九六四年時点で全国に四五〇〇あまりのクラブが存在した。この団体はテレビ放送を集団で視聴することを通じ、農民の文化的育成を図り、同時に放送を通じて体制の政治的メッセージを農村社会にまで浸透させるという目的をもっていた。

一方、華々しく登場したテレビの陰に隠れがちではあるが、依然としてラジオ放送は人々にとって最も身近なメディアのひとつであった。一九六五年時点では、国民一〇〇〇人あたり一四四台のラジオ受信機があった。ラジオでは民間の商業放送が開始され、全国で五九の系列局をもつスペインラジオ放送協会（SER）や、カトリック系のスペイン人民チャンネル（COPE）などが誕生した。これらの民放局は、ラジオ小説やスポーツ情報番組などを流し、人々の娯楽も多様化することとなった。スペイン国営ラジオ（RNE）の製作するラジオニュースは、他の全てのラジオ局でも放送することが義務づけられていたが、RNEや垂直組合系の組合放送チャンネル（CES）、FET系の青色ラジオチャンネル（CAR）（青はファランへのシンボルカラー）などの国家系ラジオ放送局の存在感は、相対的に薄れていった。

この時期には、外国からの文化・産品の流入や、外国人観光客の増加という現象も生まれた。物価の安いスペインは、西欧・北欧諸国やアメリカからバカンスに訪れる観光客が多かった。一九五四年の時点でスペインを訪れる外国人観光客は一〇〇万人に達したが、一九五七年にはその二倍、一九六〇年にはさらに倍と、短期間で急速に拡大した。とくにアンダルシーア地方には外国人向けのホテルや別荘が立ち並び、コスタ・デル・ソルなどの海岸には水着姿の観光客があふれるようになった。

一九六〇年代、観光で得られる収入は貿易赤字の三分の二をカバーするまでになった。当初スペイン政府の内部には、外国人観光客が大量に流入することによる弊害（体制の掲げる反近代的価値観の動揺、モラルの低下）を憂慮する意見もあったが、次第に観光は重要な外貨獲得の手段と位置づけられ、一九五一年に新設された情報観光省を中心として積極的に観光客誘致政策が推進された。「スペインは（ヨーロッパとは）違う」というスローガンの下、観光客向けのエキゾチックなイメージ（闘牛とフラメンコ、太陽が照りつけるビーチ）が演出されるようになった。あわせて長年忘れ去られた存在となっていた、サンティアゴ・デ・コンポステーラへの巡礼の道が再び脚光を浴びるようになった。また、現在に至るまでスペインの重要な観光資源であるパラドール（修道院や貴族の邸宅などを改装した国営ホテルチェーン）の本格的な整備も進められた（最初のパラドールの設立は一九二八年）。

こうした一連の現象は、物質的変化のみならず、文化や人々の道徳観・メンタリティにまで変容をもたらすこととなった。英国人ジャーナリストであるフレーザーが著した『スペイン　タホス村繁昌記』には、取り立てて産業もないアンダルシーアの貧しい村が、一九五〇年代後半以降の観光ブームによって大きく変貌する様子が、当事者たちの証言などを基に実にいきいきと描かれている。

「たとえば一九五七年には、トラックが二台、（中略）タクシーが二台、モータースクーターが一台で、自家用車はなかった。公共の交通機関はなくて、郵便はカサス・ヌエバスから毎晩ろばで運ばれてきた。テレビはなくて、裕福な人たちだけがラジオをもっていた。毎日売れる新聞の部数は、一〇部ちょっとにすぎなかった。

一四年たった今日〔一九七一年〕では、トラックは二〇台以上になり、近代的なタクシーが五台、それにあの小型の、やかましいオートバイがそこらじゅう走っている。（中略）タイルの屋根にはテレビのアンテナがいろんな方向に林立し、毎日一二五部の新聞が売れている」（『スペイン　タホス村繁昌記』より）。

「スペインは違う」という謳い文句に惹かれてやってきた外国人観光客によって、「共同体の心理的‐社会的外観が質的に変化した」（フラガの言葉）、すなわちスペインの「ヨーロッパ化」が進むという、逆説的な現象が起こったのである。

カトリック界の変容

一九六〇年代のスペインにおいて最も重要な変化のひとつは、カトリック教会・系列団体がフランコ体制に対して批判的な立場へと転じたことである。先に述べたとおり、内戦勃発時からカトリック界はフランコ政権を称揚し、体制側もカトリック界を（実際的にもシンボリックな意味でも）重要な支持基盤・正統化要因としていた。一九五三年八月には教皇庁とスペイン政府との間で包括的な政教条約《コンコルダート》が締結されたことは、フランコ体制がスペイン国内のカトリック教会のみならず、カトリックの最高権威であるヴァチカンによっても正統なものと認められたことを意味した。

しかし、体制とカトリック界との関係が常に蜜月だったわけではない。後者がとくに重視したのは、社会・文化的領域において、かつて有していた支配的地位を回復することであった。先述したように教会が教育を非常に重視したのは、カトリックの教義を人々に浸透させるためであった。また教会は、出版物に対する政府の事前検閲を撤廃するようたび要請した。政府から自律した形で各種出版物を頒布することも、社会におけるカトリック信仰の再興には欠かせないと考えたためである。だが政府は、カトリック界に最大級の配慮をしつつも、検閲の撤廃には踏みきらなかった。一九五〇年代までの体制とカトリック界との関係は、密接ではありながらも対立・軋轢の契機をも含むという、両義的なものであったと捉えるのが適切であろう。

両者のこうした関係が大きく変容するのが一九六〇年代である。とくに一九六二年に開催された第二ヴァチカン公会議は大きな転換点であった。ここで打ち出された純宗教的・教義的意義は割愛するが、これ以降、スペインのみならず世界のカトリック界の潮流が変わることとなる。すなわち教会は、それまで共産主義の脅威に対抗するため、カトリック信仰を擁護する政権に対しては、仮にそれが非民主的であっても問題にしなかったが、公会議以降は人権・社会正義という価値観をより重視するようになったのである。これを受けてスペインのカトリック教会内でも、フランコ体制の抑圧性を批判する勢力が台頭してきた。一九六九年にスペイン・カトリック教会の長（首座大司教）であるトレード大司教に就任するエンリケ・イ・タランコンは、こうした勢力を代表する人物である。

また、末端の聖職者の間ではよりはっきりと体制への批判が噴出するようになる。彼らは労働者と接触することで、急進的・左翼的な見地から、スペインの現状に対して不満を抱くようになるのである。こうしたカトリック労働運動は、同じく第二ヴァチカン公会議の影響を受けてラテンアメリカなどで活発になった「解放の神学」とも共通点をもつ。

もともとカトリック界内部には、労働運動の伝統があった。カトリック・アクション傘下の労働者組織ＨＯＡＣなどは、一九四〇年代末から五〇年代初頭にかけて、労働者の窮状を受け、その組織化と、政権批判を活発に展開した。その後政権と教会上層部の禁圧によりＨＯＡＣの活動は一時的に停滞したが、一九五〇年代末から再び活発化していく。反体制へと転じたカトリック界と労働運動は、こうして結合したのであった。

5　独裁末期――部分的自由化から文化的解放へ

一九六〇年代中盤以降になると、フランコ自身の高齢化もあり、体制の終焉が現実のものと感じられるようになってきた。大衆文化の広がりはいよいよ加速していく一方、体制側も少しずつ自由化の端緒をつけ始める。

教育の拡大と学術研究の進展

大衆文化の拡大、都市化の進展などは、必然的に教育に対する需要を高めることとなった。一九六三～六四年には識字率向上キャンペーンが、六四～六八年には第一次初等教育発展計画が実施された。後者は学校整備の遅れている農村部を中心に一五〇〇の初等学校を建設するという内容であった。前後するが一九六二年には中等教育拡大法が、一九六四年には一四歳までの義務教育を定めた法が制定され、全国に教育を普及する下地が徐々に整備されていった。

教育整備の総仕上げとなったのが、一九七〇年に制定された総合教育法である。これは全教育課程を五段階、すなわち就学前教育（二～五歳）、一般基礎教育（六～一三歳）、中等教育（一四～一六歳）、大学予科（一七歳）、大学教育（一八歳～）に区分するものである。

他方、五〇年代に政治的騒乱の場となった大学でも新たな動きが見られた。公認学生組織ＳＥＵが一九六五年に廃止され、同年新たな大学教育法が整備された。こうして大学では少しずつ自由が広がっていくが、そのことがなお、大学を一九七〇年代以降の反体制運動の中心とした要因でもあった。

大学は依然として政治の舞台でもあったが、同時に社会変容・経済発展に対応し、新たな人材を育成する役割も帯びるようになった。一九七二年に設立された国立遠隔地教育大学（ＵＮＥＤ）は、より幅広い層に高等教育の機会を与えるという、新たな時代の要請を象徴する存在であった。

また、かつては国際的な交流から隔絶し、政治に従属した存在であった学術研究においても、新たな成果が生まれつつあった。社会学のヒネル、デ・ミゲル、経済学のタマメス（先述）、ベラルデ、歴史学ではフランスで生まれたアナール派（政治エリートの動向や、生産関係のあり方に注目したそれまでの歴史学と異なり、民衆の日常生活や心性などに着目し、社会を全体として捉えようとする歴史学の潮流）の方法論を取り入れたビセンス・ビバスなど、新世代の研究者が出現した。

一九六六年の出版法

一九六〇年代の大きな文化的変容を示す画期は、一九六六年、情報観光相フラガの下で制定された新たな出版法である。一九五一年から六二年まで情報観光相を務めたアリアス・サルガードが厳しい検閲を維持したのに対し、後を継いだフラガは検閲の緩和を進めた。一九六二年のミュンヘン会議を受け、フラガは国内において体制を積極的に支持する世論を形成し、かつ対外的にスペインの民主的性質を示す必要を痛感した。こうした姿勢が結実したのが、二八年ぶりの新しい出版法制定であった。これにより、内戦以来実施されてきた政府による出版物への事前検閲が、原則として撤廃されることになったのである。もっとも、公共の秩序を乱す可能性のある出版物（新聞・雑誌・書籍のほか、ラジオ放送の脚本も含まれた）に対しては事後的に検閲が課せられることになっており、一九六八〜六九年には一一八件の罰則と、七件の出版物押収が行われた。こうした事後検閲の導入のため、結果的に出版する側の自主規制というメカニズムが残存した。

新出版法の制定にもかかわらず、一九六〇年時点で全国に一〇五紙あった日刊紙は、一九七〇年に一一六に増えたにとどまった。ニュースの伝達手段として、前節で述べたテレビ・ラジオの存在感が増したことが伸び悩みの背景にある。新聞全体の発行部数は一九六〇年代を通じて漸増したが、依然として他のヨーロッパ諸国と比べると少ない水準であり、かつ全発行部数の約六〇％はマドリード、バルセローナ、ビスカーヤという大都市部三県に集中していた。

新出版法により活況を呈したのは雑誌、とりわけ総合雑誌であった。新たな雑誌が創刊される一方、『勝利《トリウンフォ》』や『変《カン》革《ビオ》16』といった既存誌も、政治的テーマを積極的に扱うようになった。こうした雑誌などで展開された政治的議論・現状分析は、政府の意図（体制支持の世論形成）とは逆に、独裁に対する批判的意見を形成していったと考えられる。

反体制運動の広範化

フランコ体制末期においても、反体制運動の中核が労働者と大学であったという構図は変わらない。だがそこにもうひとつ、地域主義という核が加わることになる。

とくにバスクの動向は重要であった。一九五九年に結成された「バスク祖国と自由」（ETA）は体制末期の反体制地域主義運動の象徴的存在である。現在でも時々新聞などをにぎわすETAは、一般的にスペインからのバスクの分離独立を主張する武装テロ組織というイメージをもたれることが多い。ETAはもともと、バスクの地域主義政党「バスク・ナショナリスト党」（PNV）から分派した組織であった。PNVは一九世紀末からの長い歴史をもち、内戦勃発直後にはバスク自治政府の樹立を宣言するが、その指導者たちは程なく亡命を余儀なくされる。亡命PNVが徐々に穏健化する中、国内に残った同党の若手党員たちはバスクの独立を強硬に主張、PNVを脱退しETAを結成した。

ETAはバスクの文化的アイデンティティを強調しつつも、その主張はマルクス主義的な植民地解放闘争の理念に基づいていた。すなわち、政治的のみならず経済的・文化的にも収奪されているバスク地方はスペインの国内植民地であり、この状態から解放されるためには武力闘争をも厭わないという考えである。とくに一九六〇年代末以降、ETAはこうした主張に則って体制の動揺を狙ったテロ活動を展開させ、一九七三年一二月にはフランコの長年の腹心である首相カレーロ・ブランコを暗殺した。

ＥＴＡは体制後期における地域主義興隆（再興）の最も極端な例であるが、バスク以外にもカタルーニャ、ガリシアなどで各地方言語や文学などの見直し・再評価が起こった。一九世紀後半に起こった地域言語・地方文学の「発見」は、カタルーニャ、バスクの経済成長に伴って勃興したブルジョワジーを主体とする文芸復興的運動であった。フランコ体制末期の地域主義運動は、独裁下での地域言語・文化の禁圧に対する一種の反作用的運動と捉えることができるだろう。ただしその反作用が起こったのも、六〇年代に体制の締め付けが弱まった結果であるとも考えられる。

フランコの死と独裁の終焉

一九七五年一一月二〇日、フランコは死去した（奇しくも、ホセ・アントニオの命日でもあった）。先述したとおり一九六〇年代から、それまでの文化的統制は漸進的に緩和され、それに伴い体制に批判的な言論や、体制文化の型にはまらない各種芸術・文学作品などが現れるようになる。その意味で、独裁者の死がスペインの文化的様相を一八〇度転換させたとはいえない。だが、内戦終結後三六年にわたりスペインを支配してきたフランコの死は、国中に少なからぬ解放感と高揚感をもたらした。長年の息苦しさが消失し、自由を得たスペインの文化は、この後爆発的な開花を経験する。

（武藤　祥）

参考文献

立石博高・中塚次郎編『スペインにおける国家と地域』国際書院、二〇〇二年。

ロナルド・フレーザー『スペイン　タホス村繁昌記――飢えと内乱から観光へ』高橋敦子訳、平凡社、一九七五年。

ジェラルド・ブレナン『素顔のスペイン』幸田礼雅訳、新評論、一九九八年。

武藤祥『「戦時」から「成長」へ――一九五〇年代におけるフランコ体制の政治的変容』立教大学出版会、二〇一四年。

リチャード・ライト『異教のスペイン』石塚秀雄訳、彩流社、二〇〇二年。

Cazorla Sánchez, Antonio, *Fear and Progress. Ordinary Lives in Franco's Spain, 1939–1975*, Chicheter : Wiley-Blackwell, 2010.

Gracia García, Jordi : Miguel Ángel Ruiz Carnicer, *La España de Franco*（*1939–1975*）. *Cultura y vida cotidiana*, Madrid : Sínte-

sis, 2001.
Molinero, Carme, *La captación de las masas*, Madrid : Cátedra, 2005.
Townson, Nigel (ed.), *Spain Transformed. The Late Franco Dictatorship, 1959-1975*, Houndmills, Basingstoke, Hampshire, New York : Palgrave Macmillan, 2007.
Díaz, Elías, *Pensamiento español en la era de Franco* (*1939-1975*), Madrid : Tecnos, 1983.
Rodríguez Becerra, Salvador ; Clara Macías Sánchez (coord.), *El fin del campesinado*, Sevilla : Fundación Centro de Estudios Andaluces, 2009.

第6章　ポストフランコ期の文化

1　民主化と文化的解放

フランコの死

フランコは一九七五年一一月二〇日に死去し、スペインは三六年にわたる独裁から解放された。独裁者の死が即座に民主主義の確立を意味するわけではなく、事実スペインでも、一九七八年の新憲法制定までには複雑なプロセスを経た。一九七六年の政治改革法、一九七七年の憲法制定議会選挙などである。

新憲法制定に際しては国制（王政か共和政か、中央集権か地方分権か）、宗教（信教の自由）など多くの争点が浮上した。これらは政治・法制の問題であると同時に、スペインという国家・国民のアイデンティティにも深くかかわる問題でもあった。また、フランコ体制が第二共和政を打倒して成立し、地域主義を弾圧し、またカトリック信仰を体制文化の中核に据えた（第5章参照）ことを踏まえると、新憲法は過去とどう向き合うか（断絶か継続か）という問題をも含むものであった。フランコ死後のスペインは、戦後の（西）ドイツやイタリアのように、独裁を完全否定することが国民的合意となっていたわけではなく、またスペイン共産党（ＰＣＥ）の合法化問題なども存在した。それゆえ、国の再出発はよりデリケートなものにならざるをえなかった。

新憲法はこうした幾重にもわたる困難な問題を解決して成立した。その骨子は次のようなものである。まず国制は立憲君主制が採用された。すなわち、王（ブルボン家のファン・カルロス一世）はスペイン国民の統合の象徴として君臨するものの、政治的な実権をもたない存在となった。

また、近代スペイン史において常に主要な問題であった国家と地域との関係にも大きな変化が見られた。すなわち、「自治州国家体制」という、特徴的な地方自治制度が採用されたのである。これは国と県との間に自治州という行政単位（スペイン全土で一七）を設置し、これに広範な権限を与えるというものである。また、長年、地方語としてしかみなされてこなかった各地域言語（カタルーニャ語、バスク語、ガリシア語など）に対し、標準スペイン語（カスティーリャ語）と同等の、公用語としての地位が与えられたことは画期的である（ただしそれはあくまで、自治憲章にしたがって規定される、各自治州内での公用語とされる）。多様性をもつスペインという存在が、史上初めて公的に認められたのである。

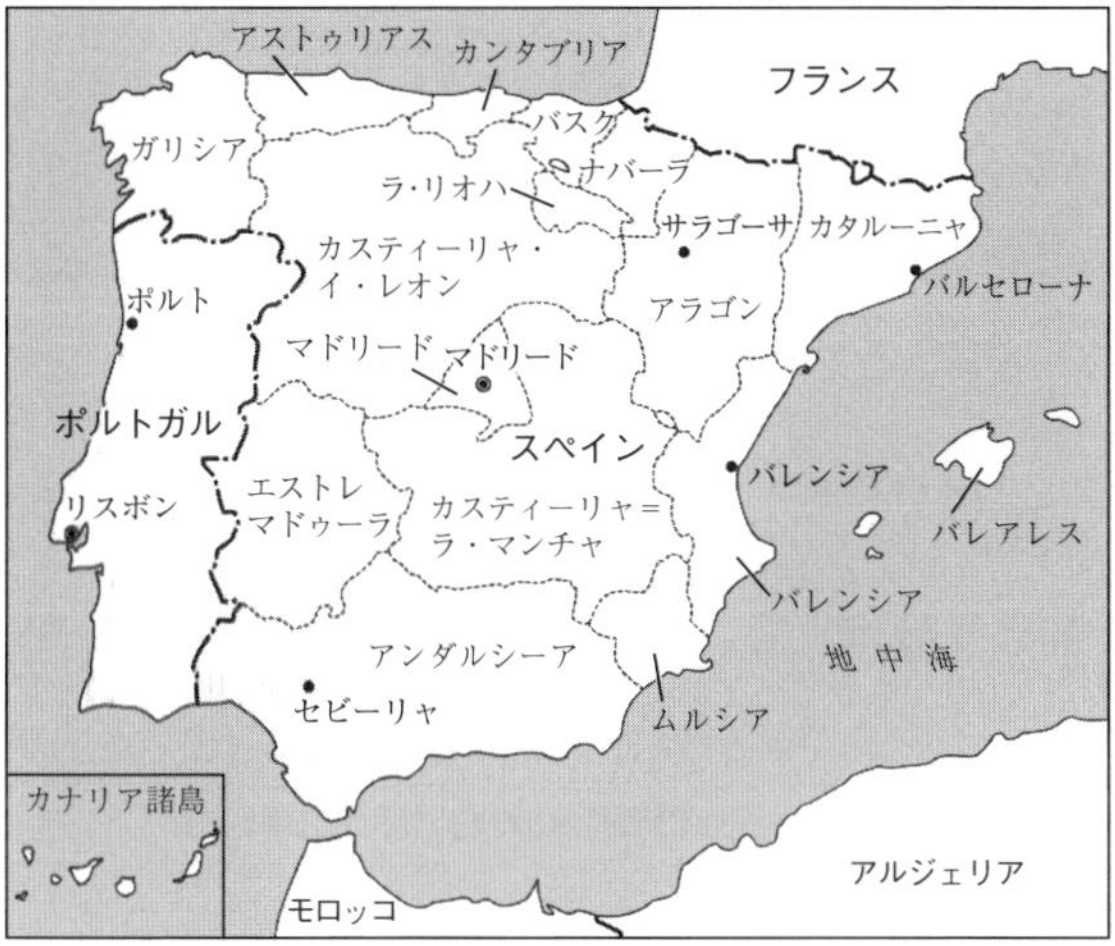

図６－１　現在の自治州

国民的和解

三年にわたる内戦を経験し、その後も戦時の論理が蔓延したスペインにおいて、比較的平和裏に民主化が実現した背景には、政治指導者のみならず、一般国民の間に和解の雰囲気が存在したからと考えられる。フランコ独裁下、とくに一九六〇年代以降「平和」が強調され、第二共和政の崩壊と内戦は二度と起こしてはならない悲劇である、という認識が共有されたことが、逆説的ながら民主化の成功要因となったのである。

亡命者たちも次々と祖国の地を踏んだ。一九六二年のミュンヘン会議を呼びかけたマダリアガは、一九七六年五月にスペイン王立アカデミーに再加入し、中世史家サンチェス・アルボルノスは王立歴史アカデミーの分科会長となった。

カタルーニャ亡命政府首班タラデーリャスも、一九七七年にフランスから帰国した。カタルーニャに対しては、第二共和政下の一九三二年に自治憲章により自治政府（ジャナラリタット）の設置が認められたが、内戦でフランコ軍が勝利したと同時に自治政府は亡命した。タラデーリャスの帰国は、約四〇年ぶりにカタルーニャの自治が再開する端緒であった。

そしてスペインの国民的和解を象徴する出来事が、ピカソ作『ゲルニカ』の返還であった。内戦中の一九三七年、フランコ陣営を支援するドイツ軍によってバスク地方の小都市ゲルニカが空爆された。これを受けてピカソが戦争の不条理な暴力を糾弾すべく描いたのが『ゲルニカ』である。ピカソはスペインに民主主義が回復するまでは『ゲルニカ』を祖国に戻さないとし、同作品は長年ニューヨーク近代美術館に所蔵されていた。ピカソは独裁末期の一九七三年に死去するが、その八年後の一九八一年九月、ついに『ゲルニカ』はスペインへと返還された（現在は一九八六年に開館したソフィア王妃芸術センターにて展示されている）。

2　多文化国家への道

前節で述べたとおり、民主政下のスペインでは自治州国家体制という制度が導入された。自治州に幅広い権限を与えるこの制度は、ドイツのような通常の連邦制ではなく、各自治州が中央政府と個別に協定を締結するというユニークなものであった。事実、先行して自治憲章を制定したのは、カタルーニャ、バスク、ガリシアなど、歴史的に地域主義・自治運動の強い地域（歴史的地域）であった。

フランコ独裁は、地域主義がスペインの分断につながるとしてこれを厳しく弾圧したが、一九六〇年代からバスクを中心にマルクス主義的反植民地闘争に影響されて反独裁闘争が再興した。

バスクにおいては、独裁下の地域主義運動を担ったのが武装組織ＥＴＡであったという事情が、民主化後の展開を複雑なものにした。フランコ体制が磐石だった時代、ＥＴＡの活動は反独裁と地域の解放という、二重の大義名分を有していた。そしてこれを実現するためには武力闘争もやむをえないという認識が、ある程度は共有されていた。

だが独裁が倒れ、バスクが自治州として相応の権限を有すると、事態は大きく変わる。自治権のさらなる拡大もしくは完全な分離独立への支持は存在したものの、ＥＴＡが民主化後もテロリズム・政治的暴力を続けることに対しては、バスクの一般市民や文化人・知識人の間でも批判的意見が高まっていった。いささか皮肉なことだが、独裁下では高く維持されていたバスクの連帯感が、民主化と自治が実現したことによって阻害されることになったのである。このことによってまた、バスクにおける文化活動は必然的に政治的色彩を濃厚に帯びることにもなる。

言語正常化政策

独裁下で地域言語の使用を法的に禁止されていた各地域にとって、その復権は悲願であった。それは制度的のみならず、地域のアイデンティティにもかかわる根幹的な問題でもあった。先述のとおり、一九七八年憲法において地域言語は各自治州で標準スペイン語（カスティーリャ語）と同等の、公用語としての地位が認められた。各地域でも、自治州への権限委譲と相俟って、地域言語・文化の保全を促進する政策が採られた。

その代表的な例が、カタルーニャでの「言語正常化政策」である。一九八〇年にカタルーニャ自治州首班となったプジョルは、カタルーニャが強固な地域アイデンティティを回復するためには、言語（カタルーニャ語）を軸にすべきであると考えた。そうした方針が結実したのが、一九八三年の言語正常化法である。公用語として認められていても、地域言語がきわめて限られた領域でしか使われないという実情のなか、政治・行政の介入によって、カスティーリャ語とカタルーニャ語との不平等を解消するというのがこの法の趣旨である。具体的には、出身を問わずカタルーニャに居住する人間に対し、カタルーニャ語の習得を義務づけるという内容であった。教育現場では「言語漬け」という政策（すべての初等学校でカタルーニャ語のみにて授業する）が行われ、さらに一九九八年にはこうした方針を強化・徹底した言語政策法が施行された。なお、同様の言語正常化法は一九八二年にバスク、八三年にカタルーニャ、ガリシア、バレンシア、八六年にバレアレス、ナバーラにそれぞれ導入された。

だが、経済的先進地域であるカタルーニャには必然的に他地域からの住民流入が起こるため、こうした政策は逆に非カタルーニャ系住民に対する不利益を生じさせる可能性もある。事実、言語政策法で当初規定されていたカタルーニャ語使用の義務化・罰則規定は、こうした非カタルーニャ系住民らからの反対により撤回されることとなった。

地域言語を保護するための政策が、当該言語の話者ではない少数派を排除してしまうというジレンマは、たとえば戦後のベルギーなどにも見られた構図であり、地域主義、ナショナル・アイデンティティなどについて難しい問題を提起

表6-1　各地域における帰属意識の分布（%）

〈カタルーニャ〉

	スペインのみ	どちらかといえばスペイン	両　方	どちらかといえばカタルーニャ	カタルーニャのみ
1979年	33.97	—	52.86	—	13.16
1985～86年	11.00	19.00	48.00	8.00	11.00
1996年	11.90	11.50	36.50	25.70	11.00

〈バスク〉

	スペインのみ	どちらかといえばスペイン	両　方	どちらかといえばバスク	バスクのみ
1979年	19.75	—	53.25	—	26.98
1985～86年	10.00	4.00	36.00	28.00	28.00
1996年	5.30	4.00	36.30	29.80	20.70

〈ガリシア〉

	スペインのみ	どちらかといえばスペイン	両　方	どちらかといえばガリシア	ガリシアのみ
1985～86年	5.00	7.00	52.00	27.00	6.00
1996年	4.80	7.80	43.70	35.70	7.00

注：ガリシアについて1979年のデータはなし。カタルーニャ，バスクにおける1979年の調査は，回答の選択肢が「スペインのみ」，「両方」，「カタルーニャ（バスク）のみ」の3つ。

出典：De la Granja, José Luis; Beramendi, Justo; Anguera, Pere, *La España de los nacionalismos y las autonomías*, Madrid: Síntesis, 2003, p. 248 の表より抜粋。

しているといえよう。

重層的帰属意識の形成

それではこうした一連の政策は実際にどのような影響を与えたのか。民主化以降の各自治州における人々の帰属意識の変遷を見よう（表6-1）。

このデータからわかるとおり、現代スペインにおいては各地域においても、地域意識は漸増してきた。その背景には当然、独裁下で禁圧されてきた地域文化が法制的裏づけを伴って保障されたという事情がある。ただいずれの場合でも、増加したのは「どちらかといえば地域」という穏健な選択肢であり、かつ地域とスペインの双方に対し帰属意識があるという回答が最も多い。かつては二項対立的に捉えられてきた「スペイン人であること」と「カタルーニャ人（バスク人）であること」が、人々の意識において両立するようになってきたことがうかがえる。

だが穏和な意識とは決して弱い意識と同義ではない。とりわけ二〇〇〇年代のカタルーニャにおいて、自治権の拡大をめざす動きや、（法的拘束力はないものの）スペインからの分離独立の是非を問う住民投票が起こっていることは注目される（二〇一四年一一月の住民投票は日本でも大きく報道された）。二〇〇六年には民主化以降初めて、カタルーニャ州と中央政府との間で結ばれていた自治憲章が改定され、税制・行政などの領域で自治政府がより大きな権限をもつことが認められた。なお自治憲章の改定は住民投票において七四％の賛成をもって承認されたが、改定の合憲性を問う裁判も起こっている。

歴史教育論争　一九九六年から九七年にかけて、時の教育大臣が義務教育の歴史科目について、地域史に偏っていると批判したことをきっかけに、歴史教育に関する大論争が巻き起こった。

二〇〇〇年六月、王立歴史アカデミーは、自治州における歴史教育において偏向が見られるという主旨の報告書を発表した。バスクやカタルーニャで使用されている教科書において、各地域の歴史に重点を置くあまり、（他の地域を含んだ）スペインの歴史を教えることが疎かになっているという内容であった（法律では、歴史教育における比率はスペイン史五五％に対し地域史四五％と定められている）。

この報告書に対して、各地域からは強い反発が起こった。地域の歴史を語るどころか、「地域」の存在そのものすら認められていなかったフランコ時代から、多文化国家へと変容しつつあるなか、報告書は「一にして不可分のスペイン」としての歴史教育を強いる、時代錯誤的なものであるという反応が生まれたのは蓋し当然のことであった。

学校での歴史教育が国民意識・ナショナリズムと不可分の関係にあることは論を俟たない（他ならぬ日本においても、歴史教科書問題はしばしば政治的論争を惹起している）。地域史教育は、地域アイデンティティの形成・確立の重要な手段と位置づけられているが、それのみに没頭することは、他地域あるいは「多様性のなかのスペイン」という存在そのものに対する無理解・不寛容を生み出しかねない。日本とは異なった文脈ではあるが、スペインもまた、歴史教育とナショナリズムという難しい問題を背負っている。

図6－2　バレンシアの芸術・科学都市

出典：筆者撮影。

3 「普通の国」への変容と現代文化

すでにフランコ独裁期の一九六〇年代に、スペインは急速に都市化・工業化が進み、それに伴うさまざまな文化的・社会的変容が生じた（第5章参照）。

文化的インフラの整備

独裁末期から大衆文化の普及が進みつつあったスペインであったが、社会の末端においては文化的インフラの整備は遅れていた。一九七八年に文化省（一九七七年設立）が実施したアンケートによると、当時自宅に一冊も本がないと回答した人は二一・八％、生で音楽興行を見たことがない人は九二・三％、博物館や美術館などの展覧会に行ったことのない人は八九・五％であった。

こうした状況に直面し、一九八二年に発足した社会労働党（PSOE）のゴンサレス政権は、文化的インフラの近代化を目標のひとつに掲げた。ゴンサレス政権は総選挙に際し「変革のために」というスローガンを打ち出したが、これを模して同年一〇月二五日に、日刊紙『祖国《エル・パイス》』（後述）に、「文化的変革のために」と題した連名アピールが掲載された。アピールに署名した文化人・知識人には、思想史家ディアス、ノーベル賞を受賞した詩人アレイクサンドレ、同じく詩人のギリェン、歴史家アベリャン、さらにフランコ体制期に包摂派の中心人物であったルイス・ヒメネス、ライン、トバルらも名を連ねた。

ゴンサレス政権は、文化政策に関して各自治州に広範な権限を委譲した他、各種文化施設の整備にも注力した。先述したソフィア王妃芸術センターの他、質量とも圧巻の展示内容を誇るメリダの国立ローマ博物館（一九八五年開館）など、各地で博物館・美術館の開館が進んだ。

この潮流はゴンサレス政権以降も中長期的に継続していく。バレンシアに建設された芸術・科学都市（一九九八年開

表6－2　主要全国紙の発行部数の変遷（実売ベース）

	『祖国』	『世界』	『ABC』
1976年	116,600	—	171,382
1980年	201,733	60,344	133,209
1985年	375,875	130,485	218,734
1990年	375,875	164,968	280,356
1996年	495,915	277,020	303,019
2002年	435,298	300,297	262,874

注：『世界』は『日刊 16』時代を含む。
出典：Paredes, Javier (coords.), *Historia contemporánea de España siglo XX*, Barcelona: Ariel, 2008, p. 1107 の表より抜粋。

館）は、水族館、プラネタリウム、IMAXシアターなどを備えたヨーロッパ最大規模を誇る大型複合施設である。

文化的インフラの整備には、民間資本による支援の拡大も大いに寄与している。国内最大の電話・通信会社であるテレフォニカ社、地方金融機関であるラ・カシャなどは、文化・芸術活動支援のための基金を設立した。またアメリカの民間財団により設置されたビルバオのグッゲンハイム美術館（一九九七年開館）は、建築家フランク・ゲーリーの手になる奇抜な外観のみならず、現代美術の粋を集めた展示内容で注目を集めた。また、かつては製鉄業で栄えつつも衰退の一途を辿っていたビルバオが、グッゲンハイムという新たな観光資源を獲得したことは、工業都市からの脱却・再生という観点からも興味深い。

文化的インフラの整備・発展はハード面のみならず、ソフト面にも及んだ。たとえば、一九八二年からは国際現代芸術祭（ARCO）が定期的に開催されている。これらは国内における文化水準を高めるとともに、外国人観光客の誘致においても大きな役割を果たしている（観光政策については後述）。

新憲法において表現の自由が定められたことで、民主主義スペインにおいては各種メディアが大きく発展し、そこにおける言論も活況を呈した。

新聞・雑誌

とくに、世論形成に大きな影響力をもったのは新聞（日刊紙）である。なかでも民主化後の一九七六年に創刊された『祖国《エル・パイス》』は、左派・リベラル寄りの姿勢を明確に打ち出しつつも、その論調の質は国際的にも高い評価を得ている。今日ではスペインのみならずスペイン語圏全体を代表する新聞のひとつといってもよい。発行部数でもスポーツ紙などを除けば常にトップを維持している。

『世界《エル・ムンド》』は、フランコ体制期から続く『変革《カンビオ》16』系列の日刊紙『日刊《ディアリオ》16』を母体にして一九八九年に創刊された。『ABC』はフランコ時代より存続する王党派系の日刊紙であり、現在では保守系の代表的な新聞として存在感を保っている。

これら三紙が主要全国紙であるが、他にも『前衛《ラ・バングアルディア》』（カタルーニャ）、『エギン』（バスク）など、一定の読者数をもつ地方紙も存在する。

また、フランコ時代の『勝利《トリウンフォ》』の後を継いだ『対話のためのノート《クアデルノス・パラ・エル・ディアロゴ》』や、『変革《カンビオ》16』などの総合雑誌も健在である。

テレビ・ラジオ

フランコ体制後期にはプロパガンダの道具であったテレビは様変わりした。国営テレビ局TVEは民主化後しばらくは唯一のテレビ放送局であったが、番組制作の自由を手にした。また、一九八〇年代前半から各自治州が財政的に支援、もしくは経営に参画した地方テレビ局が登場した。一九八二年にはETB（バスク）、八三年にはTV3（カタルーニャ）が放送を開始している。こうした状況を追認する形で、一九八三年に放送局法が成立し、八五年にはTVG（ガリシア）、八六年にはテレマドリード、八九年にはカナル・スル（アンダルシーア）など、各自治州に相次いで地方テレビ局が開局した。地方テレビ局は、言語正常化法の趣旨に即し地域言語での放送を行っており、地域言語の保全・伝達に一役買っている。

そして全国レベルでも、一九八九年の民放テレビ法の成立とその後の政府認可を経て、一九九〇年に初の民放テレビ局が三つ開局した（カナル・プルス、テレ5、アンテナ3）。現在のスペインは他のヨーロッパ諸国と同様、多チャンネル化が進んだ状況である。

ラジオ放送は、テレビが多チャンネル化する以前、とくに一九八〇年代には、世論形成において一定の役割を担ったといえよう。一九七五年には全国でラジオの聴者は約七〇〇万人であったが、一九八二年には約一七〇〇万人にまで拡大した。一九八一年二月二三日に治安警備隊の一部が起こしたクーデタ未遂事件（23-F）において、クーデタ勢力は国民に声明を発表する手段としてラジオ放送を用いた。もっとも、このクーデタを断固拒否するという国王フアン・カルロス一世の演説がテレビ放送で全国に流されたのは、メディアにおける主役の交代を暗示していたようにも見える。主な放送局は国営のRNEの他、SER、COPEなどフランコ時代から続く放送局が挙げられる。オンダ・セロのデル・オルモやSERのガビロンドなど著名なラジオ・パーソナリティも現れ、ホスト役の個性で勝負する民放ラジオ局の存在感が増すことになった。

巨大メディア・グループの誕生

民主化後、とりわけ一九八〇年代にスペインのマスメディアをめぐって重要な現象が起こった。それが、資本統合などによる巨大メディア・グループの誕生である。『祖国《エル・パイス》』紙を所有するPRISAグループはカナル・プルスやラジオ局SER、スポーツ紙『アス』などを傘下に収め、また『世界《エル・ムンド》』紙とスペインで最大の発行部数を誇るスポーツ紙『マルカ』は、同じウニダー・エディトリアル・グループに属する。スペイン国営テレビと国営ラジオも資本統合し、RTVEグループとなった。一九九五年時点で、八大メディアグループが日刊紙の全発行部数の七四・三七％を、ラジオ放送では一九九六年時点で、PRISAグループが四八・六％を占めるに至っている。

また、巨大資本によるメディアの寡占化とともに、時の政権による国営放送への統制もしばしば批判の対象となる。もっともこうした批判は、政権与党に対する野党とその支持者による常套句でもある。

世俗化の進行と価値観・道徳の変容

フランコ独裁は、体制を支える中核的イデオロギーとして、カトリック的理念・価値観を前面に押し出した。だが一九六〇年代以降、カトリック教会は人道的価値観の重視などに伴い、徐々に体制に批判的な姿勢へと転じていく。また人々の側でも、実践的信者（宗教的実践・習慣を厳格に維持している者）の割合は漸減していった。

こうした世俗化（脱宗教化）傾向は、民主化以降も中長期的に継続したと考えてよい。そしてそれは必然的に、社会における価値観を大きく変えることとなった。二〇世紀末の時点でも、国民の約九〇％は自身をカトリック教徒と規定しているが、教会に決して行かないという人も約三〇％存在し（一九九〇年の調査）、人々の宗教心には確実に変化が見られる。これはとくに都市部住民・若年層に顕著な傾向である（第10章参照）。

それはまた、社会制度・機構としてのカトリック教会の権威が低下したことをも意味した。政府機関である社会学研究所（CIS）が二〇〇〇年に実施した世論調査では、八つの制度・運動（王政、市民運動、労働運動、マスメディア、学生運動、知識人層、軍、教会）のなかで最も不人気なのが教会であったという。

価値観の変化は、家族関係や女性をめぐって顕著に現れた。CISが一九八四年に実施した世論調査では、回答者の

表6-3　大学教育の変化

	1980年	2000年
学生数	699,080	1,547,331
大学数（公立・私立）	33	68
教員数	53,451	91,168
大学に対する財政支援（対 GDP 比）	0.6%	1.1%

出典：Ruiz, David, *La España democrática (1975-2000). Política y sociedad*, Madrid: Síntesis, 2002, p. 237 の表より抜粋。

四五％が婚前交渉に、同じく六五％が避妊に肯定的な立場を示している。一九八一年六月に制定された離婚法は、民主化の成果でもあるが、こうした価値観の変化によるところが大きい（同じくカトリック国のイタリアにおいても、離婚法は民主化から二五年後の一九七〇年に成立している）。フランコ時代には「良妻賢母」であることを奨励（時には強制）されてきた女性は、自立した存在であることを認められた。

この変化によって女性の社会進出が増加した。とりわけ大学進学率や専門職における女性の増加は目覚ましいものがある（第9章参照）。だが他方、スペイン社会に古くから存在するマチスモは根強く残っている。マチスモは男性・男性的なるものを称揚する価値観であるが、容易に男尊女卑へと転嫁しうる。スペインでのいわゆるドメスティック・バイオレンス（DV）の発生件数はヨーロッパでも最悪の水準といわれており、テレビや新聞などではこの種の事件が頻繁に報じられている。

高等教育の普及

社会の近代化と経済発展に伴い、大学などで高等教育を受ける人数は大きく増えた。一九七六年にはスペインの大学生の総数は約三二万五〇〇〇人だったが、その後表6-3のように激増している。この数字は、他のヨーロッパ諸国と比べて最も高い水準にある。大学教育が急速に拡大した背景として、専門的知識・技能をもつ人材に対する需要が高まったこと、また地方を含めて大学の新設が進んだことが挙げられよう。民主化後に設立された大学としては、ナバーラ公立大学（一九八七年）、ア・コルーニャ大学（一九八九年）、ラ・リオハ大学（一九九二年）、フアン・カルロス国王大学（一九九六年）などがある。

また、大学教育をめぐっては、いわゆる「ボローニャ・プロセス」の影響についても触れておかなければならない。一九九九年、イタリアのボローニャでヨーロッパ二九カ国の教育担当相が集まり、ボローニャ宣言が採択された。その主旨は、ヨーロッパの大学の国際競争力を向上させるため、標準学習年限や卒業単位数などを共通化し、各国間での学生の移動性を高めるというものである。スペインでは従来、大学教育は五年間の学士課程、その後の博士課程に分けられていたが、二〇〇七年以降、ボローニャ宣言に基づいて、学士課程（四年間）、修士課程（一～二年間）、博士課程（三～四年間）という構成へ改められた。

近年は女性の進学率が飛躍的に向上し、全学生に占める女子学生の割合も半数以上にまで達している。以前は伝統的な学問分野（法学、人文学など）が人気だったが、現在では社会のニーズに呼応して、情報科学、コミュニケーション、ジャーナリズムなど比較的新しい学問分野を専攻する学生が増加している。

学術研究

学術研究は、民主化以降最も大きく変容した文化領域のひとつであろう。フランコ独裁時代は、体制の価値観に沿うような研究のみが許容・奨励されたためである。ここでは主に歴史研究に焦点を当てて、学術研究を取り巻く状況の変遷を見よう。

一九六〇年代以降はビセンス・ビバスなどフランスのアナール派の方法論を取り入れた歴史家が現れた（第5章参照）ものの、研究の主流はあくまでも体制の政治的意図に従うものであった。一九六〇～七〇年代に、スペイン史研究の古典的著作がトマス、ジャクソン、カーなど、英米の歴史家たちにより発表されたという事実は、皮肉なことにスペイン本国での歴史（とくに近現代史）研究の遅滞を示していた。だが、戦後日本の歴史学が直面したのと同種の課題に、フランコ没後のスペインの歴史学・歴史家は直面することとなる。すなわち、自国の歴史、とりわけ内戦と独裁という帰結に至った過程をどう位置づけるか、という課題である。

すでに独裁時代から学界に身を置いていたデ・ラ・シエルバなど、フランコ体制に好意的な立場をとり続けた学者もいたが、多くはそれぞれ異なったアプローチに立って、自国の近現代史を批判的に解釈・再検討した。トゥニョン・デ・ララは一九四六年に亡命したフランスで歴史研究に入り、そこで身につけたマルクス主義的アプローチにより、第二共和政の崩壊、フランコ独裁などを分析した。またより若い世代のトゥセイは、実証的な手法を用いつつ、第二共和政期から内戦、フランコ独裁の政治史研究に大きく寄与した（もっともトゥセイは、現実政治へも積極的に関与したことから、晩年は批判も受けた）。

こうした歴史家は積極的に共同研究なども主宰したが、このことは後述するように、一九九〇年代以降、スペイン本国で内戦・独裁期に関する実証的歴史研究が大きく飛躍する土台になったといえよう。

4　アイデンティティをめぐる揺らぎと模索

ヨーロッパと大西洋との間で

一九九〇年代以降、スペインならびにスペイン国民のアイデンティティに決定的な影響を与えた現象は、社会的・経済的近代化のさらなる進展と、ヨーロッパ統合への参加である。

スペインの躍進を世界に印象づける大きな契機となったのが、一九九二年に開催されたバルセローナ・オリンピック（七月二五日～八月九日）と、セビーリャ万国博覧会（四月二〇日～一〇月一二日）であった。オリンピックや万博は、経済的に興隆しつつある国が自国の威信を世界に誇示する好機となるが（一九九八年のリスボン万博や二〇〇八年の北京オリンピックなど）、同じ年に世界的なイベントをふたつ開催したことは、平和で繁栄したスペインを国内外に示すまたとない機会であった。

バルセローナは一九三六年のオリンピック開催の最有力候補であったが、政治的不安定さなどが懸念され、開催が見送られた（同年のオリンピックは、ヒトラー政権のドイツ・ベルリンで開催）。五〇年以上にわたる悲願を達成したバルセローナは祝賀ムードにあふれた。モンジュイックの丘にはメイン・スタジアムが建設され（現在はサッカーチーム「エスパニョール」のホーム・スタジアム）、プラット国際空港や市内交通網の整備が急ピッチで進められ、バルセローナは近代的大都市へと変貌を遂げた。またオリンピックは、カタルーニャの地域アイデンティティ（先述）を大いに促進した。すなわち、「スペインのバルセローナ」ではなく、「カタルーニャのバルセローナ」でのオリンピックであることが広告などでもとくに強調され、大会運営においてもカタルーニャ語が多く用いられた。

一方セビーリャ万博は、一九九二年がコロンブスによるアメリカ「発見」五〇〇周年であることを意識して開催された（大会のテーマも「発見の時代」とされた）。もっともそこでは、「発見」が手放しに祝福・賞賛されるといった時代錯誤的なメッセージが送られたのではない。「発見」が実はラテンアメリカの先住民族の文化を破壊・略奪するものであったこと、そして「発見」した側とされた側との友好関係が新たな未来へとつながるというのが大会の主題であった。こうした認識は学界・文化界のみならずスペイン社会において幅広く共有されるようになり、この後で述べるスペイン語圏文化の再評価ともつながっていく。

この国民的行事に合わせてマドリード＝セビーリャ間に開通した高速鉄道ＡＶＥは、スペインの社会的・文化的近代化を象徴する存在であり、先進的デザインの車両の写真は書籍の表紙や各種パンフレットなどに頻繁に使用されている。あわせて幹線道路網なども整備され、以前はヨーロッパで最悪とも評されたスペインの交通網は飛躍的に改善された。

図６－３　高速鉄道 AVE

出典：*Un siglo de España : 1900–2000*, 3.ª edición, Madrid : Agencia EFE, 2002, p. 213.

次に、ヨーロッパ統合の効果を見よう。周知のとおりヨーロッパ統合は西欧を中心に一九七〇年代以降進むが、スペインおよびポルトガルは国内体制が民主的でないことを理由として、当初は参加を拒否された。

スペインを名実ともにヨーロッパの一員としたのは、一九八六年のヨーロッパ共同体（ＥＣ）への加盟である。これはスペインにとってまさに悲願であり、また実際的にも、以降ＥＣさらにヨーロッパ連合（ＥＵ）からの巨額の補助金はスペイン経済のさらなる近代化にとって大きな転機であった。

ヨーロッパ統合への参加は、国民に「ヨーロッパのなかのスペイン」という意識を強くもたらした。他のヨーロッパ諸国においては、自国の主権が侵害される、あるいは仏独など域内大国の意向に支配されるなどの懸念から、統合に対し一定程度懐疑的な見方が存在することが多い。ところがスペインにおいては、世論調査などにおいて統合に対して否定的な回答は常に一〇～一五％と低い値にとどまっている。

ＥＣ続いてＥＵからの巨額の補助金の恩恵もあり、スペインは経済的にもヨーロッパと一層強く結びつくことになった。かつてはギリシャ、ポルトガル、アイルランドなどと並び、ヨーロッパ最貧国のひとつに数えられていたスペインだが、二〇〇九年時点での一人当たりGDPはEU平均とほぼ同値である。

だがヨーロッパとの関係の緊密化は、歴史的に関係の深いイスパノアメリカ（ラテンアメリカ内のスペイン語圏諸国）との乖離を意味するわけではない。政治的・経済的のみならず、社会的・文化的には依然としてスペインとイスパノアメリカとの関係は深い。現在でもスペインの新聞の国際面では、イスパノアメリカ諸国の動向が日本とは比較にならないほど詳細に記されている。一九九一年からは、毎年秋にスペイン・ポルトガルとラテンアメリカ諸国の首脳が一同に会するイベロアメリカ首脳会議が開催されている。

その背景には、後述するようにスペイン語圏に対する新たな文化的アイデンティティが形成されたことが挙げられるが、同時に人的・物的な結びつきも重要である。経済的に中位国となったスペインは、一九九〇年代半ば以降、移民流出国から移民受入国となった。スペインにやってくる移民の出身国は、単一の国としては北アフリカのモロッコが最多だが、地域単位としてみた場合、言語を一にするイスパノアメリカが突出している。

このような状況下で、スペインはまさにヨーロッパとイスパノアメリカとをつなぐ架け橋というアイデンティティを形成しつつあるのではないだろうか。スペイン第一の航空会社であるイベリア航空が、整備・拡張されたマドリードのバラハス国際空港を拠点として、ヨーロッパの諸都市とイスパノアメリカ諸国をつなぐように路線を運行していることは、そうした認識を図らずも反映しているように思われる。

観光資源の整備

フランコ独裁は、「スペインは違う」というスローガンを掲げ、欧米からの観光客誘致を図ってきた。現代のスペインにおいても観光は自国文化をPRするため、また経済を支えるための重要な手段である。

ユネスコ（UNESCO）の世界遺産において、スペインは登録数がイタリア、中国に次いで世界第三位である（文化・自然・複合遺産合わせて二〇一五年現在四四、うちひとつはフランスと共通）。グラナダのアルハンブラ宮殿（現在も綿密な修復作業の途上にある）、コルドバのメスキータ、トレードの旧市街、バルセローナのサグラダ・ファミリア（聖家族教会）などの人気観光スポットは、いずれも世界遺産（の一部）として登録されている。その意味で、文化遺産の整備・保全と世界遺産への登録申請は、スペインの観光政策とも密接に連関している。

一九二八年に整備の始まったパラドール（第5章参照）も、新設や既存施設の改修が進められている。旧市街を一望できるトレード、アルハンブラ宮殿内部に設けられたグラナダ、巡礼者病院を改修したサンティアゴ・デ・コンポステーラなど、各地に整備された魅力的なパラドールは観光客にも人気がきわめて高く、観光政策の成功例といえよう（近年では、二〇〇七年にアルカラ・デ・エナレスにパラドールがオープンした）。

また各種の文化興行も、観光客誘致のために盛んに行われている。セビーリャで一九八〇年から隔年で開催されているビエナル・デ・フラメンコは、世界最大のフラメンコ・フェスティバルとして、国内外のファンを集めている。

フランコ独裁時代の観光政策は、エキゾチックなイメージ、西欧諸国とは比較にならないほどの安い物価などをセールスポイントとしていた。だがEUの一員となり、近代化の進んだ現在のスペインにおいて、もはやこうした利点は消滅してしまった。また、日本を含め外国人観光客の多くは、相変わらずスペインを「太陽と情熱の国」、「闘牛とフラメンコ」といった旧態依然としたイメージで見ていることもまた紛れもない事実である。

だが、これらの豊かな観光資源はスペインがたどってきた歴史的多様性の中から形成されてきたという認識が、少しずつではあるが浸透してきたのではないだろうか。

スペイン語圏文化の再評価

現代スペインにおいては、自国とスペイン語圏文化を積極的に再評価し、それを国際的に発信する機運も高まってきた。民主化直後の一九七六年には、スペイン語文学に貢献した作家・文学者を表彰するセルバンテス賞が創設された。受賞者にはデリーベスやセラ（スペイン）、ボルヘス（アルゼンチン）、パス（メキシコ）、バルガス・リョサ（ペルー）など、世界的にも高名な作家・著述家が名を連ねている。いささか不思議ではあるが、ノーベル文学賞を受賞したコロンビアのガルシア・マルケスは受賞していない。

一九八七年に創設されたゴヤ賞は、「スペインのアカデミー賞」ともいわれるが、こちらは主にスペイン国内で製作された映画を対象としている（「スペイン語外国映画賞」という部門はある）。近年日本でも人気のアルモドバルは監督賞・

作品賞をそれぞれ三度受賞しており、そのほかアメナバルも複数回受賞経験がある（第13章参照）。

セルバンテス賞の人選からもわかるとおり、こうした再評価の過程において、スペイン語および（イスパノアメリカを含む）スペイン語文化圏に対するアイデンティティが確立（再確認）されていったといえよう。それまでスペイン人のみに限られていたスペイン王立アカデミーのメンバーに、一九九四年バルガス・リョサが迎えられたのはこうした傾向を反映している（ただしバルガス・リョサはペルー大統領選でフジモリに敗れたことなどもあり、一九九三年にスペイン国籍を取得していた）。ちなみにこうした動きは隣国ポルトガルでも見られ、一九九六年にはポルトガル語を公用語とする各国がポルトガル語諸国共同体（CPLP）を結成した。

もっともこうした動きに対しては、未だに旧宗主国としてのメンタリティが残っているのではないか、という批判も成り立ちうる。前国王フアン・カルロス一世（二〇一四年六月に退位）と侍従長ビラリョンガ侯爵との対談には、次のような示唆的な一節がある。

王　ラテンアメリカとの絆は家族の絆だよ。

侯　スペインは彼らの母なる故国ですか。

王　私はその表現は使わないことにしている。あちらの人と話すとき、スペインのことを私はいつも「みなさんの兄弟の住むふるさと」と呼んでいる。

（中略）

侯　アメリカ発見五百年記念行事のいろんな催しをきっかけに、スペインの征服者があちらで犯した乱暴狼藉や大量殺戮がまたも盛んに喧伝されていますね。

（中略）

侯　（メキシコの作家カルロス・フエンテスのエッセイから引用して）「大量虐殺が云々といつまでもいい募るのは愚行である。もうやめるべきだ。スペインはわれわれに最も素晴らしい宝を伝えてくれたではないか、スペイン語という。

これを認識しよう」。

（ホセ・ルイス・デ・ビラリョンガ『国王』より）

この対話が、国王と侍従長というきわめて特殊な立場にある二人によるものであることは勘案しなければならない。かつてカトリック信仰を軸としてスペインとイスパノアメリカをひとつの共同体とみなしたスペイン帝国主義の名残り、ある種の家父長的態度との共通点も看取できよう。スペインの国祭日である一〇月一二日（コロンブスのアメリカ到達の日とされる）が、未だに「イスパニダーの日」と呼ばれていることも象徴的である。だが同時に、そこに世界第四位の話者人口をもつスペイン語と、スペイン語文化に対するかつてない自己意識の高まりを見ることはできないだろうか。

一九九一年には、スペイン語圏の文化を普及させるためにセルバンテス文化センターが設立された。同センターは世界四四カ国に支部を置き、スペイン語検定試験ＤＥＬＥの実施や文化交流活動を行っている（東京支部は二〇〇七年に設置）。

こうして、スペイン語（文化）のもつグローバルな性質が認識される一方、地域言語の置かれた状況はより複雑である。先述のとおり現行憲法下ではカタルーニャ語、バスク語、ガリシア語が地域公用語としての地位を認められ、行政や教育の場での使用が保障されている。また、各地域には独自色をもつ地方紙があるが、それらの記事の全てが地域言語で書かれているわけではない。同様に、自身の出身地域の言語を操れる作家が、カスティーリャ語で作品を発表することも多い。先に名前を挙げたセラは、ガリシア出身ながら、民主化以降の作品（『二人の死者のためのマズルカ』など）もカスティーリャ語で発表し続けた。むろんそこには商業的要因（カスティーリャ語読者の数ならびに翻訳の容易さによる市場規模）によるところが大きいのだろうが、地域言語の発信力はカスティーリャ語と比べてさまざまな制約があるのが実情である。

ただ、こうしたハンディの打破を目指す動きも見られる。現代バスクを代表する詩人・作家アチャーガは『オババコアック』などの独創的な作品を、カスティーリャ語とともにバスク語でも発表し続けている。またムンカーダはカタルーニャ語での作品発表を続け、代表作『引き船道』は国際的にも高い評価を得た。もっともこの場合でも、ラテン系言語であるカタルーニャ語、ガリシア語と、系統不明で外国人の習得が困難なバスク語とでは、地域言語間にさらなる格差があるともいえよう。

また各地域では、規模は大きくないものの、地域言語による文芸・学術書が出版されている。たとえば、ルゴに本拠を置くガラクシア社はガリシア語での出版を長年積極的に行っている。

過去との対峙・対話

こうしてヨーロッパの一員としてのアイデンティティを高めてきたスペインであるが、民主化後三〇年あまりを経た頃から、自国の過去、すなわち、内戦・独裁と向き合おうという機運が高まってきた。独裁直後には、内戦中に両陣営が行った迫害行為や、独裁期の人権侵害の真相解明は、国を二分して誕生したばかりの民主政を崩壊させかねないとして、腫れ物に触るような扱いを受けてきた。

だが、二〇〇〇年代に入るとかつての弾圧・虐殺の被害者遺族たちは過去の忌まわしい記憶の忘却を強いられてきた状況を「沈黙の協定」と呼んで批判し、真相の究明を主張し始めた。その背景には、内戦期から独裁期に関する史料・公文書の整備が進んだことによる、一九九〇年代以降における実証的歴史研究の飛躍的発展があった。こうした研究を通じて、地方レベルでの弾圧の実態はどのようなものであったかが仔細に解明されていった。独裁下で、体制の価値観に合致する歴史研究しか認められなかった事情に鑑みると、このことは大きな進歩といえる。他方この進展は、単なる客観的事実の解明にとどまらず、スペインの社会・文化界全体に対し、過去と正面から対峙することを迫るものとなった。

二〇〇七年、サパテーロ政権の下で成立した歴史記憶法は、この問題に対するひとつの回答であった。これは、迫害の犠牲者に対する道徳的補償、フランコ体制を象徴するような象徴物（プレート、フランコの銅像など）の公共の場からの撤去、内戦史料館（サラマンカ）の設置などを定めたものである。また、サパテーロ政権はフランコ時代の象徴的モニュメントである戦没者の谷（第5章参照）の閉鎖をも検討したが、保守派などの反発もあり、実現しなかった。

サパテーロの前任である国民党（ＰＰ）のアスナール政権時代から、スペインはデリケートな問題に直面してきた。

アスナール政権は宗教系学校への財政支援強化、公教育における宗教科目の復活などを打ち出し、国家（政府）と宗教・教会がどのような関係にあるべきかという伝統的争点を再び惹起《じゃっき》した。サパテーロ政権の歴史記憶法や、同性婚を認める法律をめぐる論争と合わせ、近年のスペイン（とりわけ二〇〇〇年代以降）は政治のみならず社会全体が対立的になっているという見方もある。だが、過去を客観的に見つめ、それまでタブーとして扱われてきたさまざまな事象が公の場で堂々と議論されるようになったということは、スペインが今まさに、社会的・文化的に成熟する過程にあることを示していると考えられないだろうか。

（武藤　祥）

参考文献

野々山真輝帆『スペイン辛口案内』晶文社、一九九二年。
野々山真輝帆『スペインを知るための60章』明石書店、二〇〇二年。
壽里順平・原輝史編『スペインの社会』早稲田大学出版部、一九九八年。
Aguilar Fernández, Paloma, *Políticas de la memoria y memorias de la política*, Madrid : Alianza, 2008.
Díaz Barrado, Mario P., *La España democrática（1975–2000）. Cultura y vida cotidiana*, Madrid : Síntesis, 2006.
Quaggio, Giulia, *La cultura en transición. reconciliación y política cultural en España, 1976–1986*, Madrid : Alianza, 2014.
Ruiz, David, *La España democrática（1975–2000）. Política y sociedad*, Madrid : Síntesis, 2002.
AA. VV., *Del franquismo a la posmodernidad*, Madrid : Akal, 1995.

コラム4　文化作品におけるスペイン内戦の記憶

「……一九三〇年代の若者には革命があった。……僕らにはない。彼らにはスペイン戦争があった。僕らには何もない……」。

これは、フランスの「ヌーヴェル・ヴァーグ」の旗手、ゴダールの『小さな兵隊』という作品のなかで、主人公の男性ブリュノがいう台詞である。

この台詞にも明確に現れているように、外国から見たスペイン内戦のイメージは、一種の「英雄物語」であった。内戦は一九三〇年代のヨーロッパを席巻したファシズムの脅威からスペインを、そして民主主義を守るための戦いであり、共和国軍の兵士たちは華々しく散った悲劇の英雄という図式である。ヘミングウェイの『誰がために鐘は鳴る』は、こうしたイメージを決定づけるものだった。レネの映画『戦争は終った』など、この系譜に連なる作品は多い。日本でも、スペイン史への関心が低かった時代から、内戦に関する文献は数多く翻訳・出版されてきたが、それはこうした物語性が共感を呼んだからに他ならない。

他方、スペイン国内では様相が一変する。内戦や独裁期を舞台にした映画や文学作品では、内戦は陰鬱で忌まわしい過去というイメージが、暗いヴェールのように全体を覆っている。こうした雰囲気は、「スペイン人にとってのスペイン内戦」の本質的な意味合いを示している。共和国支持者であり、内戦後に亡命したアヤーラが一九四〇～五〇年代に執筆した短編集『仔羊の頭』（スペインでの出版は一九七八年）でも、内戦に関与した人々が直面した苦難・葛藤が、抑えた筆致によって描かれている。なかでも、反乱軍兵士が身分を隠し、戦死した同郷の共和国兵士の生家を訪ねる「タホ川」は秀逸である。

民主化後もこうした傾向は大きく変わらなかった。現代スペインの著名な作家リャマサーレスの小説『狼たちの月』は、共和国側で戦い、内戦後はフランコ派の執拗な追跡のなかで逃走・抵抗を続ける男たちの物語である。彼らは時に故郷へ戻り、家族と秘密の対面を果たすが、追われる主人公と故郷に残った家族との間には絶望的な深淵がある。また、主人公と旧交のある人々も、フランコ側の目を恐れ、彼らに手を差し伸べることができない。

同じくリャマサーレスの『黄色い雨』も、より隠喩的ではあるが、内戦によってひとつの村、そして主人公の家族が滅んでいくさまを、（旧共和派と思われる）一人の男の視点から淡々と描いている。

他にも取り上げるべき作品は多いが、これらはいずれも、内戦であるがゆえの重苦しい現実を鋭くえぐっている。ある者は生き残り、日常生活に戻るために忘却を強要される。またある者は、いつ終わるとも知らぬ追跡を逃れるため、家族と祖国を捨てざるをえない。そこには勝者の歓喜や敗者の悲嘆を超えた、安直な英雄物語には決して解消されない絶望感がある。

『誰がために鐘は鳴る』に、印象的な一節がある。共和国義勇軍の女性ピラルが、主人公のアメリカ人青年ロバートに、故郷の街で内戦勃発後に起こったフランコ派へのリンチの様子を語る場面で、ふと次のような言葉を漏らす。

「……暴風か洪水か戦争の後みたいで、みんな疲れきって誰もろくに口をきかなかった。あたし自身も、変にうつろな気持ちで、気分が悪く、恥じる気持ちと悪いことをしたという気持ちでいっぱいだった」。

ここには、「ファシスト」を打倒したという高揚感は微塵もなく、むしろ罪悪感・後ろめたさに満ち溢れている。逆説的ではあるが、ヘミングウェイがピラルに語らせたこの言葉こそ、「スペイン人にとってのスペイン内戦」を端的に示しているのではないだろうか。

多くのスペイン人にとって内戦はまだ決して遠い過去ではない以上、彼ら自身の口から（時として無邪気に見える）理想化・英雄化された内戦の物語が語られる日は、しばらく来そうにない。

（武藤　祥）

内戦勃発直後のトレード

出典：*Un siglo de España: 1900-2000*, 3.ª edición, Madrid: Agencia EFE, 2002, p. 62.

第Ⅱ部　近現代文化の諸相

Ⅱ　近現代文化の諸相：概説

第Ⅱ部は、読者が、言語、文学、美術、映画、フラメンコ、闘牛、スポーツ、さらに女性像、宗教性、社会的モラルなど多彩なトピックによって近現代スペイン文化の世界へとより深く導かれるように構成されている。第Ⅰ部を踏まえて、それぞれのトピックを読み進めることが望ましいが、それぞれが独立した章として叙述されているので、読者の関心に応じて個別に読むこともできるよう工夫した。

まず第7章は、多言語国家スペインの言語状況の実態を、中世の多言語性から出発して、国家語であるスペイン語つまりカスティーリャ語と、さまざまな地方語との関係を軸に明らかにする。カスティーリャ語が非カスティーリャ語地域に延伸して国家語としての地位を確立したのは一八世紀以後であること、その確立過程において地方語復権の動きも現れたことは、近現代の文化史、総じて歴史全般を理解するうえでの重要な事実《ファクト》である。現在の自治州体制下では地方語は地域公用語の地位を保障されているが、言語分布と行政地域の境界とは一致しない。国家語と地方語の関係はいまなお複雑な課題を抱えている。

第8章は、国家と国民への感情移入を誘導する国民文学が、どのような仕組みで誕生し確立していったかを分析する。すでに第Ⅰ部の文化史的あゆみで各時代の代表的文学者とその作品が紹介されているので、この章では国民文学の概念的理解のために、ペレス・ガルドスの作品『カルロス四世の宮廷』の大胆な読みを提示する。さらに古典主義とロマン主義の相克のなかから、ロマン主義者たちが「地方」を発見して、地方を国民文学に包摂していく過程を明らかにする。多言語国家スペインの現実こそがスペイン国民文学を豊かにしているのだ。

第9章は、女性の果たす社会的・経済的役割との関係のなかで、スペイン女性像の変化を明らかにしている。二〇世紀になるとスペインでも、産業化の進展に伴って女性の家庭外労働への進出が盛んとなり、新しい職種についた女性が「新しい女性」のイメージをつくりだす。第二共和政の誕生と内戦の時代には、制約や限界がありつつも、さまざまな領域で女性の存在が認知される。しかし内戦に勝利したフランコ体制は女性の立場を逆転させて、「妻、母への回帰」を求める。それでも一九七〇年代以後の社会経済的変化は著しく、民主化以後、とくに二一世紀に入っての女性像・家族像は伝統的スペイン社会では考えられなかった様相を呈する。

第10章は、カトリック教会の社会的・政治的位置づけが、どのように変化してきたかを「ライシテ」（宗教に対する国家の中立性）の問題との関連で論じている。スペインでは「ライシテ」を許容しない教会と伝統的・保守的支配層との同盟が、その反発たる反教権主義運動を招いてきた。第二共和政は国家の「ライシテ」を大きく進めたが、逆に教会は右派勢力への依存を強めていった。内戦は、兄弟殺しにも譬えられる悲惨な戦争で、多くの聖職者も犠牲となったことを忘れてはならない。フランコ体制後の民主化のなかで教会の社会的役割は大きく後退しているが、宗教性はさまざまなかたちで存続していることに注目すべきである。

第11章は、農村社会の伝統的価値観がいかなるものか、また価値観がフランコ体制末期からの農村の大きな変容のなかでどのように変わるかを扱う。スペイン農村社会には小規模な農村社会と、アグロタウンと呼ばれる大規模社会があり、前者と後者では社会構造の違いを反映して、住民の生活と価値観には著しい相違があったことに注目する。次いで、現代スペイン人のモラルと市民性について、経済危機以後の動揺のなかでどのような特色を帯びているかに言及する。さらに、内戦の記憶がスペイン人のあいだに生々しく残っていることを明らかにして、その負の遺産をいかに払拭するかが新しい市民性の鍵になることを提示する。

第12章は、近現代美術の展開を、ヨーロッパ美術との影響関係に触れながら、時代ごとの代表的な画家・建築家を中心に論じる。一八世紀の宮廷芸術はゴヤにおいて完成するとともに、新たな近代絵画の歴史が始まる。一九世紀後半にはヨーロッパ美術の影響を強く受けるとともに、産業革命が進行したバルセローナを中心にムダルニズマの芸術運動が展開する。二〇世紀に入ると「巨匠」のピカソ、ミロ、ダリといった画家が活躍するが、この前衛芸術の流れは内戦とともに中断してしまう。フランコ時代の後期には反体制美術が盛んとなり、民主化の時期には新しい時代の幕開けに相応しい芸術家が活躍する。そして現在は、スペインという枠を超えた芸術の方向が真剣に問われている。

第13章は、一九世紀末からの映画の世界を、比較的鑑賞の可能な作品を中心に描いている。フランス映画の

Ⅱ　近現代文化の諸相：概説

影響を受けてスペイン映画が誕生し、二〇世紀初めにはブニュエルという秀逸な監督が活躍した。内戦がフランコの勝利に終わると、映画産業も厳しい検閲を受けて、「スペインらしさ」を唱える映画が制作される。一九六〇年代のスペインはハリウッド娯楽映画の撮影地となるが、『挑戦』に代表される「新しい時代」の芽もいぶき、フランコ死後の七〇年代半ばに、ヨーロッパのカウンターカルチャーの影響を受けて、一気に花開く。アルモドバルはその代表的監督であり、その後にはメデムやアメナバルが独自の世界を切り開いている。

第14章は、「情熱的なスペインの踊り」としてよく知られるフラメンコが、いかなる意味で伝統的であり、いかなる意味で創造されたものであるかを、最近の研究成果に依拠して明らかにする。この言葉の語源には諸説があり、断定することはできない。フラメンコ＝ジプシーという通説も支持しがたい。さらにフラメンコという芸能がつくりあげられた過程も複雑で、さまざまな要素を取り込んでいることに注目したい。フラメンコは、伝統が変質し再構成される恰好の歴史的事例であるといえる。

第15章は、フラメンコと並んで一般的にもっともスペイン的とされ、「国技」と称えられる闘牛が、やはり歴史のなかでさまざまな要素を組み入れて今日に至っていること、またさまざまな評価が与えられてきたことが明らかにされる。闘牛が他の伝統文化に比べて存在感をもっているとされる大きな理由は、これまでの内外の芸術家たちのそれぞれの闘牛への思い入れがあったからであると指摘される。

最後の第16章は、まず近代スポーツのスペインへの伝播と受容の過程を分析し、それが歴史過程のさまざまな条件に影響されて展開してきたことを明らかにする。なかでも二〇世紀前半は、スポーツが政治諸党派の動向と緊密に絡んでいた。フランコ体制もまたスポーツを体制の理念の下に統制しようとしたが、地域ナショナリズムにとって、スポーツ団体とくに地元サッカーチームは人々の拠り所となるものであり続けた。民主化を経た現在もなお、国家との関係において地域ナショナリズムは複雑な様相を呈しており、スポーツと政治の関係もまた微妙である。

第7章　国家語と地方語のせめぎあい

1　多言語国家スペイン

スペインの諸言語

スペインではカスティーリャ語（スペイン語）、カタルーニャ語、ガリシア語、バスク語の四言語が話されているといわれることが多い。多言語国家といわれるゆえんだが、一つの国に複数の言語が存在する仕方はさまざまである。スペインの場合は、憲法に明記される形で、唯一カスティーリャ語が国家の公用語として認められている。また、国土は一七自治州と二自治都市に分かれているが、公用語をもつ自治州が六ある。具体的にはカタルーニャ、バレアレス、バレンシアではカタルーニャ語（バレンシアではバレンシア語と呼ぶ）、ガリシアでガリシア語、バスクとナバーラでバスク語が、それぞれカスティーリャ語とともに州の公用語である。つまり、これらの三言語は限られた地域でのみ公用語で、しかもその地域において公用語の地位を独占しているわけではない。また、大半の自治州ではカスティーリャ語だけが公用語である。さらに、地域公用語としてもう一つ言語を挙げなければいけない。それはオック語（アラン語）で、カタルーニャ州にあるアラン渓谷で使われており、二〇〇六年から同州の公用語である。

また、スペインには公用語になっていない言語も存在する。アストゥリアスにおけるアストゥリアス語（バブレ）とアラゴンのアラゴン語は、日本でもある程度知られている。

今まで挙げてきた言語は、もともとスペインにあった言語だと考えてよい。その他に、移民によって話されている、アラビア語、英語、ドイツ語、ルーマニア語、中国語などの名前が挙げられることがある。二〇一〇年に制作された『ビューティフル』（*Biutiful*）という映画では、バルセローナを舞台にスペイン語、中国語、セネガルの言語ウォロフ語が使われていた。ここには、今スペインが置かれているきわめて現代的な多言語状況が反映されているが、本章では考察の対象にしない。以下、スペインの諸地域に固有と考えられる言語に注意を集中して、国家語と地方語との関係を軸に、言語史を概観する。

中世の多言語性

本書のテーマは近代スペイン文化史であるが、言語に関しては、中世の状況に触れざるをえない。というのは、現在われわれには当然と思えることが、中世においてはそうではなかったということがあり、それを確認することで、近代の特殊性も理解できるからである。

前述の、スペインの諸地域に固有の言語は、バスク語を除くと、すべてローマ帝国の言語ラテン語が変化してできたロマンス諸語に分類される。現在のスペインを含むイベリア半島全体がローマ帝国の支配下にあった。ローマ帝国の崩壊後、西ゴート王国に支配されるが、七一一年にイスラーム勢力の侵入により西ゴート王国が滅び、北部のキリスト教勢力と南部のイスラーム勢力が対峙するレコンキスタの時代が始まる。現在のスペインにおける言語の分布は、基本的にこの時代を通じて確立していった諸王国とその勢力拡張によって決定づけられた。政治的統一を欠くキリスト教勢力の支配領域で、ガリシア・ポルトガル語、アストゥル・レオン語、カスティーリャ語、ナバーラ・アラゴン語、カタルーニャ語といった言語が徐々に形成されていった。

これらの言語のうち、一三〜一四世紀の時点で公的に使用されていたのは、ポルトガル語（ポルトガル王国）、カスティーリャ語（カスティーリャ王国）、ナバーラ・アラゴン語（ナバーラ王国、アラゴン王国）、カタルーニャ語（アラゴン連合王国のカタルーニャ語地域）である。これらの言語は、公文書などで書かれることを通じて、ある程度均質な書き言葉が形成された。ただし、ナバーラ・アラゴン語は、その後近代文章語としての体裁を整えるに至らなかった。アラゴンでは一五世紀に王朝が交代してカスティーリャ出身の王が即位し、ナバーラは一六世紀に入ってカスティーリャに併合され、カスティーリャ語化していったからである。また、アストゥル・レオン語については、レオン王国がカスティーリャ王国との統合と分裂を繰り返したのち最終的に一三世紀にカスティーリャに統合され、独立した言語として書き言葉を発達させることはなかった。

しかし、注意すべきなのは、当時、王国と言語は一対一で結びついていなかったということである。まず、ラテン語は依然としてこれらの王国内で使われ続けていた。また、ナバーラではフランス語やオック語（南仏語）も使われた。アラゴンでもオック語が使用されることがあったようである。カスティーリャ王国内にあったガリシアでは、各種文書にガリシア語が使われていた（ただし、一五世紀以降、急速に書き言葉のカスティーリャ語化が進む）。宮廷詩の分野では、カスティーリャでガリシア語が使われ、カタルーニャでプロヴァンス語（南仏語）が使われていた。カスティーリャ語が隣接する言語に取って代わっていく状況は読み取れるものの、全体に、王国内の言語を単一化しようという動きは強くなかったといってよい。

2　国家語の確立

ネブリーハの文法

一四九二年は、スペインにとっていろいろな意味で重要な年である。レコンキスタの完了、コロンブスの新大陸到達という、世界史の大きな節目になる事件がこの年に起きている。また、ユダヤ人の追放はスペインの政治・経済・文化にさまざまな影響を与えたが、言語史的には、追放されたユダヤ人の子孫が現代まで維持しているユダヤ・スペイン語が誕生する契機となった。だが、本章で取り上げなければならないのは、アントニオ・デ・ネブリーハ（一四四一？〜一五二二年）が著した『カスティーリャ語文法』である。

それまで、西欧ではラテン語、ギリシャ語といった古典語のみが文法を書くに値する言語とみなされており、ネブリーハのカスティーリャ語文法は、同時代の人々が話す「俗語」を対象にした初めての文法書だった。地球上のさまざまな言語の文法書が簡単に手に入る現代からは想像しにくいことだが、「俗語」は体系的な研究の対象になるとは考えられていなかったのだ。ネブリーハの文法によって、カスティーリャ語はラテン語やギリシャ語と同様の地位を与えられたことになる。この本の序文中、ネブリーハは「言語は帝国の伴侶」という有名な言葉を書き残している。言語はそれが話されている国の繁栄とともに栄え、国の衰退とともに衰える。しかし、ラテン語やギリシャ語は文法が書かれたおかげで、国が衰亡した後も変わらず生き続けている。ネブリーハは、カスティーリャ語も文法によって古典語のように生き続けると考えたのだ。

もう一つ、序文中に有名な言葉がある。それは、カスティーリャが将来支配することになる「蛮族」がカスティーリャ語を学ぶときにこの文法書を利用できるだろうというものである。たまたま同じ年にコロンブスが新大陸に到達し、ネブリーハの「予言」が的中することになったが、近年の説によれば、彼が念頭に置いていたのは北アフリカのイスラーム教徒だったようである。カスティーリャ語を母語としない人々がこの言語を覚えるためという観点から、ネブリーハは、レコンキスタによってカスティーリャの支配下に入ったイスラーム教徒、ビスカーヤ（バスク）人、ナバーラ人、フランス人、イタリア人に言及している。実際、この文法書には、こういった人たちのための、言わば「外国語としてのカスティーリャ語文法」の章が設けられている。本編では品詞論についての議論が展開されていたりして、これを使って言語を習得するのは困難だが、「外国人向け」の章では、動詞の活用などの語形変化が一覧できるようになっており、実用性を考えた内容になっている。しかし、実際にはネブリーハの文法書がこの言語の習得のために幅広く利用されることはなかった。再版されるのは一八世紀のことである。

実は、序文には、前述のものほど知られていない、別の目的（文法の有用性）が述べられている。それは、カスティーリャ語の文法を知ることによって、ラテン語の習得が容易になるということである。そして、これがネブリーハの主要な関心事であったという説が近年有力になっている。実際、ネブリーハは人文主義者としてラテン語の教育改革に大いに尽力した。カスティーリャ語文法の執筆が、この努力の一環であったとしてもおかしくはない。彼が言語と国家の盛衰に平行関係を認め、「帝国主義的」発言をしているのは事実であるが、従来のネブリーハ観はこの部分を強調しすぎていたのかもしれない。

「スペイン語」の登場

一六世紀になると、カスティーリャ語をスペイン語と呼ぶ例が現れる。従来、一四六九年にカスティーリャ女王（当時王女）イサベルとアラゴン王（当時王太子）フェルナンドの結婚によってスペインの統一が達成され、カスティーリャ語が統一スペインの国家語となったと言われることが多かった。しかし、一六世紀のスペインは一人の王が複数の王国の王を兼ねる複合王政で、これを構成する諸王国の制度は維持されていた。したがって、カタルーニャ語圏ではカタルーニャ語の公的使用が続いていたのである。また、スペイン（España）という言葉は、ラテン語でイベリア半島全体を指す Hispania が語源で、当時は語源に忠実に、スペインとポルトガルを含む半島全体を指して使われていた。したがって、「スペイン」で話されている言語の中にポルトガル語を含めることも多かった。そして、イベリア半島で最も多くの人に話される、中心的な言語として、カスティーリャ語を「スペイン語」と呼ぶようになったのである。「スペイン語」は、現在考えられるようなスペインの国家語というイメージからはかなり遠い概念だったことがわかる。

いずれにせよ、イベリア半島でカスティーリャ語が最も通用する言語であったことは事実である。カタルーニャ語文学は一五世紀に黄金世紀を迎え、詩人のアウジアス・マルク（一三九七～一四五九年）や騎士道小説『ティラン・ロ・ブラン』を書いたジュアノット・マルトゥレイ（一四一三～六八年）などが出るが、一六世紀以降、急速に衰える。カタルーニャ語で文学が書かれなくなったわけではなく、作品の質が低下したということなのだが、優れた作家がカスティーリャ語で執筆するようになったということは、明らかにカスティーリャ語の威信が高まったことの反映である。この時期、カスティーリャ語文学史に名を残したカタルーニャ人としてファン・ボスカン（ジュアン・ボスカー、一四九二～一五四二年）を挙げることができる。ポルトガルでも同様にカスティーリャ語が浸透していった。ポルトガル語とカスティーリャ語で作品を書いた劇作家ジル・ヴィセンテ（一四六五～一五三六？年）が有名だが、ポルトガル文学史上最大の詩人といわれるルイス・デ・カモンイス（一五二四？～一五八〇年）にも、カスティーリャ語の作品があるという。

一六～一七世紀はスペイン文学の黄金世紀といわれるが、もちろんカスティーリャ語文学のことである。イベリア半島の諸言語を視野に入れて、一五世紀のカタルーニャ語文学と一六～一七世紀のカスティーリャ語文学を連続的に捉え、少し長い黄金世紀を考えるようなことはない。実は、カスティーリャ語文学の黄金世紀を代表する、というよりはカスティーリャ語そのものを象徴する存在であるセルバンテス（一五四七～一六一六年）が、彼の最も有名な作品『ドン・キホーテ』のなかで、登場人物の司祭に『ティラン・ロ・ブラン』を賞賛させている（前編第六章）。『ティラン・ロ・ブラン』は、いろいろな言語に翻訳されて広く読まれていたが、このようなつながりは、カスティーリャ語文学とカタルーニャ語文学を互いに孤立したものとして捉えると、見えにくくなるだろう。

また、セルバンテスは『ドン・キホーテ』のなかで、ビスカーヤ人を登場させ、文法的にかなり破綻したカスティーリャ語を喋らせている（前編第八章）。ビスカーヤ人とはバスク人のことで、当時のバスク語話者が話すカスティーリャ語についてのイメージを示すエピソードとして興味深い。言語構造のかなり異なるバスク語を母語とする話者にとって、カスティーリャ語の習得は決して容易ではなかっただろうし、ここから、当時のバスク地方におけるカスティーリャ語化の程度があまり高くなかったと推測することができる。

さらに、バルセローナの近くでドン・キホーテとサンチョ・パンサを襲った盗賊たちがカタルーニャ語で話すという描写がある（後編第六〇章）。ただし、文章に直接カタルーニャ語の会話は現れない。なお、セルバンテスは、この盗賊たちをガスコーニュ人と呼んだり、カタルーニャ語とガスコーニュ語を同一視するような記述をしたりしているが、当時カタルーニャ語を南仏の言語に含めるのは一般的な考え方だった。ところが、盗賊の首領はドン・キホーテとはどうやらカスティーリャ語で話しているようで、さらには、ドン・キホーテがバルセローナに入ってからの章にカタルーニャ語に対する言及はなく、印刷所を訪れるエピソード（後編第六二章）では、カスティーリャ語以外の言語で印刷される本の存在をうかがわせるような記述はない。実際、バルセローナでは、一六世紀の前半まではカタルーニャ語の印刷がカスティーリャ語よりも多かったのに対し、同世紀の後半になると、カスティーリャ語が半数以上を占めるようになっていたようで、『ドン・キホーテ』の叙述はこの状況をある程度反映していると見ることはできるだろう。しかし、バルセローナが完全にカスティーリャ語化していたとは考えられない。

一六～一七世紀、新大陸でのカスティーリャ語の状況は、多少異なる。先住民に対する布教は現地語で行うのが原則で、カスティーリャ語の教育は広まらなかった。宣教師は先住民の言語を習得し、これらの言語の文法書を書いた。実際には、すべての先住民言語で布教を行うのは非現実的と判断され、ケチュア語、ナウアトル語、グアラニ語など、少数の言語が共通語として選ばれた。

一八世紀における変化

カスティーリャ語とその他の言語との関係が大きく変わるのは一八世紀になってからである。

王位継承戦争を経て成立したブルボン朝スペインは、それ以前とは異なる中央集権的体制を構築した。ハプスブルク家のカルロス大公を支持していたカタルーニャは、それまで維持してきた制度が解体され、カタルーニャ語の司法行政などでの公的使用は廃止された。

一七一三年には王立言語アカデミー（スペイン王立アカデミー）が設立され、カスティーリャ語の規範整備のために辞書（一七二六～三九年）、正書法（一七四一年）、文法書（一七七一年）を編纂した。これらは、現在に至るまで改訂を繰り返して出版されている。ただし、当初アカデミーによるこの言語の呼び名は「カスティーリャ語」で、出版物のタイトルが「スペイン語」に変更されたのは二〇世紀になってからである。

教育においてもカスティーリャ語の伸張が見られた。中世以来、大学ではラテン語が使われていた。つまり、ラテン語で諸々の学問が教えられていたのだが、この時代カスティーリャ語で行う動きが強まった。一七五一年には、大学の講義はラテン語で行うという規則が守られていないので遵守するようにという王令が出されており、伝統主義的な教育観が残っていたことがわかるが、一七六八年には、初等教育とラテン語、修辞学の教育はカスティーリャ語で行うようにという勅令が出されている。また、一七八〇年に認可された初等教育者組合の規約には、全国の学校で王立アカデミーの文法を使って児童の教育を行い、ラテン語は必ずカスティーリャ語文法を学んでから始めるように定められた。これらの規定は、初等教育から大学まですべての科目をカスティーリャ語で行うというものではなく、ラテン語を十分に習得するまでの段階をカスティーリャ語が担うというように読める。しかし、ガスパル・メルチョル・デ・ホベリャーノス（一七四四～一八一一年）など、高等教育をカスティーリャ語で行うことを勧める知識人もいた。また、すべての国民が国家語によって初等教育を受けるという理念が示されたことは非常に重要な意味をもつ。一八世紀末の時点で六歳から一二歳の児童の就学率は二三％程度だったので、それが「すべての国民」にとって現実となったわけではないが、カスティーリャ語が現代的な意味で国家語としての地位を確立したと考えることができる。

以上はラテン語との関係におけるカスティーリャ語の伸張であるが、前述の勅令は、教育言語として地方語を排除することを含意する。就学率の低さもあり、直ちに大きな影響があったとは考えられないが、制度確立の意味は無視できない。新大陸でも同様に、現地語優先からカスティーリャ語の強制へと方針が転換された。

一方で、カスティーリャ語が一六～一七世紀と比較して衰退しているという意識が知識人の間にあった。スペイン文学の黄金世紀という考え方は、この頃すでに形成されていたのだ。また、国際的な威信を獲得したフランス語との比較で、カスティーリャ語を擁護する議論があった。一五世紀末にネブリーハによってラテン語と同等の地位まで押し上げられたカスティーリャ語は、一八世紀にはより有力な隣人であるフランス語との対比にさらされることになったわけで、カスティーリャ語に対する賞賛も、ある種の危機意識に根ざしていたと思われる。

3　地方語の復権

地方語への関心

一八世紀、カスティーリャ語が国家語として確立し、非カスティーリャ語地域のカスティーリャ語化が進んだ。しかし、それと同時に、地方語の評価において無視できない動きもあった。

カタルーニャ語は、文学の質の低下はあったものの、盛んに話し書かれており、言語としての活力が失われたわけではなかった。教育にカタルーニャ語を使うべきだという主張もあったし、辞書の出版も行われており、カタルーニャ語称揚の動きも続いていた。それは一八一四年出版の『カタルーニャ語の文法と称揚』に結実する。この文法書はカタルーニャ語で書かれており、著者のジュゼップ・パウ・バリョット（一七四七～一八二一年）は、前書きで、カタルーニャの人々のみならず、仕事でこの地を訪れる外国人の多くからも、カタルーニャ語文法の出版が待ち望まれていたと述べている。また、序章ではカタルーニャ語が独立した言語であることを否定する主張に対して反論している。

一方ガリシア語は、一六世紀以降公的に使用されなくなっており、書き言葉としては私的な手紙や民衆的な詩などに用いられる程度であった。そのような状況で、ガリシア語をカスティーリャ語の方言とする見方があったのに対し、ガリシア出身のベニート・ヘロニモ・フェイホー（一六七六〜一七六四年）はガリシア語はポルトガル語と一体で、カスティーリャ語とは異なる言語であり、後者の方言ではないと述べている。また、同じラテン語から派生した言語の間に本質的な優劣はないと説いている。同じくガリシア人マルティン・サルミエント（一六九五〜一七七二年）は、語源研究など、ガリシア語研究における先駆的な業績を残したほか、教育における母語の重要性を指摘した。なお、この二人はカスティーリャ語で執筆している。

バスク語は、逆に一六世紀から書き言葉の発展が始まった。一五四五年、エチェパレによる『バスク初文集』が出版されたのが最初である。ただし、文学に関しては一八世紀までは宗教的な内容が主で、書き手も聖職者が大半だった。一方、言語に対する関心も高まり、イエズス会士マヌエル・ララメンディ（一六九〇〜一七六六年）の『征服された不可能事、バスク語の文法』が一七二九年に出版されている。系統不明で周囲の言語とはかなり異なる構造をもつバスク語への関心はスペイン国内に留まらなかった。最も有名なのがドイツの言語学者ヴィルヘルム・フォン・フンボルト（一七六七〜一八三五年）で、一八世紀と一九世紀の変わり目に二度バスク地方を訪れ、バスク語に関する文章を残している。フンボルトからバスク人言語学者として高く評価されていたファン・アントニオ・モゲル（一七四五〜一八〇四年）は、バスク語による対話形式の小説『ペル・アバルカ』を書いた（一八〇二年に書かれたが、出版されたのは一八八一年）。

アストゥリアス語で書かれた文学は一七世紀から例が見られる。アストゥリアス出身で、一八世紀スペインの最も重要な知識人のひとりであるホベリャーノスは、アストゥリアスの言語に並々ならぬ関心を寄せ、辞書の編纂と、アストゥリアス・アカデミー設立の計画を立てた。彼は方言という呼び方を使っていたものの、正書法や文法まで視野に入れていた。結局この計画は実現しなかったが、スペイン王立アカデミーがカスティーリャ語について行っているのと同じことを、アストゥリアス語に対して計画していたのである。ただし、ホベリャーノスは教育における言語としてラテン語からカスティーリャ語への移行を推進した人でもある。現代的な意味でカスティーリャ語とアストゥリアス語を同等とはみなしていなかったかもしれない。

文芸復興

前節で述べたように、一八世紀から地方語への関心は高まっていたが、本格的な復興が始まるのは、ロマン主義とナショナリズムに彩られた一九世紀のことになる。

カタルーニャ語については、ボナバントゥーラ・カルラス・アリバウ（一七九八～一八六二年）による「祖国」（「祖国頌歌」）（一八三三年）という詩が文芸復興の開始を告げたとされる。その後、中世に行われていた詩のコンクール「花の競技」が一八五九年に復活し、復興が軌道に乗るというのが一般的な理解である。

しかし、「祖国」の作者アリバウ自身はとくにカタルーニャ語文学の擁護者というわけではなかった。この詩は、当時彼の雇い主であった銀行家の聖人の日に合わせて、この銀行家を讃えるために書かれたものだった。それもアリバウひとりの思いつきではなく、何人かで異なる言語で書かれた詩を銀行家に贈るという企画の一環で、カタルーニャ人であるアリバウにはカタルーニャ語が割り当てられたのだという。したがって、この詩によって文芸復興を起こそうという意図がなかったことは明白であり、実際に文学作品としての価値を疑問視する見解さえある。ただし、この詩のなかで件の銀行家への言及があるのは最後の数行のみで、以前に書いてあった未発表の詩を利用した可能性も指摘されている。

ともあれ、この詩の内容が基本的には祖国への郷愁とカタルーニャ語の賛美であることと、アレクサンドラン（一二音節からなる詩行）で書かれていたことなどが、花の競技を通じて文芸復興を担うことになる詩人たちに強い刺激を与えたようである。アレクサンドランは中世からある伝統的な詩型で、スペインよりもフランスで盛んに使われていた。ロマン主義の時代になって、フランス詩の影響もあってスペインでも多く使われるようになるが、アリバウが「祖国」を書いたころのカタルーニャ詩では珍しかった。ある意味では新しい、しかし過去を想起させる、いわば革新と復古を兼ね備えた詩型で書かれた「祖国」が、花の競技という中世の伝統を甦らせようとする詩人たちにとって羅針盤の役目を果たしたとしても不自然ではない。その意味では、「祖国」が文芸復興の出発点だというのは間違っていないだろう。また、アリバウの真意がどうであれ、詩のなかで展開される祖国とその言語への讃歌は、カタルーニャ語文学の復興にとって重要なテーマである。その点からも、この作品は文芸復興を象徴する記念碑として選ばれる資格を十分に備えていたといえる。しかし、アリバウは花の競技には関心を示さなかったし、カタルーニャ語による作品もごく少ない。彼は意図せざる先導者だったのだといえる。

花の競技についても注釈が必要である。この文芸コンクールは、一四世紀南仏トゥールーズで行われたものが最初で、バルセローナでも一五世紀まで行われていたが、その後途絶えていた。それだけを見れば、一八五九年の花の競技によってカタルーニャ的伝統が復活したという印象を与えるが、実はこの復活はカタルーニャの独創ではない。それより以前、一八五七年にカスティーリャ語圏のグラナダとコルドバで花の競技が開かれているのだ。その後も、スペイン各地で同様のコンクールが開催されている。確かに、非カスティーリャ語地域のコンクールは地方語の復権に重要な役割を果たした。花の競技には伝統的に祖国、信仰、愛という三つのテーマ（部門）があり、祖国のテーマが地域ナショナリズムと結び付くことは容易に見て取れる。しかし、同時に、カスティーリャ語地域においては祖国がスペインという国家に対応していたことも忘れるわけにはいかない。

ガリシア語の書き言葉としての使用は非常に限定的だったが、一九世紀になると新聞の記事や政治的な内容の文書など、徐々にその範囲を広げていく。花の競技は、一八六一年にア・コルーニャで開かれるが、すべての作品がガリシア語というわけではなかった。その後開かれた文芸コンクールのなかでは一八九一年にトゥイで行われたものが重要である。この花の競技では、作品の言語がすべてガリシア語だったのに加えて、歴史家のマヌエル・ムルギア（一八三三～一九二三年）がガリシア語で演説を行い、フォーマルなスピーチでのガリシア語使用として画期をなした。

ムルギアの妻であったロサリア・デ・カストロ（一八三七～八五年）は、カスティーリャ語で詩や小説を書いていたが、夫のすすめもあってガリシア語で二編の詩集を発表した（彼女自身はガリシア語を「方言」と呼んでいる）。そのうち『ガリシアの詩歌』（一八六三年）は、全編ガリシア語で書かれ出版された初めての詩集として、ガリシア語文学復興の出発点とされる。詩としての価値も今日に至るまで減じておらず、ガリシア文学史上最も重要な作品の一つである。興味深いのは、ガリシア出身の小説家エミリア・パルド・バサン（一八五一～一九二一年）が、民衆詩的なスタイルを駆使した

『ガリシアの詩歌』を絶賛する一方、個人の内面表現に踏み込んだ『新しい葉』（一八八〇年）はさほど評価していないことである。パルド・バサンはカスティーリャ語の作家で、地域ナショナリズムの高揚によって「祖国」スペインが弱体化することを懸念していた。地方語が民衆文学的な世界を超え出て国家語の文学と同じような表現の地平を手に入れることは、パルド・バサンにとっては歓迎できないことだったのかもしれない。なお、ロサリア・デ・カストロはその後ガリシア語での執筆を放棄した。カスティーリャ語による詩も高く評価されており、一九世紀カスティーリャ語文学を代表する詩人の一人でもある。

なお、サコ・イ・アルセ（一八三五〜八一年）の文法書（一八六八年）が初の本格的なガリシア語文法として重要だが、これはカスティーリャ語で書かれていた。ガリシア語で書かれたガリシア語文法の登場は一九二二年まで待たねばならない。一八一四年にカタルーニャ語で書かれたカタルーニャ語文法が出ていることと比較すれば、ガリシア語の復興が部分的だったのは明らかである。あるいは、ガリシア語の衰退はカタルーニャ語のそれよりも深刻で、復興はより困難だったといえる。

バスク語には中世文学の書記伝統がなく、したがってカタルーニャ語・ガリシア語に見られるような近代に入ってからの衰退と復興という曲折があるわけではない。しかし、同時代の流れは存在した。一八五三年にフランス側バスク地方で文芸コンクールを含むバスクの祭典が開催されており、これをもって、バスクではカタルーニャの一八五九年よりも早く花の競技が開かれたといわれることがある。この祭典はアントワーヌ・ダバディ（一八一〇〜九七年）が始めたもので、内容的には、文芸コンクールだけでなく音楽やスポーツなども含む催しで、バスク文化の振興を目的としていた。一八七〇年代にはスペイン側でも行われるようになった。この祭典にも登場する、即興で詩をつくって歌うベルチョラリという民衆詩人の存在は、現在も生き続ける伝統を形成しており、書かれた文学とは異なる形でバスク語文化の構成要素となっている。

外国人研究者のバスク語に対する関心も続いていた。ナポレオンの甥にあたるルイ・リュシアン・ボナパルト（一八一三〜九一年）による方言学的研究はとくに重要で、彼の手になる方言区分が、その後の研究の基礎となった。

標準化に向けて

一九世紀の文芸復興を経験した地方語が直面した課題は、標準語の形成であった。国家語であるカスティーリャ語には、正書法、辞書、文法書を備え、教育を通じて規範を普及・定着させるルートが確立していたが、地方語は、方言差を乗り越えて共通の規範をつくり出すところから取りかかる必要があった。カタルーニャ語については、既に一六世紀にカタルーニャ語とバレンシア語を別の言語として挙げることがあった。一九世紀に入ってからも、マジョルカ語文法、メノルカ語文法といったタイトルの本が出版されるなど、カタルーニャ語の一体性は必ずしも自明のものではなかった。それに対して、カタルーニャ語圏全体を包摂するひとつのカタルーニャ語を構築するのに貢献したのが、マジョルカ出身のアントニ・マリア・アルクベー（一八六二〜一九三二年）とバルセローナ出身のプンペウ・ファブラ（一八六八〜一九四八年）である。

アルクベーは、カタルーニャ語が含む方言的多様性を積極的に認めた上で、徹底的な方言調査を通じてその全体像を把握しようとした。その成果は膨大な『カタルーニャ・バレンシア・バレアレス語辞典』全一〇巻に結実するが、アルクベー生前に出版されたのは第一巻のみだった。後継者の手によって完成したのが一九六二年で、現在ではウェブ上で利用することもできる。書名にある三地域だけでなく、カタルーニャ語圏全体が記述の対象になっている。

一九一〇年、カタルーニャ研究所に文献学セクションがつくられ、アルクベーが長に就任した。このセクションは、カスティーリャ語にとっての王立アカデミーと同様の働きをすることが期待されていたが、アルクベーはカタルーニャ語の現実を緻密に記述することを優先させ、規範整備のための正書法、辞書、文法書には強い関心を示さなかった。そして、この課題に取り組んだのが、やはり同セクションのメンバーであったファブラである。正書法については、方言差をうまく吸収できる単一の綴り字法が目指された。正書法に限らず、規範を定めるにあたっては、特定の有力な方言を選んで他を切り捨てるという方向も選択肢としてあり得るが、この場合それを採ることはできない。たとえば、バルセローナの言葉を規範として選んだとしたら、バレンシアや他の地域の人々に受け入れられないだろう。また、綴りと発音が過不足なく対応するのが理想だが、方言によって音韻体系が異なるので、方言ごとに別々の正書法を作ることでしか、この理想は実現できない。したがって、各方言にとって少しずつ不満は残るにせよ、全体として合理的なシステムを考えるしかない。カタルーニャ研究所が一九一三年に発表した正書法は実質的にファブラが考案したもので、綴り字の体系として合理性を保ちつつ、複数の方言的音韻体系にある程度対応できる実用的なものだった。その後、一九一八年に文法書、一九三二年には辞書が完成し、規範確立のための基礎が整うことになる。なお、バレンシアでは一九三二年にファブラの正書法をベースにしてバレンシア的特徴を加味するという方向性が確立した。

ガリシアでは、一九〇五年にガリシア語アカデミーが設立され、ガリシア語規範の確立に向けて動き出すはずだったが、これはうまく機能しなかった。その不足をいくつかのガリシア主義の団体が埋めることになる。正書法では、文芸復興以来ある程度積み重ねられて来た発音に即した書き方と、より語源に配慮した（かつポルトガル語に近い）書き方との選択が問題になった。ガリシア語とポルトガル語はもともと同じ言語で、一四世紀以降分化したと考えられるが、近代ガリシア語では音声変化の結果、子音の数が減り、ポルトガル語で区別される音が一つになっているところがある。例を挙げれば、ポルトガル語の「人々」gente（ジェンテ）と「低い」baixo（バイショ）はガリシア語では xente（シェンテ）と baixo（バイショ）になる。単純に正書法としての合理性を考えるならば、両方 x で書くのが妥当だが、ここで問題になったのは、ガリシア語とポルトガル語の親近性、あるいはもっと踏み込んで両者の一体性を綴りに反映させるかどうかという点であった。つまり、カスティーリャ語の圧力にさらされ、社会的威信を失ったガリシア語の復興を、ポルトガル語とのつながりを軸に行うのか、その関係に頼らず、ガリシア語独自の道を選ぶのかということである。綴りの問題に限って言えば、実際には発音に即した書き方が大勢を占めたが、現在もガリシア語の言語アイデンティティをめぐる議論がなくなったわけではない。

バスク語の標準化も困難を伴った。バスク語は方言差の大きい言語で、一九世紀までの書き言葉も、フランス側ではラブール方言、スペイン側ではビスカーヤ方言、ギプスコア方言といった、いくつかの有力な方言が使われていた。一九一八年にバスク語アカデミーが設立され、書き言葉の統一を目指した動きが始まるが、提案があっても書き手たちの賛同は得られず、大きな進展はなかった。

地方語が手探りで復興の道をたどっていた一九三一年、スペイン第二共和政が成立する。共和国の憲法は、カスティーリャ語を国家の公用語と定め、すべてのスペイン人はこれを知る義務と使う権利があるとした。また、何人も地方語を知ることを強制されないという規定が設けられた。これは、カタルーニャ自治州成立を念頭に置いた措置で、国家語の優位を自治州内においても確保しようとするものであった。

ともあれ、一九三二年にカタルーニャの自治憲章が制定され、カタルーニャ語が地域公用語となった。この言語が一八世紀以来失っていた公的ステータスを取り戻したという画期的な出来事であったといえる。また、バスク地方では一九三六年、内戦勃発後に自治憲章が制定され、首班に就任したホセ・アントニオ・アギーレ（一九〇四〜六〇年）がバスク民族主義にとって重要なシンボルであるゲルニカの木の前でバスク語で宣誓を行った。象徴的レベルに留まるとはいえ、バスク語の公的な場における使用としての意味は大きい。

フランコ時代

内戦後成立したフランコ体制下、国家語として唯一カスティーリャ語が存在するのみとされ、地方語は公的な使用を禁じられた。しかし、長いフランコ時代を通じて同じ強度で弾圧が続いたわけではない。体制側にも、地方語が祖国スペインの本質と伝統に根ざしたものだという見解はあった。地方語による出版は、地方文化にかかわる内容や文学などに限られていたが、一九四〇年代半ばには再開している。ガリシアでは、一九五〇年代にガリシア語専門の出版社ができ、ガリシア主義の文化的拠点として機能するとともに、書き言葉の整備に大きく貢献した。また、バスク語の標準語形成にとってとくに重要な出来事となった「統一バスク語」の提案が一九六八年になされている。一方、教会がカタルーニャ語とバスク語の擁護に大きな役割を果たした。カタルーニャとバスクでは説教や教理問答など、教化のために地方語を使う伝統があり、フランコ時代の初期から、この伝統が尊重された。また、一九六〇年代からバスク語の保護と振興に大きな役割を果たしたイカストラ（バスク語で授業を行う学校）にも聖職者たちが積極的にかかわった。

この点をめぐって、フランコ時代に地方語に対する弾圧はなく、あったのはイデオロギー的な弾圧だけだったという見解がある。確かに、限られた分野であっても出版活動があったことは、書き言葉の連続性を確保するのに貢献しただろう。検閲はカスティーリャ語で書かれたものに対してもなされていた。しかし、少なくともカタルーニャ語は一旦獲得した地域公用語の地位を剝奪され、使用域が狭められるという後退を経験しているわけで、これを言語の問題ではないというのは無理である。また、地方語の使用が地方文化の表現に限られることで、国家語と地方語の役割分化と社会的上下関係（ダイグロシア）が固定化し、地方語が劣ったものであるという意識が定着するだろう。そして、これらの地域におけるカスティーリャ語化を後押しすることになる。

一方、これらの地域の人々が一丸となって地方語の擁護に立ち上がったということもなかった。これも、当然ではあるが思い出しておく必要があるだろう。カタルーニャにおいても、バスクやガリシアにおいても、一定数のカスティーリャ語化した層がとくに社会の上層に存在したし、地方語の話者であっても状況に問題を感じない場合もあったはずである。公の場で使われるよそよそしい国家語に対して、地方語には、より親密で心の込もったかけがえのない使い道がある。使われる場面が限られているからこそ、地方語にしかない価値が生まれるのだ。このような態度は、標準語と方言の関係にも見られるもので、ダイグロシア的状況のなかで生まれる自然な反応だといえる。このような人々にとっては、地方語の使用域を拡大することは、本来のあり方に反する場違いで不自然なものに感じられるだろう。

4　自治州体制と多言語性

公用語化

フランコ死後の民主化の過程で成立した一九七八年の現行憲法では、カスティーリャ語を唯一の国家語と規定し、すべての国民にこれを知る義務を課す一方、自治州が地域公用語をもつことを認めた。これに基づいて、本章の冒頭で述べたように、カタルーニャ、バレンシア、バレアレス、ガリシア、バスク、ナバーラの各自治州が公用語の規定を設けた。一九三一年憲法では、何人も地方語を知る義務を負わないと明記されていた。七八年憲法にはそのような規定はないが、一九八一年のガリシア自治憲章がガリシア語を知る義務を明記したのに対して違憲の判決が下され、その部分は削除された。しかし、二〇〇六年にカタルーニャ自治憲章が改正された際に、カタルーニャ語を知る義務が明記され、これについては合憲の判決が出ている。この結果の違いは条文の法的解釈の問題であり、カタルーニャ語をカスティーリャ語と同等とするということではないが、二つの判決を隔てる四半世紀の間に、地方語の地位向上があったことの反映だと考えることは可能であろう。

さて、地域公用語と一口にいっても、実態は各自治州によって異なる。自治州ごとに、それぞれ異なる言語政策を実行しているからである。そのなかで最も地方語の振興に力を入れているのがカタルーニャである。初等教育に使う言語をカタルーニャ語とし、カスティーリャ語話者の児童であっても授業をカタルーニャ語で受ける（イマージョン）教育が実施されている。これに対して一九九〇年代に、母語で教育を受ける権利が侵害されているとして、カスティーリャ語話者の父母が裁判を起こしたことがあるが、合憲の判決が出た。現在も、カタルーニャ語が優遇されカスティーリャ語が差別されているという批判が止むことはないが、州政府の見解は、カタルーニャ語を優遇しない限り、カスティーリャ語優位の現状を変えることはできないというものである。一方、ガリシアでは「調和のとれた二言語使用」を標榜して、カスティーリャ語とガリシア語を平等に扱おうとしているが、これに対してはガリシア語軽視だという批判がある。現に、近代に入ってからのガリシア語の後退が、そのペースを緩めたものの、依然として続いていることを示唆する統計が存在する。

自治州体制がもたらした問題のひとつに、同じ言語でも公用語として使われている州、保護振興の言語政策がとられている州、何もなされていない州という違いが存在する。カタルーニャ語の場合は、カタルーニャ、バレンシア、バレアレス各州の公用語で、アラゴンでは保護の対象となっているが、後述するような問題がある。ムルシアにも話者がいるが、州レベルで何らかの認知を受けているわけではない。ガリシア語は公用語になっているガリシアのほか、アストゥリアス、カスティーリャ・イ・レオン、エストレマドゥーラに話者がいる。アストゥリアスでは保護の対象であるが、後述するような問題が存在する。カスティーリャ・イ・レオン州は二〇〇七年の改正自治憲章でレオン語とガリシア語の存在を認めて保護の対象とし、後者についてはガリシア州と協力して保護振興策をとることになった。エストレマドゥーラは、言語様態の多様性を認めているが、憲章レベルでは具体的な言語名はあがっていない。州が違えば、同じ言語の話者でも享受できる権利が異なるのである。

地域アイデンティティと言語アイデンティティ

アラゴンの自治憲章においては、アラゴンの言語様態を保護の対象としているが、具体的な言語名はあがっていない。二〇〇九年に成立した言語法ではアラゴン語とカタルーニャ語の名前を挙げて、保護の対象とした。しかし、アラゴン東部で話されているのはカタルーニャ語ではないという主張が一部にあり、二〇一三年に改正された言語法では、カタルーニャ語という呼び方に代わって東部地域固有のアラゴン語という呼称が採用されている。一方、アストゥリアスの自治憲章はバブレ（アストゥリアス語）のみが保護の対象として言及されているが、一九九八年の言語法では、ガリシア・アストゥリアス語も同様の地位を与えられた。この言語は、大多数の言語学者にとってはガリシア語であるが、アストゥリアス語アカデミーの見解によれば、アストゥリアス語でもガリシア語でもない独立した言語であり、アカデミーによって独自の正書法がつくられている。自治州政府も、ガリシア州の「干渉」を拒否して独自の保護振興策を行っている。これらの事例においては、言語アイデンティティが行政区域に対応する形で再構成されつつあるわけだが、それが当該地域の住民すべてに共有されているわけではなく、対立が政治化している。また、これは比較的最近の問題で、自治州体制の成立によって地域アイデンティティが強化されてきたことと、各州が独自の言語政策を展開していることが影響していると思われる。

一方、より以前から同様の問題を抱えているのがバレンシアである。バレンシアは一五世紀にはバルセローナよりも人口が多く、経済的にも繁栄していて、この時代カタルーニャ語文学の黄金世紀を支えたのもバレンシアの作家たちだった。また、バレンシア語という呼び方も一般的である。二〇世紀に入ってからの標準化の動きに際しては、カタルーニャ語の枠組みのなかで考えるのか、バレンシア語という独立した言語として考えるのかの対立があった。正書法に関しては、前述のようにファブラのシステムがベースとなり、基本的な一体性は確保されたが、言語的アイデンティティの問題はいまだに解決していない。自治憲章における公用語の規定では「バレンシア語」という呼称が選ばれたが、このこと自体は直ちに言語の独立性を意味するわけではない。一九九八年に州政府によってバレンシア言語アカデミーが設立され、二〇〇六年改正の自治憲章でこのアカデミーがバレンシア語の規範整備を担当することとされた。これは一見バレンシア語の独立性を示しているように思えるが、バレンシア語アカデミーは、バレンシア語はカタルーニャ語の異称であるという見解を公表している。ここにあるのは一言語複数規範という考え方で、基本的な一体性を前提としつつ、地域の独自性を尊重した複数の規範を立てるというものである。イギリス英語、アメリカ英語、オーストラリア英語など、それぞれが正しい英語であり、かつ英語は一つだという状況を思い浮かべると、わかりやすいかもしれない（ただし、英語には各国のアカデミーがあるわけではない）。したがって、現在のバレンシア州は、バレンシア語アカデミーの立場を通じて公式にカタルーニャ語の一体性を認めていることになる。これに対して、バレンシア語の独立性を主張する層も活動を続けている。

アストゥリアス、アラゴン、バレンシアでは、言語的アイデンティティが自治州の言語政策上の問題になった。前二者では隣接する州との分離を選び、後者では一言語複数規範の道が採られたが、別の結果になった可能性もある。アラゴンの例から想像できるように、今後変化する可能性もある。しかし、これをもって「言語が政治に翻弄されている」とするのは一面的な見方である。たしかに、政治的な境界線が恣意的に言語を分割しているという側面はある。だが、話者のアイデンティティ意識において地域と言語を切り離すのは難しい。言語と民族を同一視し、民族が国家をもつことを是とした近代にあってはとくにそうである。実際、カタルーニャ語とは異なるバレアレス語（あるいはマジョルカ語、メノルカ語）やアストゥリアス語とは異なるレオン語やエストレマドゥーラ語、カスティーリャ語から独立したアンダルシーア語の存在を主張する声も聞かれ、広く支持されているかどうかは別にして、言語アイデンティティが地域アイデンティティと密接に結びついていることを示している。

5　多言語的ヨーロッパ

一九九二年、欧州評議会がヨーロッパ地方言語・少数言語憲章を採択した（一九九八年発効）。スペインはこれを二〇〇一年に批准して、加盟国として地方語・少数言語の保護振興に努めることになり、定期的に報告書を提出している。報告書は専門家による委員会が評価し、不十分であると判断された点については改善を促す勧告がなされている。基本的には地方語保護のための勧告だが、カタルーニャの公立学校において、カスティーリャ語話者の児童に対しても一律に行われているカタルーニャ語によるイマージョン教育について、父母の意志が尊重されるべきだという批判的なコメントをしている点は注目に値する。

二〇〇一年に欧州評議会によって、言語学習・教授・評価のための「ヨーロッパ共通参照枠」が発表された。これは、外国語の学習を推進するために策定された基準であるが、その背景にはヨーロッパの言語的・文化的多様性を尊重する複言語複文化主義がある。これをうけて、スペインでも初等教育の段階から複言語教育を本格的に導入していくことになる。複言語複文化主義の理念はすべての言語とその文化の尊重にあるはずなので、地方語の復権に寄与すると考えたくなるが、実際に強化が図られているのは外国語、しかも英語やドイツ語などの大きな言語である。しかも、単なる外国語の授業よりも、その言語で普通の教科を教える方が効果的であるとされ、授業の一定割合を外国語で行う流れが形成されている。すでに国家語に対して不利な状況に置かれている地方語は、さらに外国語との競争にもさらされることになる。

このように、ヨーロッパの複言語複文化主義は、地方語の保護を後押しすると同時に英語に代表される国際通用語の浸透も促している。これは、国家語と地方語の関係が今までよりも複雑さを増すということである。一方では言語と国家の一義的な結びつきが崩れ、他方では地方語の復権が地域ナショナリズムを強化する。近年顕著なカタルーニャの独立志向の高まりは、言語問題に限っていえば、カタルーニャ語を国家語にしようとする動きであるが、仮に独立が達成されたとしても、カスティーリャ語との関係が問題であり続けることは間違いない。また、地方語が自治州の境界に沿って分裂し、新しい言語が生まれる（かもしれない）という事態も起きているが、自治州の言語政策によって保護の対象になるとはいえ、分裂によって言語の規模が小さくなれば、その言語は弱体化することが予想される。一方、教育言語としての外国語（英語）の導入は、地方語の振興にとって不利に働くという懸念を引き起こしているが、同時に唯一の国家語ですべてをまかなうという近代的なモデルがすでに過去のものであるということを明確に示した。本章も、この新しい事態の確認で終えることにしたい。

（川上茂信）

参考文献

岡本信照『「俗語」から「国家語」へ――スペイン黄金世紀の言語思想史』春風社、二〇一一年。

渋谷謙次郎編『欧州諸国の言語法』三元社、二〇〇五年。

寺﨑英樹『スペイン語史』大学書林、二〇一一年。

坂東省次・浅香武和編『スペインとポルトガルのことば』同学社、二〇〇五年。

堀田英夫『スペイン語圏の形成と多様性』朝日出版社、二〇一一年。

ラファエル・ラペサ『スペイン語の歴史』山田善郎監修、中岡省治・三好準之助訳、昭和堂、二〇〇四年。

ホアン・ラモン・ロダレス『セルバンテスの仲間たち――スペイン語の話者の歴史』三好準之助訳、柳原出版、二〇〇六年。

第8章　国民文学と地方文学

1　テクストを通じて国民文学を考える

文学研究の、したがって文学の授業の醍醐味は、実際の作品（テクスト）に触れることにある。そこにはそれが書かれ、読まれた時代が反映している。国民文学について論じる本章では、まずはベニート・ペレス・ガルドス『カルロス四世の宮廷』（一八七三年）の書き出しを見ていくことにしよう。国民文学ということに関して実に多くを教えてくれる始まり方だ。

『カルロス四世の宮廷』の始まり方

仕事も金もなく、身寄りも財産もなく、皆さまの下僕はマドリードの街をうろついておりました。生まれ故郷だというのに、すっかり変わり果て、これっぽっちも人に優しくない首都に成り下がったこの場所にとり残され、まったくついていないと不平を垂れながらも、何か体面を保てる仕事はないものかと『ディアリオ』紙を開いたわけであります。印刷物というやつは、着の身着のまま腹をすかせ、孤独に打ちひしがれていたこのガブリエルめにとっては救いの手となりました。天賦で備わっているらしい私の優れた才能を活字に変えて広告に出してから三日後には、プリンシペ劇場の座付き女優でペピータ・ゴンサレスまたはただラ・ゴンサレスという名の方が、その才能を活かしてもらおうではないかといってきたのです。それが一八〇五年のことでしたが、私がこれから語ろうとしている出来事はその二年後、一八〇七年に起こったことです。当時私は、計算間違いでなければ一六歳で、やがて一七になろうとしているところでした。

かなりへりくだった調子（「皆さまの下僕」とか、「ガブリエルめ」とか）の一人称の語り手が、一六、七歳の若かりしころの自身の話を読者に向かって始めようとしている。「一六、七歳の若かりし頃の話」といっても、現代の私たちがすぐに想像するような青春の物語でないことは、前後の雰囲気からわかる。「青春の物語」など、有閑階級の特権だ。この「私」ことガブリエルは「仕事も金もなく、身寄りも財産もなく」仕事を探していたのだから、有閑階級ではありえない。

ペレス・ガルドス（一八四三〜一九二〇年）は一九世紀後半のスペインを代表する小説家だ。スペイン文学史全体を眺め渡しても、おそらく、『ドン・キホーテ』の作者セルバンテスの次くらいに認知度の高い、国民的作家といっていい。小説はとりわけ印刷メディアの発展に合わせて、一九世紀（とりわけその後半）を彩った表現形式だ。世界的に見ても、ドストエフスキー、バルザック、フローベール、ディケンズなど、今でもよく読まれている作家の多くはこの時代の人だ。ちなみにガルドスは、あらゆる意味でバルザックやディケンズにたとえられることが多い。

この時代、一九世紀の後半は、「国民文学」の概念が生まれ、議論され、定着していく時代だ。ある国の「国民文学」の成立について語るときに引きあいに出されるのが、フランス人イポリット・テーヌによる『イギリス文学史』（一八六三〜六四年）の成立である。人種、環境、時代の三要素が人々のあり方を決定するという立場から文学作品を分析して価値づけ、イギリス国民の姿を浮き彫りにするその研究方法は、歴史学、実証主義、心理学、文献学などが隆盛を見た時代の産物といえよう。折から「国民」の概念が議論され、定着する時代であったことも「国民文学」の概念の成立には一役買ったに違いない。

こうした一九世紀的な概念としての「国民文学」の文学史研究を、スペインにおいて結実させたのはマルセリーノ・メネンデス・ペラーヨ（一八五六〜一九一二年）だった。『スペインにおける審美観の歴史』（一八八三〜九一年）や『小説の起源』（一九〇五〜一〇年）などの先駆的な労作を残した。弟子のラモン・メネンデス・ピダル（一八六九〜一九六八年）

は文献学の方法を文学史研究に活用して研究を深めると同時に、歴史学研究所文献学部門を率いて古典叢書を刊行、スペイン国民文学の歴史の範囲を画定していった。

このようにヨーロッパの各国で、そしてスペインで「国民文学」の概念が立ちあがろうとしていたころに活躍したのが、右に名を挙げたような大作家たちだ。したがって彼らはそれぞれの国で「国民的作家」すなわち「国民文学」を担う代表的作家と見なされるようになる。スペインにおいてその地位を得た一人がペレス・ガルドスだ。

これら同時代の「国民的」大作家たちの書いたものの中には「青春の物語」といって差し支えのないものが少なからずある。たとえばフランス文学者ならば、フローベールの『感情教育』こそ典型的な一九世紀小説だというだろう。大学を出たてのフレデリックという青年の恋を主軸にしたこの小説など、有閑階級ブルジョワの若者の青春小説だ。

ペレス・ガルドス自身も、そんな金と職に困らない若いブルジョワの話も書いている。たとえば『禁じられたもの』（一八八四～八五年）などの書き出しを読んでみれば『カルロス四世の宮廷』との差は歴然としていることがわかる。


父の没後数ヶ月経った八〇年九月、私は事業から手をひくことを決意し、私のところと同じくらい名のとおった別のシェリー酒醸造業者に業務を譲ったのです。私は資産をできるだけ現金に換え、地所を賃貸に出し、倉庫と在庫品を譲り渡すと、マドリードへ出てそこで暮らすことにしました。私の叔父（父の実の従弟）のラファエル・ブエノ・デ・グスマン・イ・アタイデさんは私を自分のところに同居させたがっていました。しかし私は自立を守るためにあえてそれに従わず、結局、私の快適な自由と、この親戚の慈悲心から出た希望とを結びつける妥協の条件をみつけました。そして叔父一家と同じアパートの一戸に賃貸で入り、こちらが望むときには一人になれ、必要とあれば家庭の暖かさを享受するのにもっともふさわしい環境に身を落ち着けたのです。

仕事はないけれども、しなくてもすむだけのふんだんな財産と金とがあるからしていないのであり、父親を亡くしたとはいっても身寄りがいて、むしろそれを鬱陶しく思っているらしいこの小説の主人公は、「仕事も金もなく、身寄りも財産もなく」仕事を探すガブリエルとは正反対の立場にある。ガブリエルは、一九世紀後半のブルジョワ青春小説というよりは、あえていうならば、むしろピカレスク小説の主人公ピカロに近い。

ピカレスク小説の歴史と国民文学

貧しく生まれ育ったために、悪巧みを働かせて生き延びなければならない人々がいる。そういう手合いは、その悪巧みのために、周囲からは悪党と見なされる。こうした人々のことをスペイン語でピカロ（pícaro）と称する。一種のタイプ名だ。こうしたタイプの人間が、さまざまな主人に仕えて各地を転々としながら、社会の矛盾や不正を剔抉し風刺するような語りを展開する小説をピカレスク小説とかピカレスク・ロマンと呼ぶ。スペインで生まれたジャンルなので、スペイン語風にノベーラ・ピカレスカ（novela picaresca）と呼ばれてもよさそうなものなのにフランス語風なのは、それだけ広まって普遍化したジャンルになったということだ。今でもこのジャンルは世界の至る所で受け継がれ、書かれている。スペイン文学が世界に与えた最大の影響の産物だ。「悪党小説」、「悪漢小説」ともいわれる。

ジャンルとしてのピカレスク小説のスペインにおける代表作といえば、マテオ・アレマン（一五四七～一六一五？年）の『グスマン・デ・アルファラーチェ』（一五九九、一六〇四年）やフランシスコ・デ・ケベード（一五八〇～一六四五年）の『ぺてん師ドン・パブロスの生涯』（一六二六年）を挙げるべきなのかもしれないが、何といっても最初のピカレスク小説『ラサリーリョ・デ・トルメスの生涯』（一五五四？年）がその典型を示している。

辞書で lazarillo を引けば、「盲人の手引きをする少年」と出てくるだろう。それは、ラサリーリョが最初に仕えることになる主人というのが盲人だからだ。これがたいそうケチな上に意地悪ときている。牛の石像の中から音が聞こえるはずだから耳をつけてみろと命じ、いわれるとおりにしたラサリーリョの頭を、その石像にぶつけて高笑いするのだ。ラサリーリョはいう。「まさにこの瞬間であったように思われます。子供の私がそこで眠りこけていた無邪気さから目覚めたのは」（牛島信明訳）。こうして主人とラサリーリョのばかし合いが始まる。この駆け引きが作品の最大の魅力だし、こうして培われていく抜け目ない性格がラサリーリョその人の魅力だ。文学作品の本領のひとつは、悪事を描くことや、下位の者が高位の者を出し抜いたりその鼻を明かしたりする瞬間、つまり階層秩序の転覆の瞬間を描くことにあるのだ。『ラサリーリョ・デ・トルメスの生涯』は、そうした文学の本領を発揮して読み継がれている。そして書き換えられ、書き継がれている。

ところで、ナショナリズムと文学を論じる際に重要な論点を提起して大いに議論されたのは、ベネディクト・アンダーソン『想像の共同体』（一九八三年）だった。「国民」の概念を「想像された共同体」と規定してその「想像」の形を詳述し、その後の議論において参照され、引用され、検証された、今ではナショナリズム論の古典だ。

その『想像の共同体』では、印刷メディアと、メディアを賑わせた文学作品の働きについても議論されている。印刷メディアの普及によって言語の統一が図られ、かつその言語の適用範囲が顕在化する。同時に、そこで語られていることのもたらす一体感もまた、統一された国民の意識を生み出す。平たくいえば、たとえばある新聞を読み、それを理解できる人までがその言語を国語とする国の国民であり、その紙上で語られている出来事や事件、読み物を自分に関係のあることだと実感できる人が国民だということだ。

国民の一体感を言語と語られる内容の両面からつくりだしていた新聞紙上には、出来事や事件についての記事だけではなく、小説も掲載されていた。私たちがここでアンダーソンを引きあいに出すのは、だからこそだ。アンダーソンが分析している文学作品の例というのが、いずれも旧スペイン植民地発のものであることも重要だ。というのはメキシコとフィリピンのことだ。一九世紀にスペインからの独立のために闘った植民地には、それぞれのナショナリズム造成の核となるような作家が誕生したのだ。

フィリピンはホセ・リサル、メキシコはホセ・ホアキン・フェルナンデス・デ・リサルディというのがアンダーソンの分析対象となった作家だ。この二人がそれぞれの小説内で社会や人々、その階級の多様性を描きつつも、同時にそれがすべてひとつの同じ国の現実なのだという統一性をも感じさせている、というのがアンダーソンの分析だ。細かい分析の細部には疑問点もあるものの、この議論は小説の機能を考える上で参考になる。こうした前提に立ったときに、何より私たちにとって示唆的なことは、アンダーソンの分析対象のうち、フェルナンデス・デ・リサルディの『エル・ペリキーリョ・サルニエント』（一八一五年）がピカレスク小説の体裁をとっていたという事実だ。

異端審問所による禁書目録が存在し、小説の輸入が禁じられていたスペイン植民地にあって、独立戦争の火蓋も切られた一八一五年に、「メキシコ人思想家」（Pensador Mexicano）を名乗ることもあったフェルナンデス・デ・リサルディによって、旧植民地初の小説として発表された作品がピカレスク小説であったという事実は、アンダーソンの分析に説得力を付与しているように思われる。主人公がさまざまな立場・階級の主人に仕え、国内をあちこち旅して回るという体裁のピカレスク小説は、国民の立場から国民を語り、同国民に共感をもたらし、想像の産物としての国民のあり方を描く格好の手段であるに違いない。

国史挿話

こうした、ナショナリズムの発揚に最適なジャンルであるピカレスク小説を思わせる『カルロス四世の宮廷』は、ペレス・ガルドスの〈国史挿話〉（Episodios Nacionales）作品群のひとつだ。〈国史挿話〉というのは、トラファルガーの海戦（一八〇五年）に始まる一九世紀の歴史を振り返り、小説化した歴史小説群だ。『トラファルガル』から『カノバス』（一八七四年のブルボン朝王政復古時の宰相の名だ。つまり、これは王政復古を扱った小説）まで全四六巻からなる。四六巻の小説は、さらに一〇巻ずつのシリーズに区分される。最後のシリーズのみ六巻からなるのは未完だからだ。『カルロス四世の宮廷』はこの第一シリーズ第二巻にあたる。第一シリーズはトラファルガーの海戦からナポレオンによる支配を経て、それからの独立戦争までを描いている。

第二巻のタイトルに名の挙がっているカルロス四世というのは、ナポレオンの兄ジョゼフに王位を譲りフランスの侵入を許した人物だ。スペインは一八〇八年から一二年までフランスからの解放を戦うことになるだろう。ガブリエルはトラファルガーには見習い水兵として参加し、その後ゴヤの描いた一八〇八年五月二日の蜂起を始めとする独立闘争で頭角を現し、やがては軍隊内部でひとかどの地位を確立する人物だ。『カルロス四世の宮廷』ではこうしたフランスとスペインの関係を示唆し、後に来る時代を予想させる出来事が語られる。つまり一八〇七年一〇月二二日のフェルナンド王子の反乱計画の発覚だ。

〈国史挿話〉の魅力のひとつは、歴史的な事件を背景に市井の人々がそれに反応する様を描いているところであり、主人公の人生が国の運命と連動するように展開されることである。反乱が発覚し、裁判にかけられたフェルナンドの、新聞に掲載された弁明を読み、人々が彼を支持し、ナポレオンがスペインにとって善であると力説する姿などが語られる。一方で、やがて生涯の伴侶となるイネスと巡り会い、情熱恋愛を知るガブリエルは、フェルナンドの事件直後、自らの仕える女優ラ・ゴンサレスが出演するシェイクスピアの『オセロ』を翻案した劇を見て最高潮の興奮を感じることになる。そしてその劇の上演中には、恋の確執から、俳優が、舞台用の小道具でなく本物の短剣で女優に斬りかかるという刃傷沙汰が生じる。未遂に終わるのだけれども。

国の行方にとって重要な事件を、ただ出来事として語るのではなく、このように主人公や他の登場人物の運命と重なるかのようなしかたで語るのは、国への感情移入を誘導する。国への感情移入とは、ナショナリズムにほかならない。ペレス・ガルドスの歴史小説はこのような点からも読む者にスペインへの愛を吹き込むつくりにできているのだ。

では、もう少し『カルロス四世の宮廷』を読み進めていこう。

反モラティンの情景

花形女優ペピータ・ゴンサレスの付き人となったガブリエルは、本題に入る前にまず語るべきこととして、一八〇六年一月二四日の出来事を語る。この日彼は劇作家モラティンの新作『娘たちの「はい」』（『娘たちの空返事』とも）の初演を観に行ったのだ。レアンドロ・フェルナンデス・デ・モラティン（一七六〇〜一八二八年）は当代きっての人気劇作家で、演劇改革委員会座長を務めるなど、権威といっていい存在だった。そんな彼のいくつかある傑作のなかでも最高の代表作とされるのが『娘たちの「はい」』だ。その初演の日、歴史的な瞬間にガブリエルは立ち会ったというのだ。

その『娘たちの「はい」』初演のシーンで重要なことは、ガブリエルが仕える女優ペピータ・ゴンサレスは反モラティン派であるということだ。彼女とガブリエルは、「顔形は覚えておりますが、名前は失念」した「詩人」（詩人というのは劇作家のことだ）に導かれてクルス劇場の客席に潜り込んだ。そこには、彼ら反モラティン派が、野次と罵声でこの新作戯曲の初演を台無しにしてやろうと、「じっくりと研究した不満のしるしを古典派に対してぶつけ」ようと、手ぐすね引いて待っていた。

この新作というのは、既に作者本人による朗読などによって、「作者の名声を栄えあるものにする決定的な作品となるはず」のものだと噂されていたそうだ（そして、事実そうなった）。当然、モラティンの文学上の敵（「というのはたくさんいる」とのこと）や彼にやっかみを抱く者（「もっといる」らしい）は批判の声をあげていた。いわく、「これは『えせ信者』よりも退屈極まりない駄作コメディアで、『男爵』よりも俗っぽく、『新作コメディア、あるいはカフェ』よりも反スペイン的」（傍点は引用者）なのだとのこと。ここで挙げられている『えせ信者』などはモラティンの過去の作品だが、『娘たちの「はい」』はそのどれよりもひどいものだといっているのだ。

そんな反モラティン派の一人として女優とガブリエルを劇場内に案内した「詩人」つまり劇作家は、ガブリエルの見立てによれば、たいそう見下げた人物らしく、「心は嫉妬に焼き尽くされ、体は悲惨に覆われ、年々醜くなり、人々の反感を買うばかり」という手合いだそうだ。そんな人物が仲間と共謀して、今や大家である劇作家に妨害工作を張り巡らせているのだ。つまりガブリエルはモラティンよりも新しい世代、新しい風潮の喧しい到来を目撃しているというわけだ。

上の世代に対して挑戦的で潑溂としたこの時代のこの種の人々は、自らが攻撃する世代の者たちのことを、この「詩人」のように、古いという意味を込めて「古典的」と切り捨てたのだった。代わりに自分たちは新しいと任じ、新しい者が優れていると吹聴した。一九世紀の初頭にモラティンらの古典派（新古典主義という）に対してこうした立場を取ったのなら、その人たちはロマン主義者たちに違いない。『カルロス四世の宮廷』のこの章はロマン主義の勃興、あるいは萌芽を告げているのだ。

劇の概念

「詩人」は『娘たちの「はい」』の登場人物の立ち居振る舞いに腹を立て、「たいそうなごたごたじゃないか……教養豊かな国民ともあろうものがこんなものに拍手喝采を送るなど、嘘みたいだな」とつぶやいてガブリエルに劇の何たるかをさとす。その内容がスペイン演劇の過去と当時を照らし出し、同時にロマン主義者たちの演劇観を例示してもいる。

「なあ、ガブリエル君、これがコメディアだと思うかい？　ごたごたもない、込み入った筋もない、驚きもない、混乱もない、悪巧みもない、取り引きもない、変装して他人になりすますこともない、敵同士で罵り合いながら登場して、実は後で親子だと気づくなんてこともない……せめてあのドン・ディエゴが甥を手に掛けて洞窟のなかでうまい具合に殺して、そいつをスパイスやらローレルの葉やらで美味しく料理して、宴に供して婚約者に食わせてやれば、いささかなりとも悪意が感じられるんだけどなあ……彼女も彼女だ、なぜあんなに取り繕うかな？　老いぼれとの結婚など拒む方が、そいつを暴君呼ばわりするよりよほど劇的じゃないか。あるいは彼女の処女を犯そうものならドナウ川かドン川に身を投げるぞと脅すとかさ……」。

まず、最前から小説の登場人物たちが劇のことを「コメディア」と呼んでいることに注意しよう。コメディアとはcomediaだが、喜劇のことではない。「国民演劇」と訳す人もいる。一七世紀スペインで生まれた、いかにもスペインらしい劇のジャンルのことだ。一七世紀といえば、スペイン文学の〈黄金世紀〉と呼ばれる最盛期で、そんな最盛期にあって最も盛んだったジャンルが演劇であり、演劇の中核を担ったのがコメディアだ。つまりコメディアとは歴史的にもスペインを代表する一大演劇ジャンルなのだ。

古典ギリシャ劇以来のしきたりに、ひとつの劇作品は場所、時間、筋が単一でなければならないという不文律があった。これを三一致《さんいっち》の法則という。これを守るべきかどうかは議論の的だった。この法則に従うことはないという立場で発展したのが、コメディアである。これを大成させたロペ・デ・ベガ（一五六二〜一六三五年）は『当世コメディア新作法』（一六〇九年）でこのジャンルの勝利を謳った。筋が単一である必要がないので、大衆受けする話題と、王侯貴族を喜ばせる話が並行して展開し、こうしてあらゆる階級に喜ばれる演劇が可能になるということだ。ごたごた、込み入った筋、驚き、混乱、悪巧み、取り引き、変装してのなりすまし、敵同士と思われたのが実は親子だったという取り違え、……等々で人々を楽しませた演劇ジャンルが、コメディアだ。ロペから二〇〇年ばかりを隔てた一九世紀初頭、ロペの打ち立てたコメディアが変質して、危機に瀕しているというのが、ここでの「詩人」のモラティン批判が照らし出している事実だ。

三一致の法則を破ってコメディアを発展させたスペインとは逆に、この法則を遵守すべきとして古典劇を確立したのがフランスだった。一八世紀、啓蒙時代の圧倒的な影響の後にスペインに勃興した新古典主義の劇は、三一致の法則を遵守するものだった。だから彼らは「フランスかぶれ」と称され、時に蔑みの対象となった知識人たちとも混同された。この流派を代表する最大の劇作家がモラティンだ。アルカラ・デ・エナレスの旅籠での一夜を舞台（場所と時間が単一）に、老年にさしかかった金持ちのドン・ディエゴと、若くて修道院で教育を受けるドニャ・フランシスカ（パキータ）の結婚の話題のみ（ひとつの筋）を扱った『娘たちの「はい」』はスペイン新古典主義演劇の最大の代表作なのだ。

こうして概観してみると、大家に対する新世代の劇作家の反発を描いた『カルロス四世の宮廷』のこの章は、新古典主義とロマン主義の芸術論争のシーンでもあると同時に、「フランスかぶれ」（一八世紀啓蒙時代）とそれに反発する愛国派の対立という意味合いも帯びてきそうだ。ましてや小説はやがて来るフランス対スペインの独立戦争の直前の時代を描いているのだ。そうした社会背景とも呼応している。新世代のロマン主義者たちが古い世代を批判するのに、より古い、伝統的なコメディアの概念を楯にしていることが見て取れるところも興味深い。

2　ロマン主義と国民文学

古典主義とロマン主義

実際、スペインの一九世紀前半を特徴づけるのはロマン主義の勃興だが、その直前の時代、一八世紀から一九世紀初頭のスペイン文化においては啓蒙主義が優勢を誇った。エッセイが文学ジャンルの中心を占め、こうした潮流をつくりだしたフランスを範とする知識人たちが健筆をふるって理性の有用性を説き、幅を利かせた。啓蒙主義とは「フランスかぶれ」の同義語だ。啓蒙の時代を代表する人物としてよく挙げられるのが、ベニート・ヘロニモ・フェイホー（一六七六～一七六四年）やガスパル・メルチョル・デ・ホベリャーノス（一七四四～一八一一年）、ホセ・カダルソ（一七四一～八二年）などだ。これに『詩論』（一七三七年）で新古典主義の導入を決定づけたイグナシオ・デ・ルサン（一七〇二～五四年）の名を加えてもいいかもしれない。

もちろん、「フランスかぶれ」だ理性尊重だとはいっても、こうした知識人たちのなかにもスペインについて論じた者はいた。よく引きあいに出されるのは、たとえば、ホセ・カダルソの『モロッコ人の手紙』（一七九三年）だ。モロッコ人の若者ガセールが師のベン＝ベレイに宛ててスペインとスペイン人の印象を語るという体裁のこのエッセイは、外部の視点を導入してスペインを定義し、批判し、改良へ導こうとするもので、彼なりの愛国心の発露であったのだろう。時にはスペイン人ではないヨーロッパ人を引用し（「他のヨーロッパ人たちの感じるところによれば、スペイン国民の欠点のひとつはその高慢さにあります」第三八便、など）、あるいはそこにスペインの友人ヌニョなる人物の意見も加え、一方的批判ではない、多面的なスペイン人論を展開している。

外部からの視点によるスペイン国民批判。これがカダルソの、ひいては啓蒙主義者や新古典主義者の行ったことだとするならば、後続の世代の者たちがそれに反発したとしてもおかしくはない。モロッコ人でもないのにモロッコ人になりすまし、フランス人でもないのにフランス人の話を引きあいに出してスペインを批判するカダルソなど、反スペイン派に思えたかもしれない。もう一度話をペレス・ガルドスが再現したモラティンの劇に戻すならば、反モラティン派の「詩人」たちは、彼の『娘たちの「はい」』を以前の作品『新作コメディア、あるいはカフェ』よりも「反スペイン的」として非難していたのだった。

ではいったい、「スペイン的」とはどんなものなのか。もしそれがスペインの日常生活を知悉し、再現しうること、という意味ならば、「反スペイン的」との非難はモラティンには当てはまらない。彼の特長のひとつは、まさにその日常性、習俗への通暁という点にあるのだからだ。この点に関しては、蔑みを含みながらも、ペレス・ガルドスの「詩人」は認めている。目の前で展開される劇について、ガブリエルや周囲の客にこうコメントするのだから。

「たいそうありきたりなテーマだ！　下卑た思いつきだ！」周囲の人々に聞こえよがしに彼は叫びました。「こんなことのためにコメディアを書くというのか？　こんなこと、近所のばあさんや奥方やおばさんたちでもいいそうなことじゃないか。そうだろう？」。

「近所のばあさんや奥方やおばさんたちでもいいそうなこと」というのは、たとえば、次のようなやり取りだろう。実際のモラティンの劇の場面を見てみよう。

〈ドニャ・フランシスカ〉本当に眠れやしませんわ……。それに蚊のひどいったら！　お話になりませんわ。昨夜なんか夜っぴて眠れやしませんでしたわ……。でも、あなた、ごらんなさいな、ごらんなさいな（手巾をほどいて、台詞に応じたいくつかのものを相手に見せる。）わたしがいただいて来たいろんなものを。真珠貝のお数珠、糸杉の十字架、聖ベニートの戒律書、水晶の小さな聖水盤……ごらん遊ばせ、なんて可愛いんでしょう、それに滑石のハートがふたつ……。まあ、何が出てくるかわからないくらいですわ！　あら！　雷よけの素焼きのお鈴ですわ……ずいぶんいろんなもの！

〈ドニャ・イレーネ〉みんな尼さん方がこの娘にくだすった、ろくでもない玩具ですの。みなさんこの娘が可愛くって可愛くってしょうがないんですよ。

〈ドニャ・フランシスカ〉みなさん、本当にわたしを可愛がっていらっしゃいますわ！　それに、伯母さまったら、わたしのお気の毒な伯母さまったら、とてもお泣きなさいましたわ！　……もうすいぶんお年寄りなんですもの。

（略）

〈ドニャ・フランシスカ〉さあわたしてよ、（もう一度手巾をゆわえて、これをリータにわたす、リータはこの手巾の包とマンティーリャをもって、ドニャ・イレーネの部屋へ行く。）これをそっくりあそこの手提籠の中へしまっておいてね。よくって、こうやって四隅をもっていくのよ……気をつけてね！　あら？　もうこの干菓子の聖女ヘルトゥルーディスがこわれちまったわ！

〈リータ〉大丈夫でございますよ。わたしがいただきますから。

（会田由訳　旧字を新字に改めた）

翻訳の名調子もあって、市井の人々の何気ない日常の会話の様子をよく伝えているように思われる、冒頭近くの一場面だ。いい回しや話の内容などが同時代のスペインの生活をいきいきと再現しているというべきだろう。むしろ、これをしてスペイン的と形容してもよさそうなものだ。しかし、ではこれのどこがいけないかというと、「詩人」によれば、「たいそうありきたりなテーマだ！　下卑た思いつきだ！」からとのことである。「詩人」は、劇はもっと「ありきたり」ではない何かでなければならないのだという。特殊なものでなければならないと。つまり、矛盾するようだが、異国情緒溢れる方がいいらしいのだ。上演が始まってすぐのころ、彼はこうガブリエルにコメントしていた。

「素晴らしい始まりじゃないか！」。ドン・ディエゴとシモンの最初のやりとりを聞きながら彼はいいました。「コメディアを始めるにはうってつけのやり方だな！　舞台は宿屋だ。宿屋で何か面白いことが起こるっていうのか？　私はずいぶんたくさんコメディアを書いたが、といってもまだひとつも上演されていないんだが、どれも始まりはコリント式庭園だぞ。左右にはたいそうな池があり、背景にはユーノーの寺院か、でなければ三個連隊の集う大きな広場。あるいは背景にワルシャワの街、そこに向かう橋が架かって……といったぐあいだ……あの老いぼれのセリフはまた単純じゃないか。グアダラハーラの修道院で教育を受けた若い女と結婚するだと。ここに何か特別なものがあるか？毎日目にする光景じゃないのか？」。

始まり方を褒めたかと思いきや、これはいわば反語で、この劇作家は『娘たちの「はい」』の始まりが、あまりにも日常的だとして批判している。「毎日目にする光景」だと。翻って自身の戯曲（上演されたことはないけれども）では古代ギリシャを思わせる庭園や、ワルシャワの街が舞台なのだそうだ。つまり劇作家は遠く離れた時代や場所に詩情を見出し、戯曲にふさわしい舞台を見出しているというわけだ。それこそが「特別なもの」であり、劇にふさわしい。新古典主義者を「フランスかぶれ」と罵り、「反スペイン的」となじる態度とは相矛盾するようではあるが、実はこれら「遠く離れた時代や場所に詩情を見出」すのは、典型的にロマン主義的なメンタリティなのだ。

遠い場所に憧れるという志向性はロマン主義者たちの大きな特徴のひとつである。ロマン主義はイギリスやドイツで勃興し、そこから広まったのだが、そもそもロマン主義の「ロマン」(ローマン)というのは、俗ラテン語を基に派生した近代語、すなわちロマンス諸語を話す国々(旧ローマ帝国)のことだ。フランス、イタリア、スペイン、ポルトガルなどのことだ。ドイツの人々がイタリアに憧れ、フランスを模範とし、われわれはこれらローマン諸国の者のようでありたい、すなわちロマンティックでありたい、と宣言したというわけだ。だからフランスやスペインでロマン主義が勃興したということは、いわば逆輸入だったともいえる。

異国趣味を掲げるロマン主義を逆輸入したのなら、それを信奉する者たちは異国趣味を持ち合わせていたのだろう。ペレス・ガルドスの「詩人」もそうだった。一方で彼らは「フランスかぶれ」の新古典主義者に対して「反スペイン的」と罵倒の言葉を投げかけた以上「スペイン的」すなわち愛国的でなければならなかったはずだ。この一見矛盾するふたつの性質を、現実のロマン主義者たちはどう解決したのだろうか。

矛盾の解消

遠い場所に憧れたロマン主義者たちは旅をした。ドイツのゲーテは『イタリア旅行記』で知られている。フランスのロマン主義者たちはオリエントやらアメリカやらスペインやらに旅をした。そして行く先々で憧れの詩情を見出してきた。フランスのロマン主義者たちとスペインといえば、たとえば、ロマン主義演劇を確立したと言われるヴィクトル・ユゴーの『エルナニ』(一八三〇年)は、一六世紀スペインを舞台にしている。プロスペル・メリメのスペイン旅行の成果『カルメン』(一八四五年)は、ただフランス・ロマン主義文学の金字塔というだけでなく、世界にスペインのイメージを定着させた作品でもある。

その後、ビゼーの作曲でオペラになり、幾度も映画化され普及したカルメンの奔放な恋の物語は、しかし、実は小説『カルメン』の一部に過ぎない。小説では、カルメンの恋の物語を聞く、作家メリメと思われる言語学者の調査旅行の旅も語られているのだ。いかにもロマン主義的な(ロマンティックな)恋愛は科学的調査旅行(言語学のフィールドワーク、と今ならいうだろう)の際に聞き知った、いわば副産物だ。遠い場所への旅、旅先での調査、そこで知った情熱恋愛。この三つが並び立っているところが、小説『カルメン』の傑作たるゆえんだ。この三つの要素がロマン主義のエッセンスだからだ。

そしてここにこそ、愛国的であると同時に異国に憧れるという二つの性向の矛盾を解消する突破口があった。読者層の圧倒的多数を占める都市生活者にとっては、まだ見ぬ異国と変わりのない、国内の地方に詩情を求めればいいのだ。折から一九世紀は比較文献学という、未知の言語や方言、民話、民衆詩などを採集・分析する学問が立ちあがり、隆盛を見た時代でもある。ドイツのグリム兄弟などはつとに有名だ。地方の民話を採集し、書き換えて出版した『グリム童話』はその後世界中に広まった。民話や民衆詩は一種の文学だ。ロマン主義文学はこうして地方を発見した。国民文学と地方文学が同時に成立した。

一方、ペレス・ガルドスの「詩人」が新古典主義の代表格モラティンを批判するのに、新古典主義よりも前の時代の「コメディア」の概念を持ち出してきたことも思い出そう。時間とは距離である。遠くに憧れるということは過去に憧れるということだ。同時代の圧倒的多数の読者にとってやはり外国のように思われるに違いない古い時代に対する志向性によって、愛国的でもあると同時に異国趣味をもつというロマン派の矛盾は解消されるだろう。ドイツのロマン主義者はシェイクスピアを再評価し、その同時代のスペインの劇作家たち（とりわけペドロ・カルデロン・デ・ラ・バルカ〔一六〇〇～八一年〕）を評価したのだった。

ロマン主義の時代を代表する劇作家にホセ・ソリーリャ（一八一七～九三年）がいる。彼の『ドン・ファン・テノリオ』（一八四四年）はより過去に遡ることによってスペイン的であることと異国趣味を両立させた例だろう。ドン・ファンはスペイン〈黄金世紀〉が産み出した架空の人物だ。伝説として語られていたプレイボーイに、ティルソ・デ・モリーナ（一五八〇頃～一六四八年）がコメディア『セビーリャの色事師と石の招客』（一六二五年頃）で演劇的生命を与えた。このティルソのドン・ファン劇がイタリアをはじめとして他のヨーロッパ諸国に伝播し、フランスのモリエールの戯曲『ドン・ジュアン』（一六六五年）、モーツァルトのイタリア語によるオペラ『ドン・ジョヴァンニ』（一七八七年）、イギリスのバイロンの詩『ドン・ジュアン』（一八一九～二四年）など、数多くのヴァリエーションが産出された。スペイン生まれのドン・ファンは、こうしてヨーロッパ各国の味つけを経て、異国趣味をも満足させる存在になっていた。

神をも恐れず、女を口説くためには友をも裏切る極悪非道のプレイボーイ、ドン・ファンが、だました女性の父親を殺し、幽霊となったその父親に復讐されて地獄に落ちるという内容のドン・ファン劇は、基本的に多くが同じようなストーリーだった。ソリーリャは死後のドン・ファンが一度はだましたと思ったけれども実は恋に落ちてしまったドニャ・イネスによって救われるという新解釈を加え、ロマン主義者らしい恋愛賛歌に変えた。

同じくロマン主義者のホセ・デ・エスプロンセダ（一八〇八〜四二年）も『サラマンカの学生』（一八四〇年）というドン・ファンをモチーフにした長編詩を書いている。戯曲形式になる最後の章は、ドン・ファンの地獄落ちを取り上げてそれまでのどのドン・ファンものよりも印象的に仕上げ、情念のドラマという、やはりロマン主義好みの味つけを加えた。

では、愛国的であると同時に異国趣味をもつという矛盾を解消するもうひとつの方策、地方の発見はどのようになされたか。これに関して顕著な事例はむしろ、後期ロマン主義に分類されることの多い人々だった。

地方を発見するということは、地方の風景を発見するということであり、地方の文化を発見することだった。地方の文化とは言語や習慣、そして民話などのことだ。一般的にいってもロマン主義は、各国でその国の田園風景を発見し、讃えたとされている。スペインではコストゥンブリスモと呼ばれる地方の習俗や語法などを尊重する手法が、ロマン主義を機に伝播し、定着する。当時まだスペインの植民地だったキューバなどでもこの風潮は隆盛を見、やがて独自の国民の語りを産み出すことになる。

スペインは多言語国家である。ガリシアやバスク、カタルーニャなどの地方は独自の言語をもっている。地方を発見するということは、これらの言語をも発見するということでもある。後期ロマン主義に分類されるロサリア・デ・カストロ（一八三七〜八五年）はカスティーリャ語（スペイン語）でも詩作したが、『ガリシアの詩歌』（一八六三年）などのガリシア語による詩も発表した。文学作品というのは国語の統一と整備に一役買うから重要視されるのだが、ポルトガル語の分離以後、長らく「暗い時代」と呼ばれる時期を生きてきたガリシア語が、彼女の活動を機に再整備され、言語としての生命を取り戻したのだということは忘れてはならない。スペインには現在もマヌエル・リバス（一九五七年〜）

のようなガリシア語作家がいるが、彼らもカストロの功績の恩恵に浴している。

グスターボ・アドルフォ・ベッケル（一八三六～七〇年）はアンダルシーア地方セビーリャの生まれだが、彼が発見した地方は故郷セビーリャだけではない。ソリアやナバーラなどの地方の古い時代の民話に材を取り『伝説集』（七一年死後出版）を書いた。遠い場所と時代に憧れるロマン主義の異国趣味を満たすと同時に、国の内部についての知見も広げる国民文学としての要請をも満たすものだったといえる。

3　ロマン主義以後

以上のように、遠い時代に憧れると同時に、「フランスかぶれ」を批判し国民的でもあろうとしたがゆえに地方の発見にも向かったロマン主義の文学は「国民文学と地方文学」というこの章のタイトルを語り尽くす潮流だった。ロマン主義以後、文学史の区分でいえば、写実主義、自然主義といった流派が勃興することになるのだが、ロマン主義が詩や民話・伝承（すなわち、短編小説）、劇などのジャンルで隆盛を極めたとするならば、続く潮流は小説の勃興に対応していたし、同時にまた「国民文学」という理念の跡づけ（批評）を得たのだ。そのことは先に概説したとおりだ。ペレス・ガルドスがその時代の寵児であった。ファン・バレーラ（一八二四～一九〇五年）『ペピータ・ヒメネス』（一八七四年）は文学史上は写実主義の時代に区分されるのだが、セビーリャの美しい風景を背に展開される情熱恋愛の物語であるこの小説など、その風潮からいえば、ロマン主義に位置づけても何の不都合もない。それはただ小説であるというだけのことだ。

写実主義から自然主義にかけての小説の時代は、ロマン主義の地方の発見というトピックを引き継ぎながらも、都市をも発見する時代でもあった。ペレス・ガルドス『カルロス四世の宮廷』の書き出しを想起するといい。そこにはマドリードが描かれていたし（「すっかり変わり果て、これっぽっちも人に優しくない首都に成り下がったこの場所」）、その首都の劇場文化が取りざたされていた。が、自然主義の後、もう一度地方は発見される。ただし、ロマン主義とは異なるしかたで。今度はカスティーリャの地が発見されるのだ。

エッセイ集『カスティーリャ』（一九一二年）、詩編「カスティーリャ」（一九〇七年）、詩集『カスティーリャの原野』（一九一二、一七年）……一〇年ちょっとの間にずいぶんとカスティーリャについての文章や詩が書かれたものだ。これらはそれぞれ、アソリン（一八七三〜一九六七年）、ミゲル・デ・ウナムーノ（一八六四〜一九三六年）、アントニオ・マチャード（一八七五〜一九三九年）という、年の差にして一〇歳ばかりの、いわば同世代の作家たちの手になるものだ。ドイツの美術評論家フランツ・ローという人は、芸術作品に関して、「描く対象が異なれば流派が異なる」という端的にして明快な定義をしているが、ここでは、これを裏返して転用することができそうだ。ある特定の対象を描く人々はひとつの流派をなす、と。つまり、カスティーリャを描く作家たちはひとつの流派をなしている。

ここでは流派を世代といい換えてもいいかもしれない。事実、この三人は文学史上は〈一八九八年の世代〉という言い方で括られるのだった。この年に起こった、いわゆる米西戦争の敗北を機に、植民地を失い、国威を失い、国民の失意を誘ったスペインを、思想的、文化的に位置づけ直そうと奮起した、当時まだ若手だった世代の一群の作家たちのことである。三〇年ほど後の〈一九二七年の世代〉とともに二〇世紀前半のスペイン文学を〈銀の世紀〉と呼ばしめるほどに輝かせた綺羅星たちだ。一六・七世紀の〈黄金世紀〉についで文学が栄えた時代ということだ。

そのような〈九八年の世代〉を代表する作家・詩人たちが、詩に、エッセイに「カスティーリャ」の語を掲げ、その地を描写の対象としている。であれば、〈九八年の世代〉とは、カスティーリャについて書いたことがある世代だと定義し直すことができるだろう。

マチャード『カスティーリャの原野』の第一詩編「ポートレート」の冒頭の二連を見てみよう。

　私の幼時はセビーリャのどこかの中庭の記憶
　そしてレモンの木が熟れる明るい果樹園
　私の青春はカスティーリャの地での二十年

私の経歴は思い出したくないいくつかの事件。
　誘惑者マニャーラでも、ブラドミン侯爵でもあったわけではない
――私の着こなしのまずさはご存じのとおり――、
だがキューピッドが私に仕向けた矢は受けとめ、
女たちが向けてくれる優しさを愛した。

ここでマチャードは自らの人生とスペインの地方とを結びつける論法に打って出て、生まれ故郷のセビーリャでの記憶を「幼時」と規定し、その後の若き日々をカスティーリャと重ねている。当時まだ三〇歳代の若きマチャードにとって「青春」は、その時点での頂点であったはずだ。それがカスティーリャと同定されている。昔を美化し、ふるさとを懐かしんでいるのではない。その逆に現在を謳歌し、その時代と同一視されるカスティーリャの地を肯定しているのだ。

　そんなカスティーリャ台地の高みから過去を振り返り、今度は「思い出したくないいくつかの事件」に言及する。この「事件」というのは次の連で展開されている女性関係のことと思われる。第二連では「誘惑者マニャーラ」や「ブラドミン侯爵」といった固有名を挙げて自らの人生をたとえている。前者は一七世紀の実在の人物で、セビーリャのカリタス会修道院に貢献した人物だ。「誘惑者」というのは誤った風評ではあるらしいが。そしてブラドミン侯爵というのは、同世代の作家ラモン・デル・バリェ・インクラン（一八六六～一九三六年）の小説『夏のソナタ』等四部作（一九〇三年）の登場人物。醜く感傷的でカトリック、新タイプのドン・ファンだ。

　自らの人生を今度は歴史的人物や文学上の人物との対比で語るマチャードは、つまり国土でもある自身を、文化的事象にも見立てているということだ。カスティーリャの地やセビーリャの果樹園といった国土は、マチャード自身を媒介として、文化的な記憶で埋められていくというわけだ。

　国土を文化的（文学的）記憶で埋めること。カスティーリャの地を文学を通して語ること。アソリンがエッセイ集

『カスティーリャ』で行ったのも、こういうことだった。「鉄道」や「海」などのテーマとカスティーリャとの結びつきを記し（念のためにいうと、カスティーリャ地方に海はない）、『ドン・キホーテ』や『わがシッドの歌』などの過去の文学作品を引用して、風景と歴史とを文学的記憶で埋めていく。こうまとめてみれば、マチャードの詩の冒頭とアソリンのエッセイが似ていることがわかるだろう。

スペイン中央部の風景を語りながらスペインの文化を語るこうした語りは、〈一八九八年の世代〉の特徴をもう少し詳しく示しているようだ。没落するスペインの見直しを図ったとされる彼らの試みとは、スペインを文化的記憶として捉え返すということだったに違いない。言い換えればそれは、スペイン文化およびスペイン文学の見直しということでもある。スペイン文学を国土に結びつけ、実体化するということだ。二〇世紀への転換期、スペイン文学はこうして国民文学として血肉化されたのだ。

前述のとおり、ペレス・ガルドスの小説は、個人の運命と国の歴史や時代の雰囲気とを並行させ対応させている。ペレス・ガルドスよりも若い〈九八年の世代〉のマチャードやアソリンは、ガルドスの採用した手法をカスティーリャの台地の風景に応用し、個人と国土とを結びつけた。読者はペレス・ガルドス、アソリン、マチャードと読み比べることによって、小説、エッセイ、詩という文学のジャンルを横断しつつ、マドリードやカスティーリャ地方の、そしてカスティーリャを中心とするスペインの風景や歴史、文化こそが自分自身なのだと実感することになるだろう。こうした仕組みをして国民文学と呼んでいい。

詩人ルイス・デ・ゴンゴラ（一五六一～一六二七年）の没後四〇〇年を機に彼の再評価をした詩人グループというと、ここにもより古いものに憧れるロマン主義的な傾向を嗅ぎ取る者もいるかもしれない。二〇世紀スペイン文学を〈銀の世紀〉たらしめた第二世代〈一九二七年の世代〉とは、そういう世代だった。

その世代を代表する詩人・劇作家で、日本でも比較的知られているフェデリーコ・ガルシア・ロルカ（一八九八～一九三六年）は、アルゼンチンの作家ホルヘ・ルイス・ボルヘス（一八九九～一九八六年）に「プロのアンダルシーア人」と揶揄されるほどにアンダルシーアとの結びつきの強い人物だ。ロルカはつまり、アンダルシーアという地方を発見したのだ。彼の文名を高めた詩集『ジプシー歌集』（一九二八年）は原題を*Romancero gitano*という。『ジプシーのロマンセ集』だ。ロマン主義の詩人たちも再評価したロマンセという民衆詩の形式を採用した詩集だ。

叙事詩が断片化して一四世紀ごろから継承された民衆詩ロマンセは、イギリスでバラードと呼ばれるものに相当するのだが、これがスペインでは独特の発展を見せた。叙事詩の名場面や同時代の歴史的事件を題材に歌われていたこの種の詩が、一六世紀には詩人たちに採りいれられて文学としての詩の一形式にもなった。大航海時代のこと、ロマンセは植民地にも伝えられ、各地で独自の発展を見せた。こうして全スペイン語圏の言語文化の基底をなすことになったこの詩の形式を、二〇世紀前衛詩の文脈に取り込んでロルカは成功したのだった。詩集中でもとりわけ名高い「夢遊病者のロマンセ」の冒頭はこうだ。

緑色わたしの好きな緑色。／緑の風、緑の枝よ。
海の上には船。／山の中には馬。
（会田由訳）

ロルカは内戦勃発直後、反乱軍兵士によって銃殺されるが、共和国派の雑誌のなかには、彼の暗殺のニュースを始め、内戦の状況を伝えるロマンセを毎号のように掲載していたものもある。内戦では相対立する両陣営が、どちらがよりスペイン的であるかを巡って言説上でも争いを繰り広げた。国民文化とは何かという議論が盛んだった時期なのだ。その時の表現形態やメディアはもう、必ずしも文学のみではなく、ラジオや映画、雑誌上の写真、ポスターなど、多様化していたけれども、そんな国民文化の争奪戦の手段のひとつにロマンセが選ばれたということは明記しておくべき文学史上のトピックだろう。

4　現代のスペイン文学

内戦後スペインの作家としては、ノーベル賞受賞のカミーロ・ホセ・セラ（一九一六～二〇〇二年）やミゲル・デリーベス（一九二〇～二〇一〇年）らに加え、女性作家の活躍が特筆に値する。現役世代では、毎年のようにノーベル賞候補と目されるフアン・ゴイティソーロ（一九三一年～）やハビエル・マリアス（一九五一年～）もいれば、アルトゥーロ・ペレス・レベルテ（一九五一年～）のような世界的人気作家もいる。こうした状況を簡潔にまとめるのは難しい。一点だけ指摘するにとどめよう。それは、「国民文学」というテーマは、ある一時期議論され、テーマ化され、実体化された概念だということだ。歴史的な概念なのだ。それがどのように立ちあがり、どのように実践されたかを私たちは見てきたわけだが、この概念は現在では見直しを迫られ、他の視点によって取って代わられている。したがって、現在、文学を論じるには、その「他の視点」に立つ必要がある。

まず、既に指摘したことだが、スペインは多言語国家であるという事実を忘れてはならない。ガリシア語やバスク語、カタルーニャ語が公用語として認められている国だ。それぞれの言語はそれぞれ固有の文学をもっている。先に名を挙げたガリシア語のマヌエル・リバスのみならず、バスク語のベルナルド・アチャーガ（一九五一年～）やカタルーニャ語のアルベール・サンチェス・ピニョル（一九六五年～）らはそれぞれ日本語訳もある。これらをスペインの「地方文学」として語ることはできないだろう。

グローバル化の視点からも、「スペイン国民文学」の概念は見直されなければならない。グローバル化を国境を越える資本に基づく経済状況とそれにともなう人の移動だと捉えるなら、ますますその観を強くする。二〇世紀後半、世界文学の前面に躍り出てきたのは「ラテンアメリカ文学」という名で括られる一群のスペイン語作家たちだった。ガブリエル・ガルシア・マルケス（一九二七～二〇一四年）やマリオ・バルガス・リョサ（一九三六年～）といった作家たちの作品は〈ブーム〉と呼ばれるほどの現象を引き起こし、今では現代の古典として読まれている。彼らの作品の流通を支えていたひとつの大きな柱はスペインの出版社だった。当時はまだグローバル化という概念は存在しなかったけれども、このころからスペイン文学は、その範囲の見直しを迫られてきたことは間違いないし、この問題は現在も続くものである。とくにペルー生まれではあるけれども、現在ではスペイン国籍をも有するバルガス・リョサのような人物はスペイン文学とみなすべきなのか。彼らほど華々しくはないが、たとえば、ハイチ生まれでスペイン在住、第三言語であるスペイン語で小説を発表したミシェリーヌ・デュセック（一九四六年～）はスペイン文学ではないのか。そして逆に、スペイン人だけれども主にフランスに住み、フランス語で書いたホルヘ・センプルン（一九二三～二〇一一年）の作品はスペイン文学ではないのか。

スペインの国民文学という概念に、とりわけ狭い範囲でとらわれていたのでは、ここに挙げた人々の価値を過小評価することになりかねない。スペイン人がブラジルやフランスを舞台に書いた小説も、メキシコ人がスペイン内戦について書いた小説も、等しく享受すればいいのではないか。

（柳原孝敦）

参考文献

ベルナルド・アチャーガ『オババコアック』西村英一郎訳、中央公論新社、二〇〇四年。

牛島信明責任編集『スペイン中世・黄金世紀文学選集』全七巻、国書刊行会、一九九四～九七年（以下を所収『ラサリーリョ・デ・トルメスの生涯』牛島信明訳、「当世コメディア新作法」佐竹謙一訳）。

牛島信明『スペイン古典文学史』名古屋大学出版会、一九九七年。

ホセ・デ・エスプロンセーダ『サラマンカの学生　他六編』佐竹謙一訳、岩波文庫、二〇一二年。

ロサリア・デ・カストロ『ガリシアの歌』桑原真夫訳、行路社、二〇〇九年。

フェデリコ・ガルシーア・ロルカ『ジプシー歌集』会田由訳、平凡社ライブラリー、一九九四年。

佐竹謙一『概説スペイン文学史』研究社、二〇〇九年。

佐竹謙一『スペイン文学案内』岩波文庫、二〇一三年。

アルベール・サンチェス・ピニョル『冷たい肌』田澤耕訳、中央公論新社、二〇〇五年。
ホセ・ソリーリャ『ドン・フワン・テノーリオ』高橋正武訳、岩波文庫、一九七四年。
ラモン・デル・バリェ＝インクラン『夏のソナタ』吉田彩子訳、西和書林、一九八六年。
フアン・バレーラ『ペピータ・ヒメネス』吉田彩子訳、『キリスト教文学の世界18　バレーラ　ボルヘス』主婦の友社、一九七八年。
アントニオ・マチャード『アントニオ・マチャード詩集——カスティーリャの原野、その他の詩集』石田安弘訳、国文社、二〇一三年。
モラティン『娘たちの「はい」』会田由訳、岩波文庫、一九五三年。
マヌエル・リバス『蝶の舌』野谷文昭・熊倉靖子訳、角川書店、二〇〇一年。
Azorín, *Castilla*, Madrid: Biblioteca Nueva, 1983.
Cadalso, José, *Cartas marruecas*, Barcelona: Red Editorial S. L., (Kindle) 2011.
Machado, Antonio, *Poesías completas: Soledades / Galerías / Campos de Castilla...*, Edición de Manuel Alvar, Madrid: Espasa Calpe, 1997.
Pérez Galdós, Benito, *La corte de Carlos IV*, Madrid: Alianza, 1976.
Pérez Galdós, *Lo prohibido*, Edición de José F. Montesinos, Madrid: Castalia, 1971.

第9章　女性像の変容

一九世紀半ば以降、スペインの女性像は大きく変化してきた。それは妻として母として主に「母性」を求められてきた長い時代から、学び、職業に就いて自らの収入を得る、いわば「自立した個としての女性」を目指す時代へと変容していく過程だったといえる。

しかし「家庭」という限定された領域から出て、女性の姿が社会に可視化されていく過程は、けっして平坦ではなかった。一九世紀中葉から少しずつ開かれてきた女性の社会進出は、二〇世紀に入り第二共和政期にさまざまな政策が進められたことで拡大していった。だが内戦を経て一九三九年から七五年まで続くフランコ将軍の独裁体制期には、「母性」こそが女性の本分とされた厳しい政策により、女性は再び「家庭」へと引き戻された。

本格的に女性の高等教育が進み、労働力率も右肩上がりになっていくのは、フランコの死後、民主化体制へと移管したここ三〇年あまりの現象である。政治の領域では、近年、女性議員が増加し、二〇〇四年の総選挙後、中央政府においては社会労働党のロドリゲス・サパテーロ首相のもと、初の女性第一副首相マリア・テレーサ・フェルナンデス・デ・ラ・ベガを初めとして、閣僚の半数を女性が占める時期が続いた。二〇一一年の国民党による政権交代までには、外務、経済、防衛といった要職を女性が担うという経験もしている。

現在の女性たちは高学歴を実現し、職業選択の自由も得たといえるだろう。結婚も離婚も双方の自由意思でできるようになった。同性婚が二〇〇五年に認められたことで、同性のパートナーと暮らすことも法的に許されている。だが女性をとりまく状況はさまざまな課題を抱えている。

1　家庭内から家庭外へ——民主化以前

高等教育への道

一九世紀半ば、八割以上の女性は読み書きができなかった。一八六〇年の統計によれば男性の非識字率は六四・九％、女性は八五・九％である。女子教育に関心があるのは、一部の聖職者や知識人にすぎなかった。当時のスペインで女子を受け入れる教育機関は、初等教育にとどまっていた。というのも、それまでの女性像の支配的モデルは、一六世紀の詩人であり聖職者であったルイス・デ・レオンが著した『完璧な妻』にあるとされ、夫に仕え、子どもを育てることが女性の本分とされていたからだった。一八八九年に制定された民法は夫と妻の関係性をこのように規定していた。民法では「妻の夫への服従」（第五七条）が明文化され、「家長は夫」（第六六条）であり、夫は「妻の代理人」（第六〇条）であるとされていた。女性は一人の成人としてみなされていなかったのである。

一八五七年に公教育基本法（モヤーノ法）が施行され、六歳から九歳までの男女初等教育の義務化がようやく始まる。教育を通して国民国家を形成し、スペイン語を公用語として浸透させようとする政府の意図もあったが、産業の発達に伴って、労働者を教育する必要に迫られたことも大きな理由だった。教育の基本はキリスト教倫理に基づく指導であり、教育内容は男女で異なっていた。初級クラスでは男子は、キリスト教教義、読み書き、初級文法、算数、農業・工業・商業の知識などの科目だったが、女子は工業・商業の知識は「女性独自の仕事」に差し替えられた。女性独自の仕事とは裁縫などを指す。上級クラスでは、男子が線画、農地測量技術、スペインの歴史と地理の基礎知識、物理、自然科学の一般的知識と幾何学の基礎が加わった。だが女子のクラスでは、自然科学や幾何学は「手仕事に即した絵の学習や家庭衛生の基礎知識」におきかえられた。

女子教育の主な目的が良妻賢母の育成にあったことはいうまでもないが、なかでも次第に求められていったのは「賢い母性」だった。というのも当時のスペイン社会は乳幼児死亡率が高く、その原因は衛生の基本的な原則を知らない「母親の無知」にあると、医師らによって問題にされた。女子の科目に「家庭衛生の基礎知識」が導入された背景には、丈夫な次世代を産み、育てるために必要な知識を女子に与えようというねらいがあった。さらにいえば衛生学そのものが、近代的な知の概念として、人間の身体とその環境も含めて変革させていこうとした近代化のひとつの手段だった。教育年齢は一九〇九年に一二歳まで引き上げられ、識字率の向上は二〇世紀になってから本格的になっていく。

女性に対して自由に高等教育への道が開かれたのは一九一〇年で、それ以前、一九世紀末にさまざまな規制を受けながらも大学で学んだ女性としては四四人という数字が残っている。進学先は主に医学部で、後に薬学、哲学、文学、法学へと広がった。こうしたパイオニアの女性たちよりも前に、大学で学んだ女性として知られているのは、刑法学者、作家でもあったコンセプシオン・アレナルだろう。アレナルは一八四二年から四五年まで、マドリード・セントラル大学で講義を受けたが、立場は聴講生であり、男装で講義に臨んだというエピソードをもつ。

一九二〇年代の終わりに初等、中等、大学などの教育を受けた女性は約九三万人に達していたが、それは教育を受けるべき約三五一万人の女性たちのなかで二六・五％にすぎなかった。さらにその九割は初等教育の段階で終了していた。中等教育は、大学進学のための中等教育課程と教職、専門学校の三方向に分かれており、中等教育課程に進む女性はごく少数で、教職、次いで専門学校へと進む者が多かった。専門学校は商業学校、通訳養成学校、通信学校、司書養成学校、速記・タイプ学校、看護学校などが一九世紀末から開かれていき、こうした実用学校は二〇世紀に入り働く女性たちを養成する機関ともなっていく。その一方で美術学校、音楽学校などは、もっぱら結婚するまでの教養を高めるいわば花嫁修行的な性格をもった。

一九三一年に始まる第二共和政は、教育水準を上げるため学校を増設し、教員を増加して待遇改善をはかることで環境の改善をはかろうとした。また男女共学の方針を打ち出し、政教分離の政策を進めていくなかで、宗教教育を義務教育課程からはずした。識字率自体は次第に上向いていったが、女性の高等教育への参加という点からみれば、一九三六年に大学に進学した女子学生は、登録者全体の一割にも満たなかった。

家庭外労働への参加

女性の労働は、一九世紀半ばから二〇世紀初頭にかけて、家庭から家庭外へと向かう大きな流れが起きてくる。遅れながらも進展してきた産業化に伴い、増加していくさまざまな工場へと労働者階級の女性たちが進出していったからである。

しかしこの時期、労働力率は、男性が六五％前後であるのに対し、女性は約一〇％と低く、ヨーロッパ規模でみても一九二八年のイタリアの女性の労働力率が二四％、三一年のフランス三七・一％とスペインは大きく下回っている。その理由として挙げられるのは、女性は家事、出産・育児を第一義とすべきだという旧来のジェンダー規範が強くはたらいていたことと、イギリスやフランス、ドイツなどと比べて工業化が遅れていたために、女性が労働市場にかり出される時期が遅くなったからだと考えられている。産業別に女性の参加をみると、第一次産業の農業・漁業従事者は、一八七七年では、第一次、二次、三次産業の合計を一〇〇％とした場合、六四％を占めているが、一九三〇年には約二四％まで減少し、次第に第二次産業の鉱工業は、約一〇％から三二％へと三倍に増加、第三次産業のサービス業は、二六％から約四四％へと増加している。農業・漁業から鉱工業、サービス業への変化は、当時のスペインの産業構造の変化とも対応している。ただし男性労働と異なる点は、女性の場合、第三次産業が一貫して優勢を示していることだ。これは女性の「伝統的職種」ともいえる「メイド」が数値を底支えしているからである。

第二次産業で女性が多く就業していたのは既製服製造と繊維産業で、工場労働者は一九三〇年に約三五万人に達した。労働時間は男性並みの一〇～一二時間だったが、賃金は男性の二分の一から三分の一だった。安価な労働力として、女性労働者はスペイン経済を支えていたのである。第三次産業のサービス業は、一九三〇年に約四八万七〇〇〇人に増加したが、その七割はメイドで占められていた。

そうした従来のサービス業に、一九世紀末から新たな職種として加わってくるのが、輸送と電信・電話などの情報サービス業、商業、公務員、あるいは教員、看護師、助産師などの専門職である。電信・電話の情報サービス業は初め、夫や兄弟の代替として女性の就労が認められるにすぎなかったが、後に「やさしくて美しい声」を理由に、女性の電話交換手が採用されていく。同様に一九一九年にマドリードに開通した地下鉄は、「マドリードの顔」として出札掛や点検掛に女性を配した。駅の告知に「マドリード市民は、女子職員に節度をもって接すること」という一文が添えられていることから、女性職員が好奇の目で見られていたことが想像できる。また一九一〇年以降、化粧品や、衣服、ストッキングといった下着の販売員として女性の需要が高まっていった。その背景には新しい商業施設であるデパートの誕生や、女性を対象とした新しい商品の発売と販路拡大があった。こうした新しい職種で働く女性の姿は、ひとつには近代を表象する役割として新しい女性像の誕生を意味したが、同時に資本の側からみれば、新しいジェンダーモデルとして女性を利用したともいえるだろう。

いずれにせよ新しい職種についた女性たちは「新しい女性」「近代女性」ともいわれ、断髪に短いスカートという当時の流行の服装で、マドリードやバルセローナなどの都市部を中心に現れた。数は少ないながら地方都市でも「新しい女性」は散見された。一定程度の教育を受け、専門的知識やタイピストのように技術をもった女性たちが就労していき、報酬は男性の二分の一から三分の一にすぎなくとも、それ以前に労働市場に参加していた女性の工場労働者のそれよりも高かった。その結果、女性労働者には職業を媒介とした階層分化が形成された。つまり労働者階級の女性は工場労働者やメイドとして働き、中産、上流階級は事務職や専門職など新しく広がった労働市場に入っていったのである。中産階級以上の女性たちが労働市場に参入していった他の要因として、第一次世界大戦がもたらした好景気と、その後の不況から就労せざるをえなくなった場合も挙げられる。さらに一九世紀末から二〇世紀初頭にかけて、女子教育の必要性や職域の拡大を掲げたフェミニストたちの運動も女性たちの意識にはたらいたといえるだろう。なぜなら外で働く女性たちへの批判は依然として根強かったからである。この時期、家庭外で働いていたのは一六歳から二五歳までの若い未婚の女性で、結婚と同時に職を辞することになっていた。

2　第二共和政から内戦まで

女性の政治参加

プリモ・デ・リベーラ独裁政権（一九二〇～三〇年）の崩壊後、一九三一年に発足した第二共和政では、それまで少しずつ家庭外に歩み出していた女性の姿が、あらゆる分野で見られるようになっていく。その前提として、共和国政府が制定した一連の法整備がある。共和国憲法は男女平等を掲げ、第二条で、「すべてのスペイン人は法の前に平等である」と規定し、続く二五条では社会階層、出自、政治信条、宗教と並び、性別による差別を禁止した。さらに家族に関する四三条では、夫婦間の平等が謳われ、労働に関する第四〇条は、労働における性差別を禁止した。弁護士で後に議員となったクララ・カンポアモールは新しい憲法をこのように解説した。「性は、民法上の能力の広がりや行使についてなんら影響を与えません。法律が男性に認めているあらゆる市民としての権利と機能と同等の資格を、女性はもつのです」。

共和国政府は教育の充実を掲げて、教育機関の設立や教員養成、報酬の増収をはかった。女性の識字率も次第に向上していく。だが高等教育という点では、女性の大学進学率が、一割に満たなかったのはすでに見てきた。この時期、大学に進学する女性は専門性を追求した科学系を選択する場合が多かった。

図9－1　選挙を準備する女性たち（1936年）

出典：Cabrera Pérez, Luis Alberto, *Mujer, trabajo y sociedad* (*1839-1983*), Madrid: Fundación F. Largo Caballero, 2006, p. 162.

女性の政治参加は、第二共和政時代を特徴づけるものだといえるだろう。三一年、投票権を含む女性参政権が実現した。この背景には、女性票を取り込もうとした右派と、左派との政治的かけひきがあり、その結果としてもたらされたものだった。もともと女性参政権については二〇世紀初頭からフェミニストのなかでも意見が分かれていた。後に急進党から議員となったクララ・カンポアモールは男女平等の立場から賛成を表明し、急進社会党の弁護士ビクトリア・ケントは、共和国を守るという主旨から反対した。とはいえ女性は権利を獲得したのである。三三年と三六年に行われた総選挙では、社会労働党からマルガリータ・ネルケン、マリア・マルティネス・シエラ、マティルデ・デ・ラ・トーレ、ベネランダ・ガルシア、フリア・サントスが、共産党はドロレス・イバルリを、右派からはスペイン独立右翼連合（CEDA）のフランシスカ・ボイガスらが当選した。三六年、アナキストであるフェデリーカ・モン

図９－２　共和国側の女性兵士（1936年）

出典：Marina, José Antonio, *La Revolución de las mujeres*, Madrid: JdeJ Editores, 2006, p. 87.

セニィ（ファダリーカ・ムンセニィ）は、スペイン初の女性閣僚として衛生と社会福祉大臣に任命されている。

また、当時の世界的な流れからみても早かったのが、離婚法の制定である。三二年、夫と妻両者の合意、あるいは重婚、不貞、正当な理由のない家庭遺棄、身体・精神的な虐待、婚姻外の関係で持ち込まれた伝染性の強い疾病といった事由で、どちらかの申し出により離婚が可能になった。この結果、三三年までに、離婚・別居の請求が七八九一件出されたが、女性からの請求が多いという現象を引き起こした。女性は自らの意思を主張し始めたのである。さらに教会によらない世俗婚も容認された。

女性の家庭外労働は、三〇年代に飛躍的に伸びたわけではない。しかし二〇年に約一〇三万人だった女性労働者は一一〇万人に増加した。一九二九年の世界恐慌の影響を受けて、女性を職場から閉め出すような流れも起きたが、女性の存在はさまざまな領域で認知されるようになっていった。

内　戦　共和国側と、やがてフランコ将軍を首謀者とする反乱軍側にスペインを二分したスペイン内戦（一九三六～三九年）は、女性たちをもそれぞれの陣内に分けた。第一次世界大戦で男性の代替として郵便配達や地下鉄や軍需工場で働き、報酬を得たイギリスやフランスの女性たちがそうであったように、スペイン内戦はそれまでの女性の行動様式を大きく変えた。そこでは集団としての女性が広く社会に認識されていった時期でもあったのである。

共和国側の女性像として第一に表象されるのは、青いつなぎにシャツ姿で、銃をもった女性兵士の姿だろう。銃を片手に通りを行進する女性兵士、幼子を抱いて銃をもつ女性兵士、これらの女性たちは実際には内戦の初期に現れたごく一部の女性たちにすぎなかったが、戦争のプロパガンダとして数多く写真に収められた。実際に、内戦で命を落とした女性兵士もいた。共産主義青年運動の一部、統一社会主義青年同盟のリーダーだったリナ・オデーナは、三六年九月、南スペインでフランコ将軍が率いる北アフリカのイスラーム軍に捕獲された際、自ら命を絶った。この行為は英雄視され、反ファシズムの誇り高き行動として、繰り返し宣伝に用いられた。また爆弾で片手を失った女性兵士ロサリオ・サンチェスは、詩人ミゲル・エルナンデスによって「爆弾テロリスト」とその栄誉を称えられ、人々の記憶に長くとどめられることになった。

しかし共和国側と反乱軍側を問わず、多くの女性たちに課せられた役割は、「銃後の守り」だった。共和国側では「女性よ、働こう！」というスローガンのもとに、女性が男性の代替として地下鉄での勤務や工場での武器や兵服の製造、パスタの製造などに参加し、看護師として病院や野戦病院で傷病兵の看護に当たった。また孤児たちの世話も女性の仕事として課せられた。これに対して反乱軍側の女性たちに違う点があるとすれば、効率的、組織的に「銃後の守り」を日々営んでいたことにあるだろう。妻として母として前線の男性兵士を補助するために、女性たちは軍服の縫製工場、病院、衣類の洗濯、慰問、研究所や火薬庫での労働、募金、食料供給へと動員された。いずれにせよ戦争という過酷な状況は、多くの女性たちを社会的な存在に変えたのである。

3　妻、母への回帰――フランコ体制

一九三九年四月一日、マドリードが陥落し反乱軍側が勝利した。再び、よき妻、よき母への回帰が始まる。フランコ将軍は労働憲章を発し、「既婚女性を工場から解放する」という名目で、夫が戦死などでいない場合を除き、既婚女性を労働市場から閉め出した。さらに共和政で実行された多くの政策は無効となった。離婚法は無効となり、民事婚も禁止された。第二共和政期に廃止された一八八九年の民法の条項が復活し、家長としての夫は財産に至るまで、すべての実権を握った。人工妊娠中絶は禁止され、避妊具の使用や広告、販売も罰則の対象となった。教育では男女共学から別

図9－3　セクシオン・フェメニーナによる体育教育（1931年）

出典：Marina, José Antonio, *La Revolución de las mujeres*, Madrid: JdeJ Editores, 2006, p. 110.

学へと変更された。カトリックの教義を基本とした理想の女性像は、「妻であり母であること」であり、女性は「家庭の天使」であることが求められた。そうした「伝統的な」女性であることを指導する組織が、唯一の政治組織ファランへの女性部「セクシオン・フェメニーナ」だった。「生涯を通じて女性の使命はつくすことです」、「女性の最も重要な使命は母になることです」と、母性が第一義であることを、機関誌やあらゆるプロパガンダの機会を通して強調した。フランコ政権は、多産家族に助成金を与えた。

この時代の女性の立場を示すエピソードとしてよく知られているのは、妻が自分名義の銀行通帳をもてなかったということだろう。洗濯機のような家電製品を買うのも夫の許可が必要だった。合法的な中絶の禁止は、その手段を求めて金銭的にゆとりがある女性を密かにイギリスなどの海外へ旅行させる一方、労働者階級の女性たちには危険な堕胎手段の結果、自らの命を犠牲にするようなこともおきたといわれている。

それでもフランコ政権期の女性政策に、まったく変化がなかったわけではない。ひとつは労働分野である。一九五〇年の女性の労働力率は一五・八％だったが、体制末期の一九七五年には二八・七％と上昇している。これは経済発展に伴って安価な労働力として女性が求められていったからだった。一九五一年、法律が改正され、「女性の政治的、専門的、職業に関する法」で、女性の労働が保障されるようになった。また一九七〇年以降は、結婚後も職が保障されるようになる。ただし、その内容は教職を除き、多くが補助的、非熟練労働にとどまっていた。

また、経済発展によって得た生活の豊かさは、教育の大衆化を促進し、女性への教育にも目が向けられていった。中等教育課程に進む数そのものも、一九三〇年の男女七万人あまりから、七〇年には一五四万人あまりと増大し、女性が占める率はそれぞれ、一四・六%から四五・七%と変化して男女差が均衡するようになっていく。それに続く大学進学者は、一九三五年では男女合計二万九〇〇〇人余りで、女性はそのなかの八・八%にすぎなかったが、一九七〇年には合計約二三万人に達した進学者のなかで、女性の割合は三倍以上の二六・六%に上昇した。一九七五年の義務教育基本法は、六歳から一四歳までの義務教育無料化を制定し、さらに教育の機会均等の幅を広げた。

4　民主化から現在まで

女性の高学歴化

一九七五年のフランコ将軍の死後、三年間の移行期間を経て、スペインは民主主義体制へと移管した。一九七八年に施行された現行憲法では、法のもとの平等が明記され、性別による差別の禁止が明文化された。一九八〇年の労働法改正では、性差別の違法性が明記され、男女平等の原則が法的に保障された。民主化体制のもとで、女性の活動領域は大きく広がっていく。

民主化体制のなかで大きく変化したのは、女性の高学歴化だろう。八五年では、女性の大学進学率は、四九・五%と、ほぼ男性に近づき、九一年は五一%と逆転した。これ以降、女性の進学率は男性を上回るようになり、二〇一〇年には五六・七%を女性が占めている。さらに近年問題になっている早期退学者についても、女性のほうが男性よりも少なく、女性の学ぶ姿勢を示しているといえるだろう。

専攻分野については、八〇年代は人文系が多数を占めていた。二〇〇九年では、専攻分野が多様化している。男女とも最も多く選択した学問分野は社会科学で、女性は六二・九%以上を占め、続いて健康科学が六六・三%となっている。人文科学そのものは、選択肢として四番目であり、女性が占める割合は七二・五%と、あいかわらず高いが、科目そのものの人気はかつてほど高くない。一方、男性が六九・九%と、圧倒的な優位を示しているのが科学技術だ。しかしここでも約三割は女性である。そして複合領域分野が、若干女性が男性を上回るものの、ほぼ五割であることを考えると、女性が学ぶ領域は広がっていることがわかる。

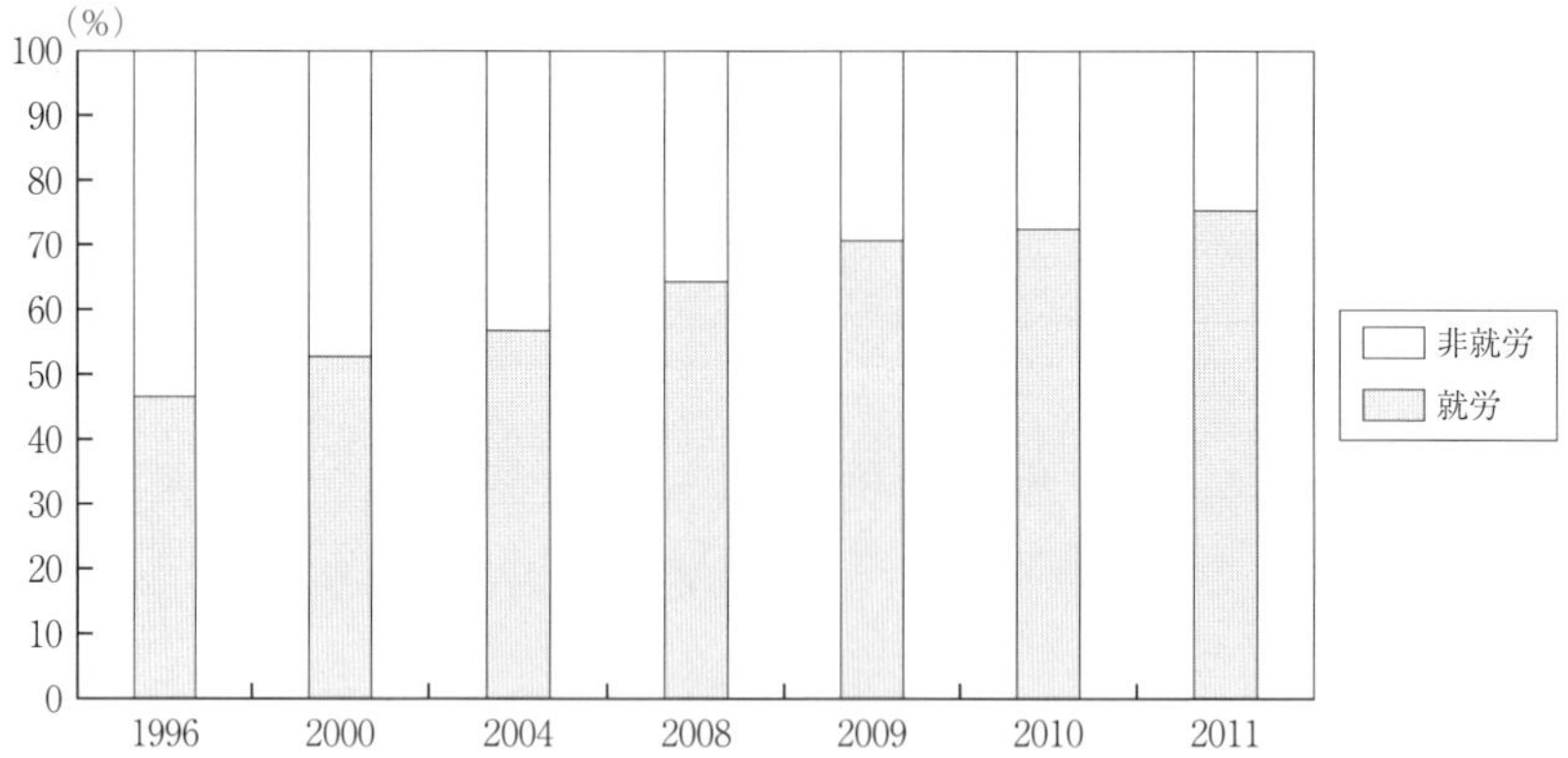

図 9-4　母親の経済活動

専業主婦よりも働く母親の方が多い。

出典：*Movimiento Natural de la Población e Indicadores Demográficos Básicos*, Instituto Nacional de Estadística.

女性労働の増加と問題点

民主化以降、女性の労働力率は右肩上がりを示してきた。フランコ体制末期の二八・七％から、九二年には三四％、約一〇年後の二〇〇三年には四〇・七％、二〇〇八年には五一・四％になった。つまり女性が働く時代になっている。だが、この上昇カーブに大きな影響を与えたのが二〇〇八年に世界を揺るがしたリーマン・ショックだった。労働者総同盟（UGT）の報告によれば、当初、打撃を受けたのは建設・工業分野で、男性に失業が広がり、むしろ女性の雇用は若干上向きになった。しかし全体の経済環境の悪化が、やがて女性が多い職域に影響を及ぼしていき、現在では女性の雇用はそれほど伸びていない。二〇一三年の労働力率は、男性が五九・二％、女性は五〇・三％と下がっている。そして失業率は女性の方が高い。男性が二五・六％に対して女性は二六・七％。EU二八カ国平均一〇・八％と比較しても、二倍以上を示しており、とくにスペインの女性は不安定雇用であることがわかる。ただし、女性の失業率が高く、失業期間が長いことは以前から示されており、スペインの女性労働がもつ問題点のひとつである。

それでは労働の中身はどのようになっているのだろうか。業種別動態で見ると、第一次産業の農業は八二年以降、総人口そのものが減少しているなかで、近年、女性の労働力率は二・五％程度となっている。第二次産業の工業、建築は合わせて一〇％程度であり、最も多いのは第三次産業のサービス業で、一九八二年の三八・一％から二〇〇九年には八六・八％と増大し、女性の多くはこの分野で働いている。そのなかでも、女性が五割を超えている職種は、教育、医療、研究職などの知的、科学的専門業、行政系の職員、レストランや販売などの接客サービス業、そして個人の家庭で清掃や家事を行うメイドといった、スキルのいらない非熟練労働となっている。こうした傾向から読み取れることは何だろうか。

ひとつは高等教育が、女性のキャリア形成に大きな役割を果たしているということだろう。男性を上回る大学進学率、広がった学問領域は結果として、教育、医療、研究職などの知的、科学的専門分野で、女性の割合を高めることにつながった。だが、企業および行政の管理職に就く女性はまだ約三割にとどまっており、女性の進出を阻む「ガラスの天井」と呼ばれる見えない壁が根強く存在していることを示している。一方、レストランや販売などのサービス業は六割を女性が占めており、メイドといったスキルを必要としない非熟練労働に就く女性も増加している。また行政系の仕事は、秘書など男性の補助業務であることも多い。

比較として男性が多い職種を見ると、管理職の約七割を筆頭として、農業、漁業、工業の熟練労働、設備、機械などの操作員など、第一次、第二次産業で、専門技術を必要とする分野での割合が顕著である。また軍隊に関していえば、男女比は九対一となっている。これは一九八七年の〇％だったころから、現在は女性が一割を占めるようになったととらえるべきだろう。

女性労働の問題点のひとつは労働形態で、フルタイム労働に比べてパートタイム労働が上回っていることだ。二〇一〇年の国立統計研究所の報告『スペインにおける女性と男性』では、パートタイム労働の八割を女性が占め、その理由として、一番目はフルタイム労働を見つけることが困難だと男女とも答えているが、二番目に、男性は「ほかの理由」を挙げているのに対し、女性は「家庭の事情」がある場合にはパートタイムを選ばざるをえないと答えている。「家庭の事情」とは、子どもや病人、要介護者が家族にいて、その世話をすることが理由となっている。つまり子育てを含め、家庭でなんらかの事情が生じたとき、世話をする役割は女性に期待されているため、パートタイム労働を選ばざるをえないということである。リーマン・ショック後の影響として、男性はフルタイム労働が減少し、パートタイム労働が増加した。しかし女性は、フルタイム労働もパートタイム労働も減少している結果が示され、いっそう不安定な状況となっている。

次に賃金格差がある。女性の給与は、平均して男性の給与の七五％強となっている。格差が最も少ないのは教員などの教育分野で働く女性たちだが、反対に最も格差の大きいのがメイドなど女性の多い職域で、四割近く給与が少ないことが問題となっている。それを反映するように、低所得者層に女性が多い。年収一〇万ユーロ以下の層を比べてみると、女性は約二七％であるのに対し、男性は約八％である。反対に、高所得者である、二九万ユーロ以上の層は、男性が二〇％であるのに対し、女性は九％にとどまっている。だがこの給与格差は、スペインだけにとどまらず、ＥＵ全体でも同程度になっており、女性が働くことの本質的な課題だといえるだろう。

こうした現象からみえてくるのは、女性の労働力に対する評価が低いということだ。その一方で、家庭で期待されている役割は高い。女性の高学歴化は職域を広げることに役立ったが、賃金格差は依然として存在し、さらに失業率が高く、しかもその期間は男性より長い。つまり女性の労働はスペイン経済の変動によって直接的な影響を受けやすく、近年ことにそれがはっきりと表れている。

そして近年、新たな要素としてラテンアメリカ諸国を中心として二七〇万人あまりの移民の女性たちの労働市場への参入がある。主にサービス業に入ってきた女性たちは、飲食店でのサービス、メイドといったスキルを必要としない非熟練労働に従事するケースが圧倒的である。それは彼女たちが、いつでも解雇される可能性がある不安定就労に就いていることを示しており、新たな女性労働のひとつの問題点となっている。

男女均等法

二〇〇七年三月、「実質的男女平等のための組織法（以下、男女均等法）」が可決された。これはスペインの男女共同参画政策のひとつの前進と見ることができるだろう。男女均等法は、女性の労働、意思決定の場への参加から産休の増加、男性の育児休暇までをも盛り込み、これまでの問題を是正する内容となっている。主な項目を見ることにしよう。

まず、就労に関しては、二五〇人以上の労働者を要する企業は、雇用や就業の男女不均衡をなくすため、労使間の協議や是正計画が義務づけられ、株式上場企業では女性の管理職の比率を上げるために、経営理事会の少なくとも四〇％を女性が占めることが目標とされた。約三割にとどまっている女性の管理職の比率を是正する目的がある。

次に、男性の育児参加を促す政策がとられた。これまでは一九九九年の法令により、母親に与えられた産休一六週間を譲り受ける形で、父親は最大一〇週までとることが可能だった。しかし実際にこれを実行した例は少なかったことから、父親の単独育児休暇が盛り込まれ、一五日間とることが可能になった。この法律の制定後、男性が育児休暇をとる率は伸びている。二〇一三年には一カ月まで延長の予定となっていたが、経済不況を反映して先延ばしとなっている。男性の育児参加は、共働き世帯が増えてきている現在、必要な手だてといえる。育児は女性だけで行うものでなく、両親によってなされるものだという意識は必要だ。

図9-5　サパテーロ政権で誕生した8人の女性閣僚（2004年）

出典：Cabrera Pérez, Luis Alberto, *Mujer, trabajo y sociedad (1839-1983)*, Madrid：Fundación F. Largo Caballero, 2006, p. 160.

また、女性の出産、育児休暇は、出産の状況に応じて増加されることになった。多産児の場合は、それぞれの子どもに対して二週間ずつの増加が認められ、未熟児の場合も出産日から一三週まで増加できる。また出産・育児休暇中に社会保険から支払われる給与手当の受給資格も現行よりゆるやかになり、七年間に一八〇日以上と変更された。この給与資格に満たない場合や、自営業者の場合は最低給与の八〇％の手当金が四二日分受け取れることになっている。

女性の政治参加、つまり政策への意思決定への参加については、あらゆる選挙において各党の選挙立候補者リストの四〇％以上六〇％以下を女性にすること（人口五〇〇〇人以下の市町村は除く）が定められた。このクオータ制（割当制度）は、現在、その国に応じた形で世界のさまざまな国で採用されている。スペインはこれまで社会労働党による政党レベルでの導入がされていた。下院での女性議員比率は三六％で世界二〇位（二〇一三年）である。

この制度に対しては、女性立候補者の割合を限定することが、逆に見えない壁となって作用するという反対意見もあるが、現実に女性議員の数が増加することで一定程度の成果を上げていることも事実である。たとえばモザンビーク、南アフリカ、ルワンダなどアフリカ各国は積極的にクオータ制に取り組んでいる。ルワンダは、国の指導的機関の地位のうち少なくとも三〇％を女性が占めると憲法で規定した。その結果、二〇〇三年の選挙では女性議員の割合が四八・八％と上昇し、それまでの世界ランク一位だったスウェーデンを抜き、二〇一三年も世界一位を保っている。また、ラテンアメリカ諸国においてもクオータ制はかなりの割合で導入されている。スペインのように選挙の際に女性候補者の割合を規定している国はラテンアメリカ二〇カ国中一二カ国に上っており、政党が一定程度の割合を規定する場合は一五カ国に上っている。もっとも成果があると思われるのはボリビアで、五〇％の規定に近づいている。

男女均等法は、スペインが目指す男女共同参画社会の一歩となるか。その成果をみるにはもう少し時間が必要だろう。また、ヨーロッパ議会における女性議員の数は、二〇一四年の段階で、スペインは四一％を占め、EU二八カ国の平均三七・〇％を上回っている。国政においては、二〇一二年の地方選挙で四三・三八％を女性議員が占めるなど、地方の方が成功率の高いことを示した。

5　変容する家族像

晩婚化・少子化

現在のスペインの女性たちは、どのような形で将来像を描いているのだろうか。たとえば結婚に関していえば、二〇〇〇年には、約二〇万組のカップルが誕生していたが、二〇一〇年には、約一七万組余りと、一・五割近く減少している。すでに見たように、法改正で同性婚も認められているため、同性のカップルも三五〇〇組あまりいる。

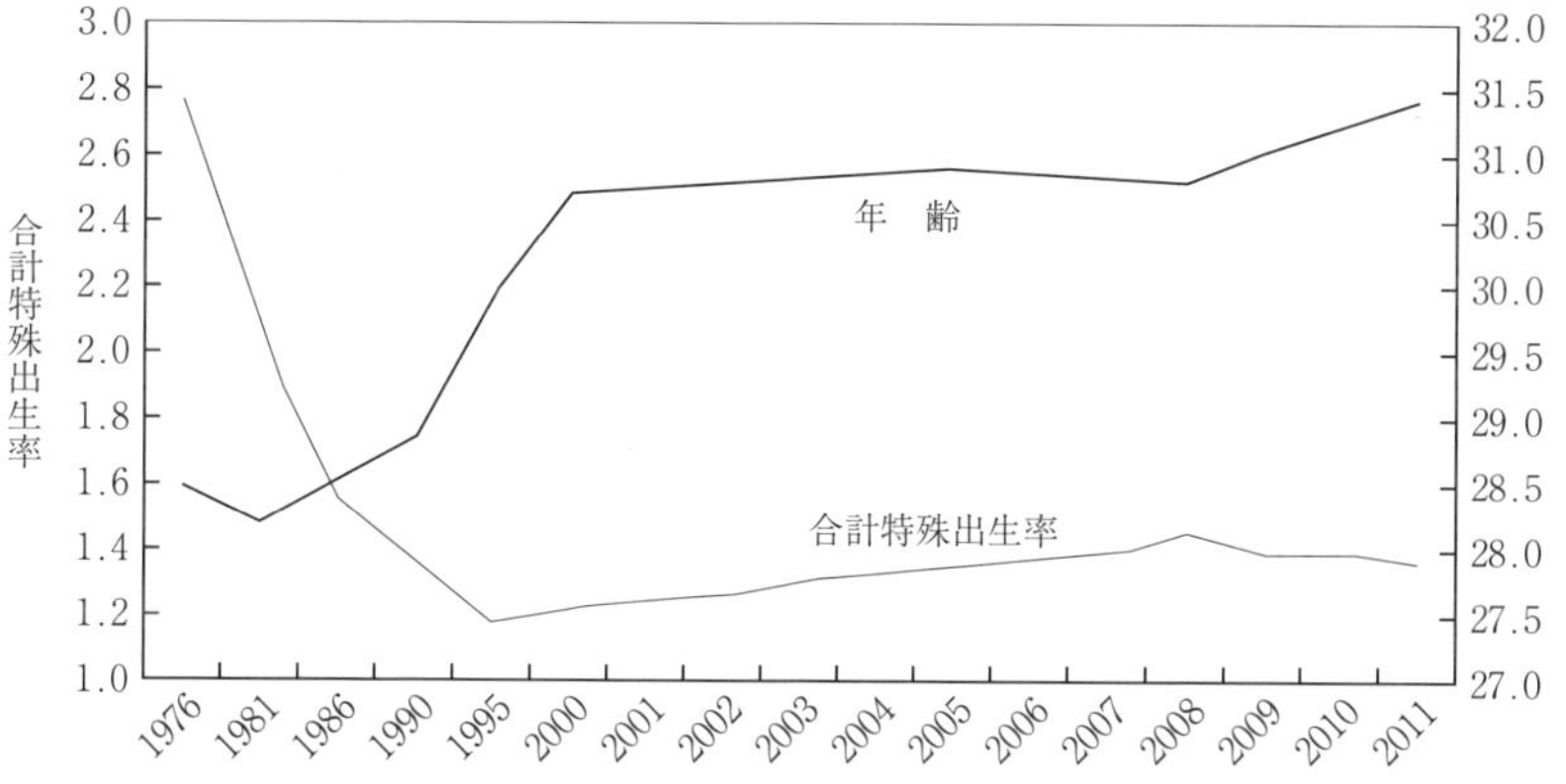

図9－6　合計特殊出生率と母親の初産平均年齢

出典：Instituto Nacional de Estadística.

その一方で結婚年齢は上昇傾向にある。民主化後まもない一九八一年は、半数以上の女性が二〇から二四歳までに結婚した。二〇歳以下の結婚も二割程度おり、女性の七五％は二四歳までに結婚していたのである。同様に男性も二〇歳から二四歳までの結婚は四六％と比較的多かった。それが三〇年経った現在は、結婚年齢が大幅に上がり、女性の初婚年齢の平均は三三・〇二歳、男性は三六・一〇歳となった。つまり男女合わせて晩婚化になっている。

さらに家族像の変化を示すことがらとして、離婚件数が増加していることが挙げられる。

一九八一年に成立した離婚法は、一定期間（一～五年間）の別居を経ることで離婚が可能になり、これにより離婚件数は増加した。さらに二〇〇五年の法改正で、別居期間を設けることなく、どちらかの申し立てによって離婚が可能になった。このスピード離婚法ともいわれる法律により、二〇〇八年の離婚件数は約一一万件と、二〇〇〇年の約三倍にも上った。離婚が増えたことで、再婚も増加し、新しいパートナーと生活を共にすることもいまや特別なことではない。

以前の女性は結婚が人生の大きな目的であり、子どもを産むことが最大の責務だった時代があった。しかし民主化体制になってその女性像は大きく変化したといえる。ライフコースは多様化し、もはや結婚は人生の最大のゴールではなくなってきているといえるだろう。そうした変化をもたらした大きな要因のひとつは、女性が高等教育を受けた結果、仕事を求めて社会参加するようになったことにある。一九六三年から九六年まで社会労働党政権下で文化大臣を務めたカルメン・アルボルクは、著書『シングルという生き方』で、「新しい世代のスペイン女性は、結婚する前のステップとして勉強したり仕事をしたりするのではない、彼女たちにとっては仕事それ自体が家庭と両立すべき、一生ものの決定的な選択肢となった」と述べている。

女性のライフコースの変化は、スペインにおいては出生率にも結びついている。民主化以前とそれ以降で大きく異なっているのは、女性が子どもを産まなくなっているということだ。あるいは、産みにくい状況があるともいえる。妊娠中絶件数も増加傾向にあり、その中心は、二〇～二九歳の女性である。

近年、女性が生涯に子どもを産む数（合計特殊出生率）は、大きな流れで見れば、少子化傾向にあった。しかし現在、少子化を回復しつつあるフランスや、ジェンダー平等に積極的なスウェーデンなどの北欧諸国をはじめ、先進国によってかなりの違いが出ている。この違いは、それぞれの国がどのような子育て支援策をとっているかにもよる。つまり、どれだけ女性が子どもを産み、育てやすい社会を実現しているかが大きく影響しているといえる。

スペインでは、フランコ体制期の一九七〇年における合計特殊出生率は二・九人だったが、民主化以降減少し続け、九八年には一・一五人にまで落ち込んだ。これはヨーロッパ内で最も低いだけでなく、世界的なレベルでみても最低水準だった。現在は少し回復して二〇一一年で一・三六人となっている。しかしこの数値の上昇には、近年増え続けてきた移民の女性による出産が影響しているといわれている。母親の五人に一人は外国人というのが現状だ。

晩婚化に伴って出産年齢も上がり続け、二〇一一年には初産の平均年齢が三一・五歳になった。ただしこうした晩産化はスペインに特有なものでなく、EU内で比較しても出産年齢に大差はない。女性たちは相対的に子どもを遅く産む傾向になっている。その背景にあるのは、これまで見てきたように、女性が家庭外で働くようになったことなどさまざまな要因が挙げられるだろう。しかし、スペインの場合、女性の労働環境は経済状況に左右されやすく、いったん失業すると、復職がそれほど容易ではない。となれば、たとえ結婚したとしても子どもを産むという選択がしにくいといえる。そこで問われているのは、ワーク・ライフ・バランスをどのように充実させていくかということにある。

ワーク・ライフ・バランスの問題

現在のスペインで、働く母親が抱えている問題は大きい。第一に保育の問題がある。働く母親の約六割は、三歳以下の子どもが過ごす幼児教育施設に通わせている。保育所の数は不足しており、とくに公立の保育所の足りないことが課題となっている。企業や省が運営する保育所もあるが数は限定されている。そこで約三割は、ベビーシッターを雇うか、あるいは祖父母など無給の保育者に頼ることで乗り切ろうとしている。また幼児をもつ親たちの不満として、企業がフレックスタイムの導入などに積極的でないことなども挙げられている。

各家庭への経済的な子育て支援策は、政府によるものと、各自治州による支援策がある。自治州によっては、一律給付の場合は金額が低く抑えられ、所得制限がある場合には低所得者層に比較的高額が支給されるケースが多い。

さらに働く母親は、家でも家事負担を抱えている。二〇〇七年の生活時間を調べた統計では、男性が平均二時間二〇分の家事時間であるのに対して、女性は五時間五九分とほぼ三倍働いていた。しかし近年、電子レンジなど家電製品の普及によって女性の家事負担は減少傾向にある。二〇〇九年から二〇一〇年の統計では、男性の家事時間は二時間二一分と、依然として変わらないものの、女性は三時間四七分と、二時間余り減少した。それでもまだ女性の負担が多いのが現状である。

他国との比較をするならば、スウェーデンでは、保育施設が充実しており、待機児童の問題はほぼ解決しているといわれる。子どもが一歳までは育児休業や短時間勤務で対応し、その後は保育施設や、家庭型保育で子どもたちは過ごす。また、近年、合計特殊出生率が一・九八人と上昇しているフランスでは、出産後に就労を継続する場合、保育の選択の仕方が多様できめ細かい。保育所のような集団での保育制度や、県政府に登録した認定保育ママ、あるいは無認定の保育ママなど、在宅での保育を選択することが可能で、七割は在宅の保育ママ制度を利用しているといわれている。さらに、保育費用の税金が控除され、補足手当が支給されるなど、税制上の軽減措置もとられている。

事実婚と婚外子率の上昇

こうした出産後のケア制度とは別に、出生率を引き上げる要因のひとつとして現在考えられているのが、婚外子の割合である。たとえばEU内では、各国の出生数全体を一〇〇%とすると、スウェーデン五六%、フィンランド四〇%、フランス約四四%と、高い数値が出ている。しかもこうした国々では合計特殊出生率も高く、二〇〇七年で、スウェーデン一・八八人、フィンランド一・八三人、フランス一・九八人となっている。例外的にドイツは婚外子率がこれら三国と同様に高いが、出生率はスペイン並みに低い。ちなみにEU平均の婚外子率は三〇・二%で、合計特殊出生率一・五人となっている。

この婚外子に関連して、フランスではパックスという一九九九年に成立したカップル法がある。性別に関係なく、二者による共同生活の契約を結ぶもので、望まない場合、一方的に契約を破棄することができる。その後の法改正で婚姻とほぼ同じ税法上の適応がされた結果、事実婚からパックスへと移行するカップルも増加しており、パートナーシップの形態そのものが大きく変容している。そこで生まれる子どもは両親のカップルの地位にかかわりなく、親権も共同で行使され、相続分などの区別もされない。

一方、スペインでは民主化以降も正式な婚姻制度にのっとったパートナーシップ形態が原則としてとられてきた。それゆえ出産は、正式な婚姻手続きを交わしたカップルにおいてされるものとみなされ、スペインの婚外子率は一九九一年で一〇・〇一%だった。女性の労働環境やさまざまな要因による合計特殊出生率の低下は、こうしたスペイン社会のありようと密接な関係があるのは確かだろう。

ところが近年、スペイン社会においても婚外子率が上昇傾向になってきている。二〇〇三年は二三・四%、二〇〇七年では三〇・二%と、右肩上がりになっており、これまでのスペイン社会では考えられなかった現象が生まれている。

さらに、事実婚そのものも増加している。全国紙『祖国《エル・パイス》』(二〇一一年、八月二八日付)は、「なぜ結婚しないの?」という特集記事で、三〇歳以下の半数以上の女性が、事実婚を選択し、赤ちゃんの三人に一人は婚外子だと指摘した。これは社会的に認証された婚姻という形態よりも、より自分の生活実感に即した自由な生き方をしたいという表れなのではないかともいわれている。だが、フランスのパックスとは異なり、スペインでは事実婚に関する法律が整っているわけではない。

民主化体制に移行して四〇年近くが経ち、大きく変容してきた女性像はさらに変わろうとしている。その際、どのように社会がその変化に対応していけるかがまさに問われているといえるだろう。

(磯山久美子)

参考文献

カルメン・アルボルク『シングルという生き方』細田晴子訳、水声社、二〇〇一年。

碇順治編『ヨーロッパ読本　スペイン』河出書房新社、二〇〇八年。

姫岡とし子ほか『ジェンダー』（近代ヨーロッパの探求11）ミネルヴァ書房、二〇〇八年。

三浦まり・衛藤幹子編著『ジェンダー・クオータ　世界の女性議員はなぜ増えたのか』明石書店、二〇一四年。

Capel Martínez, Rosa María, *El trabajo y la educación de la mujer en España (1900–1930)*, Madrid: Ministerio de Cultura/Instituto de la Mujer, 1986.

Cuesta Bustillo, Josefa (dir.), *Historia de las Mujeres en España Siglo XX*, tomo III, IV, Madrid: Instituto de la Mujer, 2003.

Informe "Trabajar Igual, Cobrar Igual, Conciliar Igual", UGT, 8 de marzo de 2015.

Informe sobre igualdad salarial, UGT, 22 de febrero de 2011.

Mujeres y hombres en España, Madrid: Instituto Nacional de Estadística, 2010, 2011, 2012, 2013, 2014.

Nash, Mary, *Mujer, Familia y Trabajo en España 1875–1936*, Barcelona: Anthoropos, 1983.

Situación laboral de las mujeres: informe 8 de marzo 2011, UGT.

第10章　教会・国家と脱宗教化

1　自由主義とカトリック教会

本章では、一九世紀以降現在までのスペインにおけるローマ・カトリック教会（以下教会と表記する）の社会的・政治的位置づけの変遷を、時間軸に沿う形で述べたいと思う。そのうえで、宗教的多元主義の受容や、「ライシテ」と名づけられた現象、つまり国家の宗教に対する中立性へ向けた模索のなかで、さまざまなコンフリクトが生まれているスペインの現状を考察することとしよう。

スペイン・カトリック教会概観

まずスペインにおける組織としての教会について簡単に述べておきたい。日本では、カトリック信徒（以下、信徒と表記）は五四万六〇〇〇人（二〇一一年）で日本の全人口の一％にも満たないが、スペイン・カトリック司教協議会発表のスペインにおける信徒数は三四四九万六二五〇人（二〇一四年四月）であり、人口の約七〇％を占める。なお「ローマ・カトリック教」（以下、カトリックと表記）は、世界で一二億人余りの信徒数を誇る「大衆的」宗教である。

カトリックでは、ローマ教皇が典礼を司る全世界の聖職者位階制の頂点を極める。聖職者は在俗聖職者と修道会に属する聖職者とに大別される一方、他国と同様にスペインでも、教会の司牧活動は教会独自の行政的地域区分にしたがって運営されている。通常、信徒の生活に最も密接な関連がある小教区は、信徒が日常的に司祭によってとり行われるミサ典礼などを通じて、宗教実践を行う場である。スペインの教会は、二万二〇〇〇余りの小教区を有し、その小教区が複数集まって構成される司教区が六九存在する。これらの司教区が複数集まって構成される大司教区は一四あり、島嶼

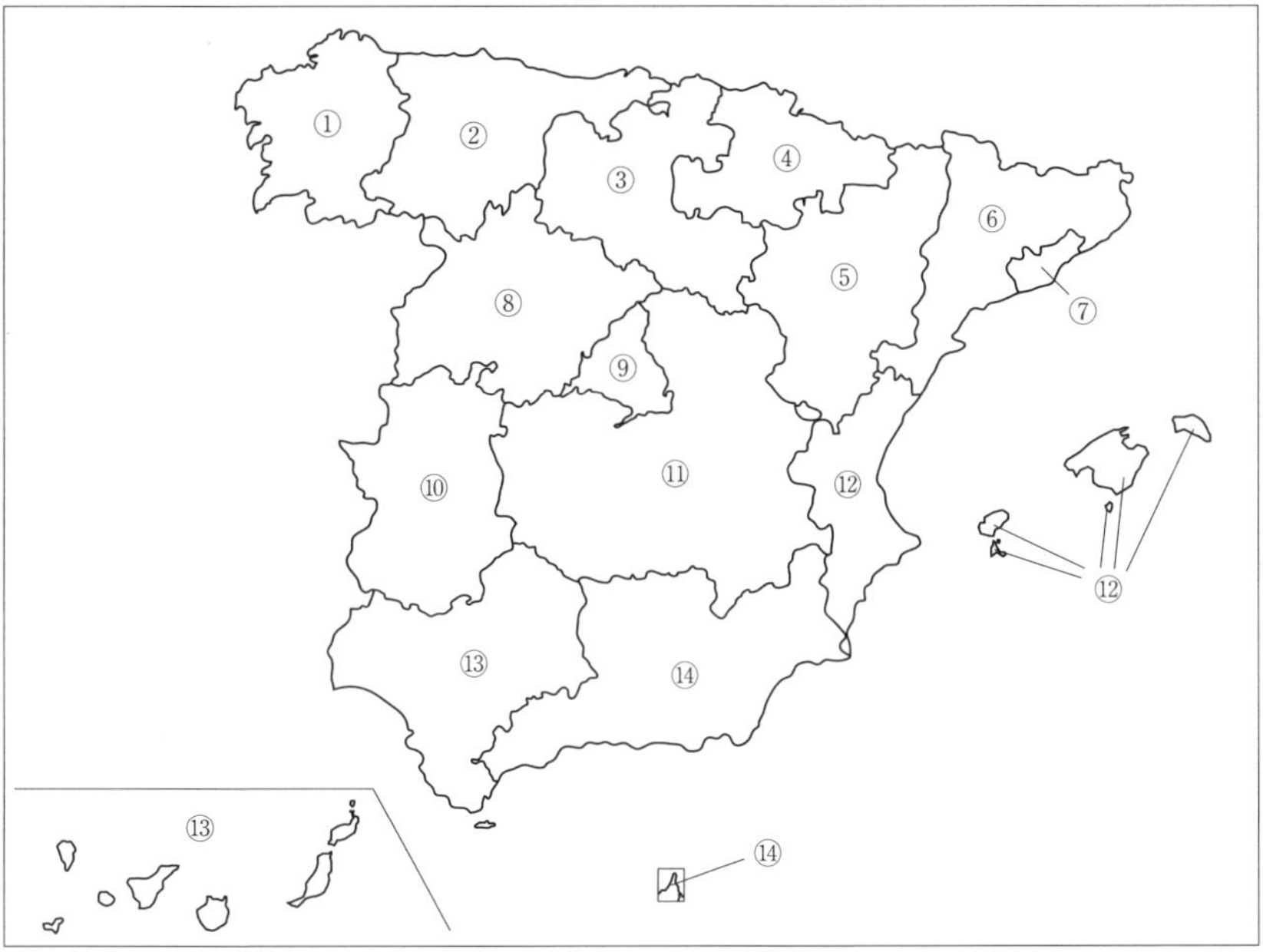

図 10－1　スペイン大司教区

注：地図上の番号が示す大司教区名は以下の通り。
①サンティアゴ・デ・コンポステーラ，②オビエド，③ビルバオ，④パンプローナ・イ・トゥデーラ，⑤サラゴーサ，⑥タラゴーナ，⑦バルセローナ，⑧バリャドリー，⑨マドリード，⑩メリダ－バダホス，⑪トレード，⑫バレンシア，⑬セビーリャ，⑭グラナダ

やセウタ、メリーリャなどの都市もこれらに組み込まれている。また、通常の地域区分とは別格ともいえる、軍の司牧を担当し独自の司教区をも構成する軍大司教区が一つある。司教区・大司教区を管轄する長となる司教や大司教といった高位聖職者と、一般に小教区の司牧を担当する下級聖職者とが在俗聖職者の位階制の構成員である。各修道会に属する修道士は、小数区などを委ねられる場合でもそれぞれの修道会の戒律にしたがって自らの上長の命に服従する聖職者である。また女性は、典礼を司る司祭となることはできない。

一般の信徒に関していえば、スペインは幼児洗礼を受ける人が未だに「多い」社会でもある。よって、洗礼、堅信、結婚、臨終時の終油といったカトリックの秘跡は、ある人間の一生を宗教的に刻印することにつながる。またスペインにおけるカトリックの信仰形態の特長を挙げるとすれば、聖母マリアへの崇敬やその他の聖人の取次ぎ

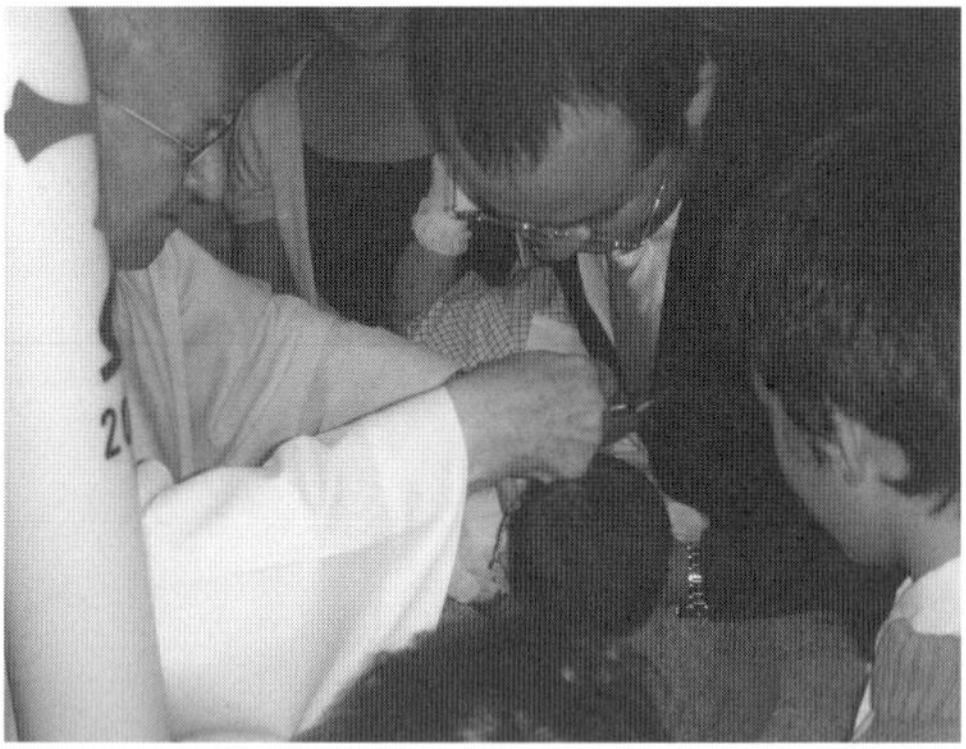

図 10－2　幼児洗礼の一場面

出典：筆者撮影。

に願いを託すといった祈りの形であろう。

脱宗教化が進行しつつある現代でも、教会は人々の道徳的支柱・日常生活を規定する信仰の共同体として一定の役割を果たすと同時に、世界規模で広がるNGOなどの人的ネットワークをもち、教会にとっての政治的アクターとして信徒を活かす術を知る宗教団体である。教育や慈善といった分野での教会の社会への貢献度は高い。と同時に、それぞれの時代の政権と交渉を重ね、自らの利益の擁護に努めてきた経緯がある。

このような点から、スペインにおける教会を歴史的に位置づけるためには、教会をめぐる複雑な政治・社会的状況はもとより、国境を越えて広がる信徒の交流のあり方、また教皇庁の方針を押さえる必要がある、ということになろう。

一九世紀の諸憲法と宗教規定

カトリックがスペインの社会心性を規定する要素のひとつであり、教会が社会秩序の番人の役割を長く果たしてきたのはなぜなのだろうか。ここからは、一九世紀に公布された諸憲法がカトリックをどのように規定してきたのかを考察しながら、教会の政治的・社会的位置づけを確認することとしよう。

スペイン国民に公布された憲法としてはスペイン初の、そして公布当時としては革新的であったとされている一八一二年のカディス憲法は、その第二章第一二条で「スペイン国家の宗教は永続的に使徒的・ローマ的で唯一の真実であるカトリック教である。国家はカトリックを賢く正当な法律を通じて保護し、他の宗教的実践を禁止する」として、カトリックをスペインの国家宗教として厳格に規定した。続く一八三七年憲法第一章第一一条、また一八四五年憲法第一章第一一条でも、国家がカトリックの礼拝と司牧を維持する義務を負うことを規定した。こうしてプロテスタントやユダヤ教徒、ムスリムなどは絶対的少数派であったため、一九世紀半ばまで、カトリック以外の宗教を国民が信仰する可能性については、政治的にも法律上も大きな問題となることはほとんどなかった。

状況が変化するのは一八六九年憲法でのことである。その第二一条は、スペインに住む外国人や、スペイン人がそれを望む場合には、カトリック以外の宗教を信仰することができるとした。また一八六九年憲法には、カトリックを国家宗教と規定する文言はみられない。これは、国家が宗教的に中立の立場をとること、つまり「ライシテ」の追求へ向けての一定の進展であったと評価できる。しかしイサベル二世を亡命させるにいたった一八六八年の栄光革命に起因する、この急進的で自由主義的な憲法でさえ、国家がカトリックの礼拝と司牧を維持する義務を負うという呪縛から逃れることはできなかった。

その後一八七三年に誕生した第一共和政下では、政権は、すべての宗教に対する実践の自由、政教分離、国家による特定の宗教に対する直接または間接的助成の禁止等の条項を新憲法の草案に盛り込もうとした。しかし、一八七四年末のマルティネス・カンポス将軍のクーデタによって共和国が崩壊し、ブルボン朝が復古したため、この憲法草案は破棄され、「ライシテ」に基づく社会を構築するための画期的な試みは失敗に終わった。このように、一九世紀の自由主義革命期に公布されたスペインの諸憲法は、ニュアンスの差はあるが、カトリックをスペイン人が本来的に信仰する宗教として容認していたのである。

時期は少しさかのぼるが、一八五一年にはイサベル二世（在位一八三三～六八年）統治下のスペインとピウス九世（在位一八四六～七八年）下の教皇庁との間で政教条約《コンコルダート》が既に締結されていた。このコンコルダートでは、スペインの国家宗教としてカトリックが改めて規定され、聖職者は教育現場でのカトリック的教理の順守を監視する役割を負い、教会は出版検閲の権利を有することとなった。また自由主義革命期に国が教会所有の不動産を接収してそれを売却した永代所有財産解放《デサモルティサシオン》によって教会が被った不利益を補完するため、聖職者禄の国庫支出を行うことで国家による教会への支払いが補償されたのであった。一八六八年革命政権の成立で、このコンコルダートは無効となったが、王政復古期には、教会は一八五一年コンコルダートの定めに基づき国家による保護を要求し続けた。教会にどう対処するかは、各政権にとって大きな政治的課題となった。

カルリスタ戦争

一八四〇年に始まり、以後三〇余年にわたって断続的に人々を戦闘に巻き込んだ内戦であるカルリスタ戦争は、イサベル二世の息子であるアルフォンソ一二世（在位一八七四〜八五年）が一八七四年に国王として即位することで一応の決着をみるまで、社会に動揺をもたらし続けた。と同時に、この政治的・社会的混乱によって、信徒の間にも亀裂が生まれたのだった。

カルリスタ戦争の直接的原因は、絶対君主フェルナンド七世（在位一八〇八、一八一四〜三三年）の死後、その娘イサベル王女とフェルナンド七世の弟であるカルロス・マリア・イシドロの間で起きた王位継承の争いに端を発する。カルロスを支持した人々《カルリスタ》はバスクやカタルーニャ山間部などの因習的社会を拠点としたといわれているが、彼らが標榜したスローガン「神、祖国、国王」は、彼らの思考が伝統的でカトリック的な価値観に則っていたことを端的に表している。アルフォンソ一二世による王政復古によって内戦状態に一定の区切りはついたものの、伝統主義への回帰を望むカルリスタはその後ますます先鋭化して、カルリスタ内部に分裂をもたらした。こうして生まれた伝統主義の徹底を訴えるカトリック原理主義者《インテグリスタ》のなかから、ノセダル親子が一八七四年には日刊紙『新世紀《エル・シグロ・フトゥーロ》』を創刊し、インテグリスタの大義のための言論活動を開始したのであった。

とはいえ、教会はこのような保守反動的な要素ばかりで構成されていたわけではない。信徒のなかには、その時々の政治的状況に柔軟に対応しながら教会の利益を擁護することを目指す勢力も存在した。またこのころ、教皇庁の自由主義への距離のとり方にも変化が生まれた。教義の根幹を揺るがす近代的思想を八四項目に分類し排斥した『誤謬表《シラブス》』など自由主義に対して非妥協的な方針で知られる教皇ピウス九世の死後、一八七八年にレオ一三世（在位一八七八〜一九〇三年）が教皇の座につくと、教皇庁はより柔軟な姿勢を示し始めた。必要悪として自由主義との妥協を模索したのである。そこで、スペインでは、ピダル・イ・モン率いるカトリック同盟（UC）が誕生し、個人の政治的思考を超えてカトリックであることによって信徒が団結できるよう「非政治主義」を掲げて、信徒を統一しようとしたのだった。確かに、高位聖職者は信徒の分裂を回避したいという教皇庁の意向を理解してそれを受け入れたが、下級聖職者は一般に伝統主義を支持し続けた。その後、ピダル・イ・モン自身が保守党に組み込まれたため、結果としてカトリック独自の世党の誕生にはいたらなかった。

界観に基づく宗教的な政治グループを発展させる必然性は失われ、その試みは頓挫した。このように、一九世紀から二〇世紀初頭にかけてのスペインでは、信徒は各々が支持する政治的立場によってアルフォンソ派・カルリスタ・インテグリスタ等のグループに分かれており、ドイツ中央党に匹敵するような、信徒を広範に糾合するキリスト教民主主義政党の誕生にはいたらなかった。

王政復古期

アルフォンソ一二世の即位に始まる王政復古期には、政権を交代で担った二大政党のうち、とくに保守党と教会とのあいだに協力関係が生まれた。その背景には、立憲君主制度のなかで、安定した二大政党制に基づく体制を構築することを目的とし、そのためには広範な国民の支持を集めたいと願う保守党の指導者カノバス・デル・カスティーリョを中心とする保守党内の穏健派の思惑が働いていた。また教会側では教会の利益を政治的に擁護することを求めて保守党を支持する信徒の存在が大きく影響したといえる。

王政復古初期の一八七六年六月に公布された一八七六年憲法の第一一条はカトリックを再び国家宗教として定め、カトリック以外の宗教には私的な空間での個人の宗教的実践を認めただけであった。そのうえ、一八八七年の結社法は司法省への登録義務を修道会に課したが、実際には行政命令によって認可を受ければよいだけであった。その結果、政府は国内での新たな修道会の設置を認可していった。折しも隣国フランスでは第三共和政の政教分離政策によって、修道会経営の教育機関が閉鎖されていく時期であった。教会はスペインの状況を好機として活かした。多くの修道士・修道女がフランスからスペインに移動したため、王政復古期には、在俗聖職者はもとより修道士・修道女数が増加した。くわえて既存のイエズス会をはじめとする教育修道会は、国の政治・経済を支えるブルジョワジー・中間層の子弟に対するエリート教育を担い、その存在感をますます強めた。そのうえで教会は国家が支給する聖職禄を受給し、議員としての聖職者を通じて教会の上院での発言力を堅持する、といった特権を維持した。

一九世紀末以来、社会主義者やアナキストなどの左派諸勢力が都市や農村の労働者を次々と獲得していくことに対して、教会は懸念をおぼえていた。一八九一年の教皇レオ一三世回勅『レールム・ノヴァールム』発布以降、経済格差などを背景とする社会問題に対する教会の応答責任が喚起された。スペインでも二〇世紀にはいると、社会問題に眼を向ける聖職者や信徒のなかから、左派に対抗しカトリック性を維持しながら、労働者を教会に取り戻そうとする動きが見られた。カタルーニャではイエズス会士パラウの指導によって民衆社会行動（ＡＳＰ）というネットワークが生まれた。アストゥリアスでは在俗聖職者アルボレーヤが地域の労働者の組織化を開始した。またマドリードではドミニコ会士ヘラルドやガフォなどの指導で自由カトリック組合が成立した。カスティーリャでは小規模経営の農民を中心としてカトリック全国農業連合（ＣＮＣＡ）が結成された。しかし、こうして社会的カトリシズムを支持した人々の多くは、既存の社会問題への具体的解決策を打ち出すことはできなかった。また社会的カトリシズムのなかにも、左派に対抗するためカトリックという宗派性を前面に出すのをやめるべきだとする人々と、あくまでカトリック性を維持するべきだとする人々との間で分裂がおきた。

米西戦争による植民地喪失に始まる世紀転換期、とくにアルフォンソ一三世（在位一八八六～一九三一年）による親政のもとでは、カトリック的な再生主義の勃興とでも呼ぶべき状況が生じた。教皇ピウス一〇世（在位一九〇三～一九一四年）が示した方針に従い、スペインでも、将来の社会を担うエリートとなる信徒を育成しようとする動向が見られた。たとえば一九〇九年に誕生したカトリック全国布教者協会（ＡＣＮＰ）は、イエズス会士アヤーラの薫陶を受けたエレーラを中心とする小規模な集団であったが、政治的・社会的に覚醒した信徒を育成することに成功し、政治家や大学教員となるものを輩出した。またＡＣＮＰは『ＡＢＣ《アー・ベー・セー》』と並んで保守層に広く読まれた日刊紙『討論《エル・デバーテ》』を発刊するカトリック出版社の母体を構成した。その一方で、ヨーロッパの自由主義に影響された左派の進歩派知識人層に対抗して、一八八〇年から八二年にかけて『スペイン異端者の歴史』を出版したメネンデス・ペラーヨをはじめとする伝統的なカトリック知識人層も、カトリック的再生主義の勃興に貢献した。

王政復古期にはカトリックの影響力が目に見える形で公的な空間に現れた。人々が家庭生活のなかで行ってきたキリストの聖心への崇敬は強化され、さまざまな都市においてキリストの聖心像が建立された。ついには一九一九年五月、マドリード郊外のセーロ・デ・ロス・アンヘレスにキリストの聖心像が建立された。国王アルフォンソ一三世は、スペインは、キリストの聖心によって聖別される国だとして、高位聖職者や閣僚をともなう除幕式を挙行した。当時のスペインではカトリック信仰と祖国とは不可分であると考えられていたのであった。

2　反教権主義運動の展開と教会

政治的反教権主義

王政復古期には、保守党と自由党の二大政党が政治を動かした。サガスタをはじめとする自由党の指導者は、保守党と対抗するため、社会主義者や共和主義者など左派的な思想をもつ人々を糾合しようと試み、教皇庁と一定の交渉を維持しながらも左派諸勢力を接合する手段として反教権主義を用いた。自由党は反教権主義を標榜する人々の声にこたえようとした。そして、保守党と交代して政権を担うたびに、自由党は教会の影響力を限定する諸政策を実行に移そうとした。カトリック的な社会心性が強化されることを恐れた自由党諸政権は、修道会の流入に歯止めをかけ、教会の社会的影響力を排除しようとした。まず一九〇一年、そして一九〇六年にも結社法制定やカトリック墓地の世俗化、教会によらない結婚に関する法律の再検討などの改革を試みたが、実を結ばなかった。ついに一九一〇年、自由党のカナレーハスは、新しい結社法を成立させるまでの二年間に限定してではあるが修道会の設立を制限するため、一般に「南京錠法」とよばれる法律を発布しようとした。教会はこれを国家のカトリック的アイデンティティに対する許されざる攻撃であるとして強く非難し、伝統主義者はデモや国会での発言を通じて南京錠法案に反対の意を示した。結局、カナレーハスが暗殺されたのち法案は廃案となったが、信徒のあいだには「ライシテ」を徹底的に追求する政治的反教権主義に対する危機感が残った。

王政復古期には、「ライシテ」の観点による教育活動を通じてカトリック的道徳観から教育を解放しようとする民間レベルでの活動も盛んになり、一八八一年には、ヒネル・デ・ロス・リオスが自由教育学院を創立した。学院は既に「ライシテ」を確立せんとしていた隣国フランスの知識人層と密接な連絡をとっており、この私的な教育機関によって教育の近代化が進められた。

また社会には、教会に対する鋭い批判がなされる精神的土壌も培われた。一九〇一年には、女性を修道会へ入会させようとする聖職者の圧力を批判したペレス・ガルドス作『エレクトラ』がマドリードで上演され、教会関連施設の破壊など暴力的行為に走る人々が出た。このような民衆的な反教権主義の発露ともいえる暴力は、他の都市にも拡大した。人々は時に、社会に対する非理性的な憤りを教会関連施設に対する焼き討ちなどの暴力を通じて発散するようになった。たとえば、一九〇九年に、バルセローナの予備役を中心とするモロッコへの出兵が決定されたことを契機に、それに反発した人々によって引き起こされた暴動は、民衆的な反教権主義の好例である。のちに「悲劇の一週間」と呼ばれるこの事件では、バルセローナにある教会関連の建造物が多数破壊された。また当時のマウラ首相はこの事件の責任をとり、辞任を余儀なくされた。王政復古期とは、社会闘争の激化とともに、市井の人々のあいだには反教権主義が醸成された時代でもあった。

プリモ・デ・リベーラ独裁体制期

王政復古末期の一九二二年には、スペインにおける初のキリスト教民主主義政党、人民社会党（ＰＳＰ）が設立された。この党は信徒にとっての新たな選択肢となるはずであった。カルリスタや、保守党の重鎮であったマウラの流れを汲むマウラ派などの青年層を中心として、カトリックという宗教を機軸としながら信徒を政治的に動員しようとしたのである。しかし一九二三年、プリモ・デ・リベーラ将軍のクーデタにより一八七六年憲法は停止され、スペインにおける政党政治システム全体が崩壊した。生まれたばかりのＰＳＰが信徒のあいだで定着する可能性も消滅したのだった。

全般として教会は、一九二三年九月のクーデタを好意的に受け入れ、独裁体制の成立を容認した。同年一一月にはプリモ・デ・リベーラはアルフォンソ一三世とともにイタリアを公式訪問し、時の教皇ピウス一一世（在位一九二二〜三九年）にローマで謁見した。こうして、独裁体制側は教会の利益を擁護する姿勢を示したのであった。しかし、独裁体制との協力関係をめぐっては、信徒には意見の相違がみられた。体制は、教会が独裁に対抗する地域主義者の活動の場となることを恐れ、カタルーニャやバスクの教会の典礼でそれぞれの地域の言語を使用することを禁じ、聖職者が自らの出身地域の高位聖職者となることに断固として反対した。このような事情から、地域ナショナリストである信徒は独裁体制へ協力することに抵抗し、体制から弾圧された。他方、社会的カトリシズムの観点から、コーポラティズムに基づいて社会改革を求めるACNPのメンバーやPSPに属した信徒は、独裁体制に積極的に協力した。彼らは一九二四年に創設された体制翼賛政党、愛国同盟に参加し、文民執政のもとで国民諮問会議が行おうとする憲法改正にも協力の意向を示していた。

体制と教会の協調姿勢は、教育分野ではとくに顕著であった。一九二八年五月、体制はそれまで国立の大学・高等教育機関に限られていた学位授与の権能を私立の教育機関、つまり教育修道会が経営する高等教育機関にも拡大することを法律で定めた。これに対して大学生連盟（FUE）などの左派勢力の抗議は全国に拡大し、反体制運動が激化した。国民諮問会議において、信徒は憲法草案の骨子作りに参加はしたが、体制が社会労働党（PSOE）や労働者総同盟（UGT）などの左派勢力とも協調する姿勢をとったことに不信感を抱き、自らが独裁体制との協力関係を維持する根拠を見失った。一九二八年末から一九二九年にかけて、教会と体制の関係も悪化していった。

独裁体制下では、体制による教会擁護政策のもとで、信徒の人格形成を求める刷新の動きが見えた。国の将来を背負う青年層を対象に、カトリック・アクションという、教区教会を中核として信徒に宗教的人格形成を授ける組織をつくる事業が本格的に開始されたのであった。また一九二八年にエスクリバによって創設されたオプス・デイは、所属の在俗信徒と聖職者とに対して俗界での権力行使と伝統的献身とを求める、従来にはなかった形態の団体へと変貌を遂げた。

「ライシテ」の模索

一九三一年四月に第二共和政が成立すると、教会にとっては、国家の「ライシテ」を目指す動きに正面から対峙しなければならない困難な時代が到来した。第二共和国政府は宗教に関連する一連の改革を推進し、公的な空間における教会の影響力を排除しようとしたのであった。憲法制定議会の議論では教会を擁護する発言もあったが、その要求は否決された。のちの共和国大統領アサーニャの「スペインはカトリック的ではなくなった」という議会での発言は、当時大きな社会的反響を呼んだ。

そうして教会は、歴史的に保持してきた特権的な地位を失った。一九三一年一二月に公布された第二共和国憲法第三条は、スペインの憲政史上はじめて明確に公的な宗教をもたない国としてスペインを規定した。また第二六条は、ローマ教皇に忠誠を誓う修道会であるイエズス会を国外追放することを定めた。加えて、すべての宗教団体を特別法に基づいて結社として取り扱うことを定め、また国家行政機関が宗教的結社に公的資金を支出することを禁じ、二年以内に聖職禄を廃止するとした。続く第二七条では良心の自由、どの宗教をも自由に信仰する権利を保障し、また墓地を民事管轄のもとに置くことなどが謳われた。

この憲法を受けて、一九三三年六月にはイエズス会以外の修道会に関する教育・経済活動を制限するための特別法として、宗派と修道会法が発布された。これにより修道会が経営してきた初等・中等教育機関は国家によって接収された。ちなみに、一九三〇年までは、ほぼ三分の一の初等・中等教育機関が修道会の管理下にあったともいわれる。この点からも、学校教育を国家の手中に奪還し解放することは、宗教的に中立である共和国の責務であると考えられたのである。これに対して修道会は、信徒による合法的な結社を通じて私立の学校を維持するという方策で対抗した。

第二共和政期には、王政復古期からプリモ・デ・リベーラ独裁期にかけて権力の側にあって恩恵を受けてきた教会に対して、人々の憎悪が向けられた。たとえば一九三一年五月一一日には、マドリードやセビーリャなどで一〇〇あまりの教会関連の建造物がアナキストなどによって襲撃を受け、破壊されている。このような民衆的な反教権主義の発露としての暴力は、第二共和政末期まで広く見られた。とはいえ、破壊的な暴力に対して、自分たちの教会や聖像をまもろうとする信徒も相当数存在していた。実際のところ、キリストの聖体の祝日に教会が伝統的に行ってきた聖体行列を中止する、といった、地域社会での長年の習慣であった祝祭行事を祝うのをやめることや、これまであった十字架や宗教的な像などを公的な空間であるという理由で撤去するといった行政的措置を巡っては、政治家のみならず民衆の間でも賛否が分かれていた。

第二共和政期

第二共和政期に穏健左派が中心となって起草した宗教に関連する一連の法律は、あくまでも「ライシテ」、つまり国家の宗教的な中立を追求することを目的としていたのであり、特定の宗教を迫害しようとしたものではなかった。しかし教会はそのような法律を黙認することはできなかった。一九三一年五月には、はやくも共和国の方針を強く批判したトレード首座大司教セグーラ枢機卿が国外退去処分となった。とはいえ、教会は共和国政府との対話の断絶を望まなかった。ローマ教皇庁は既存体制としての第二共和政を尊重する方針を選択した。教皇庁の意向をよりどころにして、タラゴーナ大司教ビダル・イ・バラケーやACNPに集う政治エリートなどは、あくまでも必要悪としてではあるが、第二共和国政府との協調路線を模索したのだった。

こうして、既存の政治システム内で教会利益を擁護するためには政策決定に関与する必要があることを実感した信徒は、政治活動に全力を注いだ。確かに、一九三一年六月の憲法制定議会選挙では政党が乱立し、教会利益の擁護を党利に挙げたアクシオン・ナシオナルは敗北した。しかしその敗北への反省から、この党は改組を行い、アクシオン・ポプラールと名称を変更したうえで、その他の保守勢力を広く束ねて、一九三三年二月にはスペイン独立右翼連合（CEDA）を立ち上げた。CEDAはオリガルキアとも密接な関係をもち、一九三三年一〇月の総選挙では獲得票数で第一党となった。その後、CEDA党首のヒル・ロブレスが陸軍大臣に任命されたことが発端となり、一九三四年一〇月にはアストゥリアス革命が勃発した。この事件で信徒や聖職者が殺害されたことが決定的な要因となり、急進的な信徒は、左派による暴力に対抗するためには自分たちが暴力を使うこともやむをえないとする方針へと完全に舵を切った。また政治にたずさわる信徒の若年化が進んだのは、政治的ダイナミズムが青年の力を必要としたこの時期特有の状況あってのことであった。

第二共和政期には、地域ナショナリズム運動が盛んなバスクやカタルーニャでは、キリスト教民主主義的運動が活発になった。なかでもバスク・ナショナリスト党（PNV）の共和政期の活動は特筆すべきものがある。またカタルーニャではキリスト教青年連盟（FEJOC）が創設された。ベルギーの司祭カルデインの運動の影響を受けたFEJOCは、「カトリック」という宗派性をしめす語を組織名から外し、広範なイデオロギーの青年労働者が集い討論する場をつくろうとしたのであった。

とはいえ、全体的に見て、第二共和政期を通じて、信徒は先鋭化・右傾化していった。一九三六年二月選挙では、国外退去処分を受けていたセグーラに代わりトレード首座大司教に任命されていたゴマが、右派への投票を信徒に呼びかけた。しかし右派は敗北し、この選挙で誕生した人民戦線政府は、一九三三年総選挙後の右派の台頭により頓挫した聖職禄の廃止等の反教権主義的政策を再び実行に移そうとした。教会建造物や信徒を対象とする人々の暴力行為が日常化し、信徒もこれに暴力で対抗するようになっていた。信徒のなかには軍のクーデタ計画に協力するものもあらわれた。このようななかで、スペイン内戦が勃発したのであった。

3　内戦、フランコ独裁、そして民主スペインへ

スペイン内戦期

内戦期の共和国陣営では、多数の信徒や聖職者が暴力的な迫害を受け、生命の危険に晒された。内戦勃発直後の数カ月間で、司教一三名をはじめとして六八〇〇人あまりの聖職者が殺害された。また教会関連の建造物は焼き討ちなどで破壊され、宗教美術品は略奪や収奪の憂き目にあった。墓を暴き、カトリック的な国家のシンボルであったキリストの聖心像を「銃殺刑」に処すなど、とくにアナキストや共産主義者が中心となり、教会建造物や信徒に対して非常に激しい攻撃が行われた。とはいえ、このような行動は共和国陣営が公的に命じたものではなく、社会心性としての民衆的な反教権主義の発露であったと理解するべきであろう。

内戦は宗教的コンフリクトの様相を呈していた。反乱軍側に立った多くの信徒や聖職者は、共産主義によってもたらされた混乱から社会を救済し再キリスト教化することを大義とした。一九三七年七月に出された首都大司教団司牧書簡は、トレード首座大司教であったゴマを中心に編まれたものであるが、共和国の教会迫害の蛮行を弾劾し、全世界に左派の暴力の犠牲者としての教会の姿を宣伝する効果をあげた。第二共和国に対する軍部クーデタに始まる内戦は、教会のフランコ陣営支持により、神のための「聖戦」として正当化されるにいたったのである。

フランコ陣営では従軍司祭がその存在感を示し、戦線における宗教的実践を支えるとともに、兵士たちの心のケアに力を入れ、また公教要理や読み書きを教えた。銃後から、女性信徒は兵士の代母となって前線にタバコや本など戦場で兵士の心の休息をもたらすための物品を入れた慰問袋を送付し、彼らと文通し、兵士のための募金活動を行ったり、看護婦や訪問者として病院で働き、傷病兵を慰めるなどした。このように女性信徒は前線の兵士の士気を高めつつ、フランコ陣営の戦争遂行を大きく手助けしたのであった。

共和国陣営にも信徒は存在していた。バスク地方では、カトリックの宗教的実践は尊重されていた。またその他の地域でも宗教的実践が完全に消滅したわけではなかった。マドリードやバルセローナなど、共和国陣営支配下の諸都市では、地下活動的な宗教的実践が細々と継続していた。

実際のところ、内戦の実相は複雑である。教会に対する迫害を行ったのは共和国陣営だけではなかった。フランコ陣営でもバスク・ナショナリストの聖職者一四人の殺害が起きている。また共和国陣営を支持したバスクの人々には、PNV党首でありバスク自治政府初代首班となったアギーレに代表されるような熱心な信徒も多かった。共和国陣営の「アカの仕業」によって敬虔な信仰を理由に殺害されたとされている信徒のなかには、実際は右派の労働組合に積極的に関与していたなど、信仰以外の殺害理由があると思われる人々も多い。ゆえに「共和国陣営では皆が教会を敵として見ていた」「信徒はその信仰のゆえに共和国陣営によって殺害された」といった単純な図式化による内戦の理解は避けねばならない。

図10－3　セーロ・デ・ロス・アンヘレスにおけるキリストの聖心像銃殺刑

出典：Lannon, F., *Privilege, Persecution, and Prophecy. The Catholic Church in Spain, 1875-1975*, Oxford: Clarendon Press, 1987, 表紙.

フランコ独裁体制期

一九三九年四月、内戦はフランコ陣営の勝利に終わり、フランコ独裁体制下では国家カトリック《ナシオナル・カトリ》主義《シスモ》と呼ばれる政教一致の状況が生まれた。一九四五年の国民憲章第一章第六条は、国家の宗教はカトリック教であり、その信仰実践は公的保護を享受すると定めた。カトリックは国家宗教として復活し、教会には内戦で荒廃した国民を統一する精神的支柱としての役割が求められた。教会はフランコ将軍がめざした「新国家」の建設に協力したのであった。フランコは聖職者推挙権を特権として行使し、またACNPやオプス・デイに所属する信徒を政権の中枢に参加させた。枢軸国の援助を受け成立したフランコ体制は、第二次世界大戦終結後には国際的に孤立したが、それを救ったのは、世界規模のネットワークをもつ信徒の存在であった。この協調関係は、一九五三年コンコルダートでその頂点を迎えた。

体制の存続を望む人々にとって、教会は国民全体を統括する支柱であると同時に、政治構造を維持するために必要な装置でもあった。カトリック的教義に基づく教育が行われ、宗教はすべての教育課程で義務化された。また国立大学や高等学術研究所など国の将来を担う青年層を育成する機関では、多くのエリート信徒が教員として任用された。映画や出版物などのメディアは教会による検閲を受けなければならなかった。このように、教会は道徳の番人としての自負をもち、人々の日常生活を規制したのである。

とはいえ、教会内に政治的刷新を求める動きが生まれたのも事実である。一九四〇年代後半からカトリック・アクション労働者兄弟会（ＨＯＡＣ）やカトリック労働者青年会（ＪＯＣ）といった労働者階層の信徒を対象としたカトリック・アクション専門部門が成立する。彼らは資本主義を弾劾し既存の社会秩序を批判して、社会正義を求めた。こういったカトリックの組織は、フランコ独裁体制下で労働者が労働問題について討論できる「安全な」場として機能した。トップダウンで教区ごとに機能していた従来の信徒の人格形成を求めるカトリック・アクションと、社会正義を求める労働者のなかから生まれ、職業・社会層別に分化したカトリック・アクション専門部門との相違は明らかであった。くわえて、一九五〇年代半ばには教会内部の自己批判も高まり、ライン・エントラルゴやアラングレンなど、知識人のなかから教会の独裁体制への協力姿勢に異議を唱えるものがあらわれた。

人々が組織としての教会から距離をとり始めるのもこのころのことである。一九五一年に行われたシウダー・ロドリーゴ（カステリーャ・イ・レオン州の都市）での調査によれば、日曜のミサへの出席率は男性が四二％、女性が五五％であり、また一九五五年のマタロー（カタルーニャ州の都市）での調査では、地域人口の三〇％ほどしか日曜のミサに出席していない、という結果がでた。国家カトリック主義のなかでも一部地域では一九五〇年代には民衆の脱宗教化がはじまっていたと考えることができる。

教皇ヨハネ二三世（在位一九五八～六三年）によって招集された第二ヴァチカン公会議による諸決定は、スペインの教会に大きな変革を促した。なかでも一九六五年一二月の『信教の自由に関する宣言』は、教会にのみ認められた特権をスペイン政府が再考する機会を生んだ。一九六七年には「宗教的事項における自由についての市民権の行使を規定する四四／一九六七、六月二八日法」いわゆる宗教的自由法は、カトリック以外の宗教を公式に承認し、その活動を法的枠組みのなかに取り込んだ。さまざまな限定的条件があり完全な宗教的自由とはいえないまでも、プロテスタントをはじめユダヤ教徒やムスリムなど宗教的マイノリティが自らの宗教を合法的に信仰する道が徐々に開かれていった。

民主化と教会

一方でカトリック教会は、現代化を進める過程で、内部からの抵抗にあった。たとえば、カトリック・アクション専門部門の急進化に危機感を抱いた司教協議会内保守派の高位聖職者は、カトリック・アクションを時代のニーズに逆行する教区ごとの組織に戻そうとして介入し、闘士たちの怒りを買った。信徒の独自性を尊重する下級聖職者と、権威的な立場からの信徒への指導・組織化を重視する高位聖職者との間に緊張が生まれ、一九六六年から六九年にかけて、カトリック・アクションは存亡の危機に見舞われた。この時期、急進的な聖職者やHOACやJOCの闘士は、教会の伝統的かつ反動的な価値観に限界を感じ、その多くが組織を去った。

体制末期から民政移行期にかけての教会を指導したのは、タランコン枢機卿である。彼は、教皇パウロ六世（在位一九六三～七八年）の命をうけて一九六九年にトレード大司教となり、一九七一年にマドリード大司教に任命されてから一九八一年までスペイン司教協議会の長を務め、第二ヴァチカン公会議の精神に基づいて、開かれた教会の構築をめざした。タランコンはオプス・デイと距離をおき、また社会的宣教に関する司教委員会（CEAS）を再構成してHOACやJOCと高位聖職者との対立の緩和を模索し、一九七一年にはそれまでになかった形態の司教・聖職者共同会議を開催するなど、教会の現代化を進めようとした。

フランコの死後、一方で国王フアン・カルロス一世（在位一九七五～二〇一四年）が聖職者推挙権を放棄し、また一方で教皇庁が一九五三年コンコルダートで認められた教会の諸特権を放棄して、一九七六年七月、国家と教会の双方が新たな政教関係を構築することで合意した。この一九七六年に締結された基本協定に加えて、一九七九年に締結された法的協定、教育・文化協定、経済協定そして軍務協定が、現代にいたるまでスペインにおける教会と政府の関係を規定する法的規範となっている。

民政移行期の教会は、政治的多元性を尊重し、信徒が自由に政治的な選択を行うことを容認した。その結果、一九七七年総選挙では、教会がキリスト教民主主義勢力を含めた特定の政治的グループを表立って支持することはなかった。これは、内戦で信徒の分断を招いた過去を反省し、カトリック的な党派性のみがほぼ絶対的な選択肢であるとして信徒に提示するという過ちを繰り返さないための教会の意志表示であった。カトリックの信仰をもつことが選挙民の政治的選択を規定する時代は終わったのである。

一九七八年現行憲法の第一六条は、スペインがカトリックの伝統をもつ国であることに配慮しながらも、国家宗教制度を否定した。くわえて、憲法規定を直接的に補完し、信教の自由という基本的人権を具体的に保障するために、一九八〇年七月には宗教の自由に関する組織法が制定された。こうして教会はカトリックが国家宗教であるという特権を放棄した。とはいえ、民主中道同盟（ＵＣＤ）政権下では教会への国庫からの支出の是非、公教育における宗派性表明の是非、離婚や人工妊娠中絶などカトリック的モラルからは許されるべきではないとされる事項の合法化などさまざまな問題が顕在化し、現在まで解決するにはいたっていない。

4　現代における宗教的多元性と教会

現代における教会

現在のスペインは、隣国フランスのように「ライシテ」に基づく国家の宗教的中立・徹底した政教分離規定を適用する国ではなく、調整システムを用いて、国家と宗教団体双方が関連法から逸脱しないよう規制を行う国である。伝統的な宗教であるカトリックにはスペイン社会の宗教的信条として特別の配慮がなされ、教会には他の宗教・宗派には認められていない優遇措置がとられている。たとえば納税時に教会への寄付を選択した人々の所得税の一部である〇・七％（二〇一四年現在）が、使途指定納税として国庫から教会に納められ、近年では納税の時期が近づくと、納税時にこの選択手続きを行うよう呼びかけるキャンペーンが教会によって展開されるのが通例となっている。また現在でも、修道会が経営する私立の教育機関が政府との申し合わせによる学校として義務教育を担っているため、学校で開講される宗教科目の大多数はカトリックの公教要理である一方で、他の宗教での開講は絶対的に少ない。

教会のなかには、破壊されつつあるスペインの伝統的な社会・文化的秩序を擁護しているという自負をもち、教会を優遇する政治的配慮に基づく諸処置を既存のかつ当然の権利としてとらえる聖職者・信徒も多い。彼らにとっては、国家が示す「ライシテ」に基づく政策は簡単には容認しえないものである。実際のところ、政教間には「ライシテ」をめぐる問題が山積している。すでに述べた教会への国庫による支出のほか、たとえば、軍隊における兵士への従軍司祭による宗教的サポートの是非、公教育を担う学校において、修道会経営の学校であるがゆえに教室に十字架が置かれてよいのか否か、妊娠中絶合法化の範囲が徐々に拡大されて中絶をする女性が増加している現状、同性婚の合法化に関する是非など、伝統的なカトリック的モラルと、法整備を通じて漸次的に社会に根づきつつある脱宗教的な世界観との間には絶えざる緊張関係が見られる。

宗教的多元主義のゆくえ

すでに述べたようにフランコ体制末期には、消極的な動きではあったが、カトリック以外の宗教を信仰する人々の存在が社会的に受容されるようになっていった。その後、一九八〇年の宗教の自由に関する組織法は、スペイン国民にどの宗教でも自由に信仰する権利、また特定の信仰をもたない権利を保障した。また諸宗教団体には司法省管轄の宗教団体登記簿への記載が義務づけられた。信徒数その他の条件から見て社会に著しく定着していると考えられる諸宗教には、国家との協調関係を維持する特別な法的枠組みが提供されたのだった。一九九二年には、カトリック以外でスペインに定着している宗教を代表する諸団体として、スペイン福音宗教団体連合（ＦＥＲＥＤＥ）、スペイン・ユダヤ共同体連合（ＦＣＩＥ）、スペイン・イスラーム委員会（ＣＩＥ）のそれぞれが国家と協定を結んだ。現在では、これらの団体には、「多元主義と共生財団」を通じて国家からの助成が行われている。

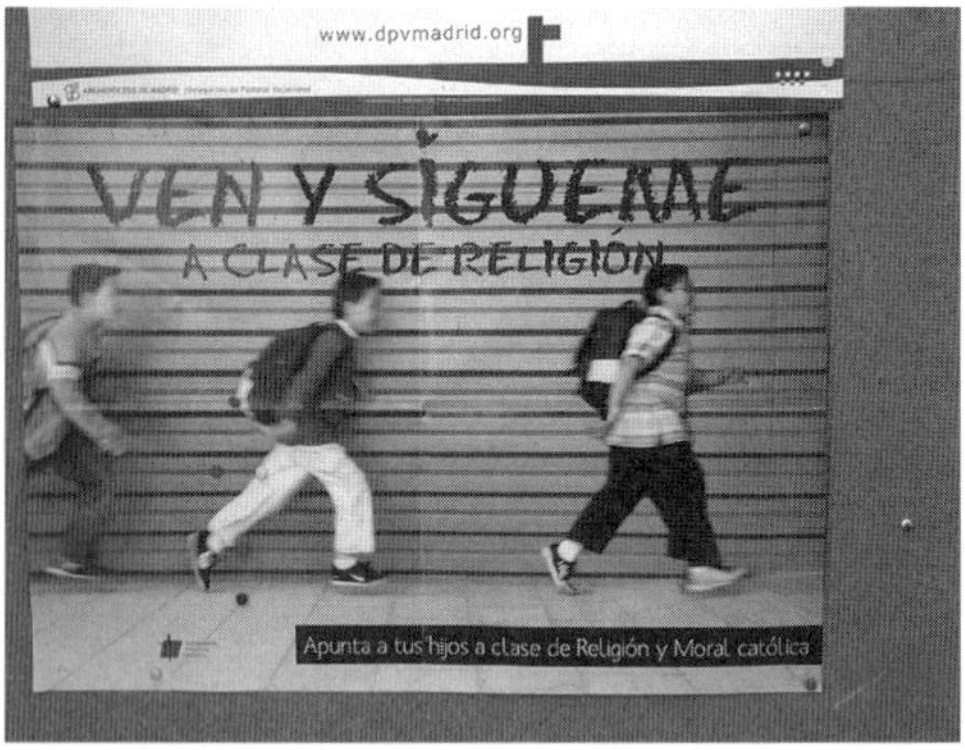

図10－4　子弟に宗教教育を受けさせるよう保護者に呼びかけるポスター

出典：筆者撮影。

国家が宗教的多元性を承認したことにより、長らく沈黙を強いられてきた宗教的マイノリティは、自らの権利を主張し拡大する機会を得た。たとえば、近年ではモロッコ等からの移住者が増加し、現在人口の一割程度を占めるといわれるムスリムであるが、とくにその人口の多い都市では、保護者の要求を完全に満たすとはいえないまでも、その子弟のためにイスラームの宗教科目が学校に設置されはじめている。

とはいえ、宗教的多元主義が広く社会に認知されているかといえば、そこには多くの課題があるといわざるをえない。スペインにおけるムスリムの表象は、七一一年にスペインに侵略したキリスト教徒の敵といった歴史的概念に直結している。そのうえ、フランコ反乱軍の傭兵としてのモロッコ人や、また二〇〇四年三月一一日に起きたマドリード列車同時爆破テロ事件の主犯格としてのムスリムなどのイメージから、ムスリムはスペイン社会に危害を与える人々である、という先入観をもつ人も多い。教義への無知からくる、ムスリムは「狂信的」「暴力的」「傲慢」であるといった認識が、ムスリムの社会的共存に暗い影を投げかける。また、国と一九九二年の協約を結ぶために一団体に集合せざるをえなかったムスリムではあるが、その内部には諸グループが存在している。多様な宗派からなる人々を半ば強制的に統合する処置は、本来的な個人の信仰の自由を阻害する要因となる可能性をも秘めている。

社会労働党政権と教会　一九八二年総選挙では社会労働党（PSOE）が政権党となった。一方教皇庁では、保守的と評されるヨハネ・パウロ二世（在位一九七八～二〇〇五年）が一九七八年に教皇に選出されていた。教皇庁の方針に影響を受けて、スペインの教会にもノスタルジックなカトリック再生を目指す動向が生まれたが、対するPSOEは「ライシテ」を目指す路線を選択した。

とはいえ、一九八二年総選挙によるPSOEのゴンサレス政権の誕生には、信徒の票も大きく貢献した。個人が信仰に忠実であることが左派政治勢力と敵対することを意味した時代は明らかに終わりを告げていたのである。政党としてのPSOEは二〇〇六年には「自由のための枠組みとしての脱宗教性」と題した会議を開催し、教会に対する税制上の優遇措置の撤廃を謳っているが、現実には、ゴンサレス政権下でも、二〇〇四年以降のサパテーロ政権下でも、国庫による教会への支出を停止するような急進的な措置はとられなかった。他方、教育では、「ライシテ」へむけた政策が展開されている。たとえば二〇〇七年には「公民意識のための教育」という科目を設置して、特定の宗教に依存しない道徳教育を青少年に施そうとした。しかし、信徒の保護者からは、このような処置はカトリックを信じる自由を奪うものだとする意見も噴出し、子弟の同科目の受講を拒否する者も現れた。この科目が必修化されることの是非を問うため裁判に訴えた者もいる。このように公教育における宗教科目は、その必然性も含めて、現在に至るまですべての人々が納得できる答えが出ていない難問である。また二〇一〇年にサパテーロ政権は、一九八〇年に定められた宗教の自由に関する組織法の改正を試みようとしたが、最終的には時期尚早として、法案提出は無期延期となった。二〇一一年以降、国民党に政権交代した後も、この点での大きな変化は見られない。

現代スペインは宗教的様相が政治の前面にでる社会ではない。少なくとも憲法またその下位法によって宗教的多元性は承認され、国家宗教＝カトリック、という世界観は消滅しつつある。社会に残る教会の影響力の排除を目指して、国家は宗教的に中立であるべきとして絶対的な脱宗教性を訴えるNGO、NPO団体は存在する。ただしこれらの団体は宗教からの解放を求めて積極的な運動を展開しているとはいえ、「ライシテ」はスペインの人々の全体的なコンセンサスを得るには至っていない。

社会は脱宗教化しつづけるのか

二一世紀になったいまでもスペインでは、信仰する宗教は何かと問えば「カトリック」という回答が多数あがる。教会以外の組織が提示するデータ、たとえば社会学研究所（CIS）の二〇一四年一〇月の数値によれば、調査対象となった人々の六七・八％が自らをカトリックと自認しているのに対して、他宗教の信徒は二・三％、特定の信仰をもたないとする人は一六・七％、無神論者は一〇・八％、という内訳である。またカトリックもしくは他宗教を信じると自認する人々に宗教的実践への参加度を尋ねる質問では、ほとんど出席しないが六一・〇%であるのに対して、年に数回の参加は一三・九%、月に一回が一〇・一%、毎日曜祝日が一二・一%という結果がでている。信徒であることと、教義にしたがって日常的に宗教的実践を行うこととの間には不整合があるといえよう。また現代の青年層の多くは、教会が正統とする道徳観に基づく生活とはかけ離れた様式のなかに生きている。そのうえ、司祭としてまた修道士・修道女として働こうとする人の数は減少の一途をたどり、状況には歯止めがかからないのが現状だ。

しかし、それは脱宗教化の過程が不可逆であることを意味するわけではない。実際、脱宗教化に逆行する反動的な現象も見られる。たとえば、強いカリスマ性をもつ信徒、ゴメス・アルグエリョが一九六〇年代にマドリードで結成した新たな洗礼志願の道《エル・カミーノ・ネオカテクメナル》というグループは、脱宗教化する社会から距離を置き、自らの信仰を成熟させることを強く求める人々の間に広まった。二〇〇八年に教皇庁の認可を受けて、日本での組織展開も射程に含め、スペインのみならず、全世界にその勢力を伸ばしつつある。

また二〇一三年三月には史上初のラテンアメリカ出身の教皇フランシスコが着座し、全世界的に教会は改革へと向かいつつある。スペインもその例外ではない。

日常生活における宗教の存在感は希薄になりつつあるのは事実だ。しかし各地では今でも聖母マリアや地域の聖人を祭る祝祭をはじめ、カトリックの宗教色が濃い行事が多々開催されてもいる。長年にわたって社会がカトリックに大きく規定されていたことにより、容認するにせよ否定するにせよ、現代のスペイン社会がカトリック的価値観の影響を受けているのは確かである。ポストモダン社会における多文化共生へ向けて、コンフリクトを抱えながらも、カトリック教会はもとより、その他の宗教団体、非宗教的団体そして国家が新たな道を模索しているのがスペインの現状だといえよう。

（渡邊千秋）

参考文献

ホセ・カサノヴァ『近代世界の公共宗教』津城寛文訳、玉川大学出版部、一九九七年。

北原仁・芳賀学「第三章スペイン」『海外の宗教事情に関する調査報告書』文化庁、二〇一二年。

文化庁編『海外の宗教事情に関する調査報告書――資料編スペイン宗教関係法令集』文化庁、二〇一二年。

Boyd, C.P. (ed.), *Religión y política en la España contemporánea*, Madrid: Centro de Estudios Políticos y Constitucionales, 2007.

Callahan, W. J., *La Iglesia católica en España, 1875-2002*, Barcelona: Crítica, 2003. (Original in English: Callahan, W. J., *The Catholic Church in Spain, 1875-1998*, Washington DC: The Catholic University of America Press, 2000.)（スペイン語版には一九九八年以降二〇〇二年までの補足章追加あり）

Lannon, F., *Privilegio, persecución y profecía. La Iglesia católica en España, 1875-1975*, Madrid: Alianza Editorial, 1990. (Original in English: Lannon, F., *Privilege, Persecution, and Prophecy. The Catholic Church in Spain, 1875-1975*, Oxford: Clarendon Press, 1987.)

Seidman, M., *The Victorious Counterrevolution. The Nationalist Effort in the Spanish Civil War*, Wisconsin: University Wisconsin Press, 2011.

Casanova, J., *La Iglesia de Franco*, Madrid: Ediciones de Temas de Hoy, 2001.

Diaz Salazar, R., *El factor católico en la política española. Del nacionalcatolicismo al laicismo* (*2ed.*), Madrid: PPC, 2007.

Montero García, F., *La Iglesia. de la colaboración a la disidencia* (*1956-1975*), Madrid: Editorial Encuentro, 2009.

Montero García, F.; Moreno Cantano, A. C.; Tezanos Gandarillas, M. (eds.), *Otra Iglesia. Clero disidente durante la Segunda República y la guerra civil*, Madrid: Trea, 2014.

Ollero, A., *España: ¿Un Estado laico? La libertad religiosa en perspectiva constitucional*, Cizur Menor, Navarra: Editorial Aranzadi, 2005.

カトリック・ユースデイ・マドリード大会 http://www.madrid11.com/　二〇一二年一二月二二日　最終アクセス。

スペイン・カトリック司教協議会 http://www.conferenciaepiscopal.es/　二〇一四年一一月二〇日　最終アクセス。

コラム5　マドリードにおけるカトリック・ワールド・ユースデイ開催の「功罪」

二〇一一年八月一五日から二一日まで、カトリック・ワールド・ユースデイ・マドリード大会が開催された。その歴史は、国連が一九八五年を「世界青年の年」と決定したことを受けて、当時の教皇ヨハネ・パウロ二世が青年層のカトリック教会における一致を求めて開催を呼びかけたことにはじまる。それ以後、ほぼ二年おきに開かれているこのスペクタクルの会場としてスペインの首都マドリードが選ばれ、教皇ベネディクト一六世（在位二〇〇五〜一三年）のもとに全世界から数多くの聖職者・信徒が集結したのである。主催者側は、世界一八九カ国から四一八万人が参加し、なかでもスペインからは一二万人の若者がマドリードに集ったと発表している。なお日本からも巡礼団が参加している。

大会会期中、通常はマドリード市民の憩いの場として機能しているレティーロ公園には仮設の告解所が設置され、またミサ典礼などの主要会場となったクアトロ・ビエントスには非常に大がかりな祭壇が現れた。空港や街中のパレードなどで人々が熱狂的に教皇を迎える模様や教皇が捧げるミサ等における荘厳な雰囲気は、教会が大株主である放送局のみならず、スペイン国営放送ＲＴＶＥを通じて中継された。延べ一万四〇〇〇人のボランティアが、運営スタッフとして大会の円滑な開催のため尽力した。このような現実は、スペインには公的な空間をカトリックという特定の宗教団体がその信仰表明のために使用することが一般論として許される政治的・社会的土壌が今でも存在する、ということを如実に物語っている。

マドリード中心部の街区に掲げられた2011年ワールド・ユースデイ・マドリード大会の宣伝用垂れ幕

出典：筆者撮影。

ワールド・ユースデイはカトリック教会にとって、教会離れが危惧される青年層のカトリック信仰を強化する意義をもつ非常に重要な行事である。しかしこの信仰強化という点だけにワールド・ユースデイの機能を限定するべきではあるまい。一宗教の単なる恒例行事として理解するにはあまりに膨大な人的・経済的資源が投入されているのである。この現代のカトリック的・全世界的な大規模巡礼は、大量の人間をある限定された時空間に集中させることに成功した。参加者の多くは、あくまでも宗教的実践を目的としていたはずだとしても、観光業は旅行者としての巡礼者の存在の恩恵に与った。

実際、二〇一一年ワールド・ユースデイ・マドリード大会の開催は、臨時であるとはいえ四五〇〇人強の雇用の場を創出したと見積もられている。とくに開催地となったマドリードのホテルや小商店などには直接的な効果がもたらされたようである。また会場設営や宣伝活動などで生まれた、建設業界やメディア業界への教会の経済的貢献も無視することはできない。脱宗教化しつつあるスペイン社会で、三億五四三〇万ユーロともいわれる経済効果をもたらした宗教行事を開催するカトリック教会の組織力や政治的影響力を、われわれは多様な視点から改めて考える必要があろう。（渡邊千秋）

第11章　伝統的モラルと新たな市民性

1　伝統的モラルと農村社会の変化

「プエブロ」の社会規範と価値観

フランコ独裁体制下（一九三九〜七五年）の農民社会に関する研究書に、イギリスの社会人類学者ジュリアン・ピット＝リバーズの『シエラの人々』がある。この民俗誌は、一九四〇年代後半から五一年にかけて、スペイン南部、アンダルシーア地方の山間部に位置するグラサレーマ（作中では「アルカラ」という仮名を使用）において実施したフィールドワークに基づいている。まずこの書をもとに、スペイン人の伝統的モラルを考察してみよう。スペインの農村ではふつう、住民は自分の村や町を愛着をこめて「プエブロ（村や町、田舎の意）」と呼ぶ。ピット＝リバーズは、多様な概念を用いてプエブロの内部構造を分析し、アンダルシーア社会の特質を明らかにしようとした。

一般に、プエブロの規模は人口数百から数万にまで及ぶ。人口約二〇〇〇人のグラサレーマはアンダルシーアの町に特有の密集した外観をもっている。プエブロの生活は、泉と役所、そして夕刻人々が散歩する広場を中心として営まれ、住民はこうした共同体に住む欲求と愛郷心をもっている。プエブロは愛郷心を基盤とし、場所とともにそこに住む人々までも意味する。すなわち、土地と人間の集まりとしての共同体であるといえる。

さらに、プエブロは政治的に「自然な」社会単位であると筆者は考える。というのも、国家や県の行政制度は外部からもたらされ、社会構造が異なる他の共同体にも適応される人工的なものであるからである。「自然な」社会単位であるプエブロには固有の政治制度がある。つまり、プエブロを独特の方法で統制し、その住民にだけ作用する社会規範が存在する。住民はたがいに密着して生活し、個人の出来事は共通に論評される。したがって、世論は重視され、社会規範を破った場合、当然世論によって評判を傷つけられる。つまり、倫理的制裁が作用するのである。また、あだ名や「あざけり《ビト》」によっても制裁を受ける。住民は外からもたらされる政治制度よりも、こうしたプエブロ特有の社会規範を恐れている。

つぎに職業について考察されるが、これは単に区分にすぎず、いかなる職業につこうと人間の本質は同じであると考えられている。すなわち社会階層の形成はここでは見られず、富自体に内在的な美点はない。そして、金銭に由来する威信は所有にあるのではなく、惜しみなく使うことにある。他人に対する気前のよい行いが好まれ、友人関係、社会関係の要件となる。貧困は何の劣性も意味せず、ただ気前の良さに応じる能力がないことのみが屈辱となる。もつものがもたないものに与えなければならないという考えは、宗教的戒律によるだけではなく、プエブロの倫理的使命と考えられている。そこには平等主義的感情が認められ、経済的に優位にある成員に優位な立場を許容することに対する強い抵抗がある。プエブロとは、同一の価値体系に基づく平等な地位にある人々の集合体であるといえる。

図11－1　グラサレーマ

出典：筆者撮影。

では、その価値体系とはどのようなものか。著者はそれぞれの性に固有の価値規範を論じる。まず男性にとっては男らしさが重要である。男性は、何事も恐れずに自身の家族と誇りを守るための即応力が求められ、こうすることで「名誉」を維持する。男らしさを失った男性は威信を喪失する。一方、女性の本質を表すものは「恥《ベルグエンサ》」である。女性はこれを保持しているが、一度失われると回復は不可能であり、「恥知らず《シンベルグエンサ》」と形容される。

この両方の価値観は倫理的な拘束力をもち共有されている。

以上がピット＝リバーズが指摘したプエブロの特徴であるが、これらの点についてはフランコ時代前半の社会背景を考慮する必要があろう。当時、上流階級の人々は体制に優遇されており、彼らに対して他の住民が反抗することはとうていできなかった。したがって、村人が皆平等であるという指摘を文字通り受けとるのは無理がある。ただし、こうした小規模な村では、都市で暮らしている不在地主も多い。このモノグラフからは、山間部の小規模な農村に共通するであろう、階層認識の低さ、住民間の緊密な人間関係、平等意識、倫理規範の絶対的な重視などの特徴が見いだされる。

小農社会とその変化

『シエラの人々』が当時の農村研究に与えた影響は大きく、「名誉と恥」については後に地中海世界全体に関する比較研究にまで発展している。多くの人類学者がピット＝リバーズの研究を参考にしてスペイン各地の農村において調査を行い、スペインのあらゆる地域の農村共同体の社会構造に共通すると考えられるいくつかの特徴を提示した。

第一に、パトロン・クライアント関係である。インフォーマルな物品やサービスの交換を通じて富裕者と貧困者が相互の便宜をはかる社会的契約であり、社会諸階層を結びつけ、階層間の争いを緩和すると指摘された。この関係の背景にあるのはやはり平等主義である。第二に、宗教の社会的な統合力が挙げられる。スペインでは宗教的実践が国民文化のあらゆるレベルに浸透しているため、これが農村共同体を統合する役割を果たすという。たとえば、村の守護聖人への共通の信仰が、住民の団結心を強化する。第三の特徴は、自分のプエブロに対する強い愛着心である。この愛着心は、たとえば、祝祭の歌などに表現される、近隣のプエブロに対するライバル意識を通じてより強くなる。プエブロに対する忠誠心は、階層、身分のような社会経済的な基準よりも強く、住民はある階層における帰属よりもプエブロの帰属を重視する。以上の特徴から、スペインの農民社会は社会的に統合され、構造的にも情緒的にも高度に集中化された共同体と位置づけられた。

しかし、北部のカスティーリャ・イ・レオン地方の農村を調査したペレス・ディアスは、一九六〇年代には伝統的な農村共同体が崩壊したと論じた。スペインでは五九年、それまでの自給自足《アウタルキーア》経済政策が限界に達し、市場開放をおもな骨子とした「経済安定化計画」が導入された。その結果、六〇年代を通じて「奇跡」と呼ばれる経済発展が実現し、農村共同体に構造的変化がもたらされた。

当初フランコ体制は、内戦（一九三六〜三九年）においてカスティーリャの小農がフランコ率いる反乱軍を支持したこともあり、農村生活の価値を認め、小麦価格を管理する全国小麦局や官製の農業組合の設立により小農の利害を守ろうとした。しかしながら、新しい経済政策の導入以後の産業発展により、経済の中心が農業から工業・サービス業へと移るにしたがい、小農の地位は不確かなものになっていく。同時期、農作業の機械化も進行するが、多くの農民はこれができず大農場との生産競争に負けて土地を手放した。そこで離農者は、大都市の工業地域に向けて農村から流出した。通信手段の発達による都市的な生活様式や消費スタイルの農村への浸透が、さらに流出を加速した。伝統的に土地所有を重視してきた住民の価値観も変化し、安定した仕事を獲得し都市に居住することが目標となった。政府は土地区画の集中化を進め、信用貸しの拡大や機械の購入のために協同組合に対する財政援助などを行うが、農村からの人口流出を止めることは不可能であった。経済発展の中、工業やサービス業に力を入れるようになったフランコ体制にとって、もはや農業地域は潤う必要はなかった。

2　アグロタウンの住民の生活と価値観

アグロタウン

一方、農村研究が進むにつれ、スペインのあらゆる農村にあてはまる諸特徴について疑問が提示されるようになった。アメリカの人類学者ギルモアは、アンダルシーア、カスティーリャ＝ラ・マンチャ、エストレマドゥーラなどの南部の大規模な農民社会にはそうした特徴は認められないと指摘した。グラサレーマはアンダルシーアでも山間部に位置する小規模な農村でありスペイン北部の農村と同じ特徴をもつが、アンダルシーア農業にとって重要なグアダルキビル川流域の肥沃な平野部には、まったく異なる社会構造をもつ大規模な農民社会が点在する。ピット＝リバーズものちに、スペインの農民社会についてはふたつの対極的な類型区分ができると述べている。「北

図11－2　日雇い農民たち

出典：筆者撮影。

図11－3　アグロタウン（セビーリャ県オスーナ市）

出典：筆者撮影。

部の自営農民は散村の農地、または農家に暮らしている。南部はコルティーホ（大農場）の地である。そこは、農場主と、コルティーホでしばしば雇用される、住民の大部分を占める農業労働者の両方が居住する、ローマ時代の村落を継承するアグロタウンの地である。一万、二万、三万の住民が密集した白壁の街路に暮らしている。（中略）（北部の）自営農民は貧しいが、その収入源は持続する。（南部の）乾燥地域の日雇い農民は、（中略）収穫の賃金と長期間の季節的失業の均衡をとる労働者である」。さらに、以下のように続ける。「スペイン（とくにアンダルシア）は、富裕者と貧乏人のみの地である。つまり中間層の人が存在していない。その結果、これらのふたつのまったく異なる世界の間の大きな隔たりを超える可能性はない。つまり『社会的流動』はありえない。しかしながら、住民の中にはこれらふたつの要素が密着して同一の場所で居住する。とはいうものの実質的な接触はほとんど見られず、こうした状況により社会的不満が生じている」。

アグロタウンはスペイン南部の諸地方だけではなく、イタリア、ギリシャなどの地中海北岸地域全般にも広がり、その人口は三〇〇〇人から数万にもなるため村落とは定義できない。しかし、住民の大部分は農業に従事しているので、都市と農村の中間に位置すると考えられる。人口規模・密度が都市に匹敵するのに加えて、製粉所やオリーブの圧搾工場など農産物加工のための工業、最低限の生活必需品を扱う商業などが営まれ、職業構成は多様である。また、大きな広場の周囲には教会、役場、商店、飲食店などが立ち並び、空間配置にも都市的な特徴が認められる。スペイン人は毎日街路や広場を散歩し、バル（カフェテリア兼居酒屋）に頻繁に通うことを習慣とし、都市的な社会生活を好むため、居住地の分散がなかなか進まない。

アグロタウンの形成は、中世以来根づいているラティフンディオ（大土地所有制）と関連する。グアダルキビル川沿いの平野部では、二五〇ヘクタールから時には三〇〇〇ヘクタールにも及ぶ、穀類、オリーブ、綿花などが栽培される大農場がある。その所有者と、収穫の際にのみ大勢必要とされる土地なしの日雇い農民が、同じ集落に暮らしている。ここでは、所有地の面積を基準として複数の社会階層が形成され、階層間の関係は敵対意識をともなう。大土地所有者は経済力だけではなく、市長や市議会議員の地位につき政治的権力も享受している。両者の社会経済的格差はあまりにも大きく、パトロン・クライアント関係が結ばれることはありえない。

日雇い農民の伝統的な価値観

一九六〇年代に大農場における労使関係について調査したマルティネス・アリエルによると、日雇い農民の間では「同盟」と呼ばれる約束事が存在していた。彼らは夕刻、町の広場で大農場の管理人がやって来るのを待ち、翌日以降の仕事について契約交渉をする。年中いろいろな農場を移動するが、遠方の農場の場合はそこに宿泊して、週末にのみ帰宅する。小麦やオリーブの収穫期には多くの労働力が必要とされるが、一年を通じてつねに仕事があるわけではないので、不十分な量の仕事を日雇い農民の間で平等に分けるため、また、日雇い賃金の水準の維持と上昇を目的として作用するのが「同盟」である。つまり、最低賃金規定を下回る仕事や出来高払いの仕事は引き受けてはならないなどの約束事がある。「同盟」は実際には個人の利害に反しているため完全に守られるわけではないが、日雇い農民はこのような約束事を通して団結意識をもっている。

他方、地主は農場管理人、家畜の世話係、トラクター運転手などの常雇用者とはパトロン・クライアント関係を結ぶ。彼らは地主にとって、さまざまな面倒を回避し、労働せずに暮らすという理想を実現するために不可欠である。ところが、地主は日雇い農民に対して忌避行動をとる。農場だけではなくあらゆる社会生活の場でも下の階層との接触を避けようとする。アグロタウンでは社会集団ごとに住み分けが定まっているし、行きつけのバルも異なる。日雇い農民は、土地所有者の忌避行動に反感を抱き、さらに「われわれ」意識を強化する。アグロタウンは社会経済的に「われわれ」と「彼ら」に二分されているのである。

また、北部の農村とは異なりアグロタウンでは宗教も階層間の対立を強化してきた。教会は歴史的に国家権力と密接にかかわってきたため、一九世紀の自由主義的改革以降、反教権主義的な思想が都市労働者や貧しい農民に広まった。とくに内戦中、教会の焼き討ちや司祭の暗殺などが頻発した。しかし、フランコ政権下では、「国家《ナシオナル》カトリック主義《カトリシスモ》」により教会が政治、経済、社会のあらゆる面に権力を行使できるようになり、日雇い農民は支配層と密接な関係を維持する教会を軽蔑した。

内戦後、第二共和政（一九三一～三九年）の農地改革は廃止され、地主は、機械化や肥料の使用により日雇い農民をいっそう厳しい労働条件下に追い込み、闇市における取り引きで莫大な利益を手に入れた。このような地主側のやりたい放題に対して、日雇い農民が抵抗することはほとんど不可能であった。マルティネス・アリエルによると、日雇い農民の中には、「自覚のある人」などと呼ばれる体制批判の思想をもつ者もいた。しかし、当局の監視は厳しく、彼らの恐怖心は身近にもスパイがいると信じるほどであった。

六〇年代以降、小麦の収穫が機械化され、多くの人手を必要とする綿花は機械で作業ができるヒマワリの栽培に変わった。失業問題が深刻化するなかで、日雇い農民は大きな経済発展を遂げたスペイン北部や他のヨーロッパ諸国の工業地域へ出稼ぎに出るようになり、こうした労働移民は日雇い農民の抱える問題を解決したかに見えた。しかしながら、七〇年代半ばのオイルショックにともなう経済不況が彼らの職をまたもや奪った。多くの移民がアグロタウンへ戻り、南部の農民社会は再び大きな社会問題を抱えることになった。

新たな農民運動の高揚と挫折

一九七〇年代半ば、アンダルシーアの農業地域は失業者であふれていた。機械化が完了した農場で残された仕事は、秋から数カ月間のオリーブの収穫のみであった。そこで、七五年にフランコが死去し民主化の機運が高まると、日雇い農民たちはストライキや農場占拠を実施するようになった。こうした抗議運動で重要な役割を果たしたのが農業労働者組合（ＳＯＣ）のメンバーであった。

ＳＯＣは一九七六年、共産党から分裂した労働党の下部組織として発足した。日雇い農民は伝統的に反教権主義であると先述したが、ＳＯＣの活動にはじつは司祭が大きな役割を果たした。アンダルシーアのいくつかの町の教区司祭たちは、日雇い農民の窮状を憂慮していた。仕事があるならスペイン北部やフランスまで出かけ、自宅で過ごすのは数カ月のみ。一年中荷造りしてある状態で、行き着いた農場では搾取される。文盲や子どもの労働はあたり前。このような日雇い農民の生活を改善するため、司祭たちは教会で夜間学校を開いた。しかし、ここでは読み書きを教えるだけではなく、共産主義に関する本や冊子が回覧されていた。そうした司祭の一人、セビーリャ県ロス・コラレス市の司祭、ディアマンティーノ・ガルシアは、フランスまでブドウの収穫に行く農民に毎年同行し、つらい出稼ぎをともにした。彼はＳＯＣの設立メンバーになり、「貧しい民衆のための司祭」と呼ばれた。ＳＯＣは、労働条件の改善、機械化の反対、失業保険の整備、そして農地改革を求めて頻繁に集会を開き、農場占拠やデモ行進を繰り返し決行した。さらに、労働者統一候補（ＣＵＴ、八七年以降は統一左翼）というグループを結成し、七九年に行われた民主化初の地方自治体選挙では、ＣＵＴの市長や議員が多くの町で誕生した。

このような活動の結果、日雇い農民の労働条件は改善された。さらに八四年、アンダルシーア自治州は農地改革法を制定した。ただし、経済的合理性のもと耕作されている農地は適用の対象外とされたため、対象地の選定作業が複雑となり、告訴も相次いだ。とくに土地の強制接収が私的所有権、経済活動の自由の侵害に抵触すると考えられ、結局八八年、違憲判決が下された。

一方、八六年にスペインがＥＣ（現ＥＵ）に加盟し共通農業政策が適用されると、以前は経営を農場管理人に任せきりであった土地所有者の意識は変わり、経営に専念し、合理化のために有限会社や株式会社が設立された。現在多くの農場主が、ＥＵなどの補助金がなければ経営はとても無理であると話す。そして、農場経営がきわめて厳しいなかでは、農地改革を望む声も次第に聞かれなくなった。そこで、日雇い農民の頼みの綱は失業助成制度となった。八三年、アンダルシーアとエストレマドゥーラの二自治州に、公共事業に失業日雇い農民を割り当てる農業雇用計画（ＰＥＲ、現在はＰＦＥＡ）と、農業失業保険のふたつの制度が導入された。

ところで、セビーリャ県マリナレーダ市の日雇い農民は、ＳＯＣの運動により例外的に土地を獲得している。七九年以降今日まで三〇年以上市長をつとめるサンチェス・ゴルディーリョのもと抗議運動を実施した結果、九一年、約千百ヘクタールの土地を彼らに譲渡する特別法が発布された。その約半分は、ある公爵家の未利用の所有地であった。そこには協同組合農場が設立され、もともと公爵家の立派な建物には「自由とユートピア」、「この農場は失業日雇い農民のためのもの」と書かれている。この町の日雇い農民は、協同組合のおかげで出稼ぎに行く必要はなくなった。現在この町は「資本主義の海の中の孤島」と呼ばれている。

しかしながら、マリナレーダ以外の町では、九〇年代に入るとＳＯＣの運動は衰退した。現在の日雇い農民は、失業保険に頼りながら、農業－建設業－観光業などさまざまな業種を動くしかない、資本家が自由に利用できる「労働予備軍」として存在し、失業保険という公的助成に依存する、福祉国家のクライアントになっている。

3　現代の社会問題と多様な価値観の登場

経済危機の影響

これまで見てきたように、スペイン人の伝統的な生活は、フランコ時代後半から民主化を通して大きく変化した。スペインは民主的で自由を謳歌する国となったが、すでに四〇年が経過して、新たな問題にも直面している。なかでも現在きわめて深刻なのが、経済問題である。

スペイン人はあまり働かないとよくいわれる。しかし、ＯＥＣＤの統計（二〇一二年）によると、年間平均労働時間は実はイギリス人やドイツ人より長く、ヨーロッパ諸国内で上位を占める。朝から夜遅くまで働く人もいるが、朝八時頃に仕事を始め午後三時頃には終える人も多い。一方、午前中は働かず、午後二時から九時頃まで働く人もいる。こうした就労形態はフランコ時代に定着した。当時、法律で終身雇用は保障されていたが低賃金であったため、多くの人々が早朝からの仕事を終え昼食をとった後、副業についていたのである。そのため、食事の時間が午後二時頃と遅くなった。また、とくに南部で気温が四〇度以上となる夏場は、午後は外出が難しく、仕事を午後三時頃で終える人が多い。

朝から夜まで働く人も、昼休みは二時頃から約二時間とるので、いったん自宅に戻り、学校から帰宅した子どもたちといっしょに昼食をとり、昼寝《シエスタ》をする人もいる。昼食は一日のメインの食事なので、ワインなどを飲みながらしっかり食べる。そこでこの時間帯は、大型商業施設を除き商店は営業しない。また六〇年代頃から夏季休暇が約一カ月となり、政府主導の観光政策により休暇を過ごすための海辺の別荘を購入する人が増加した。日本人からすれば、スペイン人はあまり働かずとても豊かな生活を過ごしていてうらやましくなる。

ところがスペイン人は、七〇年代半ばのオイルショック以降現在まで、長期にわたる慢性的な失業に苦しんでいる。一九七六年には約五％であった失業率は、さまざまな対策がとられたにもかかわらず八〇年代を通じて上昇した。九二年のバルセローナ・オリンピックとセビーリャ万博という国家的行事がわずかながら景気を回復させたものの、その数年後には失業率は二五％を記録する。九六年からのアスナール国民党政権は、財政支出の徹底管理や国営企業の民営化などの経済改革を実施し、二〇〇〇年代前半には失業率は八％にまで下がった。その頃はアンダルシーアにおける日雇いの農作業も、北アフリカや中南米からの移民の手に移っていた。しかし、二〇〇八年の世界金融恐慌を受け深刻な経済危機に陥っている現在のスペインでは、失業率は約二四％（二〇一四年第三四半期）、最も高いアンダルシーア自治州では三五％、二五歳までの若者の失業率は五二％という驚異的な数値を記録している。

こうした状況では希望する職に就くことは非常に困難で、しかもコネ社会であるスペインで就職できるのは特権をもつ知り合いがいる人のみで、大卒者がスーパーマーケットのレジ係の募集に殺到する事態である。スペインの失業率はEU諸国の中でも突出している。社会学研究所（CIS）が毎月実施する世論調査の結果（二〇一四年七月）によれば、八〇％近くの人が失業を最大の心配事とあげている。一〇年ほど前景気がよい時に頭金をほとんど支払うことなく住宅を買った若者たちが、失業しローンの返済ができなくなり、住宅を手放さなければならないケースが急増し、深刻な社会問題となっている。

そこで、多くの若者が教員採用試験や公務員試験に挑戦するが、競争率はとてつもなく高く、何年も繰り返し受験し、三〇代半ばになってようやく合格する。近年は、スペインにいるより、イギリス、ドイツなど他のヨーロッパ諸国で仕事を探したほうがよいと考え、まずは語学留学から始めて専門分野を生かせる職を見つける若者が増えている。一九六〇年代から七〇年代初めにかけても労働移民が増加したが、当時は工場や炭鉱などで働く労働者であった。現在他のヨーロッパ諸国に向かうのは、大卒で専門職への従事を希望する人々である。こうした若者が一度外国に出ると、収入がスペインより格段によいので、スペインの景気が改善しないかぎり帰国を望む者はいないであろう。

このような閉塞感が漂うスペイン社会では、労働意欲は簡単に削がれてしまう。現在、「ニニ」（ＮｉＮｉ）と呼ばれる若者が増加している。「働いてもいないし勉強もしていない」（Ni trabajar ni estudiar）若者である。もちろん親の扶養下で暮らしている。しかし、この状況に抵抗するために立ち上がった若者もいる。二〇一一年五月一五日、翌週末の統一地方選挙を目前にして、若者たちはマドリード、バルセローナ、バレンシア、セビーリャなどの大都市の中心広場に集結した。彼らは「怒れる人々」（los indignados）と称し、警察隊との衝突にも屈することなく、真の民主主義を求めて約一カ月にわたり広場にテントを張り占拠した。この運動はその始まった日から、「15-M運動」（〝M〟は〝ｍａｙｏ〟、五月のこと）と呼ばれている。運動の呼びかけは、ソーシャルネットワークを通じて行われたため簡単に外国にも伝わり、運動に共感した国外のスペイン人たちが、各国のスペイン大使館の前に集結した。そこで、この運動は「スパニッシュ・レボリューション」と呼ばれ世界中のマスコミに注目された。「15-M運動」は現在まで何度も行動を起こしている。この運動を契機に変化が起こり、若者たちが夢を実現できる社会が早急に復活することを、多くの者が望んでいる。

世俗化とマチスモ

独裁体制の終焉以降着手された急激な民主化政策は、スペイン人の生活のあらゆる面に影響を与えた。言論、集会、信教などの自由、ストライキ権の行使、普通選挙の実施、カタルーニャ、バスク、ガリシアなどの独自の言語や文化を有する諸民族の承認と一七の自治州の設置、ＥＣ（現ＥＵ）への加盟など、フランコ体制下では存在しなかったものにより、スペイン人は伝統的な価値観の大幅な修正を余儀なくされた。

まず、急激な世俗化が進展した。もはや婚姻は教会で行う必要はなく、離婚も可能となった。中絶については、母体および胎児に危険がおよぶ場合やレイプの場合のみという条件付きではあるが可能になった。また、二〇〇五年には同性愛者の結婚が認められた。ヨーロッパではオランダ、ベルギーについで三番目の導入である。数十年前まで

「国家カトリック主義《ナシオナル・カトリシスモ》」の影響が大きかったスペインではまさに大転換であり、多様な主義主張を受け入れることができる社会にスペインは変貌した。

しかし他方で、女性の権利の拡大や多様な考えの登場とともに深刻化したのが「マチスモ」の問題である。男尊女卑的な考えに基づく女性蔑視の態度のことであるが、これがエスカレートして男性が妻や恋人、または元妻や元恋人に対して暴力をふるい、最悪の場合殺害にいたるというニュースが毎日のように聞かれる。伝統的に男性にとって、家族を経済的にも精神的にも守ることが、自身の「名誉」を守ることを意味してきた。この考えはいい方向に働けばよいが、妻や恋人、子供を所有物であるかのように振る舞う男性もいる。フランコ時代には、女性は良妻賢母であることが求められていた。姦通罪が女性にのみ適用され、女性は夫の許可なく就業することはできなかった。民主化以後、姦通罪は廃止され、女性にも選挙権が与えられ、男女平等の意識が高まり、近年の女性の社会進出にはめざましいものがある。二〇〇四年から二〇一一年まで続いた左派政権の時代には、男女同数の閣僚がいた。しかしながら、男女平等の考えが急激に出現したことで、以前の風潮をあたり前と考えてきた世代、さらに、そうした親を見て育った子どもたちの世代は、戸惑うこともずいぶんあるだろう。その価値観のずれが、マチスモやドメスティック・バイオレンスという形で現在現れている。

とはいうものの、家族を第一に重視する態度は現在のスペイン人にも受け継がれている。人類学者のトッドによると、スペインでは北部のわずかな地域で長子（あるいは末子）相続が実施されているが、その他は均分相続であり、子どもは結婚すると普通親とは別世帯を築く。しかしながら、結婚後独立した子どもも、日曜日や祝日、クリスマスなどには、配偶者や子どもを連れて欠かさず両親の家を訪れ食事をする。また、少なくとも日に一度は母親に電話をする。兄弟間の関係も緊密であり、互いの家をよく行き来し、休暇をいっしょに過ごすことも多い。つまり、スペインの家族は基本的には核家族であるが、実際には拡大家族的な面が認められる。

人類学者のバンフィールドは、南イタリアの親族関係を研究し、この地のあまりにも強い家族・親族の結びつきを「無道徳的家族主義」（amoral familism）という概念を用いて分析したが、同様の特徴はスペインの家族にも一部あてはまるだろう。これは、核家族の短期的・物理的利益を最大限にする行動様式であると考えられるが、「無道徳」とは、家族以外の人には信頼感情と道徳義務感情を欠くという意味である。他人よりもまずは家族のことを考え、異常なほど家族を大切にする姿勢について、道徳意識の欠如が指摘されたのである。スペインの家族が「無道徳」であるかは詳しい検証なしでは断言できないが、スペインとイタリアには、土地の所有形態、ヨーロッパの中では経済的に後進地域であることなど、社会経済的な類似点が多く認められるので、スペインでもこの指摘どおりの場面にたびたび遭遇するのだろう。昔からの家族重視の姿勢は現在も続いている。

4　新たな市民社会の構築に向けて

多文化社会の到来

外国人労働者の急増も近年の大きな社会変化のひとつである。二〇〇一年、政府は外国人の受け入れに関する方針を大幅に変更した。一時期、一人の女性が一生にもつ子どもの数（合計特殊出生率）が日本よりも低かったが、外国人の急増によりこの一〇年は上昇に転じている。国立統計局の資料によると、総人口に占める外国人の割合が一九九八年には一・六%にすぎなかったのが、二〇一一年には一二%以上となっている。主に北アフリカや中南米、東欧諸国の出身者で、アンダルシーア地方の海岸には、北アフリカから妊婦や子どもまでが乗る違法の船舶が頻繁に到着している。また、近年は中国人がビジネスを拡大している。不況でつぎつぎとスペイン人が店舗を閉めるなか、中国人は本国の好景気を反映して店舗数を拡大し、工業団地や倉庫街では中国人所有のものがほとんどを占める所もある。

そこで、現在のスペインは、多様な文化的背景や価値観をもつ外国人を社会の一員と認め、その文化を尊重することの重要性を認識し始めている。しかし当初は、アルメリア県エル・エヒード市で起きた悲劇のように、外国人への反発は相当大きかった。

アルメリア県は、ビニールハウス栽培により、ＥＵ諸国への輸出用野菜の生産に特化し大きな成功をおさめている。

そこで働くのは主に外国人労働者である。彼らはすし詰めのアパートでの共同生活か、バラック小屋で電気もガスもない生活を送っていた。二〇〇〇年二月、モロッコ人の男性がスペイン人女性を暴行し殺害した。以前よりこの町では移民による強盗事件が多発し、殺人事件もすでに起こっていた。新たに若い女性が被害にあったことにより、外国人の急増を普段からこころよく思っていなかった人々の堪忍袋の緒が切れたのか、一部のスペイン人がモロッコ人の経営する商店を襲撃し、所有車に火を放った。これに対してモロッコ人たちも応酬し騒ぎは深刻化し、同県の他の町にも暴動は広がった。

当時はスペインはもとよりEUでさえ移民政策の整備が遅れていたが、事件の翌年、外国人法の改正により、居住権を与える基準が緩和され、外国人の権利と自由を尊重し、社会的統合が進められることになった。また、二〇〇五年にも大量の不法滞在の外国人に対して居住権を与える措置がとられた。EUでは二〇〇〇年頃から「市民」概念が用いられていたので、スペイン政府も二〇〇七年『市民と統合のための戦略計画』を承認した。そこでは世界市民意識が重視され、外国人の基本的人権の尊重、そして同時に社会参画の義務も負うことが提起されている。つまり、社会には、民族・国籍・社会階層・性差などの差異化のカテゴリーはなく、唯一、平等な「市民」のみが存在するというのである。

こうした政策に沿って、学校では、社会参画できる責任ある市民の権利と義務を学ぶ「市民性と人権教育」という科目が、初等教育の高学年と中等教育の必修科目として導入された。ただし、とくに同性愛の記述に疑問を抱く父兄や教会が、かつて兵役義務について「良心的拒否」が可能であったように、この科目にもそれを認めるべきであるという訴えを起こしており、一方、保守派の現国民党政権も、この教科の名称や内容の変更を進めている。こうした動きもまた、多文化社会を受け入れることの難しさを示唆している。

さらに、二〇〇七年以降の経済危機も外国人の受け入れ計画を後退させた。CISのアンケート調査によると、移民に対する政策が寛容すぎると答えるスペイン人が最近急増している。伝統的にスペインでは社会的弱者に対する援助は、宗教的な慈悲精神に基づいていた。たとえばフランコ時代、上流階層の婦人たちは貧困層に対する食糧提供の慈善活動を行っていた。しかしこれは、平等意識や基本的人権を重視する市民意識によるものではなく、現在でもこうした意識は人々の間に根づいているとはいい難い。大不況下で帰国する外国人が増加し、新たな流入者は減少しているが、諸権利とともに諸義務も課されてきた彼らに対して、スペイン人同様の救済が実施されることが望まれる。

ところで、外国人移民や多文化社会については、流入者数・出身地などに関する統計資料や、スペイン人の意識に関するアンケート調査など、社会学的・数量的な分析は行われているが、具体的な移住の動機・経緯など、移民それぞれの個別事情についてはあまり知られていない。こうした点については文化人類学からのアプローチが有効である。残念ながらまだ研究の蓄積は乏しいが、これまでの宗教や親族の研究などから培った人類学的手法を活用すれば、外国人移民の出身国における家族・友人関係、そして、受け入れ国におけるネットワーク、生活状況、宗教的慣行や宗教観の変化などについても分析することが可能であろう。

マルティネス・ベイガの研究は、一九八〇年代と比較的古くにスペインに流入し始めたドミニカ人女性の住み込みの家内労働者の実態を明らかにしている。彼女たちの多くは、故国を訪れたスペイン人旅行者にスカウトされたか、ドミニカ在住のスペイン人修道女の仲介によりスペインにやって来た。そして、後に姉妹、いとこ、友人などを呼び寄せている。渡航費は、雇い主に前借りしたり、家畜を売却し捻出した。そこで収入は、まず旅費の返済にあて、その後は実家に送金する。ドミニカ人女性は実に八〇％以上を送金にあてているという。子供を家族に預けてきた既婚女性の割合が非常に高いからである。

ドミニカ人の家内労働者は、民主化以後仕事をもつ女性の急増により、若い共働き夫婦から必要とされたため、彼らの多くが暮らすマドリード郊外の新興住宅地に多い。そうした町には、ドミニカ人女性がよく集まる広場がたいていある。彼女たちはそこで、賃金や労働条件、求人や転職などについての情報交換をする。つまり、彼女たちの間にはネットワークが形成されている。近年は住み込みでの仕事は減少したが、低賃金で長時間拘束される（一日一二時間以上）家政婦の仕事は、スペイン人女性の中にはもはや担い手がおらず、そこにドミニカ人女性が入り込んだことで、両者が競合することなく、むしろ両者にとって大きなメリットとなっている。

しかし彼女たちが築くネットワークは、ドミニカ人同士のものに限定されているため、他の職種に移行することはきわめて困難である。そこで彼女たちは、まるで「カースト」のように、社会的上昇が不可能な位置に固定されている。

また、外国人労働者はつねに不安定な労働予備軍とみなされている。彼らの雇用により賃金が低くなる傾向もあり、スペイン人非熟練労働者にとって時に障害となり、両者の間に軋轢を生んでいる。

外国人との共存には問題も多いが、スペイン人は、自国内に存在する多様な民族を認め一七の自治州の設置に同意し、他方でヨーロッパの一員としての意識ももつ。現在カタルーニャ地方では経済危機によりスペインからの独立を願う人が急増しているが、スペイン人は自分の中にも多元的なアイデンティティがあることを知っている。他者を自文化の一部として受け入れることができる素地をすでにもっていると信じたい。

ところで、現在スペインでは、二〇世紀をふりかえり、その負の遺産を清算しようとする動きが広がっている。スペイン内戦と独裁の時代に起きた出来事についてである。

負の遺産の清算

第一に、現在マスコミで大きく取り上げられている「盗まれた子どもたち」の問題である。信じがたい話であるが、フランコ時代から八〇年代にかけて、多くの新生児が両親には死産と伝え顔さえ見せることなく、勝手に養子に出されていたそうだ。とくに双子の場合片方がそうなるケースが多く、金銭のやりとりにより国内各地、または中南米諸国にまで養子に出された。しかも驚いたことに、この養子縁組を仲介したのが病院に勤務していた修道女であった。フランコ時代には教会は大きな力をもっていたので、こういう事態が起こりえたのかもしれない。現在、スペイン各地のすでに高齢の修道女が、被害にあった家族や養子に出された本人から告訴されており、被害者を支援する団体も増えている。

また、内戦とフランコ時代に起きた弾圧に関する「歴史の記憶」の問題も深刻である。内戦は、フランコ将軍が率いる軍部が第二共和国に対して起こしたクーデタから始まった。クーデタは王政支持者や伝統主義者など右派勢力の支持を集め、約三年にわたり恐ろしい戦闘や弾圧が繰り広げられた。内戦が右派の勝利で終わり独裁政権が成立すると、右派側の犠牲者は手厚く葬られ、その遺族には年金が支払われたが、他方共和国側の犠牲者はひどい扱いを受けた。戦闘地域以外でも左派の痕跡消しはすさまじいものであった。詩人・劇作家のフェデリーコ・ガルシア・ロルカのように、多くの左派の芸術家や政治家、知識人が処刑され、弾圧を逃れるため亡命する者も多数いた。一般住民も弾圧の対象であり、「人狩り」「散歩」と呼ばれた処刑が日常的に行われた。仕事を求めて広場に集まった労働者たちは、その場で銃

図11－4　セビーリャ市営墓地の壁
ここで内戦中多くの人々が処刑された。「自由のために戦った人々を偲んで」とある。
出典：筆者撮影。

殺された。逃亡者は友人の密告により捕まり、その夜町はずれの墓地まで「散歩」に連れ出され処刑された。当局にだまされた家族に説得され出頭した後、墓地に連れて行かれ処刑された者もいた。さらに、左派の家族は財産を没収された。女性も例外なく銃殺された。見せしめに頭髪や眉毛を剃られ、ひまし油を飲まされた者もいた。

　弾圧は内戦後も続く。共和国の帰還兵は隣人の密告により投獄された。後に恩赦が実施され多くが釈放されたが、彼らは一定期間ごとの当局への出頭義務が課される「解放奴隷」であった。収監者は公共事業に利用された。とくにグアダルキビル川下流域の水利事業が有名で、この水路は現在も「囚人の運河」と呼ばれている。共和国側の犠牲者は身元不明遺体として共同墓地に埋葬されたままであり、その正確な数さえ把握できない。その家族は内戦後、長期にわたり「アカ」の家族として扱われ、屈辱や差別を受けたが、独裁政権下では抵抗することもできず、悲惨な経験を口にすることをやめ、忘却するしかなかった。

　しかし、近年になって共和国側の犠牲者の名誉回復を図り、忘却された「歴史の記憶」を回復しようとする動きが起こる。二〇〇七年末、「内戦および独裁の間迫害あるいは暴力の被害を受けた人々のために権利を認め拡大し、措置を講じるための法」、通称「歴史記憶法」が制定された。この法では、当時の裁判を「非合法」とすることや、戦争遺児や公共事業の従事者に対する補償、そして共同墓地の遺骨捜索の促進などが定められ、現在、各地の墓地の捜索が進められている。また、イギリス滞在中のチリのピノチェト元大統領の逮捕を要請したことで国際的に有名なバルタサール・ガルソン判事も、この問題の調査に乗りだした。しかし、判事は現在、別の公金横領事件について被告人と弁護人との間の会話を傍受していたことで告訴され、一一年間の判事資格剝奪という刑罰を科せられている。この判決は、判事が「歴史の記憶」の問題にかかわることを阻止するための不当なものであるとして、支持者のデモや大集会が全国規模で開かれた。

スペインはこの数十年の間に政治も社会も生活様式も価値観も大きく変容した。しかし、農業地帯のプエブロでは今でも、弾圧に関する話でもすれば匿名の脅迫電話がかかってくる。都市と異なり、過去の人間関係のしがらみも伝統的な社会規範も価値観もそのまま引き継がれ、変化への適応が困難であるため、いまだにこのような問題によって多くの人々が苦しんでいる。そして、近年の経済不況により貧富の差は拡大する一方で人々の間には不公平感が増大し、現在のスペイン社会は成熟にはほど遠く、むしろ後退した印象を受ける。経済的困難を克服するだけでなく、負の遺産を清算し、多様な文化や価値観を受け入れられるようになった時にはじめて、スペインは新しい市民性を身につけた人々が暮らす、真の成熟した社会に変貌するであろう。

（塩見千加子）

参考文献

ジュリアン・A・ピット＝リバーズ『シエラの人々——スペイン・アンダルシア民俗誌』野村雅一訳、弘文堂、一九八〇年。

碇順治『スペイン（ヨーロッパ読本）』河出書房新社、二〇〇八年。

楠貞義、ラモン・タマメス、戸門一衛、深澤安博『スペイン現代史——模索と挑戦の一二〇年』大修館書店、一九九九年。

Checa, F.; Checa, J. C.; Arjona, A. (coords.), *Convivencia entre culturas. El fenómeno migratorio en España*, Sevilla: Signatura Ediciones, 2000.

Gilmore, David, *The People of the Plain. Class and Community in Lower Andalusia*, New York: Columbia University Press, 1980.

Pérez-Díaz, Víctor M., *Structure and Change of Castilian Peasant Communities. A Sociological Inquiry into Rural Castile 1550-1990*, New York: Garland Publishing, 1991.

Casanova, J.; Espinosa, F.; Mir, C.; Moreno Gómez, F. (coord.), *Morir, matar, sobrevivir. La violencia en la dictadura de Franco*, Barcelona: Crítica, 2002.

Martínez Alier, Juan, *La estabilidad del latifundismo*, Paris: Ruedo Ibérico, 1968.

Talego Vázquez, Félix, *Cultura jornalera, poder popular y liderazgo mesiánico. Antropología de Marinaleda*, Sevilla: Fundación de Blas Infante, 1996.

第12章　近現代美術の展開

本章では、まず一七〇〇年から始まるスペイン・ブルボン家の宮廷美術の成熟への過程とゴヤについて考察し、つづいて一八一四年の独立戦争終結以後のスペインの美術について、他のヨーロッパの美術との影響関係の下で論じる。さらに一九世紀末からスペイン内戦勃発までの前衛美術の展開について、とくにバルセローナを中心に紹介し、最後に内戦後のフランコ体制下の美術と、フランコが没した一九七五年から現在までの美術について概観していく。

別の見方をすれば、美術の需要はこの約三〇〇年間の時間の流れのなかで、王室や教会・修道会から、必然的に一般の市民、それも十分に成熟していない市民階級のなかへと広がっていき、同時に美術の享受者も拡大していった。鑑賞の場もまた、閉ざされた宮廷や聖堂から、市民に開かれたプラド美術館へ、あるいは公募の全国美術展や画廊へと広がり、絵画は市民のための空間に展示されるようになる。また、芸術家の国外への移動が交通の発達により容易になるにつれて、スペイン美術と外国の芸術思潮との影響関係も相対的に変化していくのである。

私たちがスペインの経験してきた歴史を追体験しようと試みるとき、今日まで伝わっている文化遺産や芸術作品が歴史認識の表象として大きく作用していることに気づかされる。破壊を免れたもの、保存されてきたものに刻印された個性的な造形感覚は、宗教や王家を違えながらも継承されてきたのである。イベリア半島に遺されたローマ時代の巨大な遺構やイスラームの密度の高い装飾空間、あるいはネーデルラント絵画の精緻なリアリズムとヴェネツィア絵画の華麗な色彩、そうした外からもたらされた多様な造形の要素を受容し、同化する運動がスペインの美術では繰り返されてきたのである。

誤解を恐れずにいえば、スペインの美術を受け継いできた芸術家たちは、隣国であるイタリアの理想美を求める伝統とも、フランスの理知的な宮廷美術とも異なる方向性を目指しているように思われる。さらには、スペインの造形に通底する、振幅が大きく極端に走る傾向、悲劇的で重々しい情感表現、そして「現実直視」の視線は、様式的かつ形式的な美の規範を超えて、個々の作品のなかで繰り返し論じられることを求めている。

本章では限られた画家や建築家とその作品についてしか論じることができないが、最終的には近現代のスペイン美術という総体を考察するきっかけになればと思う。

1　一八世紀の宮廷美術

ハプスブルク家からブルボン家へ

一七世紀後半のハプスブルク王家の宮廷美術は、国内外の才能ある宮廷画家の登庸、宮殿の内部装飾の充実、さらには美術コレクションの増加の三点から考えて、その成熟を窺い知ることができる。典型的な宮廷画家であったベラスケス（一五九九～一六六〇年）は、国王フェリーペ四世が好んだティツィアーノやルーベンスの画法に学びながらも、とりわけ肖像画と神話画において独自の絵画世界を確立した。彼の代表作《ラス・メニーナス》（一六五六年、プラド美術館）がとらえた宮廷生活の一瞬は、スペイン・ハプスブルク家永続への願いが暗示されている。一方、後を継いだカルロス二世の宮廷画家フアン・カレーニョ・デ・ミランダ（一六一四～八五年）が描いたアルカサル主階の中心広間「鏡の間」に立つ若き国王の肖像画には、それとは逆に、スペイン・ハプスブルク宮廷美術の終焉を示す要素が端的に表れている。「鏡の間」とは、スペイン王室の誇る名画が壁一面に掛けられた、先王フェリーペ四世が生涯をかけて完成させた美の空間だったからである。

また、カルロス二世の死去に伴って作成された王室財産目録には、アルカサルとマドリード近郊の諸王宮に収蔵されていた膨大な数の美術品が記載されており、絵画作品だけをとってもその数は四〇〇〇点以上にものぼっている。

カルロス二世に世継ぎがいなかったことは、スペインの公式美術にも大きな転換を招くことになった。カルロス二世から次の国王に指名されたフランス・ブルボン家のアンジュー公フィリップはスペイン国王フェリーペ五世（在位一七〇〇～一二四、一二四～四六年）として即位するが、彼はルイ一四世の孫にあたり、ヴェルサイユ宮殿で生まれ育ったのだった。新国王はフランス・ブルボン宮廷の典雅な、しかし形式を重んじる宮廷儀礼を身につけていたといえる。新国王はマドリードに到着し、首都近郊に点在するハプスブルクの諸王宮を自分たちの嗜好に合わせて改築を命じた。新しい王家のために、諸王宮の役割を機能的に再編することも求められていたのである。

スペインの政治の中心となるべきアルカサルは、マンサナーレス河畔の丘に建つ城郭をカルロス五世の来西以降、増改築してきたものだが、複雑な構造を有しており、機能的な宮殿とはいえなかった。しかもパリから来た新しい王には、たとえば夏と冬の部屋を使い分けるマドリードの習慣は理解しがたいものだったという。

ブエン・レティーロはフェリーペ四世の治世にマドリード東部に造営された宮殿で、その「諸王国の間」には、かつてベラスケスによる国王と王妃の騎馬肖像や、《ブレダ開城》（一六三四～三五年、プラド美術館）をはじめとする三〇年戦争中の戦勝場面を描いた大画面で飾られていた。一八世紀初頭にその宮殿内部装飾は大きく変更された。

スペイン王室はそのほか、春を過ごすアランフエス宮、夏から秋を過ごすエル・エスコリアル修道院兼宮殿、そして冬の宮殿エル・パルドなどを有していた。

これに加えて、一七二〇年代からフェリーペ五世はマドリードの北約八〇キロメートルに位置するラ・グランハ・デ・イルデフォンソに、ヴェルサイユ宮殿を思い出させる宮殿と噴水を配した庭園を造営させた。政治の場から引退することを望んでいた王にとっては、隠棲のための館となるはずであった。

以上見てきたように、スペインの国民から見れば、一八世紀前半は、フランス人の国王とイタリア人の王妃がやって来て、国外から芸術家を招聘し、宮廷ではフランス人画家とイタリア人の建築家や芸術家が活躍した時代ということができた。ルイ一四世の宮廷美術の流れを汲むジャン・ラン（一六七四～一七三五年）は、フランスからスペイン宮廷に招かれて、王家の人々の姿を理想化して描いたが、そこには硬質な輝きをたたえた質感表現が指摘できる。これに対し、同じくフェリーペ五世の肖像を描いたハシント・メレンデス（一六七九～一七三四年）は、ハプスブルク家とブルボン家との両方の宮廷美術を意識した折衷主義の様式から抜け出ることができず、宮廷の好みの変化に対応できなかったスペイン人画家の限界が見てとれよう。

フェリーペ五世と二番目の王妃イサベル・デ・ファルネシオ（一六九二〜一七六六年）は類まれな美術の鑑識眼をもち、熱心に美術品の収集に励み、王室美術コレクションはめざましく拡充された。それを今に伝えるのが、現在のプラド美術館のムリーリョ作品の充実ぶりである。一七二九年から三三年にかけて宮廷がセビーリャに移動したときに、王妃は地元の修道院や教会を巡り、ムリーリョ（一六一八〜八二年）の一連の「無原罪のお宿り」をはじめ、清純な聖母や愛らしい幼子イエスを描いた作品を王室コレクションのために購入したのである。

ところが一七三四年一二月の聖夜に、マドリードのアルカサルは火災によって焼失した。この火災は王室美術コレクションにとって大きな打撃となり、失われた絵画はティツィアーノやルーベンスの大作を含む五〇〇点以上の数に上った。国王は同じ敷地に新王宮の建設を決断し、数年後には、イタリアの建築家フィリッポ・ユヴァラ（一六七八〜一七三六年）、さらにジョヴァンニ・バッティスタ・サケッティ（一六九〇〜一七六四年）によって設計が始まった。

宮廷美術の成熟

一八世紀のスペイン美術で特筆すべきは、フランスに倣って一七五二年にサン・フェルナンド王立美術アカデミーが設立されたことである。工房で親方から直接学ぶ中世以来の伝統である職人的な修業ではなく、カリキュラムに沿った美術教育が始まったのである。これが一八世紀後半になると、バレンシアやメキシコ・シティなどの主要都市にも美術アカデミーが誕生していった。レベルに差があったとしても、国内で公式な美術の体系が共有されることになったのである。ただし美術アカデミー設立時の国王であるフェルナンド六世（在位一七四六〜五九年）自身は、美術にまして音楽を愛好していたのであった。

続いて、フェルナンド六世の異母弟にあたるカルロス三世（在位一七五九〜八八年）が、ナポリ王として十分な統治の経験を積んでから、スペインの新国王となった。新しいマドリード王宮は完成間近であり、その天井壁画の装飾を任せるために、カルロス三世はイタリアからアントン・ラファエル・メングス（一七二八〜七九年）とジョヴァンニ・バッティスタ・ティエポロ（一六九六〜一七七〇年）を招聘したのであった。

一七六一年から六九年までスペインに滞在したメングスは、マドリード王宮の天井フレスコ画やアランフエス宮の装飾を行うほか、王立タピスリー工場と王立美術アカデミーでの指導にあたり、宮廷肖像画の規範を示したのであった。メングスは一七七四から七六年にかけて再び来西し、新王宮のフレスコ画の完成を試みた。また、次の世代のスペインの画家、フランシスコ・バイェウ（一七三四〜九五年）とラモン・バイェウ（一七四四〜九三年）の兄弟やフランシスコ・ゴヤにも大きな影響を与えている。

ティエポロはヨーロッパ各地で手掛けた天井壁画制作によりすでに名声を得ており、ヴェネツィア派の巨匠としてスペインに招かれ、新王宮の「玉座の間」のために壮麗な天井画を描いた。しかし時代は、後期バロックの様式から新古典主義への移行期にあたり、公式な美術様式が変化していくなかで、ティエポロは最晩年、マドリードで不遇をかこつことになる。

カルロス三世は、新王宮の内部装飾ばかりでなく、エル・パルド宮やアランフエス宮の大掛かりな増改築をおこない、またエル・エスコリアル修道院兼宮殿内の王宮部分を拡張した。一方で、フロリダブランカ伯爵を登庸し、マドリードの都市整備を推し進め、たとえば町の東部にシベーレスの広場とネプチューンの広場を造り、二つの広場を結ぶ散歩道を整備させた。このころ、フランチェスコ・サバティーニ（一七二一〜九七年）をはじめイタリア出身の建築家が活躍するなか、スペインの建築家が初めて公の場で重要な責務を担当するようになった。イタリアで学んだ新古典主義の建築家ファン・デ・ビリャヌエバ（一七三九〜一八一一年）である。彼は国王カルロス三世の自然科学や工業技術への興味を具現した諸施設、すなわち自然科学博物館（後のプラド美術館の建物）、植物園、天文台を設計し、王立美術アカデミーの会長も務めた。

カルロス四世（在位一七八八〜一八〇八年）は、父親のカルロス三世ほど大規模な建築計画を企てたことは知られていないが、各王宮に自らの洗練された趣味と美的嗜好を反映させた離宮や庭園を造営している。具体的には、エル・エスコリアル宮やエル・パルド宮に意匠を凝らした別邸（Casita）をそれぞれビリャヌエバに建てさせ、またアランフエス宮には「王太子の庭園」と「農夫の家」を造らせた。フランス的な優美なロココ様式と新古典主義様式の融合した一八世紀スペイン宮廷美術の成熟をここにみることができるであろう。

ゴヤ

フランシスコ・ゴヤ（一七四六～一八二八年）は、スペインの近代絵画において特筆すべき存在である。旧体制のなかで宮廷画家としての栄達を望むと同時に、隣国のフランス革命とナポレオンの脅威、さらに王政復古の混乱の時代に背を向けることなく、敏感に時代に感応しながら、旺盛な制作活動を全うした画家である。

ゴヤは、一七四六年にサラゴーサ近郊の村フエンデトドスで生まれ、さらにサラゴーサで画家としての修業を積んだ。一七六三年と六六年にマドリードの王立美術アカデミーの奨学生試験に失敗すると、イタリアへ留学し、各地で研鑽を積んだ。帰国後はサラゴーサの教会や修道院からの注文で宗教画を制作した後、地縁血縁を頼り義兄フランシスコ・バイェウのいるマドリードに移り、王立タピスリー工場でタピスリーの原画を担当し、スペイン版ロココともいうべき楽しげな野外の情景を描いた。一方で、一七八〇年に王立美術アカデミーへ《十字架上のキリスト》（プラド美術館）を提出し、アカデミー会員に選ばれ、さらに貴族の肖像画制作に精力的に取り組んだ。

ゴヤは、一七八六年にカルロス三世の王付きの画家に、さらに一七八九年にカルロス四世の宮廷画家と出世を重ねるが、一七九二年にアンダルシーアの旅行中に病気を患い、聴力を失う。しかしながら、画家の観察眼は鋭さを増し、これ以降多くの素描作品を残す。この一七九〇年代、ゴヤは宮殿装飾において壁画制作をしておらず、むしろ肖像画家として王室や大貴族のあいだで高く評価されていた。ゴヤははや一七八〇年代にはオスーナ公爵家から、さらに一七九五年頃にはアルバ公爵家から注文を受けている。

その一方で、鋭い風刺と諧謔にあふれた八〇点からなる版画集『ロス・カプリーチョス』や、宰相マヌエル・ゴドイのために《裸のマハ》（プラド美術館）と《着衣のマハ》（同上）を一八〇〇年前後に制作している。当時の異端審問所の影響力のことを考えると、二枚の《マハ》が「横たわるヴィーナス」の神話画の伝統を踏まえていたとはいえ、ゴヤは禁を破って大胆に女性の裸身を表現したということができる。

一七九九年、ゴヤは首席宮廷画家となり、翌一八〇〇年から〇一年にかけて、ブルボン家の伝統に則って王家の集団肖像画《カルロス四世の家族》（プラド美術館）を描いた。ゴヤの王族を見つめる眼差しにはたして批判的なものがあったのか、その画家の真意についていまだ議論が続いているが、残念なことに国王や王妃自身が《カルロス四世の家族》

に対しどのような評価を与えたのかは伝わっていない。

一八〇八年五月二日のマドリード市内の暴動から始まった対仏独立戦争で、ゴヤの制作は大きく変化する。一八一〇年頃から版画集『戦争の惨禍』に着手するが、それまでに例をみないほど直截な描写で人間の犯した残虐な行為が記録された。八〇余点の版画には、敵味方の区別なく、殺戮、暴行、処刑、死体、そして飢餓が描出されているのである。しかしその一方で、ゴヤは傀儡のフランス政府に忠誠を誓い、高級将校の肖像や寓意画を描くほか、パリのナポレオンが構想した美術館のために、スペイン絵画の名作五〇点の選定を行っている。戦争の終結に合わせて、一八一四年には《一八〇八年五月二日》（プラド美術館）と《一八〇八年五月三日》（同上）の対幅の大画面を、自国の歴史を不朽のものとするために描いた。しかし王政復古の宮廷では、もはやゴヤの絵画は必要とされず、ビセンテ・ロペスら新しい画家が肖像制作を担った。

ゴヤは後に「黒い絵」と通称されることになる連作を自宅の漆喰の壁に直接油彩で描いたが、現在、カンヴァスに移された一三点の連作がプラド美術館に展示されている。そこには画家の人生体験と美術の伝統的な主題との混在が指摘できると同時に、厭世的な雰囲気が濃厚に漂っている。またゴヤは不可思議な夢と不条理を表した未完の版画集『妄』を残し、七八歳にして自主的にボルドーに亡命する。

ゴヤは、高齢にもかかわらずリトグラフ制作を試みるなど、新しい表現への挑戦を繰り返した。時代へ適応しつつ生まれた多様な技法の作品群は、他の画家の追従を許すものではない。ゴヤはボルドーで一八二八年に没し、八二年間の生涯を閉じた。

2　一九世紀から二〇世紀へ

フェルナンド七世とイサベル二世の治世

フェルナンド七世（在位一八〇八、一三〜三三年）は、対仏独立戦争の終結とともに幽閉先のフランスから帰国した。王政復古期の宮廷では理想化された肖像画が求められ、新古典主義の画家ビセンテ・ロペス（一七七二～一八五〇年）が首席宮廷画家として活躍した。フランスの新古典主義の総帥ジャック＝ルイ・ダヴィッドの影響は、フアン・アントニオ・リベーラ（一七七九～一八六〇年）の作品を通じて、すでにスペインにも届いていた。またホセ・デ・マドラーソ（一七八一～一八五九年）もダヴィッドに学び、さらにアングルと親交を結んで、ローマで修業を続けた。一九世紀スペインのアカデミックな美術の世界では、このホセを初代とするマドラーソ一族が大きな影響力をもつにいたる。

フェルナンド七世は、一八一九年、王立絵画彫刻館（プラド美術館の前身）を創設したことで美術史に名前を残した。開館後の歴代館長は、当初は大貴族が名誉職として就き、続いて著名な画家がこれに代わって館長となり、二〇世紀になるとアウレリアーノ・デ・ベルエーテ（一八七六～一九二二年）をはじめ美術史学者が就任することになる。この美術館の最初のカタログには、三一一点のスペイン絵画が記載されている。さらにその後、各王宮から順次作品が移され、一八二四年のカタログには、その数は五〇〇点を超えている。

フランスへ亡命したゴヤが、パリの一八二四年のサロンを訪れたとき、ドラクロワは《キオス島の虐殺》を出品し、イタリアで長年研鑽を積んでいたアングルに対抗した。アングルはラファエロの影響が顕著に表れた《ルイ一三世の誓い》を出品していたのである。

これに対しスペインでは、後世に強い影響を与えるほどの大作を描いたロマン主義の画家を思い出すことは難しい。強いていえばゴヤの影響を受けたエウヘニオ・ルカス（一八一七～七〇年）や風景画のヘナーロ・ペレス・デ・ビリャアミル（一八〇七～五四年）の名前を挙げることができよう。しかし他方で、一九世紀前半のスペインでは、マドリード、バルセローナ、アンダルシーアなど個性が異なる地方ごとの画派が形成された。とくにアンダルシーアでは風俗習慣描写（costumbrismo）が特徴的で、闘牛、フラメンコをはじめとする民俗舞踊、祭り、ジプシー、イスラームの建築などが画題として取り上げられ、スペイン共通のテーマと同一視されるようになった。

一八三五年のメンディサバルによる修道会廃止令を受けて、マドリードのラ・トリニダー修道院の建物に同名の国立美術館が開館し、各地の教会や修道院から美術作品が集められた。エル・グレコ作品をはじめ、現在プラド美術館に収

図12－1　プラド美術館

出典：筆者撮影。

蔵されている多くの宗教画がラ・トリニダー美術館に由来するのである。

イサベル二世（在位一八三三～六八年）の治世には、フェデリーコ・デ・マドラーソ（一八一五～九四年）が首席宮廷画家となり、一八六〇年からはプラド美術館の館長となった。彼は美術館二階のメイン・ギャラリーの改築工事を推し進め、スペイン絵画の作品展示を刷新し、さらに選りすぐりの作品からなる「名品の間」を設けた。フェデリーコ・デ・マドラーソは、宮廷画家、美術アカデミー会長、さらに再度プラド美術館館長を晩年の一八八一年から亡くなるまで務め、画家としての名声をほしいままにした。一方、ベルギー出身のカルロス・デ・アエス（一八二六～九八年）は、スペイン各地を旅し、その自然を克明に描いた。彼はサン・フェルナンド王立美術アカデミーで後進を育て、風景画というジャンルをスペインに定着させたのである。またイサベル二世の治世下で、フランスのサロンを模範として、一八五六年に全国美術展が創設された。ほぼ二～三年ごとに全国規模の公募展が開催され、一九世紀後半は一〇〇〇点を大きく超える数の作品が展示されたという。以後、画家たちにとってこの展覧会に入選し、受賞することが目標となったのである。

一八六八年九月に革命が起こり、女王イサベル二世が国外へ亡命した結果、王立絵画彫刻館は国立の美術館となり、プラド美術館と改称し、さらに一八七二年にはプラド美術館とラ・トリニダー美術館が合併した。以後、プラド美術館（図12－1）はスペインの中央集権的な美術の場として今日まで拡大を続けているのである。

一九世紀後半のスペイン美術とヨーロッパ美術

他のヨーロッパ諸国と同じように、スペインにおいても美術の先進国であるイタリアへの憧憬は絶えることなく引き継がれていた。サン・フェルナンド王立美術アカデミーが創設された後、一七六三年以降は、とりわけローマで画家、彫刻家、建築家が奨学生として学んできたのだ。エドゥアルド・ロサレス（一八三六～七三年）は一九世紀にローマで学んだ代表的な画家の一人である。さらに一八七三年にはローマにスペイン美術アカデミーが創設され、一八八一年に開館すると、それ以後多くの画家が寄宿することになる。初代の院長はかつて自身もローマで学び、歴史画で名声を得ていたホセ・カサード・デル・アリサル（一八三二～八六年）であった。

もうひとつの憧れの地がパリであった。パリではマリアノ・フォルトゥニィ（一八三八～七四年）がエキゾチックな画題の選択と巧みな色彩の小絵画によって人気を博し、契約を結んだパリの画商アドルフ・グーピルを通じて経済的な成功をおさめたためか、多くの追従者を生むことになった。

一九世紀後半には絵画主題の多様化が進み、さまざまなテーマがとりあげられる一方で、全国美術展で高く評価されたのはスペインでも大型の歴史主題の作品であった。コロンブスやフアナ狂女王、カルロス五世といった歴史上の人物が綿密な時代考証とともに巨大な画布に再現された。そのなかでもフランシスコ・デ・プラディーリャ（一八四八～一九二一年）は大作をサロンに送り、代表的な歴史画家として活躍した。しかし一八九〇年代になると、歴史的画から社会的な主題へと関心が移っていき、全国美術展でも社会や日常生活に主題を求めるリアリズムの大作が出品されるようになった。

その一方で、アンダルシーアやカタルーニャ、バレンシアやバスクなど地方ごとに、画派が形成され、自らの目で見た各地の典型的な風俗や風景を主題に描く画家が現れた。地中海の陽光を描く外光派もそのなかのひとつである。バレンシア出身のホアキン・ソローリャ（一八六三～一九二三年）は、漁の情景をはじめバレンシアの海岸で働く人々の姿を描き、さらに社会が抱える悲惨な問題をはっきりと打ち出した《悲しき継承》（バレンシア、バンカーハ）で一九〇〇年のパリ万博で大賞を獲得した。彼はひとたび名声を確立すると、その後、大きな筆致で光あふれる浜辺を散歩する人々や海で泳ぐ子供たちを描き始めた。国際的な評価を受けたソローリャはパリやアメリカの個展で成功をおさめ、来場者数の記録をつくるまでの人気画家となった。かたやイグナシオ・スロアーガ（一八七〇～一九四五年）は、バスクの代表的な画家であり、多くの意味でソローリャと対照的であった。スロアーガは米西戦争後のスペインの後進性を重く激しい筆致で表した。彼は「九八年の世代」の文学者たちとの交流があり、たとえばミゲル・デ・ウナムーノの支持を得た。一九世紀末になると、象徴主義の影響もスペインで認められる。たとえば、コルドバ出身の画家フリオ・ロメーロ・デ・トーレス（一八七四～一九三〇年）は、濃厚な官能性をたたえたアンダルシーアの女性像に象徴的な意味を重ね、個性的な世界を創り出した。

ところで一九世紀後半はベラスケスの評価が国外においても高まった時期である。巧みな技法による単なる再現的な写実を超えた、ベラスケスのレアリスムの本質的なものが注目されたからである。事実、アメリカの画家のサージャントやフランスのカロリュス・デュランは、スペインに数年間滞在し、ベラスケスの作品から強い感化を受けている。

バルセローナの変貌

バルセローナはスペインの他のどの都市にも先んじて産業革命が進行し、繊維産業が興隆すると、莫大な富を手にした資本家が誕生した。彼らは都市で活動する芸術家のパトロンとなり、建築家たちは新しい自由な発想が許される環境で豪華な住宅を設計していった。

バルセローナの発展を考えるときに重要なのが、一八五四年に実施された旧市街を囲む城壁の撤去であり、これによって旧市街の外側に新しい居住空間が早急に求められた。結果的には、技師であるイルダフォンス・サルダー（一八一五～七六年）の都市計画が一八六〇年に認可され、アシャンプラと呼ばれる碁盤の目のようにデザインされた新市街の整備拡張が始まるのである。

一八八八年、スペイン初の万国博覧会が現在のシウタデーリャ公園を会場にして開催された。パリの万博に倣ったもので、準備期間はきわめて短かったが、建築家リュイス・ドゥメナク・イ・ムンタネー（一八五〇～一九二三年）は、万博のために国際ホテルやカフェ・レストランを建設した。彼は設計に携わるばかりでなく、指導的な建築家として、あるいは政治家としてカタルーニャ文化の復興に尽力した。現在、世界遺産に指定されているカタルーニャ音楽堂やサン・パウ病院が彼の代表作である。地元の合唱団ウルファオー・カタラーのために設計されたカタルーニャ音楽堂は、鉄骨構造に大きなガラスの窓を付け明るい空間を確保し、大胆な装飾を建物内部にも外部にも施している。そのほか、ドゥメナクはデザインの才能を発揮し、豪華本の装丁なども手がけている。

アントニ・ガウディ（一八五二～一九二六年）は、一八八三年にサグラダ・ファミリア聖堂（図12－2）の第二代目の建築家に就任し、ライフ・ワークとしてこの聖堂の建設に取り組んだ。ここにはガウディのキリスト教への信仰が具現化されている。聖堂の東、西、南に生誕、受難、復活をそれぞれ表したファサードが据えられ、身廊を形作る高さ約六〇メートルの柱は上部で樹木のように枝分かれして巨大な放物線のアーチを形成する。ガウディは、壁を外からバトレスで支えなければならないゴシック様式の欠点を独創的に解決したのである。ついに二〇一〇年一一月に聖堂内部が完成し、ローマ教皇ベネディクト一六世による聖別式が執り行われた。最終的に建物の工事が完了すると、サグラダ・ファミリア聖堂には、高さ約一七〇メートルのイエスの塔をはじめ、聖母、四福音書記者、一二使徒に捧げられた計一八本の塔が建つ予定である。

図12－2　サグラダ・ファミリア聖堂

出典：筆者撮影。

ガウディが生涯に設計した建築をたどっていくと、過去の建築に関する知識を応用した時期、自然の注意深い観察からモティーフを導き出した時期、そして双曲面や多面体など幾何学を応用した時期の三つの段階が指摘でき、総合的にはパラボラアーチを応用した構造と合理的なデザインの両面性がガウディ建築の特徴といえる。アウゼビ・グエイ（一八四六～一九一八年）はガウディの生涯のパトロンとなり、彼の注文によってガウディはグエイ邸、グエイ公園、それにコロニア・グエイ聖堂などを設計した。住宅建築では、ガウディの室内デザインの感覚をよく伝えるバッリョー邸や、「石切場」（pedrera）と通称される、外壁が大胆にデザインされたミラー邸がガウディの代表作といえる。こうしたガウディの作品群は、世界遺産に登録されている。

カタルーニャのムダルニズマ（モデルニスモ）は、フランスのアール・ヌーヴォーと比較することができ、またある意味で一九世紀後半のヨーロッパ諸国に共通する要素を含んだ、ジャンルを超えた芸術運動であった。美術の世界では、ラモン・カザス（一八六六～一九三二年）が肖像画、ポスター、芸術雑誌においてその才能を発揮し、サンティアゴ・ルシニョール（一八六一～一九三一年）が絵画のほかにも演劇、文学など多方面で活躍した。彼らは若いとき共に一九世紀末のパリのモンマルトルの芸術的な雰囲気を堪能しており、帰国後、モンマルトルのカフェ「シャ・ノワール」に倣って芸術家が集まるカフェをバルセローナに開いた。「四匹の猫」と命名されたこの店は、一八九七年から一九〇三年まで営業し、ヨーロッパの新しい芸術の動向が伝わってくる場であるとともに、若い芸術家たちにとってはまさにパリに向かって開かれた窓であった。

「四匹の猫」はさまざまなジャンルの芸術活動が行われた場所でもあった。パリの「シャ・ノワール」で学んできた影絵をはじめ、人形劇が上演され、展覧会や詩の朗読、ピアノの演奏が行われた。事実、作曲家のアルベニスやグラナドスもこの店で演奏したという。

次世代の建築家であるジュゼップ・プッチ・イ・カダファルク（一八六七～一九五六年）は、若いときからその才能を発揮し、この「四匹の猫」が開店することになる建物カザ・マルティを設計した。彼の代表的な住宅建築には、グラシア通りのカザ・アマリエーや、ディアグナル通りのカザ・ダ・ラス・プンシャスを挙げることができる。政治家としても活躍し、またカタルーニャの中世美術に造詣が深く、研究書を出版している。一九一七年に開催が予定されていたもうひとつのバルセローナ万博は、第一次世界大戦のために先送りにされ、一九二九年になって開催されたが、モンジュイックの丘がその会場となり、プッチが全体のマスター・プランを担当したのであった。

3　二〇世紀の前衛芸術と「巨匠」

ピカソ

パブロ・ルイス・ピカソ（一八八一～一九七三年）は、絵画、素描、版画、彫刻、陶器など生涯やむことなく制作を続け、その圧倒的な作品数と創造のエネルギーの巨大さは他の追従を許さない。極限まで追求された表現性と、後世への影響力の大きさから考えて、二〇世紀美術史のなかでもっとも重要な画家のひとりといえるであろう。ピカソは南スペインの港町マラガで、美術教師のホセ・ルイス・ブラスコの長男として生まれた。少年ピカソが父から絵の手ほどきを受けるなかで、数々の神童伝説が誕生する。ピカソが生まれてから一家はマラガに一〇年、さらにガリシア地方のア・コルーニャに移り、四年弱を過ごした後、父ホセがバルセローナの美術学校に職を得て、バルセローナに移り住む。十代半ばでアカデミックな絵画技法をマスターしていたピカソは、一五歳のとき大人に交じって全国美術展に出品し、選外佳作を受賞した。さらにマドリードのサン・フェルナンド王立美術アカデミー美術学校に入学し、授業のかたわらプラド美術館でベラスケスやゴヤの模写も行った。しかし、ピカソは猩紅熱にかかり長期の静養の後、アカデミックな美術教育の場には戻れなくなってしまうのである。

ピカソは十代の後半から前述の「四匹の猫」の常連となったのだった。一九〇〇年に初めてパリに行き、万国博覧会を見学する。その翌年に友人のカザジェーマスが自殺し、ピカソは精神的に大きな打撃を受ける。その後バルセローナとパリを行き来し、ピカソは自分の芸術の模索を続け、社会の底辺に生きる人々の生活とその悲しみを憂愁を帯びた青の色彩で描いた。この時期は「青の時代」と呼ばれ、一九〇三年には《人生》(クリーヴランド美術館)を完成させた。一九〇四年からはパリに定住し、サーカスや旅芸人などを好んで取り上げ、「バラ色時代」と通称される明るい色彩の絵画を描くようになる。

ピカソはこの後、アフリカの黒人彫刻やイベリア先住民のプリミティヴな芸術の力強さに魅せられる。彼の様式は一転し、一九〇七年には五人の娼婦を描いた《アヴィニョンの娘たち》(ニューヨーク近代美術館)を制作する。陰影もなく、正確なデッサンもない平面的な人体のモデリングは、画家の友人たちさえも驚かせたという。

ピカソはフランスの画家ジョルジュ・ブラックとともにキュビスムを創始した。キュビスムはルネサンス以降に継承されてきた伝統的な空間表現を根源的に疑い、対象をどう認識するのかを絵画を通して問うものであった。一九〇八年以降、複数の視点から対象をとらえ、切子細工のように対象を分解する「分析的キュビスム」を開始し、空間と対象を一体化させ、対象の写実的な再現が排除された絵画を制作した。この複数の視点から見た遠近法は、三次元の立体構成の制作にまで応用された。さらに一九一二年頃からは、対象を分解して平面や部分の重なりから画面構成し、記憶とともに対象を再構成させる「総合的キュビスム」を追求した。ここでは、既成のモノを画面に糊付けする「コラージュ」や、新聞紙や着色紙、楽譜などを貼った「パピエ・コレ」による作品を試み、美術制作におけるオリジナリティの意味を問いかけた。

キュビスムに影響を受けたフアン・グリス（一八八七～一九二七年）は、しかしモティーフや色彩を捨象することなく、キュビスムを独自の解釈で展開させた。またピカソに鉄の彫刻を教えたフリオ・ゴンサレス（一八七六～一九四二年）やパブロ・ガルガーリョ（一八八一～一九三四年）といった彫刻家の存在もこの運動のなかで忘れることはできない。

一九一四年に第一次世界大戦が勃発すると、参戦しなかったスペインは前衛芸術家の避難場所となった。たとえばダダイズムの中心的な画家のひとりであるフランシス・ピカビアは、雑誌『３９１』をバルセローナで刊行した。また詩人アポリネールと別れたマリ・ローランサンもスペインで制作を続けた。ロベールとソニアのドローネー夫妻は、色彩豊かなキュビスム的絵画、つまりオルフィスムの作品を描いた。彼らはディアギレフ率いるロシア・バレエ団のスペイン公演に参加している。

ミロとダリ

一九二〇年代にパリから発したシュルレアリスムは、パリと大きな時差を伴わずスペインにおいても広がっていった。ジュアン・ミロ（一八九三～一九八三年）はバルセローナ出身で、実家が所有するモンロッチの別荘で長い時間を過ごし、初期作品で多くの着想を得ている。若きミロはフォーヴィズムの影響を受けた後、細密描写の時代を経て、一九二二年に《農園》（ワシントン・ナショナル・ギャラリー）を完成させた。一九二〇年代にパリに行き、シュルレアリスムの運動のなかで独自の表現を追求し、アンドレ・ブルトンから評価され、さらに反芸術的な主張を前面に出した立体作品などを制作した。ミロは第二次世界大戦の開戦直後に連作「星座」を開始する。一九四〇年から地中海のパルマ・デ・マジョルカにアトリエを構えたミロは、明るい色彩で女、鳥、星などのイメージを記号のように繰り返し取り上げ、単純化されたフォルムをリズミカルに組み合わせた作品を次々と制作した。ミロの作品には、こだわりのない自由奔放さとユーモアがあふれ、しかも簡潔で詩的なメッセージが含まれている。ミロはしだいにモニュメンタルな彫刻や壁画制作の注文を受け、国際的な評価を獲得していった。

サルバドー・ダリ（一九〇四～八九年）は、フィゲーラス出身で、一八歳からマドリードのサン・フェルナンド王立美術アカデミー美術学校で学んだ。彼は自主独立の気風で知られた学生館に住み、詩人のフェデリーコ・ガルシア・ロルカ（一八九八～一九三六年）や映画監督となるルイス・ブニュエル（一九〇〇～八三年）と知り合った。ブニュエルはダリとともに一九二九年に映画『アンダルシアの犬』を制作し、さらに翌年『黄金時代』を完成させた。以後、ダリはパリを舞台に自分の才能を開花させ、自分にインスピレーションを与えてくれるガラという終生の伴侶を得る。《記憶の固執》（一九三一年、ニューヨーク近代美術館）、あるいは《ナルシスの変貌》（一九三七年、テート・モダン）や《永遠の謎》（一九三八年、ソフィア王妃芸術センター）のように、一九三〇年代からダリの制作は、人間の隠された欲望を細密描写によって周到に表現することに収斂していく。その精巧な絵画技術から生まれるダブル・イメージや、さらには同時にいくつものイメージが表れる作品群がこの時期のダリの特徴となる。また内戦の勃発前の一九三六年には《茹でたインゲン豆のある柔らかい構造―内乱の予感》（フィラデルフィア美術館）を描いた。ダリは自らの制作方法を「偏執症的＝批判的方法」と命名し、旺盛な創作活動を展開し、また奇矯な言動から各方面から注目を集めた。後半生、故郷のポルトリガットにアトリエを構えたダリは、自ら「天才画家」を演じながら西洋美術史に自分の位置を求めたといえよう。

そのほかの主要なシュルリアリスムの画家では、カナリア諸島出身のオスカル・ドミンゲス（一九〇六～五七年）が挙がる。一九二〇年代後半からパリのシュルレアリスムの運動に参加したドミンゲスは、偶然性の強いデカルコマニーの技法の創始者と考えられている。

一方、一九二〇年代のマドリードには、アルベルト・サンチェス（一八八七～一九六二七年）とベンハミン・パレンシア（一八九四～一九八〇年）によってバリェーカス派が結成された。大戦間にスペインにもおいても前衛的な活動の萌芽が見られたのである。

内戦

二〇世紀になってバルセローナで開花した前衛美術は、スペイン内戦（一九三六～三九年）により中断を余儀なくされる。また長年、前衛美術の紹介において中心的な役割を果たしてきたダルマウ画廊の活動も内戦前に終りを告げる。かつてこの画廊でミロが一九一七年に、ダリが一九二五年に、それぞれ初個展を開催し、さらにロルカも一九二七年に素描展を行ったのであった。

内戦中の一九三七年四月二六日にバスクの古都ゲルニカが、フランコ側を支援するドイツ軍コンドル部隊から爆撃を受け、多数の死者を出し、壊滅的な被害を受ける。ピカソは祖国の悲劇から想を得て《ゲルニカ》（ソフィア王妃芸術センター寄託）を短期間に描くが、この作品は同時代の事件が時代を表象するイコンへと変容していく典型的な例といえる。三・五メートル×七・八メートルの巨大なカンヴァスには、炎に包まれて苦しむ女、踏み出す女、窓から灯りを突き出す女、雄牛と傷ついた馬、横たわる兵士、そして死んだ我が子を抱く母親といったモティーフが描かれている。抽象ではないが非写実的な造形と色彩を抑えたモノクロームによる明快さは、作品の前に立つ者に強烈な印象を与える。

一九三七年に開催されたパリ万博は、ドイツ館とソ連館が向かい合って建ち、当時の緊張した政治的状況が具現化していた。パリ万博に参加したスペイン共和国の政府館に、ピカソは《ゲルニカ》を壁画として飾り、ミロはカタルーニャの農民を描いた《刈り入れ人》を巨大な壁画に描き、民族的独立の象徴を示した。さらにアレクサンダー・コルダーは《水銀の泉》を、ジュリ（フリオ）・ゴンサレスは《ラ・ムンサラット》を制作し、政府館の外には、アルベルト・サンチェスの彫刻《スペインの人民には星に向かう道がある》が置かれた。このスペイン共和国政府館は、反フランコ側に立つ芸術家たちの主張の総意ともいうべきものであった。

フランコ時代

ピカソは第二次世界大戦中もフランスから動かず、一方のダリは一九四〇年から約八年間アメリカに滞在した。こうした画家たちがスペイン国外で活躍したのに対し、フランコ時代には体制を礼賛する公式な美術が継続していき、体制を問うような前衛的な美術はスペインになかなか届いてこなかった。例外的に国外の奨学金を獲得したアーティストが、スペインの外の最新の美術動向を知ることになった。

シュルレアリスムの強い影響を受けたグループ「ダウ・アル・セット」は一九四八年にバルセローナで生まれた。詩人のジュアン・ブロッサ（一九一九〜九八年）の主導で結成され、創設のメンバーには詩人のジュアン・ジュセップ・タラッツ（一九一八〜二〇〇一年）、画家のアントニ・タピアス（タピエス）（一九二三〜二〇一二年）、ムデスト・クシャルト

（一九二五～二〇〇七年）、ジュアン・ポンス（一九二七～八四年）らが名を連ねた。

一九四〇年代後半、サラゴーサには抽象絵画をめざす「ポルティコ」というグループが誕生し、またサンタンデール近郊のサンティリャーナ・デル・マルには「アルタミラ派」という芸術家たちが抽象芸術を志向して活動を行ったが、それらは単発的な活動であった。

一方、マドリードではアンフォルメルの傾向をもった「エル・パソ」が一九五七年に結成された。アントニオ・サウラ（一九三〇～九八年）やマヌエル・ミリャーレス（一九二六～七二年）、ラファエル・カノガール（一九三五年～）などが主要なメンバーであった。たとえばモノクロームや色彩を抑えた彼らの大画面には、ほとばしる生の感情をぶつけるかのような激しさが見て取れる。

シュルレアリスムの画家として出発したアントニ・タピアスは、パリ留学を経て、一九五〇年代半ばに、フランスの美術評論家でアンフォルメル（不定形なもの）を提唱したミッシェル・タピエと知り合う。その後タピアスは、画面から現実の再現や、物語性、そしてイリュージョンを排し、純粋な造形そのものを志向した。記号や象徴、幾何学文様や文字、さらには創造の跡として手の痕跡などを残したのである。しかも自己を模倣することなく、常に新たな造形に挑みつづける画家の姿勢は、彼への高い評価に直結している。タピアスは一九五〇年代以降、旺盛な制作活動を続け、やがて国際的な評価を得た。

そのほか、幾何学的で理知的な抽象の彫刻を制作し続けたホルヘ・デ・オテイサ（一九〇八～二〇〇三年）やエドゥアルド・チリーダ（一九二四～二〇〇二年）は、フランコ時代でありながら国際的な活躍を見せた。エドゥアルド・チリーダは若くしてパリに渡り、帰国後、鉄の作品を中心に制作し、やがて公共空間のために大規模な作品の依頼を受けるようになる。素材への深い理解、純粋な造形性、そして詩的な象徴性が融合した独自の世界を作り上げている。

同じく抽象の造形作家のルシオ・ムニョス（一九二九～九八年）は、さまざまな木片を組み合わせ、素材自体のもつ物質感と絵具の厚い塗りから生まれるマチエールの両方の効果から作品を仕上げているが、そこには大胆さと繊細さが共存する。ムニョスは一九五〇年代にマドリードのサン・フェルナンド美術学校で学んだ仲間たちと、抽象・具象の区別なく、フランコ時代における制作活動を共有している。

この世代の造形作家のひとりであるアントニオ・ロペス（一九三六年～）は、絵画と彫刻の両方の制作において、現代美術のひとつの可能性としてのリアリズムを追求してきた。抜群の写実技巧を有しながら、初期はシュルレアリスムやピカソを意識して試行錯誤を続け、一九六〇年代から自分の住む日常を克明に描くことに徹底し、現実をどう画面にうつすことができるのかという問題に取り組んでいる。ロペスにとっての現実とは、故郷トメリョーソの町、家族、室内、静物や植物、さらにはマドリードの都市景観へと広がりをもっている。最近は、人体表現や公共空間に設置するモニュメンタルな彫刻作品へも意欲的に取り組んでいる。

フランコ体制下の対外的美術政策において、政府主導の国際的な美術展への参加も行われていた。一例を挙げるならば、スペインからヴェネチア・ビエンナーレへ参加した造形作家は、意外なことに一九六〇年から一九七二年にかけて一〇〇人以上に達しているという。

一九六〇年代後半から七〇年代前半は、反体制の美術によって幕を開ける。一九六〇年代にアメリカで広まったポップ・アートを逆手に応用した作家たちが輩出する。フランスで活動を始めたエドゥアルド・アローヨ（一九三七年～）は、フランコ時代末期には反体制的な作品でもっとも物議を醸した作家であろう。アローヨは抽象美術の権威的なものにも反発し、ポップ・アートの技法を用いてスペイン的なテーマを再解釈した作品を発表し、また舞台美術でも活躍した。八〇年代になってからは、「新具象」のアーティストとして母国で評価が高まった。

バレンシアで結成された芸術家集団エキーポ・クロニカ（活動期　一九六四～八一年）は、一九六〇年代からアメリカで流行したポップ・アートの技法を用いて美術史のなかに確立していった権威を痛烈に批判し、それに政治的な風刺を組み合わせた。

またフアン・ヘノベス（一九三〇年～）は、当時の政治的状況を意識し、デモに参加する市民や、それを制圧する警官を鳥瞰的な視点で表現しながら、冷静に距離感のあるモティーフとして作品に取り込んでいった。

エル・パソの創設メンバーであったカノガールは、フランコ時代の終焉が予感される時期に、逮捕や拷問をテーマにした立体作品を発表した。ポリエステルで人体を造形し、単色で塗り、それらを組み合わせて、短期間の活動ではあったが、きわめて再現的でありながら匿名性の強い表現で社会問題を告発したのである。

4　現代の美術

ポストフランコ

フランコが一九七五年一一月に亡くなると、民主化の進む新生スペインを内外にアピールすることが、美術を通じても行われた。「二〇世紀の巨匠」であるピカソは一九七三年に、ミロは一九八三年に、そしてダリは一九八九年にそれぞれ不帰の人となり、二〇世紀後半のスペインの新しい美術史を構築する作業が必要とされたのである。

チリーダは、故郷バスクの町、サン・セバスティアンの壮大な自然の空間に巨大な作品を設置した。一九七七年、故郷サン・セバスティアンの海岸に重さ一一トンのスチール製の彫刻三体から成る《風の櫛XV》（図12－3）を完成させる。波が打ち寄せ、風が舞う海岸では、自然と人間の造形との絶えざる対話が繰り返されている。

スペインに民主主義が定着し、社会労働党が政権を取り、海外の情報が一挙に流入した一九八〇年代は、またスペインが国際的な認知を受ける過程でもあった。一九八二年創設されたARCO（Feria Internacional de Arte Contemporáneo）は、国際的アートフェアとして現在も継続し、世界各国から多くのギャラリーが参加している。

一九八五年にブリュッセルで開催された祭典エウロパリアでは、スペインの中世から古代までの美術展が企画された。そのなかの同時代のスペインを代表する造形作家の個展として、カタルーニャ出身のタピアス、バスク出身のチリーダ、それにラ・マンチャ出身のロペスの三人が選ばれた。さらに一九九二年には、バルセローナ・オリンピックとコロンブスのアメリカ大陸到達を記念してセビーリャ万博が開催され、フランコ時代の記憶を払拭した、新しいスペインのイメージが世界の注目を集めた。

またソフィア王妃芸術センターが一九八六年に設立され、一九九二年から常設のスペイン二〇世紀美術の展示が試み

図 12－3　チリーダ《風の櫛 XV》

出典：筆者撮影。

られた。ヨーロッパやアメリカの二〇世紀美術史の枠組みに、そして二〇世紀のさまざまなイズムのなかに、スペインの同時代の美術がどのように当てはまるのかが問われた。作品が登録され、カタログ化され、失われた時代の再構築が試みられ、大量の現代美術作品が収蔵されたのである。すぐにスペースが足りなくなったこの現代美術館の増築は、フランスの建築家ジャン・ヌーヴェルが担当し、二〇〇五年に工事が完了した。一方ビルバオには一九九七年、アメリカの建築家フランク・ゲーリー設計のグッゲンハイム美術館が建設された。斬新なデザインは二〇世紀と二一世紀を橋渡しする建築として高く評価されている。

現在、活躍中の画家のなかでは、ミケル・バルセロー（一九五七年〜）とホセ・マリア・シシリア（一九五四年〜）が確固たる地位を得ている。バルセローは日常のテーマを取り上げながらも豊かで幻想的なマチエールにこだわり、具象の可能性を追求している。シシリアは簡潔で具体的なテーマと抽象的な造形処理の溶け合った鮮烈なイメージを発表してきたが、とくに近年は、鮮やかな色彩で花や蝶の翅をテーマに大型の作品を制作している。最後になるが、新しい世代の建築家では、アルベルト・カンポ・バエサ（一九四六年〜）やサンティアゴ・カラトラーバ（一九五一年〜）らが国内・国外を問わず世界的な活躍をしている。

スペインの造形の基層と二一世紀

スペインは現在、イタリアおよび中国と世界遺産の数において最多を競う国であり、その文化遺産の数は四〇以上にのぼる。この文化資源は分かちがたく観光と結びつき、スペインは歴史と芸術の国というイメージが定着しているが、そこにはまだ地方ごとの独自の文化が強く意識されている。

その文化の多様性が保持されてきた理由のひとつが、地方の自治体や銀行、大企業による文化支援である。地元出身の芸術家の個人美術館の創設や、アートセンターの整備が行われ、各地の主要都市に現代美術館が順次、開館しているのである。

その一方で近年、重要視されているのが、歴史的な意味をもつ地元の施設を保存修復し、新しい価値が付与された文化施設として再生させるという「レアビリタシオン」(rehabilitación) の概念であろう。たとえばマドリードでは、かつての市内の発電所がアートセンター「カシャ・フォルム」(図12-4) として生まれ変わり、二〇〇八年に公開されたが、北京オリンピックの北京国家体育館 (鳥の巣) を設計したスイスの建築家ユニットであるヘルツォーク&ド・ムーロンが設計を担当して話題を呼んだものである。かたやバルセローナでは、二〇世紀初頭の建築家プッチ・イ・カダファルクがモンジュイックの丘の麓に建てた旧繊維工場が、もうひとつの「カシャ・フォルム」に生まれ変わった。古き良きムダルニズマのレンガ造りの建築物のなかに設置された最新のアートセンターというコントラストは、新しい価値が相補的に創出されたことを気づかせてくれるのである。

図12-4　カシャ・フォルム(マドリード)

出典:筆者撮影。

あるいはマドリード南部のマンサナーレス河畔に位置するかつての屠殺場マタデーロは、若者をターゲットとしたメディア・アート、演劇、映画、音楽のための巨大な複合的現代文化センターへと改築・整備されている。またバルセローナでは、アンリック・ミラーリャス(一九五五〜二〇〇〇年)が手掛けたサンタ・カタリーナ市場の改築に込められた考古学的遺跡の保存と市場と現代建築の造形の一体化が高い評価を受けている。さらに、長年バルセローナの中心的な食料供給の場であったボルン市場の再生計画がついに完結した。こうした半ば廃墟となっていた歴史のある施設を、撤去せずに生まれ変わらせるという試みが近年、高く評価されているのである。

ひるがえって考えてみれば、イベリア半島ではいにしえから、異なる民族や宗教を受け入れるたびに、その異なるものと自らの同化を繰り返してきた。必然的にスペインの芸術の伝統は、安定して変わることのない、長く継承される伝統ではありえなかったのである。本章で扱った今日までの三〇〇年間に限っても、新王家の到来と対外的な戦争、さらに内戦、政権の交代と政治の混乱のなかで、芸術家たちが向かい合う伝統、国外から受ける影響、さらに個々が追求すべきテーマは常に変容し続けていったといえる。

自国の芸術の権威をどう乗り越えていくのか、同時に自国の芸術の伝統を次世代にどうつないでいくのか、芸術家たちは個人としてこの相反する問いかけに答え続けなければならないのである。しかもまた、二一世紀のグローバル化の加速する現在、芸術家たちはスペイン的なるものにどこまでこだわるべきなのかという根源的な問いかけを自ら繰り返すのである。

（木下　亮）

参考文献

岡村多佳夫『ダリ』小学館、二〇〇六年。

バルバラ・カトイヤー『マジョルカのミロ』安發和彰訳、岩波書店、二〇一一年。

ピエール・カバンヌ『ピカソの世紀』中村隆夫訳、西村書店、二〇〇八年。

木下亮・森園敦ほか『現代スペイン・リアリズムの巨匠　アントニオ・ロペス』美術出版社、二〇一三年。

小林康夫『ミケル・バルセロの世界』未來社、二〇一三年。

ジャニス・A・トムリンソン『ゴヤとその時代』立石博高・木下亮訳、昭和堂、二〇〇二年。

鳥居徳敏『建築家ガウディ――その歴史的世界と作品』中央公論美術出版、二〇〇〇年。

ブエンディアほか『プラド美術館』大高保二郎ほか訳、岩波書店、一九九七年。

山道佳子・八嶋由香利・鳥居徳敏・木下亮『近代都市バルセロナの形成――都市空間・芸術家・パトロン』慶應義塾大学出版会、二〇〇九年。

『内と外――スペイン・アンフォルメル絵画の二つの顔』展図録、国立西洋美術館・長崎県美術館、二〇一三～一四年。

第13章　映画の世界

映画は鑑賞することにこそ意義がある。観なければむなしい知識だ。映画は既に一〇〇年以上の歴史を誇る芸術であり、過去の事実を概観するような映画史を書くことも可能ではあるだろう。だが、その多くを読者である日本の学生たちは簡単には鑑賞することはできない。参照の難しい情報をいたずらに積み重ねることはやめて、ここでは、比較的鑑賞の可能性の高い作品や作家たちに重点を置くことにしたい。

1　草創期

最初の映画の衝撃

映画の歴史は一八九五年一二月二八日に始まる。この日、パリのグラン・カフェ地下にあるインドの間で、オーギュストとルイのリュミエール兄弟が、自らの発明になるシネマトグラフによる作品「工場の出口」他一一編を公開したのだ。入場料は一フラン。

エジソンがその一年前にキネトスコープというものを発明しているので、彼こそが映画の発明者だとする立場もある。エジソンのつくりだしたものは、箱の中を覗くとそこに動画が展開されるというもの。リュミエール兄弟のものはフィルムをスクリーンに投影するというもの。興行形態もおのずと異なる。ヨーロッパでの話でもあるし、とりあえずはここはリュミエール兄弟をもって映画の初めとする史観に立っておこう。

シネマトグラフを発明したリュミエール兄弟は、それをパリのカフェのスクリーンに投影して観客に見せた。このときに投影した一二編のうち、とくによく語られるのが、「ラ・シオタ駅に到着する列車」だ。表題にある駅のプラットフォームに滑り込んできて停車する蒸気機関車を斜め前から写しただけのものだ。だが、その日グラン・カフェのインドの間に詰めかけた観客は、本当に列車が突進してくるとの錯覚をおぼえ、逃げまわったというのだ。このことは、その日から百年以上を経た現在でも語り継がれている。映画の歴史の第一歩を記述する人々が必ずといっていいほど再生産する、一種のお決まりの話題だ。

観客が逃げたという都市伝説のようなエピソードだけではなく、駅に到着する列車のシーンそのものもまた、構図などにおいて何度も繰り返されるトピック（お決まりの語法）となった。このシーンはよほど映画の本質を体現したものに違いない。斜め前から列車を撮ることによってスピード感が出る。駅に到着する列車なのだから、徐々にスピードを落としているはずだけれども、機関車がカメラのフレームからはみ出ることによってスピード感の欠如は補われ、観客はあたかも列車が自分たちに突入してくるのではとの錯覚を抱く。プラットフォームにぎっしりと並んでいる乗客たちのせいで、逃げ場がないと思った観客もいるに違いない。映画に収められた乗客たちは、実はリュミエールの親戚たちが互いに見知らぬ客のふりをしていただけで、つまりはそこに演出がほどこされている。これもまた映画の本質をつくものであったろう。カメラの位置と枠取り（フレーミング）、演出、という三つの本質的要素を最大限に利用した「ラ・シオタ駅に到着する列車」は、以後の映画の方向性を決定した。つまりリュミエール兄弟は映画を発明し、映画の撮り方とその題材を決定したのだ。

スペイン映画の誕生

リュミエール兄弟はまた、会社を設立し、カメラ技師を世界各地に派遣して映画を撮らせてもいる。「工場の出口」や「ラ・シオタ駅に到着する列車」のような日常／非日常の情景を、世界各地で収集しては上映していたのだ。もちろん、スペインの光景も撮っている。たとえばセビーリャの聖週間の行列や、闘牛、一九〇〇年のパリ万博で披露されたフラメンコの踊りなどの映像が残されている。

映写技師も各地に派遣した。パリのグラン・カフェでのような興行を広めた。スペインには一八九六年五月に、A・プロミオという人物が派遣され、マドリードで興行を打っている。その年のうちには、スペイン人たちが独自で映画を作り始めている。一〇月、エドゥアルド・ヒメーノ親子が「サラゴーサのピラル大聖堂での大ミサ後の退出風景」を撮影したのだ。スペイン映画の誕生である。

世紀の変わり目のころには、マドリードとバルセローナを中心に映画製作会社が相次いででき、草創期の最初の賑わいを迎えた。映画館ができ、映画雑誌が創刊され、各地でシネ・クラブができ、二〇世紀の最初の三十年で映画は娯楽の王様としての地位を確立していく。

映画が「娯楽の王様」になったということは、題材も変化したということだ。日常の光景を切りとった映像を見せていた映画興行は、やがて劇映画中心にかわっていく。おりしも、一九世紀末から二〇世紀初頭にかけての時代には小説が隆盛を見た。スペインとて例外ではない。これらの小説や戯曲、そしてサルスエラというスペイン独特のオペレッタなどが次々に映画化された。自ら映画製作に乗り出す作家もいた。

音　声

断っておかなければならないが、この時期まで映画には音声がシンクロしていない。サイレント映画という形式だ。最低限の説明や台詞を字幕で挿入し、それ以外はただ映像だけを上映するのだ。音楽の伴奏など、映画館ごとにつけていたようではあるが、それらは映像にシンクロしたものではない。

私たちが現在観ている映画のように、台詞、効果音、音楽などが同時に感じられる作品は、トーキーといい、やっと一九三〇年代くらいから一般化していくものである。長らく最初のトーキー映画は一九二七年の『ジャズ・シンガー』だとされてきたが、実際にはそれ以前にもトーキーの試みはたくさんあったようだ。いずれにしろ、スペインの場合、最初のトーキー用スタジオは三二年にできているし、そのころから映画はトーキーになっていく。

ルイス・ブニュエル

サイレントからトーキーへの移行期に現れたのがルイス・ブニュエル（一九〇〇〜八三年）だった。

映画の国籍は製作者によって決まるし、人生の大半をメキシコで過ごした人物なので、実はスペイン人ブニュエルが撮ったスペイン映画は四本しかない。フランコ時代には上映禁止になった作品も多い。しかし、映画はまた比較的容易に国境を越えるものでもあるので、彼を二〇世紀スペイン映画の代表として記してもいいだろう。

ブニュエルがフランスで撮った『アンダルシアの犬』（一九二八年）は、友人サルバドー・ダリと共同で、二人の見た夢を映像化して斬新だった。剃刀で女性の眼球を切り裂く（実際には死んだ子牛のもの）衝撃的なシーンに始まり、掌の傷口から湧き出てくる蟻の群れ、そこから脇毛、ウニ……、と連なっていくイメージの連鎖、ピアノに乗ったロバの死体、死んだ男の服をベッドに並べることによって彼がよみがえるというシークエンスなど、まさに夢の映像化というにふさわしい前衛映画だ。当時、夢を大々的に表現に取り入れてフランスを席巻し、さらには世界中に影響を与えた芸術運動がシュルレアリスムだが、『アンダルシアの犬』はシュルレアリスムを代表する映画だ。

自身、「映画は夢を表現するのに適したメディアだ」といったブニュエルは、その後も夢そのもののような映画を撮り続けた。二〇人ばかりの招待客がある家の居間から出られなくなる話（『皆殺しの天使』メキシコ、一九六二）やディナーに集まるのだけど、いつも何かの事件に阻まれて食事にありつけない人たちの話（『ブルジョワジーの秘かな愉しみ』フランス、一九七二）などだ。それらは夢、とりわけ悪夢の映像化といっていいだろう。『欲望のあいまいな対象』（フランス、スペイン、一九七七）では、一人の女性の役を二人の女優（キャロル・ブーケとアンヘラ・モリーナ）に演じ分けさせ、二面性のある彼女に翻弄される男性主人公を描いたが、観客の多くが何度も女優が入れ替わったことに気づかなかったという逸話が残っている。夢のなかでは個人の認識が曖昧なものだ。つまりこの映画では、観客がまるで夢を見るような体験をしたというわけだ。

2　内　戦――フランコ独裁期

内戦の影

ドキュメンタリー『糧なき土地』（一九三三年）などで共和国支持の態度を鮮明にしていたブニュエルは、内戦勃発後、任務を帯びてフランス、アメリカ合衆国へと渡っている。内戦が終結して仕事のなくなった彼は最終的にはメキシコで再び映画監督としての仕事を得たのだった。

内戦勃発時、映画としての水準は、当然、共和国側に利があった。当時はまたロシア・アヴァンギャルド式のポスター芸術も盛んで、セルゲイ・エイゼンシュテイン監督『戦艦ポチョムキン』（一九二五年）に代表される美意識はスペインにも及んでいた。

しかし、内戦に勝利したのは、映画においては遅れを取ったフランシスコ・フランコの陣営だった。内戦はスペイン映画にとっては大きな損失であったに違いない。ファシズムはモダニズムのひとつの帰結であって、ファシストたちはそれに対立する陣営と、とりわけメディアを通じて張り合った。新聞・雑誌、ラジオ、そして映画などは、激しい闘争の道具であり、闘争場所そのものでもあった。内戦に勝利したフランコが映画に検閲を敷き、一方でこれを奨励する政策を打ち出したのは、当然の行動であったというべきだろう。

フランコの政策

フランコは検閲を設け、映画を奨励もした。国産映画奨励の手段のいくつかの法令により、外国映画を吹き替えで上映する習慣が定着した。逆にいえば、吹き替えにすることによって多くの外国映画が輸入可能になった。一九四七年には国立映画研究所を設立、六二年には国立映画学校となるこの機関は、その後のスペイン映画を支える人材を育てることになる。そしてまたフランコは一九四二年、ニュース映画・ドキュメンタリー映画公社、通称NO‐DO（ノ＝ド）を設立した。名前のとおり、ニュース映画を製作する機関で、映画館ではここの製作したニュースが本編前に必ず流されることとなった。

小説が小説を引用するように、映画は映画を引用する。あるいは映画鑑賞の場面をつくり出す。かくして、内戦後を扱った映画（今も連綿として製作され続けている）はこのノ＝ドの記憶で埋められていくことになる。近年の例をひとつだけ挙げるなら、エミリオ・アラゴン監督『ペーパーバード――幸せは翼に乗って』（二〇一〇年）が印象的にノ＝ドを使っていた。小説家では、これをもっと印象的に使った者がいる。フリオ・リャマサーレスだ。『無声映画のシーン』所収の短編「ストライキ（成人向け映画）」でのこと。

実をいうとあの年まで、フランコについての噂をほとんど聞いたことがなかった。学校にある写真や本のなかで毎日のようにその姿は見ていたし、ラジオを通してしょっちゅう名前を耳にしていたが、その男が誰なのか、つまりどういう人間なのか分からなかったので、まったく興味がなかった。その後、映画が始まる前に上映されるニュース映画

《NO‐DO》で彼の姿を目にしたが、大仰な身振りをしながらせかせか歩き回っている映像を見て、**チャルロット**か、デブとヤセのコンビのような俳優なんだろうが、それにしても面白くもなんともないと思っていた（木村榮一訳。太字は原文。訳注を省略。チャルロットはチャップリンのこと、デブとヤセのコンビはローレル&ハーディのこと）。

ノ＝ドの主役であるはずの総帥フランコが、映画に先んじて流されるその映像の主役であるために、「面白くもなんともない」喜劇役者と理解されてしまうという皮肉が痛快だ。

内戦中およびその前後はメディアを通じての両陣営のプロパガンダ合戦が行われたことは先に述べたとおりだ。こうした環境から「スペインらしさ」や「スペイン性」、言い換えれば「スペイン文化」というトピックが鍛造されることになる。文学の分野で一九世紀末や世紀転換期に起こったことが、映画を通じても展開される。

マルセリーノ

内戦後の映画のなかで最も国際的に知られた一本が、いかにもフランコの勝利以後のスペインの「スペインらしさ」を照らし出している。ラディスラオ・バホダ監督『汚れなき悪戯』（一九五五年）は主役のパブリート・カルボがカンヌ国際映画祭で特別子役表彰の栄誉に輝いた作品だ。五七年に日本で公開されているが、この年の『キネマ旬報』誌年間ベストテンに選ばれている。だいぶ時間も過ぎた九七年になってイタリアで『マルセリーノ・パーネ　ヴィーノ』（ルイジ・コメンチーニ監督）としてリメイクされているという事実も、この作品の評判を物語っているだろう。作中の挿入歌「マルセリーノの歌」は今も愛唱される。

ナポレオン戦争直後のスペインの田舎町、修道院の前に捨てられ、そこで育てられたマルセリーノが、キリストの磔刑像と交感する物語だ。日ごとキリスト像にワインとパンを運び、会話を交わすのだ。原題を *Marcelino pan y vino*（パンとワインのマルセリーノ）というのだが、それはこうしてできた主人公のあだ名をさしている。死に際してキリスト本人に祝福され天に召されるという奇跡を招いたのだ。

共和派と思われる新村長を悪役に仕立て上げ、キリストの磔刑像が子供と話し、その子の死に際しては祝福するという奇跡を描いている『汚れなき悪戯』は、あからさまにキリスト教勢力の後ろ盾を得て共和国スペインを倒したことによって樹立したフランコ体制に順応するものだ。原作の短編小説を書いたホセ・マリア・サンチェス・シルバは、脚本も監督と共同で書いているが、彼はまたフランコ統治二五周年を祝うホセ・ルイス・サエンス・デ・エレディア『その男フランコ』（一九六四年）の脚本も監督と共同執筆した。

主人公の少年が死んで神の祝福を受けるというのは、いかにもキリスト教的であるが、同時に、こうして死を美化するかのような内容は、ファシズムの要素にも相通じるものがあるようだ。一〇〇年以上前のことを扱った歴史作品でありながら、『汚れなき悪戯』はあからさまに内戦後のスペインの体制を喧伝しているのだった。

一方で『汚れなき悪戯』の監督バホダはハンガリーから内戦後のスペインに移り住んだ人物だ。だからヴァイダ、ワイダなどと発音するのがいいのかもしれない。彼の故郷ブダペストは、映画の学問的批評研究を確立しようとしたベラ・バラージュの活動していた都市だ。スペイン内戦直後に起こった第二次世界大戦の戦火を逃れての移住であったとはいえ、ムッソリーニ治下のイタリアで検閲によって上映禁止の憂き目に遭った後にスペインにやってきたのだから、何とも皮肉なものである。イタリアはヒトラーのドイツと並んでフランコ軍を支援したのみならず、映画においても支援した国だったのだから。

ロケ地としてのスペイン

映画にはスタッフ、キャストとして多くの人物がかかわる。一本の映画にかかわるすべての人の移動を見ていけば、スペイン映画がただスペイン一国のみで成り立つわけでないことはわかる。逆に、他の国籍を有する映画にスペインやスペイン人がまったくかかわっていないと考えるのも誤りである。フランコ体制も落ち着いた一九六〇年代のスペインは、他のヨーロッパの国々やハリウッドの映画の撮影地として存在感を発揮する。

アンソニー・マン監督『エル・シッド』（一九六一年）やニコラス・レイ監督の『北京の55日』（一九六三年）は、いずれも大がかりなセットで観客を魅了したハリウッドの大作だが、これは実は、いずれも共通のスタッフで、スペインの撮影所で撮影された作品だ。後に日本を代表する映画監督となった伊丹十三は、俳優として活躍していた若いころ、後者に出演し、そのセットを目の当たりにして驚きの声をあげている。彼の『ヨーロッパ退屈日記』に詳しいので、参照されたい。

伊丹も愛したルイス・ブニュエルは内戦勃発直前、スペインにハリウッド式の製作者システムを導入しようとしていたようだ。内戦勃発によってその目論見は潰えてしまった。それが実現していれば、スペインは今とは違ったあり方で映画大国になっていたかもしれない。が、現実に勝利したフランコ体制下で実現したのは、ハリウッドや他の国々の映画撮影を引き受ける巨大なスタジオだったというわけだ。

マカロニ・ウエスタン

映画の撮影地としてのスペインといったときに思い浮かばれるスペイン映画は、アレクス・デ・ラ・イグレシア『マカロニ・ウエスタン――800発の銃弾』（二〇〇二年）だ。邦題が示すように（原題は邦題の後半部のみ）、いわゆる「マカロニ・ウエスタン」（主にイタリア製の西部劇）の撮影所として名を馳せたスタジオが、今では観光客相手に細々とショーを繰り広げているという話は、フィクションではあるが、現実に根ざしたものだ。空前のユーロ景気でスペインが日本のバブル経済に似た状況に突入しようとするころ、スタジオ存続の危機が訪れ、そこで働く俳優たちが武器を手に抵抗するというストーリーだ。『どつかれてアンダルシア（仮）』（一九九九年）という致命的な邦題（アンダルシーアなど出てもこないのに）を授かった映画を撮ったこの監督には、B級とのイメージがつきまとっているかもしれない。本作でも数カ所、その印象を裏づけるような演出は見られる。が、屋根からの落下や一騎打ちの決闘といったマカロニ・ウエスタンの定石を踏まえつつも、警察の近代的な銃器も参加したクライマックスの戦闘シーンは迫力があり、丹念に作られていることがわかる。

こうした映画が可能なのは、実際にウエスタンの製作に長けたスタッフが存在するからこそである。イグレシアの映画の舞台、アルメリアの「ウエスタン村」は、事実、ウエスタンのみならず、多くのハリウッド映画が撮影された場所でもある。主にイタリアが製作国であるのでマカロニ・ウエスタンと呼ばれる（日本以外ではスパゲティ・ウエスタン）一連の西部劇は、スペインで多く撮影されたことはよく知られている。それどころか、そもそもスペインでホアキン・ルイス・ロメーロ・マルチェント監督の西部劇『ソロの復讐』（一九六一年）が成功したことに注目したイタリアの映画製作会社が、スペインで撮影し始めたのがマカロニ・ウエスタンの出発点だ。マカロニ・ウエスタンによってスターになった俳優にクリント・イーストウッドがいる。彼の代表作といえば、セルジオ・レオーネ監督による『荒野の用心棒』（一九六五年）や『夕陽のガンマン』（一九六七年）だが、それらもまさにアルメリアのこの場所をはじめとして、スペイン各地で撮影されたのだった。

3　新しい時代

『挑戦』の象徴性

以上の時代背景を考えると、『挑戦』（一九六九年）がきわめて象徴的な、いわば時代の産物であったことがわかる。『挑戦』は三章からなるオムニバス映画だ。三章すべてに出演しているアメリカ人俳優ディーン・セルミアが、同胞のジャーナリスト、ビル・ブルームとともに発想、財源を確保し、プロデューサーのエリーアス・ケレヘータ（一九三四年〜）にオファーして実現した。アメリカ映画をスペインで撮影するための会社も存在した時代だけあって、こうしたことは可能だったのだろう。ケレヘータは国立映画学校の生徒として抜きん出ていた三人、クラウディオ・ゲリンとホセ・ルイス・エヘア、ビクトル・エリセを監督に起用して撮影に臨んだ。脚本にはラファエル・アスコーナ（一九二六〜二〇〇八年）を起用。三つの章に統一を持たせようとした。アスコーナはエリセとはかなり衝突したようだが。

プロデューサーのケレヘータが検閲に直面しなければならなかったという事情も、時代を象徴している。映画を製作するには、まず検閲官にその脚本を提出し、許可をもらわねばならなかった。ケレヘータは三度も脚本を書き直して提出したが、ついに許可は得られなかった。だが、許可を待たずに撮影は始まり、完成までこぎ着けてしまった。

こうして映画ができたのはいいが、撮影許可が下りていないのだから、映画は存在しないものとみなされ、上映許可も下りなかった。ケレヘータは直接に検閲局局長に掛け合い、この映画がカンヌ映画祭への出品要請を受けていると嘘をつき、上映許可を得たという。権威主義体制の泣き所というべきか、国外での評価には弱かったようだ。

実際には『挑戦』はカンヌ映画祭には出品していない。しかし、こうして法的に存在を認められ、上映を許可された。

カンヌにこそ出品されなかったものの、サン・セバスティアン国際映画祭で銀の貝殻賞を受賞し、スペイン映画作家協会賞でも二部門の受賞を果たしている。

サン・セバスティアン国際映画祭

一九五三年に創設されたサン・セバスティアン国際映画祭の日本での認知度は今ひとつだけれども、スペイン人たちはこれを世界三大映画祭の一つと自慢している。「三大」かどうかはともかく、ヨーロッパに七つしかないAランクの規模なので、重要なものには違いない。そんな重要な映画祭で準グランプリの銀の貝殻賞を獲ったのだから、『挑戦』はスペイン映画の一つの達成だった。監督の一人ビクトル・エリセはこの四年後の七三年、『ミツバチのささやき』でスペイン映画として初のグランプリ、金の貝殻賞に輝くことになるが、これはさらなる大事件であった。この映画から三〇年経った二〇〇三年には、映画祭はこの作品の記念上映とシンポジウムを開催したほどだ。

新スペイン映画

『挑戦』の高評価は「ヌエボ・シネ・エスパニョール」の代表作という言説において得られた。「新スペイン映画」の意味だ。一九六二年から六七年にかけて、国立映画研究所および後身の国立映画学校出身の若い監督が多く輩出された現象のことだ。カルロス・サウラをもってこの現象の嚆矢とする見方も多いようだが、実際には共通の特徴をもった潮流ではない。映画製作本数が飛躍的に伸びた六〇年代のひとつの現象だ。隣国フランスからフランソワ・トリュフォーやジャン＝リュック・ゴダールらの「ヌーヴェル・ヴァーグ」（「新しい波」の意）の潮流が届いていたこともあって、採用された呼称だろう。

カルロス・サウラ（一九三二年〜）は、ブニュエルに次いで国際的な認知を得た監督だろう。「新スペイン映画」の先駆者と見なされるにいたった初期の作品（『狩猟』一九六五年や『ペパーミント・フラッペ』一九六七年）が日本に未紹介なのは残念だ。が、後にとりわけ『血の婚礼』（一九八一年）や『タンゴ』（一九九八年）などの舞踊を扱った映画は人気を博した。一六世紀アメリカ大陸での反乱を扱った『エル・ドラド』（一九八七年）や台頭する排外主義者の暴力を扱った『タクシー』（一九九六年）など、多様な作品を作っている。

対照的にビクトル・エリセ（一九四〇年〜）は、『ミツバチのささやき』以降は『エル・スール』（一九八三年）、『マルメロの陽光』（一九九二年）の二本の長編しか撮っておらず、寡作がゆえに神話化されている。デビュー時の大物脚本家アスコーナとの対立や『エル・スール』での新スペイン映画を支えたプロデューサー、ケレヘータとの対立などが伝えられているが、それも自作に対する厳しい姿勢が仇になってのこと。本人は常に新作への意欲を見せ、その後もオムニバス映画などには参加している。

『ミツバチのささやき』は内戦直後のスペインの田舎町で、『フランケンシュタイン』の映画を観た少女が、その実在を信じ込むという話だ。内戦が色濃く影を落としているので、このテーマを扱った映画の代表作ともされる。しかしこれは同時に、はじめて映画を観た少女の話なのだから、映画を観ることや映画そのものについての話でもあるのだ。主人公の母親が謎めいた手紙を書き、郵便列車を兼ねる列車にそれを投函する開始直後のシーンは、本論の冒頭に見たリュミエール兄弟の「ラ・シオタ駅に到着する列車」を強く想起させる。主人公アナが草原を駆けるシーンで遠くに広がる地平線は、エリセの愛したジョン・フォード監督を想起させる。このように、一つひとつのシーンが過去の映画の記憶を呼び覚ます、喚起力に満ちた雄弁な映画なのだ。

エリセがやっと長編第二作を世に出したのと同じ年一九八三年にデビューしたホセ・ルイス・ゲリン（一九六〇年〜）は、そのデビュー作『ベルタのモチーフ』で、早くも『ミツバチのささやき』の記憶を強く喚起させる映画を撮った。マヌエル・リバスの短編小説を脚色したホセ・ルイス・クエルダ監督『蝶の舌』（一九九九年）では、クライマックスで『エル・スール』のクライマックスに使われたのと同じパソ・ドブレの曲を使用し、エリセに目配せをしているようだった。エリセはこのように映画の記憶の継承（すなわち、伝統）という点に関して重要な参照点になっている。

4　フランコ以後

ペドロ・アルモドバル

一九七五年にフランコが死に、移行期を経て民主制に転換したスペインでは、堰を切ったように他のヨーロッパ諸国からカウンターカルチャーが流れ込み、一気に花開いた。この時期のスペインのサブカルチャーの動向を〈ラ・モビーダ〉と呼ぶ。デザイナーのシビラなどを産んだ〈ラ・モビーダ〉の最大の申し子がペドロ・アルモドバル（一九四九年～）だ。初期の作品（たとえば『セクシリア』、一九八二年）は〈ラ・モビーダ〉の雰囲気をいきいきと伝えて興味深い。

ドラッグ、同性愛、性倒錯、服装倒錯などの要素をちりばめて毒を放つアルモドバルのとくに初期作品は、そうした主に性的マイノリティーの文化を扱うクイア・スタディーズの格好の対象といえそうだ。しかし、だからといって、クイアな要素にばかり目を向けていたのでは、アルモドバルの多様な面白さを捉え損なってしまうだろう。

母と娘の確執を扱った『ハイヒール』（一九九一年）は、中心的女優三人にそれぞれシャネル、エルメス、プラダの服を着せたファッション性が話題になったけれども、このころからアルモドバルのメロドラマへの傾向が顕著になってきた。一九四〇、五〇年代のハリウッド全盛期のメロドラマなどが彼の映画的教養形成においては重要だったようだ。ということは、アルモドバルはそれを吹き替えで観ていたのだ。彼の吹き替えに対する愛着と意識は、そうした自身の教養形成から来るものだろう。彼の世界的名声を確固たるものにした『神経衰弱ぎりぎりの女たち』（一九八七年）の主人公ペパ（カルメン・マウラ）は吹き替えの声優だった。ジョゼフ・マンキーウィッツ監督『イヴの総て』（一九五〇年）のテレビ放送の画面からタイトルが立ち上がっていく『オール・アバウト・マイ・マザー』（一九九九年）冒頭では、脚本に吹き替えの不自然な感じを出すようにとの指示が明記されている。吹き替えはフランコ時代の遺制だった。アルモドバルはスペイン社会の申し子なのだ。

自身の製作会社エル・デセオをもち、脚本出版などの関連事業も手がけて、助成金なしで好きな映画を撮ることができるという点でスペインにおいては希有な存在で、世界的な認知度もあるアルモドバルが、実は意外なほどに「スペイン的」であることは記しておいてよい。この場合の「スペイン的」はあくまでもカッコ付きではあるけれども。本書第15章「『国技』としての闘牛」で書いたように、闘牛へのアルモドバルの愛着とその映画での取り扱い方は、一考に値する。

フリオ・メデム

サン・セバスティアンに生まれたフリオ・メデム（一九五八年〜）は、最初の長編『バカス』（一九九二年）が東京国際映画祭ヤングシネマ・コンペティション部門でゴールド賞を、続く『赤いリス』（一九九三年）がカンヌ国際映画祭で新人監督賞を受賞し、一気に世界から注目を浴びた。スピルバーグから『ゾロ』の監督のオファーがあったほどだったが、これを断り、スペインに留まった。

スペインのアカデミー賞ことゴヤ賞の新人監督賞も受賞した『バカス』が、カルリスタ戦争から内戦を経て現代にいたる、バスク地方のふたつの家族の愛憎の歴史を扱ったものだけに、メデムは、「スペイン映画かバスク映画か」という二項対立の批評にさらされ、苦悩したようである。

自意識の強い監督である。映画研究ではこの種の監督を「作家」と呼ぶ。これまで名前を挙げてきた監督たちは皆、作家と呼んでよいだろうが、どの作家にも劣らぬ強烈な自我の持ち主であるメデムは、ドイツ系の父をもつという自らの出自に立ち返り、自伝的な要素の強い『アナとオットー』（一九九八年）で「スペイン映画かバスク映画か」という問題に一応の終止符を打った。原題を『北極圏の恋人たち』という本作品では、ゲルニカに爆撃にやって来たドイツ人パイロットの孫であるオットーを、一時は義理の妹となった恋人のアナが、運命を信じて北極圏で待つというロマンティックなストーリーが展開されている。ヴェネツィア国際映画祭金獅子賞を受賞した。

長編第一作を東京国際映画祭が見出した監督であるというのに、メデムの作品は『アナとオットー』以外、日本で一般公開されていない。未公開の作品でもDVDソフト発売が盛んな昨今、『ルシアとSEX』（二〇〇〇年）と『ローマ、愛の部屋』（二〇一〇年）はソフト化されている。逆に、VHSの時代にソフト化された『アナとオットー』は、長らくDVDが存在せず、皮肉な不興を被っていたが、二〇一一年には発売された。

アレハンドロ・アメナバル

一九九六年、初の長編『テシス――次に私が殺される』でゴヤ賞新人監督賞、オリジナル脚本賞、作品賞を獲得したアレハンドロ・アメナバル（一九七二年〜）は、二作目の『オープン・ユア・アイズ』（一九九七年）で翌年の東京国際映画祭グランプリを受賞するなどして評価を高めた。この映画を気に入ったトム・クルーズがリメイク権を獲得、キャメロン・クロウ監督『バニラ・スカイ』（二〇〇一年）となった。同じ年には、死者と生者の共生を描いた第三作『アザーズ』を、アメリカ、フランスとの合作として英語で撮っている。主演は当時トム・クルーズの妻だったニコール・キッドマンという巡り合わせだった。ラモン・サンペドロの安楽死という実際の社会問題をフィクション化した『海を飛ぶ夢』（二〇〇四年）ではゴールデングローブ賞やアカデミー賞外国映画賞などを受賞した。

二〇〇九年『アレクサンドリア』まで、一作ごとにジャンルを変え、多彩なテーマに取り組んできたアメナバルは、映画監督としてのみでなく、映画音楽作曲家としても知られ、自身の作品だけでなく、ホセ・ルイス・クエルダの『蝶の舌』やマテオ・ヒル監督『パズル』（一九九九年）などでその才能を発揮している。

その他の映画、その他の問題

映画は通常、製作国が明記されるが、内容や言語、スタッフ・キャストの問題を考えた場合、文学同様にどこからどこまでをスペイン映画とするかという疑問を免れることはできない。メキシコ人ギレルモ（ギジェルモ）・デル・トロ監督がスペイン内戦直後を舞台に撮った『パンズ・ラビリンス』（二〇〇六年）はメキシコとスペインの合作だから、スペイン映画と見なすのにためらう人は少なかろう。では、同じく内戦直後を扱ったアグスティ・ビリャロンガ『ブラック・ブレッド』（二〇一〇年）は、スペイン映画とはいえ、全編カタルーニャ語だが、これをどう見なすか。アルゼンチン人ギジェルモ・マルティネスの原作をアレクス・デ・ラ・イグレシアが監督したイギリス、フランス、スペイン合作の『オックスフォード連続殺人』（二〇〇八年）はタイトルのとおりイギリスのオックスフォード大学を舞台にした英語による映画だ。一方、『死ぬまでにしたい10のこと』（二〇〇三年）で評価の高いイサベル・コイシェはスペインで製作されたこの作品でも、言語は英語で撮っている。

既に述べたように、未公開作品でも、DVD化されるものも少なくない昨今、製作国やスタッフ・キャスト、言語がスペインに関係するものは、だいぶ多く楽しめるようになっている。そんな環境下でスペイン映画をどのように位置づけて論じるかなど、考えるだに無駄なことなのかもしれない。

劇場公開もされ、DVD化され、フランスとの合作でストラスブールを舞台とし、台詞はほとんどないものの、あるとすればフランス語のみというゲリン監督『シルビアのいる街で』（二〇〇七年）は、劇場のサラウンド・システムを巧みに利用した音声の使い方が絶妙な傑作だ。サイレントとして始まった映画が、映像と音声のシンクロしたトーキーに切り替わって以来、七〇年ばかりの歴史の集大成ともいえる達成度を示している。言語やロケ地、製作国などとは無関係に、これだけの映画を撮る監督が、バルセローナのプンペウ・ファブラ大学で映画製作を学び、今ではそこで教鞭を執っているという事実をもってすれば、スペイン映画の豊かさを語るには充分であろう。

（柳原孝敦）

参考文献

伊丹十三『ヨーロッパ退屈日記』新潮文庫、二〇一〇年。

乾英一郎『スペイン映画史』芳賀書店、一九九二年。

杉浦勉編『ポストフランコのスペイン文化』水声社、一九九九年。

四方田犬彦『ルイス・ブニュエル』作品社、二〇一三年。

フリオ・リャマサーレス『無声映画のシーン』木村榮一訳、ヴィレッジブックス、二〇一二年。

第14章　創られるフラメンコの世界

1　フラメンコという伝統

日本におけるフラメンコに対する一般的なイメージは「情熱的なスペインの踊り」という程度のものだろうか。そこから、スペイン人ならみんなフラメンコを踊るという漠然とした思い込みも生まれる。しかし、これは日本人ならみんな空手ができるというのと同じぐらい現実から遠い想定だ。フラメンコに興味をもって近づいた人は、すぐにそのことに気づかされ、この芸能がアンダルシーア地方を中心としたスペイン南部で起こったものだということを知る。さらには、実はこれがジプシーが生み出した芸能だという情報にも触れることになるだろう。そこで、北インドに起源をもつ民族が作り出した芸能が日本人の心に響くのも当然だと納得する人もいるに違いない。

さらに興味をもって近づいていく人が出会うのは、「伝統」や「革新」、あるいは「正統派」といった言葉かもしれない。なるほどフラメンコには長い歴史と伝統があり、同時に現代に生きる芸能なのだと、やはり納得する人が多いだろう。

ここでまだ興味を失わずにいる人は、フラメンコという芸能の根幹は、あの華やかさと緊張感にあふれた踊り（バイレ）でもなく、哀愁と現代的なスピード感が見事に融合したギター（トケ）でもなく、歌（カンテ）にあるのだと聞かされる。だが、日本ではカンテにきちんと触れる機会がまだ多くないので、この言葉の意味を十分に理解するのは難しいと思われる。

ともあれ、フラメンコはスペイン南部アンダルシーア地方で生まれた、あるいはジプシーが作り上げたもので、伝統と革新が織りなす緊張関係をはらんだ、カンテが中心の芸能であるという大雑把な理解が得られた。以下、フラメンコを支える伝統の形成・維持（更新）について、アンダルシーアとジプシーという二項対立を軸に概観する。その際、もっぱらカンテを中心に考察することにする。カンテ中心のフラメンコ観も伝統形成の重要な構成要素のひとつだが、これ自体を考察の対象にすることはしない。

なお、芸能と芸術は区別せず、芸術の方が優れたものというような使い分けはしない。主に「芸能」といういい方を使うが、日本語の流れとしてより自然な場合は「芸術」を用いる。また、アーティストの呼び方は、慣習にしたがって姓、名、芸名など幾つか異なるやり方を用いるが、とくに説明を加えることはしない。

2　語源の問題

フランドル・ジプシー・モリスコ

フラメンコ（flamenco）の語源については諸説あるが、現在までのところ定説となるようなものはない。もともと flamenco は「フランドル地方の」という意味だが、芸能としてのフラメンコを指して使われた例で、書かれた記録として確認できるのは一八五三年のものが最も古い。フランドルは一時ハプスブルク朝スペインの支配下にあったから、スペインと無関係な土地というわけではないが、フラメンコとの関連を見いだすのは、控えめにいってもきわめて難しい。

そこで数多くの説が現れることになるのだが、これらの説は、大きく二つの方向に分類することができる。ひとつは、出発点として「フランドル地方の」を認めた上で、フラメンコに至る道筋を見つけようという方向。もうひとつは、まるで異なる語源を考えるもの。

後者の代表としては、アラビア語で「逃亡農民」を意味する fellah mengu が語源だという説がある。この説の背景には、モリスコ、つまりイスラーム教からキリスト教に改宗し、レコンキスタ以降スペインに留まったものの、一七世紀初頭にスペインを追放された人々の存在がある。この説によれば、追放令によって国外に出ることを迫られたモリスコたちのなかに、国内に留まってジプシー集団の中に紛れ込んだ人々がいたという。そして、フラメンコを作ったのは、このモリスコ＝ジプシーだというのだ。また、この方向性にしたがって、フラメンコ関係の他の語彙もアラビア語を語源として解釈することがある。

フラメンコ音楽とアラブ音楽の類似性など、モリスコの関与を仮定すると説明できる現象は多いのだが、flamencoという単語そのものがアラビア語から来ているという説は、言語学者たちによってきっぱり否定されている。芸能としてのフラメンコにモリスコ的・アラブ的要素を認めることと、語源の問題は区別して考える必要があるわけだ。

一方、「フランドル地方の」からフラメンコを導き出そうという方向も、決め手のない状態が続いている。

フラメンコとは誰か

民俗学者マチャード・イ・アルバレスは、一八八一年に出版したカンテの歌詞のアンソロジーの序文で、「フラメンコ」という単語がジプシーのことを表すとし、なぜそうなったのかは分からないが、金髪で白い肌のフランドル人とは正反対の容貌をもつジプシーたちを、アンダルシーア人独特の遊び心でそう呼んだのかもしれないと述べている。冗談のように聞こえる説だが、言語学的に不可能な話とはいえない。むしろ、ここで重要なのは一八八一年の時点で「フラメンコとはジプシーのことだ」という理解があったという点だ。これは、フランドルから直接フラメンコという変化があったのではなく、間にジプシーという意味が介在しているということで、フラメンコがジプシーの芸能だという理解を含意する。

マチャード・イ・アルバレスはジプシーの民族的単一性を前提に議論していたようだが、前述のようにジプシーたちの中にモリスコが無視できない割合で含まれているとすれば、フラメンコと北インドを安易に結びつけるのは危険だということが分かる。また、モリスコがジプシーの仲間に入ることができたのであれば、他の人々ができなかったと考える合理的な理由はない。事実、西ヨーロッパにジプシーが姿を現した一五世紀の時点で、相当数の「地元民」が含まれていたと考える研究者もいる。

さらに、近年の説で注目に値するのが、一九世紀のヨーロッパで起こった「ジプシー・ブーム」と関連づけて論じるシュタイングレスによる説明だ。ジプシーは差別の対象であると同時に、自由を謳歌する民というロマン主義的に理想化されたイメージを介して憧憬の対象にもなった。そして、憧れの「ジプシー的生活」を始める人々が現れる。パリなどでは、そういう放縦な生活を送る人々をボヘミア（今のチェコの一部）の出身者を意味するいい方で呼んだ（この用法は日本語の「ボヘミアン」にまで連なる）。この説によると、アンダルシーアでは、同様の概念を表すのにボヘミアではなくてフランドルが使われた。最初「ジプシー的」に放縦な生活を送る非ジプシーたちの話す隠語が、フランドル人の言葉と同じようにチンプンカンプンだといわれたのが始まりで、さらにそのような隠語を話す人々をフランドル人と呼ぶようになり、最後にそれが本物のジプシーを指すところまで拡張されたのだという。

この説の優れた点は、スペインに限らず一九世紀ヨーロッパにあった親ジプシー的な動きを視野に入れていることと、フランドルとジプシーの間を埋めるのに、アンダルシーア人の遊び心に頼らずに複数の段階を想定していることだ。もちろん、これで論争に終止符が打たれることにはならないだろう。しかし、少なくとも当時の社会状況という要因を考慮に入れ、非ジプシーも含めた意味の広がりを想定している点は、今後フラメンコ研究を進める上で無視できない。

なお、シュタイングレスは、すでに一八世紀の段階でスペインではジプシーの同化がかなり進んでいたとして、非ジプシーと区別なく社会の最下層を構成する集団の一部となっていたと考えている。この説を敷衍すれば、一九世紀後半の「フラメンコ＝ジプシー」が、果たして他の集団から区別できるような民族的特徴を備えていたのかどうか、かなり怪しくなってくる。

3　フラメンコの誕生

ジプシーかアンダルシーアか

前節で「フラメンコ」という名前がジプシーと密接な関連をもっていることを見た。同時に「ジプシー」の輪郭が実はかなり曖昧であることも確認したが、これは、フラメンコを作り上げたのはジプシーだという見方が成立するための妨げにはならない。イメージや信念が共有できれば、それが歴史的事実に基づいていなくても、伝統の重要な構成要素になり得るのだ。

一方、フラメンコを作り育ててきたのはジプシーではなくて、アンダルシーアの民衆だという見方も存在する。ジプシーがフラメンコの独占的な主役なのか、それともアンダルシーア民衆の一員としてフラメンコの形成に参加した（だけ）ということなのか、この対立はフラメンコの歴史を複雑でダイナミックなものにしており、フラメンコの伝統にとって不可欠な要素だともいえる。歴史的観点からは、ジプシーがフラメンコを作ったと見るよりは、アンダルシーアの民衆文化の中からフラメンコが生まれたと考える方がより妥当だが、芸能としてのフラメンコの発展にとっては、両方の見方の緊張関係がむしろ積極的な役割を果たしてきた。そこで、ジプシー中心のフラメンコ観（以下「ジプシー中心主義」）とアンダルシーア的フラメンコ観（以下「アンダルシーア主義」）がどのように交錯してきたのか、具体的に見ていくことにする。

フラメンコはいつ誕生したのか

フラメンコを語るとき、ジプシーの血（あるいは最近ではＤＮＡ）が引き合いに出されることがある。あるいは、ローマによる征服以前にイベリア半島南部にあったとされるタルテッソスという国の名が挙がることもある。ここに見られるのは、「民族」や「土地」が何かしら不変の特質をもっていて、それが受け継がれていくという本質主義的な考え方だ。これを徹底させると、フラメンコは北インドにせよタルテッソスにせよ悠久の昔から存在したということになりかねないが、これは事実に反する。そこで、フラメンコはジプシーとアンダルシーアの出会いによって生まれたといわれることが多い。それでも、この芸能の本質をなす要素が血や土地にあるという言説は随所に見られる。

一方、前述のように「フラメンコ」という語がこの芸能を指して使われるようになったのは一九世紀半ばのことだ。確認できる最初の例は一八五三年のマドリードの新聞で、「フラメンコ音楽といってもフランドル音楽のことではなくて」という注釈つきで使われている。したがって少なくとも当時のマドリードでは一般的な用法ではなかったことが分かる。

それより少し前、風俗描写主義の作家エステバネス・カルデロンが一八四二年初出の文章でセビーリャのトリアナ地区におけるフラメンコ的な宴の様子を描写している。この文章の前半ではスペインのバイレの特徴と、そのなかでのセビーリャの重要性が述べられ、後半ではある晩トリアナで行われた宴会の記述がある。これには、フラメンコの歴史をひもとくと必ず名前が挙げられるエル・プラネータやエル・フィージョという歌い手が参加している。しかし、注意すべきなのは、この文章でエステバネスはフラメンコといういい方を用いていないということだ。当時まだ「フラメンコ」がこの芸能を指すのに使われていなかった可能性もあるし、すでにそういう呼び方はあったけれども一般的でなかった可能性もある。しかし、もうひとつ、「フラメンコ」がジプシーのことであるとすれば、エステバネスは自分が記述したものがジプシーのものであると考えていなかったためにこの語を使わなかったという可能性もあるだろう。エステバネスの文章の方向性は明確で、彼が称揚するバイレは、モリスコの伝統をも含み込んだスペインのものなのだ。また、くだんの宴会に出かけた目的は、失われつつあるスペインの古い物語歌《ロマンセ》が聴けることを期待してのことだった。実際に踊ったり歌ったりするのは、たしかにジプシーかもしれない。エル・プラネータやエル・フィージョもジプシーの歌い手だと考えられるが、エステバネスにとって重要だったのは、歌い手や踊り手の出自ではなく、それがスペイン的・アンダルシーア的であるということだった。

それに対し、「フラメンコ＝ジプシー」という情報を与えてくれたマチャード・イ・アルバレスは、フラメンコの歌（カンテ・フラメンコ）は歌い手たちが創造したジャンルであるとし、広くスペイン民衆に共有されているわけではないと述べている。また、本来のジプシー的カンテはアンダルシーア化されて消えていき、「フラメンコ」はこの雑多でアンダルシーア的なものを表す名前として生き残ることになるだろうと予想している。実際、現在フラメンコと呼ばれているものは後者の概念に近く、マチャード・イ・アルバレスの予想が的中したように見える。このように、フラメンコの中核をなすジプシー的要素と周辺的なアンダルシーア的要素を認めて区別する考え方は現在に至るまで広く受け入れられており、フラメンコの伝統の一部をなしていると言える。もちろん、それは本来のジプシー的カンテをアンダルシーア的なカンテから区別できればの話で、実際にはこの前提自体が成り立つかどうか問題が残る。

したがって、フラメンコという芸術的概念は一八四〇年頃には存在せず、一八八一年にはすでに成立していたと考えることが可能だ。つまり、一九世紀前半にはスペイン的あるいはアンダルシーア的と見なされていたものが、「フラメンコ」という名付けとともにジプシーとアンダルシーアを対比させる見方を内包して新しい芸能として成立したのかもしれない。

シルベリオ

エステバネスが言及しているエル・プラネータやエル・フィージョについて詳しいことは分かっていない。次の世代でカンテ・フラメンコの発展に絶大な寄与をなしたのがシルベリオ・フランコネティ（一八三一？〜八九年）である。彼は非ジプシーだったが、エル・フィージョからカンテを学んだという。最もジプシー的なカンテ形式のひとつとされるシギリージャを得意とし、彼に太刀打ちできる者はジプシーの歌い手にもいなかったという。マチャード・イ・アルバレスも、一八八一年の本でシルベリオの経歴とレパートリーに多くのページを割いている。彼は当時流行していたカフェ・カンタンテの経営に乗り出し、自分の店で歌った。カフェ・カンタンテとは、舞台を備え、客が飲食しながら上演を楽しむことのできる、現在のタブラオに近い形態の店である。もとはフラメンコ専門というわけではなかったが、ほどなくフラメンコがレパートリーの中心になった。

シルベリオが非ジプシーでありながら、ジプシーを含む同時代人から最高の歌い手と認められていた点は、とくに注目に値する。これは、後世のジプシー中心主義がいうほどは、この時期ジプシー的要素と非ジプシー的要素の区別が重要ではなかった可能性を示唆する。シギリージャ（siguiriya）という語は、セギディーリャ（seguidilla）が崩れた形だ。後者はスペインで広く行われていた舞曲だが、シギリージャは、これがジプシー風に変容を遂げたものだと考えられている。したがって、シギリージャの基本的なアンダルシーア性は疑い得ない。そして、シルベリオが当時最高の評価を得たということは、シギリージャの本質がジプシーにしか表現できないとは見なされていなかったことを意味する。

また、シルベリオは当初自分の歌っているものはフラメンコではなくてアンダルシーアのカンテだといっていたが、フラメンコという言い方が広まったため、この呼び方を受け入れざるをえなくなったのだという。つまり、彼の活動時期は「フラメンコ」という呼び名が定着していく時期と重なる。これは、この新しい芸能が輪郭を明確にしていく過程だといってもよい。フラメンコは、シルベリオのカンテを取り込むことで、ジプシーだけの芸能という概念化を免れ（マチャード・イ・アルバレスの言い方に従えばアンダルシーア化し）、カンテ中心の高度に個人化された芸能として確立したと考えることができるかもしれない。

4　伝統と革新

カフェ・カンタンテの全盛期

シルベリオの次の世代では、アントニオ・チャコン（一八六九～一九二九年）とマヌエル・トーレ（一八七八～一九三三年）が興味深い対照をなす。チャコンは非ジプシーで、幅広いレパートリーをもち、とりわけマラゲーニャやカルタヘネーラといったアンダルシーア的なカンテにおいて創造性を発揮し、新しい形式・スタイルを作り出した。演唱の水準は常に高く、カンテの教皇とまで呼ばれた。一方マヌエル・トーレはジプシーで、出来不出来の差は激しかったが、良いときは比類のない素晴らしさだったという。とりわけシギリージャでの評価が高い。

非ジプシーで洗練されバランスのとれたチャコンがアンダルシーア的カンテを得意とし、ジプシーで天才肌のトーレがシギリージャで深い感動を与える。これは非常にわかりやすい対比だが、実際にはジプシーと非ジプシーに関するステレオタイプ的な単純化がなされている。たとえば、チャコンはアンダルシーア的なカンテにおいて新しいスタイルを生み出し、フラメンコのレパートリーを大きく拡大させたが、実はトーレも民謡的な素材をもとに新しい形式を生み出している（カンパニジェーロなど）。この点で、両者ともアンダルシーア的要素を土台にした革新者であるといえる。一方、近年の研究によれば、当時まで行われていた典型的な歌い方は、長いフレーズを一息で歌い切るというものだったが、トーレは短めのフレーズで歌うという革新を導入したのだという。チャコンもトーレも録音を残していて、前者が息の長いフレージングで歌っているのに対して後者のフレーズが短めだということは確認できる。現在流布しているイメージは、ジプシーが純粋なカンテを守る保守的な傾向をもち、フラメンコにもたらされた革新の多くは非ジプシーによるものだというものだろう。そして、このイメージはマヌエル・トーレの革新性を見えにくくしているといえる。彼の短めのフレーズが、当時プロの歌い手たちが競っていた方向性とは異なる、より素朴な歌い方に基礎を置いていたという可能性はある。だとしたら、それを保守的と形容する余地はあるが、この歌い方が新しい表現の可能性を示したのだとしたら、やはり革新と呼ぶべきだろう。

なお、カンテ・フラメンコの録音は一九世紀末の鑞管時代から存在するが、この世代で録音点数が最も多いのがエル・モチュエロ（一八六八〜一九三七年）である。しかし、彼は現在のフラメンコ史的位置づけという点でとくに重要視されているとはいえない。録音の多さは同時代的な人気が高かったことを窺わせるが、チャコンやトーレが次の世代に非常に大きな影響を与えたのに対して、エル・モチュエロの後継者・追随者と言えるような歌い手は出ていない。また、当時は録音嫌いの歌い手も少なくなかった。このことが、録音をしない歌い手がフラメンコの純粋性を保持しているという見方につながって、エル・モチュエロの評価に影響を与えた可能性もある。

ロルカとアンダルシーア主義

カフェ・カンタンテは一九二〇年代になると衰退する。代わりに台頭してきたのが劇場や闘牛場といった広い空間で、より多くの聴衆に向けて行われる公演である。やはり二〇年代に始まったラジオ放送でもフラメンコのレコードがかけられ、それまでよりも多くの人の耳にフラメンコが届くことになった。カフェ・カンタンテに赴く人々の大半は男性だったのに対し、この時期に女性の聴衆が増えたという指摘もある。カンテも、当然多くの人に受け入れられるような耳になじみやすいものが好まれるようになった。

この動きは、しかしながら、フラメンコの拡大・発展と捉えられることは稀で、大衆化・純粋性の喪失・退廃の時代とされるのが普通である。その原因は、後述するように一九五〇年代に正統派カンテの復興の動きが起き、直近の過去が否定的に評価されたことが大きいだろう。しかし、実際には拡大あるいは大衆化の動き一辺倒だったわけではなく、それまでのように少人数を相手に歌う場や、個人がアーティストを雇って宴会を催す「フエルガ」という形式は存在しつづけた。また、一八八一年のマチャード・イ・アルバレスの著書に見られるように、ジプシー的カンテの純粋性が失われることへの危惧は以前からあった。一九二二年に開催された「カンテ・ホンド・コンクール」は、この流れを汲んでいると考えられる。

詩人のフェデリーコ・ガルシア・ロルカ（一八九八〜一九三六年）や作曲家のマルエル・デ・ファリャ（一八七六〜一九四六

年）が中心となり、グラナダで開かれたこのコンクールは、純粋さを失いつつあるカンテの真の姿を取り戻そうという意図のもとに企画された。ファリャやロルカにとって、真のカンテはアンダルシーアの民衆が守り育てて来たもので、商業主義に毒されたフラメンコや歌謡曲に押されて存続の危機にあるものだった。したがって、コンクールの目的は、純粋さを保ったカンテとその歌い手を発掘することにあり、参加資格はプロではないことだった。しかし、マチャード・イ・アルバレスが既に指摘していたように、カンテは無名の民衆が集合的に伝えてきた民謡ではなくて、個人による創造物、つまりプロの歌い手が鍛え上げて来た芸能であった。つまりファリャやロルカはカンテの特質を捉えそこなっていたわけだが、コンクールの開催前から、この点についての批判があった。主催者側も、批判に答える形でアントニオ・チャコン、マヌエル・トーレ、ラ・ニーニャ・デ・ロス・ペイネス（一八九〇〜一九六九年）といった超一流の歌い手を招待し、プロのカンテに敬意を表さざるをえなかった。結局優勝は、シルベリオの直系で、かつてはプロとして活動していたエル・テナーサス（一八五四〜一九三三年）と、後にマノーロ・カラコル（一九〇九〜一九七三年）として活躍することになる一二歳の少年が分け合うことになった。

ロルカやファリャがカンテに対して抱いていたイメージは実態とは乖離していたが、これはアンダルシーア民衆がカンテを生み育ててきたというアンダルシーア主義的態度の典型だと言える。ロルカは、コンクールに際して行われた講演で、カンテはアンダルシーアのものだと明言している。彼は、シギリージャに代表される中核的・初源的な形式をカンテ・ホンドとし、派生的な形式をカンテ・フラメンコと呼んで区別する。この区別は、大雑把にいえばマチャード・イ・アルバレスによるカンテ・ヒターノとカンテ・フラメンコの区別に対応するが、ヒターノ（ジプシーの）という言い方を使わずに、「深い」を意味するhondoのアンダルシーア方言形であるホンド（jondo）を充てている。彼は、カンテ・ホンドは確かに古代インド音楽と共通の特徴をもっているが、イベリア半島に積み重ねられた歴史を反映して、アンダルシーア独自のものになったのだという。もちろん、ロルカはカンテの形成に対するジプシーの貢献を非常に重視している。マヌエル・トーレやニーニャ・デ・ロス・ペイネスといったジプシーの歌い手は、実際ロルカのお気に入りであったし、友人に宛てた手紙のなかで、ジプシーのギタリストからギターを習っていると報告したりしている。しかし、この場合のジプシーはアンダルシーアと対立する項ではなく、それに含まれる要素なのだと解釈できる。

一九二〇年代から四〇年代は、前述のようにカンテの商業的形態が拡大した時期だった。この時代を代表する歌い手はペペ・マルチェーナで、独特な歌い口で一世を風靡し、多くの追随者を生み出した。現在も歌われているコロンビアーナという形式は、彼の創造による。また、この時期ファンダンゴという形式が大きく発展した。これらの形式は、現在フラメンコのレパートリーとして定着しているが、一九世紀に完成の域に達したシギリージャやソレアなどに対して周辺的であると考えられることが多い。

カンテ復興へ

それに対し五〇年代に入ると、本格的カンテの復興という動きが起きる。この流れを象徴するものとして、ギタリストであるペリーコ・エル・デル・ルナール（一八九四〜一九六四年）によるアンソロジーのレコードを挙げることができる。ペリーコは、二〇年代、晩年のチャコンに伴奏者として選ばれたギタリストで、伝統的なカンテをよく知っていた。彼は、録音する曲の形式に合わせて歌い手を選び、自ら伴奏をつとめた。収録された曲の中には、常に基本的なレパートリーとされてきたものに加えて、当時ほとんど歌われなくなっていた形式もあり、伝統の再評価に大きく寄与した。

また、一九二二年開催のカンテ・ホンド・コンクールに端を発するコンクールも、本格的カンテの歌い手を発掘する役目を担うことになる。一九五六年にコルドバで開かれたコンクールで優勝し、一躍有名になったフォスフォリート（一九三二年〜）がその代表的な例である。

マイレーナ

アントニオ・マイレーナ（一九〇九〜八三年）は、カンテ復興期を代表する歌い手のひとりである。正統派カンテの継承者・擁護者として尊敬を集め、「マイレーナ派」と呼ばれる多くの追随者を生んだ。また、彼独特のジプシー中心主義的カンテ観は当時のフラメンコ研究にも大きな影響を与えたが、他方で、偏ったフラメンコ観を広めたとして批判されることにもなる。

マイレーナによれば、ジプシーたちには「無形の理」と呼ばれるものを守り伝えるつとめがあるのだが、これは外に表してはいけない。カンテの根底には無形の理が横たわっているので、非ジプシーはジプシーのカンテを外形的に学ぶことはできても、当然その本質はつかめないということになるだろう。マイレーナは非ジプシーのカンテにもそれ自体の価値を認めていたようだが、両者の間には本質的な違いがあると主張しているように見える。

これは、一九世紀末のマチャード・イ・アルバレスによるフラメンコの理解と似ているが、さらにジプシー的要素の重要性を強調しているといえる。これによって、ジプシー的レパートリーがカンテの根幹として特権化され、カンテは結局ジプシーのものだという考えが強く押し出されることになる。

しかし、既に述べたように、たとえばシギリージャの基本的なアンダルシーア性は疑いようがなく、この形式の完成にシルベリオという非ジプシーが大きく寄与していることも事実である。マイレーナが考えていたように非ジプシーがジプシーから一方的に学んだわけではない。だが、一九五〇〜六〇年代には、カンテの歴史についての実証的な研究が進んでいなかったので、マイレーナの言説が簡単に受け入れられる素地があった。また、彼の歌い手としての圧倒的な実力が、歴史的に根拠のない説に説得力を与えた面もあるだろう。

さて、マイレーナが擁護した正統とは、既に完成したカンテを覚え繰り返すということではなかった。彼は、ほとんど忘れられた形式を発掘するなどして伝統の復興に貢献したが、そこに自分のオリジナリティを付け加えることを忘れなかった。また、彼はマヌエル・トーレの革新者としての側面を称揚していた。このことからも、マイレーナが伝統を不断の革新と結びつけて理解していたことが分かる。

もちろん、革新はカンテの本質を損なうものであってはならない。マイレーナの姿勢は、一般にはストイックに伝統的なカンテを守るものと映った。その点で好対照をなすのが、マイレーナと同い年のマノーロ・カラコルである。彼もジプシーで、一九二二年にグラナダのコンクールで優勝を分け合ったことからも分かる通り、伝統的なカンテをよく知っていたが、オーケストラ伴奏で流行歌風の歌を録音したり、映画に出演したり、狭い意味でのフラメンコの枠に収まらない活躍をした。これは一見、マイレーナの保守性とカラコルの革新性を示しているように見えるが、むしろ、カラコルは正統派カンテ復興期以前の流れを体現していると考えた方がよい。フラメンコと他ジャンルとの境界はフラメンコの誕生以来常に流動的で、それは現在まで変わらないが、カラコルは自然体でそれを受け入れただけだともいえる。一方マイレーナは、彼の考えるカンテの本質の擁護に、確固たる意志をもって乗り出し、本格カンテ復興を推し進める原動力のひとつとなり、大きな流れを作った。この点では、マイレーナの方が革新的である。

5　文化遺産としてのフラメンコ

一九七〇年代以降、ギタリストのパコ・デ・ルシア（一九四七～二〇一四年）や歌い手のエンリケ・モレンテ（一九四二～二〇一〇年）が牽引して展開した革新の動きがフラメンコの音楽的地平を大きく広げ、正統的なカンテという考え方を相対化することになった。

フラメンコ研究においても、思い入れや観念的な議論を排した実証的な歴史研究が現れるようになり、マチャード・イ・アルバレスからマイレーナに至るジプシー中心史観が成り立たないことが明らかになってきた。このような研究成果は一般の人々の間に広く行き渡るまでに至ってはいないが、これから徐々に浸透していくことが予想される。

一方、一九七五年にフランコが死去し、独裁体制が終焉を迎えた後、新憲法のもと自治州という新たな単位が導入され、その結果、各自治州の歴史的・文化的アイデンティティが強く意識されるようになる。アンダルシーアでは、フラメンコがアンダルシーアの伝統文化として州政府の文化行政の中に位置づけられた。この動きは、アンダルシーア主義的な方向を示すものだと言えるが、そのひとつの到達点と考えられるのが、二〇一〇年に決まったフラメンコのユネスコの無形文化遺産への登録である。ここでは、ジプシーの貢献は決して否定されないが、フラメンコは基本的にアンダルシーアとその周辺（エストレマドゥーラ、ムルシア）で育まれた芸能とされる。保護振興すべき伝統文化という考え方は、一九二二年グラナダのコンクールにも見られたものだが、州政府やユネスコのような公的な機関の後ろ盾を得たこと自体が、フラメンコの伝統に対する新しい見方を表しているといってよい。

それに呼応するかのように、近年ある種の伝統回帰が見られる。たとえば、一時は聞くことが容易ではなかったSPレコード時代の録音がデジタル化され、簡単に耳にすることができるようになったことから、こういった音源を利用して古いカンテを熱心に研究している歌い手は多い。しかも、そういう歌い手のなかには、革新的な実験にも同様に積極的な人たちがいる。このことは、古いカンテの再評価という以上に、伝統が変質し再構成されつつあることを示しているように思われる。

（川上茂信）

参考文献

有本紀明『フラメンコのすべて』講談社、二〇〇九年。

飯野昭夫『フラメンコ詩選』大学書林、一九八一年。

イスパニカ編『フラメンコ読本』晶文社、二〇〇七年。

小島章司編『フラメンコへの招待』新書館、二〇〇二年。

ゲルハルト・シュタイングレス『そしてカルメンはパリに行った』岡住正秀・山道太郎訳、彩流社、二〇一四年。

浜田滋郎『フラメンコの歴史』晶文社、一九八三年。

Cruces Roldán, Cristina, *Más allá de la música. Antropología y flamenco* (I), Sevilla : Signatura Ediciones, 2002.

Gamboa, José Manuel, *Una historia del flamenco*, Madrid : Espasa Calpe, 2005.

Machado y Álvarez, Antonio, *Colección de cantes flamencos*, Edición, introducción y notas de Enrique Baltanás, Sevilla : Portada Editorial, 1996.

Navarro García, José Luis : Ropero Núñez, Miguel (eds.), *Historia del flamenco*, Sevilla : Ediciones Tartessos, 1995–96.

Steingress, Gerhard : Baltanás, Enrique (eds.), *Flamenco y nacionalismo. Aportaciones para una sociología política del flamenco*, Sevilla : Fundación Machado, Universidad de Sevilla, Fundación el Monte, 1998.

第15章 「国技」としての闘牛

1 国技としての闘牛

「文化」か野蛮か？

二〇一〇年、カタルーニャ自治州政府は、州内での闘牛の興行を禁止する法律を制定した。二年前の〇八年に始まる国民発案の動きが実を結んだ結果となった。一八万人もの署名を集めたこの国民発案の動きは、これはこれで、一九八〇年代末から始まる、各市町村での闘牛禁止の動きの、当然の帰結であるともいえるだろう。こうした動きを後押ししているのが、国際的な動物愛護団体による、殺戮行為としての闘牛を告発する猛烈な叫びであることは間違いない。国民発案に際しても、世界動物愛護協会はこれを支持する独自の署名を集めた。けだし、闘牛とはその儀式のクライマックスにおいて牛を殺害し、あまつさえそれを見事に行った闘牛士（マタドール〔matador〕という単語はよく知られているが、これは「殺す者」の意だ）が手柄として牛の耳やしっぽを切りとる競技だ。闘牛士もまた自身の命を賭すのだとはいえ、確かに惨たらしい儀式には違いない。そんな野蛮で残酷な殺戮の儀式などなくしてしまえ、というのが禁止論者の主張。かくしてカタルーニャは、カナリア諸島についで二番目に闘牛を禁止したスペインの自治州となった。

むろん、カタルーニャでのこうした闘牛禁止の動きには反発もあった。国民発案のための署名が議会に提出され、審議が始まった際には、ジャーナリストら著名人を含む多数の人々の署名した反国民発案のマニフェストが発表された。カタルーニャ以外の地域に住む文化人らにも、闘牛を擁護する声をあげた者がいる。代表的なのは、マドリード・コンプルテンセ大学で近現代文学を講じるアンドレス・アモロスだ。文学批評・研究の著作以外にも闘牛に関係した著作も多いこの批評家は、闘牛は文化であると主張してその存続を訴えている。カタルーニャで起きたような闘牛の排斥運動に抗してこれを守るには、ユネスコの無形文化遺産に登録申請すればいいとまで主張している。

アモロス自身「難しい」との観測を立てているのだから、世界遺産の登録は夢だとしても、闘牛を擁護する陣営の主張はこれに尽きるだろう。闘牛とは文化、とりわけスペインが世界に誇る文化なのであり、文化である以上は存続に努めるべきだ、というもの。闘牛はスペインのみならず旧植民地の一部、メキシコやコロンビアなどでもかなり盛んに行われているので、実際にはスペインのみが世界全体に誇る特殊な文化なのだといってしまうと、今では問題があるだろう。旧植民地の数々も立派な独立国なのだから。しかし、ここでは話を煩雑にしないために、ヨーロッパのみに視野を限定することにしよう。同起源と思われる牛を使った祭りなどは他の地域にも見られるものの、現在のような様式化された見世物としての闘牛は、その歴史のなかでスペインが独自に育んできた結果である。人々が歴史を通じて育み、作ってきたものを文化と呼んでよいだろう。闘牛はスペインの独自の文化である。

そんな文化としての闘牛を擁護する人々が喜んだのが、二〇一一年七月の勅令。闘牛の興業や資格などに関するいっさいが、各自治州の手から文化省の管轄下に移されることが明言されたのだ。

国技としての闘牛

これを受けてアンドレス・アモロスは、このことによって闘牛が真の文化と呼べる存在になったと述べた。

この章のタイトルは、『国技』としての闘牛」というものだ。闘牛はサッカーについでスペインで二番目の来場者を誇る見世物・興行であるとはよくいわれること。サッカーはスペイン独自のものではない。それに比して闘牛はスペイン独自のものである。ある国独自の歴史をもつ文化であり、国民的な人気があるという意味だけでも、それは国技と呼んでもよかったのかも知れない。しかし、この文化省への管轄移管によって、闘牛は今やかっこつきの「国技」でなく、名実ともにスペインの国技となったといっていい。

そう断言するのは、もちろん、相撲との比較で考えているからだ。相撲は日本の国技であると人々が断言するのは、それが日本の歴史のなかで独自に形成されたスポーツだという理由のみによるものではないはずだ。日本相撲協会が文部科学省の管轄下にあるという事実も国技の名称の根拠であるに違いない。相撲は国に保護を受けているという意味で国技である。そして、それとまったく同様の意味で、今では、闘牛はスペインの国技になった。おそらく、そういう意味での国技の概念を持たないから、アモロスはこのたびの移管によって闘牛が「真の文化」になったと位置づけたのだろう。この「真の文化」という表現を私たちは「国技」と意訳すべきなのだ。

闘牛が国技になったのが、闘牛廃止の動きが顕在化し具現化した後であるというのは、なんとも皮肉な巡り合わせであるといえるだろうか。しかし、国が管轄することの意義はこのことをおいて他にはないはずだ。存続の危機にさらされた何ものかを保護するということだ。多方面からの反発や縮小、廃止の圧力を受けながらも、こうして闘牛の存続がしばらく保証されたというわけだ。

2　闘牛の歴史

前節で私たちは相撲との対比で闘牛が国技と呼ぶにふさわしくなったと述べた。単なるスポーツではなく、祭礼として始まったという点でも、闘牛は相撲にたとえることができそうだ。闘牛の歴史を概観しておこう。

祭礼としての闘牛

闘牛の起源は祭礼であった。闘牛に発展する祭礼には、貴族のものと民衆のもののふたつが想定される。貴族の祭礼は馬上から牛を槍で突くというもの。民衆起源の祭りははっきりとしないが、牛を追い立てて走らせるものなどがあったようだ。前者は現代の闘牛のピカドールによるパートに名残をとどめ、後者は有名なパンプローナの牛追い祭りなどによって往時を偲ぶことができる。現在でも闘牛をコリーダ・デ・トロス（corrida de toros）または単にコリーダ（「牛の」疾走）と呼ぶのも、民衆起源の祭りから連綿と続く習わしだろう。

さて、一六世紀には一旦は洗練の頂点を極めた貴族の闘牛が、馬に乗らない闘牛士たちの出現によって変質し、徐々に貴族たちの闘牛離れを引き起こし、一八世紀に至って決定的な変化をきたす。近代闘牛が誕生するのだ。

一八世紀になってから整えられた近代闘牛の条件はいくつかある。闘牛用の牛の飼育が始まったこと、専用の闘牛場ができたこと、興行として大衆化したこと、プロの闘牛士が出現したこと、騎馬によるものでなく、徒歩による牛との戦いが中心となったこと、そしてそれを中心とした闘牛術が体系化され、様式化されていったこと、などだ。

近代闘牛

牛の飼育にかけて特筆すべきは、ミウラ牧場の存在だろう。創業は一八世紀ではなく、一九世紀半ばではあるが、今日にいたるまで闘牛飼育の第一人者としての地位を保っており、miura という単語は、闘牛用の勇敢な牛の代名詞であるばかりか、一般名詞として、「狂暴な人物」という意味で使われる。闘牛がいかにスペインにおいて文化として成り立っているかを示すと同時に、その文化の体系内でミウラ牧場がいかに存在感があるかをも示す一事だ。

一八世紀初頭までは、闘牛は町の広場を柵で囲っただけの場所で行われていた。専用の闘牛場がいちはやくできたのがセビーリャでのこと。王立軍厩舎所有地に、一七三七年、アレナル闘牛場ができた。木造組み立て式のこの闘牛場のつくりは、数年後にはマドリードのアルカラ門近くにできた闘牛場にも踏襲される。そしてこれ以後、多くの町に石やレンガ造りの専用闘牛場ができるのだった。

石造りの闘牛場も、真っ先にできたのはセビーリャでのこと（一七六〇年）だが、こうしたいわばハードウェアの面だけでなく、セビーリャは、ソフトウェアの面でもマドリードと並んで闘牛の中心地となる。ソフトウェアというのは、闘牛の興行と闘牛士の養成および彼らの身につける技術のことである。つまり、闘牛術ということだ。

闘牛術のマニュアルが出版されるのも、一八世紀から見られたことだ。つまり、それまでに闘牛術が様式化され、受け継がれるものだとの意識が形成されるのだ。とりわけ重要な闘牛術のマニュアルは、自身花形闘牛士でもあったペペ・イリョがある作家の助けを借りて書いた『騎馬または徒歩での闘牛術』（*Tauromaquia o el arte de torear a caballo o a pie*, 一七九六年）である。闘牛士には危険を回避しながら牛を倒すすべを指南しつつ、観客への啓蒙の意図をもこめたこのマニュアルは、大衆化された興行としての闘牛の生成期の条件を雄弁に物語っている。ペペ・イリョから四〇年後、同じく闘牛士のパキーロが、やはり作家の助けを借りて書いた『完全版　闘牛術』（*La tauromaquia completa*, 一八三六年）

も歴史的には重要な闘牛術の指南書である。

ところで、ペペ・イリョの活躍ぶりとその死は画家のフランシスコ・ゴヤが版画に残している。プロ化によって花形闘牛士が生まれ、その活躍ぶりを文学や芸術が作品としてしるし、後生に残す。こうして闘牛は現代のあらゆるスポーツや芸能に通じる文化としての存在感を得た。ゴヤに限らず、以後、作家や画家たちは闘牛について数多く記録を残しているのだが、それは後に見ることにして、ではこうして誕生した闘牛術というのは、どういうものであったかを概観しておこう。言い換えれば、闘牛はどのような手順で行われるかを見ていきたい。

闘牛の手順

闘牛の興行は午後、暑さもやわらぎ、円形の闘牛場のちょうど半分が影に包まれる時間に始まる。日向《ソル》と日陰《ソンブラ》、光と影のコントラストがくっきりと描き出される時間だ。客席の等級もソルとソンブラに分類される。縦の分割よりも中心線を挟んだ横の分割が優先する印象的な構造だ。当然のことながら、ソンブラの方が入場料は高い。光と影の対比がくっきりと描かれるそんな場所で、闘牛は一日の興行につき必ず六回繰り広げられる。予備の一頭を含む合計七頭の牛が駆り出されるというわけだ。一回の闘牛には最低三〇分の時間が費やされる。全体で三時間以上の興行となる。

その手順はおおむね、以下のようになっている。まず、パセ。闘牛士が派手なケープ（カポーテ）で牛の注意を引きつけては、突進してきた牛をかわす。これを繰り返して牛を疲れさせる。そこからがテルシオと呼ばれる三つの重要なパートの始まりだ。このテルシオを指してアーネスト・ヘミングウェイは、「三幕からなる悲劇」と呼んだのだった。まず馬に乗ったピカドール（闘牛士たちには、その役割に応じて異なる呼び名が用いられる）が長い槍を手に牛の背中をつつく。とどめをさす場所をこうして柔らかくするのだ。ついでバンデリリェーロと呼ばれる二番手の闘牛士たちが、バンデリーリャという飾り紐付きの小さな銛を手に牛に正対し、突進する牛の背中にバンデリーリャを突き立て、素早く身をかわす。このバンデリーリャが目印となる。そしてムレータと呼ばれる赤い布と剣とを手にした闘牛士（この階級の者だけをマタドールと呼ぶ）が、再び何度も牛をパセでかわしながら、とどめの剣をバンデリーリャの突き刺さった場所に突き立てる。その場所に命中すれば、剣はまっすぐに心臓を貫く。ピカドールが槍で突いて柔らかくして、バンデリリェーロが銛を突き立ててマークしたその場所のことを、「針の穴」と呼ぶ。この「針の穴」に命中すれば、剣はたちどころに心臓を貫き、その切っ先が胸の前に抜ける。牛は苦しむ素振りすら見せず、ただ腰が抜けたようになってくずおれ、転倒する。さして血も流れない。初めて見る者には驚くほどあっけなく思われる決着だ。割れんばかりの拍手喝采に包まれ、闘牛士は牛の耳としっぽを切り落とし、手柄とする。

パセの一つひとつ、ピカドールやバンデリリェーロ、マタドール、それぞれの闘牛士たちの、場面に応じた所作の一つひとつ、カポーテやムレータの扱い、衣装の細部が、様式化され、見せ所となっていることが見て取れる。背後にペペ・イリョ以後のマニュアルの積み重ねがあることを思い知らされる手順である。日本の映画監督・俳優の伊丹十三は、闘牛を「おそろしく田舎臭い」と切り捨てたものだが、彼に「田舎臭い」と映った様式こそが、多くのファンを魅了するものであることは間違いない。そのことは芸術表現によって再現された闘牛の姿を見ていけばわかる。

3 文化のなかの闘牛

既に述べたように、ゴヤにはペペ・イリョの勇姿をはじめ、闘牛を題材にした作品がある。それらは『闘牛技』（一八一六年）という版画集にまとめられている。版画は、一枚限りのタブローと違い、複製可能な技術だ。王侯貴族などの注文主のみの楽しみでなく、広く流布することの可能なこの方式で、民衆化された興行である闘牛が描かれることの意義は大きい。

ゴヤの『闘牛技』

哲学者ホセ・オルテガ・イ・ガセーは、ゴヤを論じながら、一八世紀末のスペイン貴族に流行した大衆趣味が、ゴヤの題材に及ぼしている影響を論じている。貴族の祭りと民衆の祭りの融合、貴族の祭りの大衆化によって生まれた闘牛という題材もまた、ゴヤの取り上げるものとしていかにもふさわしい。それを複製可能な技術で描いたことも意義深い。複製が可能だということは大量生産が可能だということだ。つまり大衆化が可能なのだ。ゴヤの『闘牛技』が、闘牛の興行の一層の大衆化をもたらしたと想像することは間違いではないだろう。

ゴヤの版画集からひと世代ほど後には、フランスの作家たちの間に、一種のスペイン・ブームが巻き起こった。ヴィクトル・ユゴーの戯曲『エルナニ』（一八三〇年）はロマン主義演劇の方向性を決定づけたとされる作品だが、これが一六世紀のスペインを舞台にしていたのだ。同じ年にスペインを旅していたプロスペル・メリメは一八四五年発表の小説『カルメン』が有名だが、それ以前に紀行文『スペイン便り』（一八三一年）も発表している。『カルメン』と同じ一八四五年に『スペイン紀行』を出版したロマン主義の代表作家テオフィル・ゴーティエがスペインを旅したのは一八四〇年のことだった。ここに挙げた三者のうち、ユゴーは大作『レ・ミゼラブル』（一八六二年）らの印象が強く、スペインとのかかわりを取り上げる必要を覚えないが、他の二人がフランス、および世界のその他の国々に対してスペインのイメージを植え付けた功績は見過ごしにできない。

メリメとゴーティエに共通することは、南部アンダルシーア地方にスペインのスペインらしさを見て取ったことである。そして、二人とも闘牛を魅力的に描いている。すでに述べたようにアンダルシーアの主邑セビーリャは闘牛の一大拠点だ。闘牛とフラメンコの情熱のアンダルシーアこそがスペインを代表する文化だという、現在広く流布している俗なイメージの発端は、このあたりにあると見て良かろう。

ロマン派作家たち

ロマン主義といえば、古典主義の形式の枷を嫌い、人間の内面性に最大の価値をおいた思潮とまとめることができるのだろうが、そんな文芸思潮を代表する二人が、手順と技のきっちりと様式化された興行に魅せられるのは矛盾に見えるだろうか。安全装置のついた器具による闘いでなく「死を賭して闘う闘牛のほうが好きなのです」と「赤くなって白状」（江口清訳）するメリメの告白が、この矛盾を解決する闘牛の魅力を語っているように思われる。ひとりの人間が命を賭して闘うということは、人間性の一種の極限状態なのであり、つまりは人間の人間らしさの発露なのである。いかにもロマン派好みではないか。その人間らしさを公衆の面前にさらしてみせる闘牛士たちを飾る衣装のきらびやかなこともまた、人を魅了するようだ。ゴーティエは衣装を事細かに描写している。実際、闘牛は闘牛士たちがそのきらびやかな衣装（「光のスーツ」という）を身につけるところから始まるのであり、衣装もこの興行の重要な一部なのである。

メリメの小説『カルメン』は一八七五年、ジョルジュ・ビゼー作曲によるオペラとして新たな生命を獲得する。ロマ（ジプシー）の生活やスペインについての蘊蓄《うんちく》といった、原作小説にある衒学的な要素を排し、情熱的な「宿命の女」カルメンに翻弄されて身を持ち崩すドン・ホセの悲劇を強調したこのオペラのなかでも、「ハバネラ」と並んでとくに有名なのが「闘牛士の歌」だ。原作小説よりも闘牛士エスカミーリョの存在感の大きいこの名作オペラが、スペイン的な徴としての闘牛の存在感を強めるのに貢献したことは疑いを容れない。

舞台芸術

ところで、セルバンテスの小説『ドン・キホーテ』（一六〇五、一五年）の一エピソードを基に、レオン・ミンクスはバレエ『ドン・キホーテ』（一八六九年）を作曲する。マリウス・プティパの振り付けによって知られたこの作品も、オペラ『カルメン』同様、今日まで舞台にかかることの多い名作である。ドン・キホーテ主従が介入することになるバシリオとキテリア（バレエではバジルとキトリ）の結婚のエピソード（後編第一九〜二一章）を脚色したこのバレエ作品には、闘牛士の一団が踊るシーンがある。もちろん、原作にはない設定であり、闘牛の現在の形が整えられはじめたのが一八世紀だという事実を考えれば、時代考証を無視したものである。しかしこうした設定は、逆に、闘牛がスペインらしさの徴として利用され、理解されるようになった現状を反映していると理解できるだろう。スペインといえば闘牛とのイメージが、そのときまでに作り手と観客とに共有されるようになっていたのだ。そして何より、闘牛士たちがそのきらびやかな光のスーツを着て、カポーテを横に突き出すような格好をするその踊りは、それまでのバレエの身体言語に、新たな動きをもたらして新鮮だったのではないだろうか。

スペイン人たち

こうして外国人作家や芸術家の手によってスペインのシンボルとされた闘牛を、二〇世紀に入ると、スペイン人作家たちは自身の表現に取り入れるようになる。二〇世紀初頭は、一七世紀に次いで、スペインの文学や芸術が花開いた時代（〈銀の世紀〉）なので、この時代の表現は広く知られているのだ。

ビセンテ・ブラスコ・イバニェスの小説『血と砂』（一九〇八年）は闘牛士を主人公としたもので、よく読まれた。冒頭の闘牛場の描写は活き活きとして魅力的だ。何度か映画化されているが、ヴァレンチノやタイロン・パワーといったスターが主役を務めてきた歴代の映画作品は、世界中の多くの人に鮮烈な印象を与えたに違いない。

ピカソの闘牛好きはよく知られているところである。マラガで過ごした少年時代に強く印象づけられたようで、画家になっていなければピカドールになっていただろうと語ったと伝えられている。若いころに何枚か闘牛の絵を描いているし、最大の大作『ゲルニカ』（一九三七年）などにも牛の姿が見られ、闘牛がほのめかされている。

詩人、劇作家のフェデリーコ・ガルシア・ロルカは、内戦によるその悲劇の死も手伝って、日本でも最も知られた二〇世紀スペイン作家のひとりと言っていい存在だが、その彼の作品中でも良く知られたもののひとつに『イグナシオ・サンチェス・メヒーアスの死を悼む』（一九三四年）がある。四部からなる長編詩だが、第一部「角突の死」の「午後の五時」というフレーズの繰り返しが印象的だ。

午後の五時だった
午後のちょうど五時だった
少年はもってきた　白い敷布
午後の五時
一籠の石炭　もう用意は出来た
午後の五時
のこるのは死　死だけだった
午後の五時　（長谷川四郎訳）

とつづくのだ。ここで悼まれているサンチェス・メヒーアスは花形闘牛士にして劇作家でもあった多才な人物。ガルシア・ロルカの親友でもあった。

ヘミングウェイ

ヨーロッパに長く住みスペインにも魅入られたアーネスト・ヘミングウェイは、闘牛の文学表現の歴史において、忘れてはならない存在だろう。闘牛論『午後の死』（一九三二年）は精密で、用語集まで掲載し、作家のこのテーマへの造詣の深さをうかがい知ることができる。これ以外にも闘牛を論じ、闘牛を盛り込んだ小説を書いている。死後出版の『危険な夏』（一九八八年）はことに有名だ。死に魅入られた作家ヘミングウェイにとっては、闘牛はこれ以上はない興奮をもたらす興行であったに違いない。

興行としての闘牛のみならずヘミングウェイは『日はまた昇る』（一九二六年）においてパンプローナのサン・フェルミン祭を描いている。この小説とそれの映画化作品（一九五七年）が、闘牛の起源にかかわりをもつこの祭りを世界的に有名にしたといえる。

アルモドバルと闘牛

現代において最も闘牛に魅せられていることが明らかなのは、映画監督ペドロ・アルモドバルだ。その意味で日本に紹介された彼の最初の作品が『マタドール』（一九八六年）であったのは象徴的な事実だ。

『マタドール』は、殺すことでしか性的快感を得られない男と女が、個別に連続殺人を重ねた末に巡り会い、愛の絶頂のなかで互いを殺し合う物語。男は負傷して引退し、今は闘牛士養成所を経営している元闘牛士で、女はその彼の現役時代の勇姿を見て自らの性向に気づいたという弁護士。女の殺人のしかたは、ちょうどマタドールが牛に剣を突き立ててとどめをさす目標とするその場所、「針の穴」だ。男は生徒たちに、その場所を狙うことによって牛は苦もなく死ぬことを教えており、闘牛と殺人の対応関係が示されている。

アルモドバルはその他の作品でも闘牛のモチーフを使用しているが、特筆すべきは『トーク・トゥ・ハー』（二〇〇二年）。二人の昏睡状態にある女性と、それを看病する男性を扱ったこの映画で、昏睡状態にある女性のひとりは闘牛士という設定になっている。牛の攻撃（コヒーダという）を受けて重傷を負ったのだ。コヒーダを受ける直前の彼女が光のスーツに着替えるシーンが映画では描かれている。微細を穿つ描写で美しい。闘牛は闘牛士たちが衣装に着替えるところから始まるとされるものなのだが、この着替えの儀式をこれだけ美しく映像化した例はまれではないだろうか。

以上見てきた芸術表現は、ごく一部の代表的な例だ。他にも闘牛を扱ったものは多数存在する。こうした表現の数々が私たちに闘牛の魅力を伝えてきた。闘牛が他の伝統文化よりも存在感があるとすれば、それはこうした内外の芸術家による表現の成果だろう。動物愛護の観点から問題があるとする主張は、もっともなことではあるけれども、闘牛の伝統とそれが獲得してきた文化的価値もまた、まぎれもない現実だ。

（柳原孝敦）

参考文献

伊丹十三『ヨーロッパ退屈日記』新潮文庫、二〇一〇年。

林栄美子編『砂の上の黒い太陽――〈闘牛〉アンソロジー』人文書院、一九九六年。

アーネスト・ヘミングウェイ『ヘミングウェイ全集第五巻（『持つと持たぬと』・『午後の死』・『危険な夏』）』佐伯彰一・宮本陽吉・大井浩二訳、三笠書房、一九七四年。

ギャリー・マーヴィン『闘牛――スペイン文化の華』村上孝之訳、平凡社、一九九〇年。

Amorós, Andrés, "Tauromaquia", en Amorós : Díez Borque, José María (coord.), *Historia de los espectáculos en España*, Madrid : Castalia, 1999, pp. 507-517.

『ABC』紙オンライン版（http://www.abc.es/cultura-toros/）。

第16章　スポーツの文化史

1　近代スポーツの伝播と受容

近代スポーツの誕生とスペインへの伝播

身体を使う競技や娯楽は世界中のどの地域にも古代から存在するが、近代スポーツと総称されるルールに則って行われる身体運動や競技の多くは、一九世紀のイギリスで生まれた。そしてこれはそもそもエリートのものだった。近代スポーツを代表するサッカーとラグビーという二種類のフットボールが、同世紀半ば、イートン校とラグビー校というエリートの子弟が通うパブリックスクールで、それまでの暴力的な民衆のフットボールとは似ても似つかぬルールとともに成立したこと、また福音主義の影響下に、クリスチャン・ジェントルマンを育てる手段として採用されたことが、これをよく表している。この他にイギリスのエリートたちが好んだスポーツには、馬術や射撃、フェンシングなど、旧来の騎士の嗜みに起源をもつものや、同時代に新たに誕生した海辺のレジャーとかかわるマリン・スポーツがあった。フランスの宮廷貴族の娯楽ジュー・ド・ポーム（もともと手のひらでボールを打ち合うゲームだった）から発し、一九世紀後半のイギリスで現在のような形になったテニスは、乗馬やマリン・スポーツと同様、イギリスの上流社会に社交場を提供した。それに対してサッカーやラグビーは、次第に、産業革命で力をつけたブルジョワジーや、イギリスの技術を学びに各地から集まってきた留学生などにも広まり、八〇年代から九〇年代には労働者階層にも広まった。また地理的にも、産業・金融の中心だったイギリスから、イギリス人やフランス人、オランダ人などの経済活動や、同地を訪れた留学生によって、ヨーロッパ中に、またアジアや南北アメリカ大陸へと広

図16－1　サバデイ（バルセローナ県）のサイクリングクラブ（1897年）

サイクリングは19世紀後半の鉄への信仰と自然探訪の流行をともに満たすスポーツだった。

出典：*Joan Gamper 1877-1930. L'home, el club, el país*, Barcelona: FC Barcelona, 2006, p. 23.

がっていったのである。

スペインにサッカーやテニスなどのスポーツが伝播したのは、一八八〇年代から九〇年代と考えられる。現存する最古のサッカークラブは一八八九年創立のウエルバ・リクリエーション・クラブ（現レクレアティーボ・デ・ウエルバ）で、同様に記録の残っている最古のテニスクラブはウエルバ・ローンテニス・クラブ・リオ・ティント（一八九二年創立）である（ローンテニスとは芝生で行う硬式テニスのこと）。ともに一八七三年にロスチャイルド家によって買収されたリオ・ティント銅山で働くイギリス人たちのために作られたクラブであり、スポーツの伝播が、外国の金融資本や、鉱山開発や鉄道敷設などの技術の流入と、深くかかわっていたことがわかる。しかしこれらのスポーツの愛好者は、外国人だけでなく、次第に周囲のスペイン人エリートの間にも増えていった。また、当時のヨーロッパの文化的な潮流だった鉄への憧憬や自然崇拝があいまって、サイクリング・クラブや自然探訪クラブ（小旅行協会）も各地に作られた。スポーツを楽しむことは、単なる身体的な運動ではなく、イギリスに代表されるヨーロッパの進んだ文化を実践することであり、文明化であるととらえられたのである。

二〇世紀に入る頃には、一八九五年に体操、一九〇〇年に射撃、〇九年にローンテニス、一三年にサッカー、一八年に陸上競技など、各競技の連盟が組織され、スポーツの組織化が進んでいった。王室による後援や、鉄道などの交通網の発達を背景に、全国レベルの競技会も開催されるようになる。また、一九〇三年にマドリードで創刊された『グラン・ビダ』のように、スポーツをテーマとする雑誌も登場して、スポーツを広めようという啓蒙活動が行われるようになった。

　一九世紀末から二〇世紀初頭の間、スペインでもスポーツは基本的にエリートのものだった。社会とスポーツのかかわりは、スペインのなかでいち早くスポーツが導入された地域を取ってみただけでも、それぞれの社会的文化的状況によってさまざまだった。先に述べたウエルバではイギリス人やドイツ人の技術者を中心にスポーツが持ち込まれたが、首都マドリードでは王室や貴族を中心とするスポーツ愛好家が牽引車の役割を果たし、同時に知識人によって体育や自然探訪が提唱された。バルセローナではカタルーニャ主義を奉じる大ブルジョワジーを中心に、進んだヨーロッパの仲間入りをするためにスポーツが熱心に推進された。とは言え、スポーツの伝播自体、大都市や産業化の進んだ地域、鉱山地帯や鉄道が敷設された地域などに限られており、そのなかでもスポーツを楽しむ人々は限られていた。

図16－2　バルセローナのライアル・クルブ・マリティム（1910年頃）

マリン・スポーツは上流社会に社交の場を提供した。

出典：Santacana i Torres, Carles, *L'esport català en imatges*, Barcelona, 2006, p. 45.

　このように社会の一部のものだったスポーツが、経済状況の好転や労働者の余暇の拡大を背景に、徐々に広い社会層に広まり、娯楽のひとつとして定着していくのは一九二〇年代のことである。乗馬やフェンシング、マリン・スポーツなどは相変わらず上流社会のものだったが、サッカーやサイクリング、陸上競技、ハイキングなどは社会層を超えて広がり、彼らに運動の機会を与えるだけでなく、社会的結合の場を提供した。これに加えてサッカーや、一九一〇年頃にスペインに伝播したボクシングは、「見せ物」としても人気を集めるようになった。後述するサミティエーやサモーラなど、映画スターや歌謡曲の歌手と並ぶような人気選手が出て、一気にスポーツの大衆化が進む。また基本的に男性だけのものだったスポーツに、わずかではあるが女性の参加が見られるようになる。

　しかしながら、スポーツを誰でも行うことのできる環境の整備は、依然遅れたままだった。一九世紀の自由主義者たちが導入しようとした学校での体育教育はまったく進まず、一八八七年にアルフォンソ一三世によって設立されたマドリード大学附属の体育教員養成学校も、九二年には閉鎖されてしまった。この代わりをなしたのは、一九一九年に設立されたトレードの陸軍体育学校である。この学校は軍人の教練だけでなく、広く青少年の教育に従事する体育教員の養成をも視野に入れていた。軍は一九一一年にスウェーデンに使節を派遣して以来、スウェーデン体操をカリキュラムの中心に取り入れていたため、学校教育における体育は、スポーツや競技ではなく、体操が中心となった。こうして体操以外のスポーツは地域のクラブで行うという形が定着していった。

再生主義とスポーツ

スポーツのスペインへの導入期に、その効用を最も熱心に説いた知識人に、「自由教育学院」のマヌエル・バルトロメー・コッシオやラファエル・アルタミラがいる。もともと同学院の創設者ヒネル・デ・ロス・リオスらが理想としたユマニスト的な「全体教育」において、「体育」は知性や感性の教育と一体不可分であるという位置づけがなされ、芸術教育と並んで、教育カリキュラムに不可欠であると考えられた。これに加えてコッシオらは、一八八九年のイギリスへの視察旅行で、パブリック・スクールや大学学寮など、エリート教育の場にスポーツが溢れているのを目にしたことをきっかけに、スペインの「再生」のためにはアングロサクソン流のスポーツの導入こそが必要だという信念を抱くようになった。なかでも彼らは、規律を学ばせることができる集団競技として、サッカーに注目した。

こうして一九世紀の半ばにはあくまでも個人が対象であった身体への眼差しは、世紀転換期の「再生主義」の潮流のなかで、強く競争力のある民族を作るという集団的な視点へと変化した。衰退が明らかなスペインと、イギリスを筆頭として繁栄するヨーロッパの国々とを比べ、身体を鍛えることによって強い民族が作られる、精神やモラルの再生はスポーツの実践や身体運動によって得られる、という考えが生まれたのである。『エラルド・デル・スポルト』や『グラン・ビダ』など、当時のマドリードで刊行されていたスポーツ雑誌にも、このような趣旨の記事が散見される。メディアの中には、外国から伝わった近代スポーツよりも、バスクのペロータや射撃、乗馬など、よりスペイン的なスポーツを推進すべきだとする反論もあったが、少数派にとどまった。

なお、バルセローナを中心とするカタルーニャにおいて、この再生主義とスポーツの主張は、地域ナショナリズムの文脈において、そのままカタルーニャ民族がスペインから離脱してヨーロッパ化するための手段として認識された。これはサッカーを初めとするスポーツの流行を後押ししたのみならず、独自のオリンピック運動をも生むことになる。

2　大衆娯楽の誕生とスポーツの発展

サッカー人気の沸騰

「幸福な《フェリセス》二〇年代《ベインテ》」と呼ばれた一九二〇年代に生まれた大衆娯楽のひとつとして、スポーツ観戦がある。優れた選手がプレーする様子を見て熱狂するという新たな楽しみ方の出現により、スポーツは一気に大衆化する。イラストやグラビアを多く掲載するスポーツ専門雑誌や、大衆紙の時代に入った新聞の記事を通して、実際に試合を観戦しなくても情報を共有することができるようになり、二〇年代後半になると新たなメディアであるラジオ放送も加わって、スポーツは庶民の日常生活に入り込んでくるようになった。

この時代のスポーツの大衆化に大きく貢献し、やるスポーツとしても見るスポーツとしても、国技ならぬ国民スポーツとも呼びうる人気を集めるようになったのがサッカーである。先にも述べたようにサッカーは、知識人にとってイギリス流のスポーツとして受け入れやすく、また労働者にとっても、大がかりな装備を必要としないため、手軽で親しみやすかった。また観客で埋まったサッカー・スタジアムに生み出される興奮は、同じクラブやナショナルチームを応援する観客の間に、独特の連帯感を生み出した。

図16－3　サッカー人気の沸騰（1920年代）

出典：Santacana i Torres, Carles, *L'esport català en imatges*, Barcelona, 2006, p. 90.

図16－4　スポーツ風刺雑誌『シュート！』（1924年８月30日号）

アマチュアという楽園から追放されるサミティエーとピエラ（ともにFCバルセローナの選手）とガンペル会長。

出典：*Joan Gamper 1877-1930. L'home, el club, el país,* Barcelona：FC Barcelona, 2006, p. 39.

スペインにサッカーが伝播したのは一八八〇年代のことである。現存する古い歴史をもつクラブには、前述のウエルバ（一八八九年）の他、ケンブリッジ大学への留学から帰ったスペイン人と、鉄鉱山や造船業に雇い入れられたイギリス人契約労働者によって始められたアスレティック・クルブ（一八九四年、ビルバオ）、若きスイス人貿易商ハンス・ガンパーらによって創設されたＦＣバルセローナ（一八九九年）、バルセローナ大学工学部の学生たちが作ったエスパニョール（一九〇〇年）、一八九七年頃から存在したスカイなどのサッカーチームを前身とし、マドリードの若き知識人たちの影響下に作られたレアル・マドリード（一九〇二年）などがある。当時の国王アルフォンソ一三世はたいへんなスポーツ愛好者だったことで知られるが、一九〇二年に王が成年に達したことを祝う祝賀行事の一環としてサッカーの大会が開かれ、これが翌〇三年から現在まで続く「国王杯」となる。

その当時はどのクラブもアマチュアの愛好者の集団にすぎなかったが、それから一五年ほど経つと、ジュゼップ・サミティエー（一九〇二～七二年）やリカルド・サモーラ（一九〇一～七八年）といった、現在まで名前やプレースタイルが伝えられる名選手が現れる。アクロバティックなシュートで「海老男」の異名を取ったサミティエーは、貧しい生まれからサッカーによって頂点まで上りつめた庶民のヒーローで、派手なファッションや夜の世界での豪遊でも名を馳せ、アルゼンチンタンゴのカルロス・ガルデルのようなアーティストとの付き合いでも有名だった。現在でもスペインリーグの最少失点キーパーにあたえられる賞に名を残すサモーラは、バルセローナの医者の家庭の生まれで、女性ファンが多く、映画化もされた結婚式の日には、卒倒するファンが相次いだという逸話が残っている。

この頃、このような選手やファンの様子を風刺したイラストを掲載する『シュート！』（バルセローナ、一九二一～三六年）のような雑誌も登場して、大衆のサッカー熱は一気に沸騰する。一九二〇年にアントウェルペン五輪に参加したスペイン選抜チームが、デンマーク、オランダに勝利し、奇跡的に銀メダルを獲得したことも、明らかに追い風になった。二二年にFCバルセローナがラス・コルツに三万人収容のスタジアムを、二四年にマドリードがチャマルティンに一万五〇〇〇人収容のスタジアムを建設したことからも、サッカー観戦が確実にスペインに定着し、多くの観客を集めるようになっていたことがわかる。アンヘル・バアモンデによれば、入場料はこの当時のレアル・マドリードで一から三ペセータ程度と、映画の入場料とほぼ等しく、安い席のチケットは熟練労働者の日当の一割程度で買えたため、大衆にも手が届くものだった。スペインサッカー連盟は二六年に選手のプロ契約を認め、サッカー選手が他の競技の選手を兼ねるような時代は終わった。二八年秋には、プロ化した選手に賃金を支払うための試合数を確保する必要性が生じたこともあり、全国の有力クラブによるリーグ戦が始まった。

オリンピック運動とカタルーニャ

フランスのクーベルタン男爵の提唱により、一八九六年に第一回アテネ大会が開催された近代オリンピックであるが、スペインは一九〇〇年の第二回パリ大会にレガッタチームが参加したものの、国を挙げての関心や熱狂を巻き起こすにはほど遠かった。最近の研究により、クーベルタンのスペイン王室への直接の働きかけの結果、メホラーダ・デル・カンポ伯爵ゴンサーロ・デ・フィゲロア（ロマノネス伯の弟）がスペイン代表委員として一九〇二年から国際オリンピック委員会に出席していたことや、一二年にはスペインオリンピック委員会が設立されたことが明らかにされたが、近年までスペインオリンピック委員会の設立は二六年とされていた。これ自体、マドリードでオリンピックをめぐって特筆すべき動きがなかったことを示す証拠であるともいえるだろう。

一方、独自のオリンピック運動が展開されたのがバルセローナだった。一九一三年にはカタルーニャ主義政党リーガの機関紙『カタルーニャの声《ラ・ベウ・ダ・カタルーニャ》』のスポーツ部門記者だったジュゼップ・アリアス・ジュンコーザらが中心となって呼びかけを始め、翌一四年にはバルセローナでオリンピック準備競技会が開かれた。同年にマンクムニタット（カタルーニャ四県連合体）が成立したことにより、カタルーニャ主義の政治家たちは限定的ながら文化政策を実行する手段を獲得しており、一部がスポーツ施設の整備や、競技会の開催などに振り向けられたのである。

第一次世界大戦により一六年のベルリン大会が中止になると、カタルーニャは独自の使節を二〇年アントウェルペン大会に派遣し、二四年大会をバルセローナに招致すべく活動した。使節団には、FCバルセローナ会長ジュアン・ガンペル、建築家でアマチュア水泳連盟会長も務めていたジュゼップ・メストラスらが参加している。FCバルセローナの創設者であるスイス人ガンパーは、名前をカタルーニャ風に改め、カタルーニャ主義の政治家やジャーナリストたちと行動をともにしていた。こうして二一年には国王やカンボー、コミーリャス伯爵らをメンバーとする招致委員会が組織され、モンジュイックの丘にオリンピックスタジアムが完成した。しかしながらクーベルタンの一存で、二四年の大会はパリ、二八年はアムステルダムでの開催が決まった。バルセローナは三六年のオリンピック開催に名乗りを上げるが、開催地を決めるIOC（国際オリンピック委員会）総会の直前に第二共和政が成立し、スペインの政情への不安が各国に広がったこともあり、選ばれたのはベルリンだった。

3　政治とスポーツ——プリモ・デ・リベーラ独裁からスペイン内戦の勃発

サッカー人気が沸騰し、スポーツの大衆化が一気に進んだ時代は、政治史的に見るとプリモ・デ・リベーラ将軍による独裁から、第二共和政が成立する時期にあたる。観客で埋まったスタジアムに生み出される興奮は、ナショナリズムや政治的な主張の高揚に直結しやすかったため、スポーツの歴史は当然、この間の政治的な動向と無縁ではありえなかった。

政治化するスポーツ

まず第一に、オリンピックのみならず、国際的なスポーツ競技会やナショナルチーム同士の親善試合が行われるようになり、全体主義国家の台頭というヨーロッパ情勢とあいまって、スポーツの国際試合が国家を代表して戦う場として意識されるようになった。スペイン代表は、一九二〇年アントウェルペン五輪のサッカーで銀メダルを取った以外、芳しい成績を残せなかったが、それだけにアントウェルペンで見せた「激情《フリア》」は神話化され、スペイン人が本来もっている国民性として、機会があるごとに思い起こされた。また同様に、三四年の第二回サッカー・ワールドカップ準々決勝で開催国のイタリアと対戦し、引き分け再試合の末に一対〇で惜敗した折には、共和政のスペインとファシズムイタリアの戦いだったこともあり、多くのスペイン人がラジオに釘付けになった。

またふたつ目に、プリモ・デ・リベーラ独裁体制が、成立直後から「分離主義のウィルスとの戦い」を宣言し、祖国に対する犯罪は軍事法廷で裁くように裁判管轄法を変更して、スペイン国旗以外の旗を禁止したり、地方言語の公的使用を制限したりしていったことから、地域にアイデンティティをもつクラブと体制との対立が始まった。カタルーニャではFCバルセローナがすでにカタルーニャ主義の代弁者を自認していたのに対して、エスパニョールが独裁支持を打ち出し、同様にバスクでは、バスク主義を擁護するアスレティック・クルブ（ビルバオ）に対して、オサスナが独裁を支持した。FCバルセローナでは、会長ガンペルがクラブ創立二五周年の演説をカタルーニャ語で行い、翌二五年六月には、イギリス海軍軍楽隊の演奏するスペイン国歌に観客がブーイングを浴びせる事件がおこって、スタジアムは六カ月間閉鎖、ガンペルは国外追放となった。独裁に不満を感じるカタルーニャの民衆は、体制によって迫害されるクラブに、自らの運命を重ねあわせた。

第二共和政の成立から内戦期のスポーツ

プリモ・デ・リベーラ将軍の独裁体制が倒れて、三一年四月に第二共和政が成立すると、政治への熱狂と、キャバレーやミュージックホールに押され、スポーツ観戦は他の多くの民衆娯楽のひとつとなった。むしろこの時期に注目されるのは、共和国の教育文化普及事業「教育使節団」の一環として、「スポーツ使節団」が組織され、全国へのスポーツの普及が試みられたことである。同事業は自由教育学院の流れを汲み、ハイキングや山岳スポーツが推進された。また同時期に初めて女性のスポーツ実践が公けに推奨され、三六年に初めて女性の陸上競技会も開催された。スポーツに無関心だったアナキストや、スポーツ政策においてはイデオロギー色の薄かった社会主義者に対して、労働者へのスポーツの普及を重視し、それを通して労働者への勢力拡大を図ろうとしたのが共産党であったことは、現実政治の動きとパラレルで面白い。一九三六年のオリンピック招致に失敗したバルセローナでは、ベルリンオリンピックがナチス体制下での開催になることに対抗して、「人民オリンピック」の開催が計画されていた。しかしながら開会式が予定されていた七月一九日の前日に反乱軍の蜂起が起こり、断念せざるをえなくなった。

内戦が勃発すると、当然ながら前線を越えて両陣営の間でスポーツ選手やチームが行き来することは不可能となり、国際大会の開催や参加にも制限が加わるようになった。反乱軍側では内戦下から新国家の体制作りが開始し、共和国側でも、実際のローカルな権力を握った労働者の「反ファシスト委員会」などによる施設の収用やクラブの集産化が進んだ。しかし、スポーツの試合が行われなくなることはなかった。プロ選手との契約を維持する必要があるサッカークラブは、スペインリーグの開催が中止される間、地方リーグを創設し、加えて親善試合を行った。特筆すべきは海外遠征で、アスレティック・クルブを中心としたバスク選抜は三七年にフランス、チェコ、ポーランド、ソ連を回って親善試合をしながら共和国への支援を訴えた後、大西洋を渡ってメキシコ、キューバ、アルゼンチンを訪れた。FCバルセローナも同年にメキシコと合衆国を訪れ、訪問先で共和国政府への支援を訴えた。多くの選手が遠征先のメキシコにそのまま残ったり、帰国後にフランスに亡命したりしたが、スペインに戻って共和国側で戦った者は、内戦終了後に政治犯の扱いを受け、公式戦への出場を許されなかった。

4　フランコ体制下のスポーツ

フランコ体制の理念とスポーツの統制

内戦の結果としてフランコ陣営が勝利すると、フランコは国民一人ひとりの生活や言動に至るまで、体制の理念に合わないものは一切許さない方針で厳格に管理しようとしたため、それまでの自由な活動としてのスポーツが存在する余地はなくなった。一九四一年二月、体制が唯一存在を認めた政党ファランへの下に「国民スポーツ局」が作られ、この組織にあらゆるスポーツの連盟および地方連盟の会長副会長を指名する権限と、連盟のあらゆる決定を取り消す拒否権が与えられた。局長にはトレード攻防戦の英雄モスカルドー大佐が任命された。スポーツは完全に上から管理されるものとなり、スペイン民族の身体を鍛え、その「男らしさ」と「激情」を内外に宣言するために利用されることになった。

内戦終結前の三八年一二月には反乱軍側陣営のサン・セバスティアンで、現在でもスペインで最大の売り上げ部数を誇るスポーツ紙『マルカ』が、スポーツグラフィック週刊誌として創刊された。その記念すべき創刊号の表紙には、明らかにゲルマン民族と思われる金髪の若い女性が、雪山を背景にそりに乗って右手を上げた写真とともに、「腕を高く上げてスペインのスポーツマンに挨拶」というコピーが見える（図16－5）。そのいわんとするところは明らかで、同誌は四二年一一月より日刊紙となり、「国民運動」の機関紙のひとつとなる。

全体主義国家による身体への注目とスポーツの利用は、フランコ体制に限ったことではないが、ドイツやイタリアとの違いとして、スペインでは内戦による疲弊からスポーツに予算をつぎ込む余裕がなかったこと、恩賞人事がつづいたため必ずしもスポーツ政策遂行に適切ではない人物が責任者に据えられたことが指摘できる。そのためフランコはスペインをスポーツ大国にすることにも、国際的成功を収めさせることにも成功しなかった。後述するサッカー以外では、テニス選手で四大大会に四勝したマノーロ・サンタカーナや、「トレードの鷹」の異名を持ちツール・ド・フランスで六度の山岳王に輝いた自転車選手のフェデリーコ・バアモンテスなど、何人かの優れた個人が国際的に活躍したにとどまった。

図16－5　『マルカ』創刊号表紙（1938年12月21日号）

国民のスポーツ実践という観点から見ると、学校での男女共学が廃止され、男子には厳しい軍事教練のような体育が課された一方、女子にはスウェーデン体操や民族舞踊のみが教えられるようになった。フランコ体制は厳しいジェンダー規範を国民全体に課したため、女性ができるスポーツはバスケットボール、バレーボール、体操などに限られ、陸上競技は許されなくなったのである。

フランコ体制とサッカー

『マルカ』創刊号に掲載されたハシント・ミケラレーナの記事には、初期フランコ体制のサッカーに対する見方がよく現れている。第二共和政下のサッカーは「ちっぽけな卑しい情熱が盛り上がるアカの乱痴気騒ぎ」に等しく、ほとんどのチームが「分離主義」で、「フットボールが政治をしていた」と、クラブが地域ナショナリズムの象徴となったことや、共和国の大義のために活動したことを批判する。しかし当初からフランコは、サッカーとサッカークラブを、新たな国家の理念に適合させることによって利用しようと考えていた。国民への影響力でも、スペイン人が国際的に活躍しうる競技という意味でも、他に代わるものがなかったからである。そのためにまず、体制の理念に合わない活動を過去に行ったクラブの役員、選手への粛正と、徹底的な贖罪の儀式が行われた。試合開始前には必ずファシスト式の敬礼が義務づけられ、いくつかのクラブの名前やエンブレムが変更されて、代表のユニフォームの赤は、ファランヘ党員のシャツの色である青に変えられた。

しかし四〇年代から五〇年代初めにかけて、レアル・マドリードがフランコのお気に入りのクラブであるということが公然たる事実となると、次第にクラブ同士のライバル関係に政治的な意味が付与されるようになった。権力に反対しては生きていけなかった時代に、マドリードに不利な笛を吹く審判や、不利な裁定をする連盟役員はいなかった。表現の自由が存在しないなか、共和国と地域ナショナリズム（フランコ体制の言葉では分離主義）の象徴だったＦＣバルセローナは、再び弾圧されるカタルーニャの人々の拠り所となった。

マドリードとバルセローナのピッチ外での対立を象徴するのが、五三年のアルゼンチン人選手ディ・ステファノの移籍をめぐる騒動である。一度はバルセローナへの移籍が決まりかけていたディ・ステファノは、国民スポーツ局の介入によりマドリードに移籍し、彼の加入以降、マドリードの黄金時代が始まる。レアル・マドリードは国内で無敵だったばかりか、五六年から六〇までヨーロッパカップ五連勝を成し遂げたのである。

第二次世界大戦での枢軸国の敗北後、ファシズム色払拭に努め、国際社会でスペインのプラス・イメージを宣伝しようと躍起になっていたフランコ体制は、レアル・マドリードのようなサッカークラブの国際舞台での活躍を、スペインの外交官にも勝る働きとして歓迎した。また同様に、一九六四年に初めてスペインで開催した欧州選手権（ユーロ）において、スペイン代表が決勝でソ連を破って優勝を飾った際には、まるで国としてのスペインがソ連に勝ったかのように宣伝した。ちょうど内戦終結二五周年を迎え、体制は「平和の二五周年」を合い言葉に、安定し発展する新しいスペインのイメージを国内外に広めようとしていた時代だった。このようなイメージ改善の手段として、また国民の不満やストレスを発散させる安全弁として、サッカーほど適したものはなかったのである。

5　フランコ体制の崩壊と現代のスポーツ

体制末期になると、スポーツは体制による愛国主義高揚や対外宣伝に利用されたり、ストレス発散の安全弁として機能するだけでなく、反体制運動をも含めて、多様な文化運動を中に併せもつようになった。政治参加が制限され、表現の自由、集会結社の自由がないなかで、スポーツや音楽は、その格好の表現手段となったのである。たとえばバルセローナにおいて、禁止されていたカタルーニャ語を叫び、警官に石を投げ、政治ビラを配るためにサッカースタジアムに行く者がいたことは、よくいわれることである。個人の活動にとどまらず、FCバルセローナがオムニウム・クルトゥラルなどの文化団体と協力してカタルーニャ語復権運動を進め、また非合法だったカタルーニャ主義運動に隠れ蓑を提供したことも知られている。フランコ死後のカタルーニャ政治の中心となるジョルディ・プジョルらの「カタルーニャ民主集中」の結党（一九七四年）は、FCバルセローナのクラブ創立七五周年を祝うペーニャというファンクラブの大集会にまぎれて行われた。ミロの絵による記念ポスター、カザルス顕彰コンサートなど、このときのFCバルセローナの記念行事だけを見ても、スポーツが美術や音楽など他の文化運動とともにあり、政治活動とも深くかかわっていたことが分かる。

ここまで近代スポーツの伝播からほぼ一世紀の歴史を見て来たことになる。その後スペインは民主化し、フランコ時代のスポーツ管理体制は解体された。フランコ体制下に国民スポーツ局の局長などを務めたジュアン・アントニ・サマランク（サマランチ）は、一九八〇年から二〇〇一年までIOC代表を務め、九二年に故郷バルセローナでのオリンピックを実現させた。二一世紀に入って、社会におけるスポーツの意味も変わったといえるが、地域に根ざしたスポーツクラブのあり方や、スポーツが他の文化活動や慈善行為などの社会活動と深くかかわって存在するあり方は、歴史のなかで作り上げられて来たものであるように感じられる。ナショナルチームのもつ意味合いも変化し、サッカースペイン代表の近年の活躍は、過去のわだかまりを超えて、新たなスペイン像を見せているかのように思える。しかしそれが実像なのか虚像なのか、現時点で判断を下すのは難しい。スペインがスポーツをめぐる過去の記憶とどのようにかかわっていくのか、スポーツと複数のナショナリズムの関係をどう定めていくのかといった課題について、いま少し見守っていく必要があるだろう。

（山道佳子）

参考文献

カルラス・サンタカナ・イ・トーラス『バルサ、バルサ、バルサ！　スペイン現代史とフットボール』山道佳子訳、彩流社、二〇〇七年。

フィル・ボール『バルサとレアル』近藤隆文訳、ＮＨＫ出版、二〇〇二年。

Bahamonde Magro, Ángel, *El Real Madrid en la historia de España*, Madrid：Taurus, 2002.

Duránte, Conrado, "The Foundation of the Spanish Olympic Committee", *Journal of Olympic History*, January, 2000.

García Candau, Julián, *El deporte en la Guerra Civil*, Pozuelo de Alarcón：Espasa, 2007.

González Aja, Teresa（ed.）, *Sport y autoritarismos. la utilización del deporte por el comunismo y el fascismo*, Madrid：Alianza, 2002.

Otero Carvajal, Luis Enrique, "Ocio y Deporte en el nacimiento de la sociedad de masas. La socialización del deporte como práctica y espectáculo en la España del primer tercio del siglo XX", *Cuaderno de Historia Contemporánea*, núm. 25, Madrid：Universidad Complutense, 2003.

Polo de Barrio, Jesús, *Fútbol en Madrid. De actividad lúdica a espectáculo de masas*（*1898-1945*）, Madrid：Universidad Complutense, 2001.

Shaw, Duncan, *Fútbol y franquismo*, Madrid：Alianza, 1986.

Termes, Josep, *Historia del catalanisme fins el 1923*, Barcelona：Pòrtic, 2000.

読書案内

＊　ここでは本書全体に関係する邦語の重要文献を選定・掲載した（雑誌論文などは除く）。各時代・テーマごとの詳細な文献は各章末を参照のこと（なお、章末で紹介されていないが、発展的な学習のため重要な文献も紹介してある）。

スペイン史

通史・概説史

立石博高・関哲行・中川功・中塚次郎編『スペインの歴史』昭和堂、一九九八年。

立石博高編『スペイン・ポルトガル史』山川出版社、二〇〇〇年。

関哲行・立石博高・中塚次郎編『世界歴史大系　スペイン史（1・2）』山川出版社、二〇〇八年。

J・アロステギ・サンチェス、M・ガルシア・セバスティアンほか『スペインの歴史』立石博高監訳、竹下和亮・内村俊太・久木正雄訳、明石書店、二〇一四年。

楠貞義、ラモン・タマメス、戸門一衛、深澤安博『スペイン現代史――模索と挑戦の一二〇年』大修館書店、一九九九年。

時代別

〈第二共和政まで〉

G・ブレナン『スペインの迷路』鈴木隆訳、合同出版、一九六七年。

S・G・ペイン『ファランヘ党――スペイン・ファシズムの歴史』小箕俊介訳、れんが書房新社、一九八二年。

〈スペイン内戦〉

P・ヴィラール『スペイン内戦（文庫クセジュ）』立石博高・中塚次郎訳、白水社、一九九三年。

A・ビーヴァー『スペイン内戦 一九三六―一九三九』根岸隆夫訳、みすず書房、二〇一一年。

P・プレストン『スペイン内戦――包囲された共和国一九三六―一九三九』宮下嶺夫訳、明石書店、二〇〇九年。

B・ボロテン『スペイン内戦――革命と反革命（上・下）』渡利三郎訳、晶文社、二〇〇八年。

〈フランコ独裁〉

R・フレーザー『スペイン タホス村繁昌記――飢えと内乱から観光へ』高橋敦子訳、平凡社、一九七五年。

G・ブレナン『素顔のスペイン』幸田礼雅訳、新評論、一九九八年。

R・ライト『異教のスペイン』石塚秀雄訳、彩流社、二〇〇二年。

〈民主化以降〉

碇順治編『ヨーロッパ読本 スペイン』河出書房新社、二〇〇八年。

壽里順平・原輝史編『スペインの社会――変容する文化と伝統』早稲田大学出版部、一九九八年。

事典類・研究案内

『スペイン・ポルトガルを知る事典［新訂増補］』平凡社、二〇〇一年。

望田幸男・野村達朗・藤本和貴夫ほか編『西洋近現代史研究入門［第三版］』（特に第8章「スペイン近現代史研究の諸問題」）名古屋大学出版会、二〇〇六年。

地域文化を知るために

立石博高・中塚次郎編『スペインにおける国家と地域――ナショナリズムの相克』国際書院、二〇〇二年。

ガリシア

坂東省次・桑原真夫・浅香武和編著『スペインのガリシアを知るための五〇章』明石書店、二〇一一年。

アンダルシーア

立石博高・塩見千加子編著『アンダルシアを知るための五三章』明石書店、二〇一二年。

カタルーニャ

M・ジンマーマン、M＝C・ジンマーマン『カタルーニャの歴史と文化（文庫クセジュ）』田澤耕訳、白水社、二〇〇六年。

山道佳子・八嶋由香利・鳥居徳敏・木下亮『近代都市バルセロナの形成——都市空間・芸術家・パトロン』慶應義塾大学出版会、二〇〇九年。

立石博高・奥野良知編著『カタルーニャを知るための五〇章』明石書店、二〇一三年。

田澤耕『カタルーニャを知る事典』平凡社、二〇一三年。

バスク

渡部哲郎『バスクとバスク人』平凡社、二〇〇四年。

萩尾生・吉田浩美編著『現代バスクを知るための五〇章』明石書店、二〇一二年。

スペイン文化史のテーマ別文献

磯山久美子『断髪する女たち——一九二〇年代のスペイン社会とモダンガール』新宿書房、二〇一〇年。

乾英一郎『スペイン映画史』芳賀書店、一九九二年。

岡本淳子『現代スペインの劇作家 アントニオ・ブエロ・バリェホ——独裁政権下の劇作と抵抗』大阪大学出版会、二〇一四年。

佐竹謙一『概説 スペイン文学史』研究社、二〇〇九年。

佐竹謙一『スペイン文学案内』岩波書店、二〇一三年。

杉浦勉編『ポストフランコのスペイン文化』水声社、一九九九年。

J・A・トムリンソン『ゴヤとその時代──薄明のなかの宮廷画家』立石博高・木下亮訳、昭和堂、二〇〇二年。

J・A・ピット＝リバーズ『シエラの人びと──スペイン・アンダルシア民俗誌』野村雅一訳、弘文堂、一九八〇年。

R・ラペサ『スペイン語の歴史』山田善郎監修、中岡省治・三好準之助訳、昭和堂、二〇〇四年。

寺﨑英樹『スペイン語史』大学書林、二〇一一年。

教養のための西洋史入門　中井義明／佐藤専次　他著　A5判三二八頁　本体二五〇〇円

教養のための現代史入門　小澤卓也／田中聡　他編　A5判四一八頁　本体三〇〇〇円

大学で学ぶ　西洋史〔古代・中世〕　服部良久／南川高志　他編　A5判三七六頁　本体二八〇〇円

大学で学ぶ　西洋史〔近現代〕　小山哲／上垣豊　他編　A5判四二四頁　本体二八〇〇円

西洋の歴史基本用語集〔古代・中世編〕　朝治啓三　編　四六判三〇四頁　本体二二〇〇円

西洋の歴史基本用語集〔近現代編〕　望田幸男　編　四六判二五六頁　本体二〇〇〇円

近代イギリスの歴史　木畑洋一／秋田茂　編　A5判三九二頁　本体三〇〇〇円

はじめて学ぶ　イギリスの歴史と文化　指昭博　編　A5判二六四頁　本体二八〇〇円

近代ドイツの歴史　若尾祐司／井上茂子　編　A5判三七二頁　本体三二〇〇円

近代フランスの歴史　谷川稔／渡辺和行　編　A5判三八八頁　本体三二〇〇円

教養のフランス近現代史　杉本淑彦／竹中幸史　編　A5判三五八頁　本体三〇〇〇円

近代イタリアの歴史　北村暁夫／伊藤武　編　A5判二八四頁　本体三二〇〇円

アメリカ合衆国の歴史　野村達朗　編　A5判三六八頁　本体二八〇〇円

大学で学ぶ　アメリカ史　和田光弘　編　A5判三四四頁　本体三〇〇〇円

ミネルヴァ書房

http://www.minervashobo.co.jp/

《編著者紹介》

立石　博高（たていし・ひろたか）

1951年　生まれ。

1980年　東京都立大学大学院人文科学研究科博士課程中退。

現　在　東京外国語大学長。

主　著　『スペイン・ポルトガル史』（編著）山川出版社，2000年。

『世界の食文化14　スペイン』農文協，2007年。

『国民国家と市民――包摂と排除の諸相』（共編著）山川出版社，2009年。

『アンダルシアを知るための53章』（共編著）明石書店，2012年。

『カタルーニャを知るための50章』（共編著）明石書店，2013年。

概説　近代スペイン文化史
――18世紀から現代まで――

2015年7月25日　初版第1刷発行　〈検印省略〉

定価はカバーに
表示しています

編著者　立石博高
発行者　杉田啓三
印刷者　坂本喜杏

発行所　株式会社　ミネルヴァ書房
〒607-8494　京都市山科区日ノ岡堤谷町1
電話代表　(075)581-5191
振替口座　01020-0-8076

©立石博高，2015

冨山房インターナショナル・藤沢製本

ISBN 978-4-623-06675-9
Printed in Japan

執筆者紹介（所属・執筆分担・執筆順，＊印は編者）

＊立《たて》石《いし》博《ひろ》高《たか》（東京外国語大学長，はじめに，第Ⅰ部概説，第１章，第２章，第Ⅱ部概説）

山《やま》道《みち》佳《よし》子《こ》（慶應義塾大学文学部教授，第３章，第16章）

八《や》嶋《しま》由《ゆ》香《か》利《り》（慶應義塾大学経済学部教授，第４章）

武《む》藤《とう》　祥《しょう》（東海大学政治経済学部准教授，第５章，第６章，読書案内，スペイン文化史関連年表）

川《かわ》上《かみ》茂《しげ》信《のぶ》（東京外国語大学大学院総合国際学研究院教授，第７章，第14章）

柳《やなぎ》原《はら》孝《たか》敦《あつ》（東京大学大学院人文社会系研究科准教授，第８章，第13章，第15章）

磯《いそ》山《やま》久《く》美《み》子《こ》（青山学院大学非常勤講師，第９章）

渡《わた》邊《なべ》千《ち》秋《あき》（青山学院大学国際政治経済学部教授，第10章）

塩《しお》見《み》千《ち》加《か》子《こ》（元 関西外国語大学外国語学部准教授〔現 スペイン在住〕，第11章）

木《きの》下《した》　亮《あきら》（昭和女子大学大学院生活機構研究科教授，第12章）

人名索引

あ　行

か　行

さ　行

た　行

な 行

は 行

ま　行

や　行

ら　行

事項索引

あ 行

か　行

さ　行

た　行

な　行

は　行

ま　行

や　行

ら 行

わ 行

A to Z

スペイン文化史関連年表

年	歴　史	文　化
1700	フェリーペ5世即位	
01	スペイン継承戦争（～14）	
13		スペイン王立アカデミー発足（翌年に正式認可）
26		フェイホー『批評全書』（～39）
29		『征服された不可能事，バスク語の文法』
37		アレナル闘牛場開場
38		王立歴史アカデミー設立
42		フェイホー『博学通信』（～60）
46	フェルナンド6世即位	
52		サン・フェルナンド王立美術アカデミー設立
53	政教条約	
55		王立植物園開園
56	七年戦争（～63）	
58		『ニュース日報』発刊
59	カルロス3世即位	
66	エスキラーチェ暴動	
88	カルロス4世即位	
89	フランス革命	マラスピーナ，北米大陸北西航路探検（～94） カダルソ『モロッコ人の手紙』
94		フォルネール『愛国的精神論』
1803		オラビーデ死去
06		フェルナンデス・デ・モラティン『娘たちの「はい」』
08	ナポレオン軍侵攻	
10	カディス議会	
12	カディス憲法	
14	フェルナンド7世帰国	バリョット『カタルーニャ語の文法と称揚』。ゴヤ『1808年5月2日』『1808年5月3日』
19		王立絵画彫刻館（後のプラド美術館）開館
20	リエゴのクーデタ	
21		公教育一般規則
23	「忌むべき10年間」	
28		ゴヤ死去
33	フェルナンド7世死去。第一次カルリスタ戦争（～39）	アリバウ「祖国（祖国頌歌）」

35		マドリード科学・文芸・芸術アテネオ結成
43		ガルシア・ルナ『折衷主義哲学教本』
44		ソリーリャ『ドン・フアン・テノリオ』
45		メリメ『カルメン』
49		ドノーソ・コルテス『独裁に対する弁論』。カバリェーロ『かもめ』
50		モデスト・ラフエンテ『スペイン全史』(～67)
51	政教条約	
57	公教育法(モヤーノ法)	
63		デ・カストロ『ガリシアの詩歌』
66		国立歴史文書館創設
67		国立考古学博物館設立
68	イサベル2世亡命。「革命の6年間」	
69	新憲法	
73	第一共和政成立	ペレス・ガルドス『カルロス4世の宮廷』
74	マルティネス・カンポスのクーデタ	
75	王政復古。アルフォンソ12世即位	
76	新憲法	自由教育学院設立
79	社会労働党(PSOE)結成	
80		メネンデス・ペラーヨ『スペイン異端者の歴史』(～82)
82		メネンデス・ペラーヨ『スペインにおける審美観の歴史』(～91)
83		ガウディ，サグラダ・ファミリア聖堂の建築家に就任
87	結社法	
88	労働者総同盟(UGT)結成	
90	男子普通選挙制導入	
91	回勅『レールム・ノヴァールム』	
95		ウナムーノ『生粋主義をめぐって』
97		ガニベー『スペインの理念』
98	米西戦争	
99		FCバルセローナ創設
1900		公教育美術省創設
01	地域主義政党「リーガ・ラジオナリスタ」創立	コスタ『寡頭支配体制とカシキスモ』
02		レアル・マドリード創設
04		ウナムーノ『ドン・キホーテとサンチョの生涯』
05		ガリシア語アカデミー設立
06		ラモン・イ・カハル，ノーベル医学賞受賞
07		ピカソ『アヴィニョンの娘たち』
08		ブラスコ・イバニェス『血と砂』

09	「悲劇の1週間」。カトリック全国布教者協会（ACNP）結成	
10	全国労働連合（CNT）結成	
11		観光局設置。カタルーニャ研究所文献学セクション設立（翌年に言語学部門設立）
12		マチャード『カスティーリャの原野』
13		ウナムーノ『生の悲劇的感情』。カタルーニャ語正書法発表
14	マンクムニタット成立	オルテガ・イ・ガセー『ドン・キホーテをめぐる省察』
15		ファリャ『恋は魔術師』
19		ファリャ『三角帽子』。マドリードに地下鉄開通
21		オルテガ・イ・ガセー『無脊椎のスペイン』。ミロ『農園』（～22）
22		カンテ・ホンド・コンクール開催
23	プリモ・デ・リベーラのクーデタ	
25		ウニオン・ラディオ創設
26		ガウディ死去。ヘミングウェイ『日はまた昇る』
28	オプス・デイ創設	最初のパラドール（グレドス）開業。ロルカ『ジプシー歌集』
29		ダリ，ブニュエル『アンダルシアの犬』
30		オルテガ・イ・ガセー『大衆の反逆』
31	第二共和政成立	レデスマ『国家の征服』。ダリ『記憶の固執』
32	カタルーニャ自治憲章。離婚法	
33	右派政権成立	ブニュエル『糧なき土地』
34	アストゥリアス蜂起	
36	人民戦線政権。スペイン内戦勃発	
37	政党統合令（反乱軍陣営）	ピカソ『ゲルニカ』
38	出版法（反乱軍陣営）	スポーツ紙『マルカ』創刊
39	内戦終結。フランコ体制成立	
42		NO－DO 設立
45	第二次世界大戦終結。国民憲章	
51	ルイス・ヒメネス，国民教育相に就任	
53	政教条約。米西協定	サン・セバスティアン国際映画祭創設
55		オルテガ・イ・ガセー死去。バホダ『汚れなき悪戯』
56	マドリード大学で騒擾	ラモン・ヒメネス，ノーベル文学賞受賞
59	経済安定化計画。戦没者の谷開場	
62	ミュンヘン会議。第二ヴァチカン公会議	
64		サッカー欧州選手権。自国開催で初優勝
65	大学生組合（SEU）廃止	

66	新出版法	
69	タランコン，トレード大司教に就任	
70	総合教育法	
72		国立遠隔地教育大学（UNED）設立
73		ピカソ死去。エリセ『ミツバチのささやき』
74	「カタルーニャ民主集中」結党（後に政党連合「集中と統一」を結成）	
75	フランコ死去	
76	政治改革法	セルバンテス賞創設
77	憲法制定議会選挙	文化省設立
78	新憲法	
80	労働法改正	ビエナル・デ・フラメンコ開催
81	クーデタ未遂（23-F)。離婚法	『ゲルニカ』スペインに帰還。サウラ『血の婚礼』
82	ゴンサレス政権成立	国際現代芸術祭（ARCO）創設
83	言語正常化法（カタルーニャ）	ミロ死去。エリセ『エル・スール』
85		国立ローマ博物館（メリダ）開館
86	EC 加盟	ソフィア王妃芸術センター開館
87		ゴヤ賞創設。アルモドバル『神経衰弱ぎりぎりの女たち』
89		民放テレビ法。ダリ死去
91		セルバンテス文化センター設立
92	バルセローナ五輪。セビーリャ万博	
96	アスナール政権成立	歴史教育論争（～97)
97		グッゲンハイム美術館（ビルバオ）開館
98		芸術・科学都市（バレンシア）開館
99		ボローニャ宣言
2004	マドリードで列車爆破テロ。サパテーロ政権成立	
05	同性婚承認	
06	カタルーニャ自治憲章改定	
07	歴史記憶法。男女均等法	
08	世界金融危機	
10		フラメンコ，ユネスコ無形文化遺産に登録
11	ラホイ政権成立	